DEPTH CHILDREN

ヌーソロジーで読み解く映画の世界

奥行きの子供たち

わたしの半身はどこに？

半田広宣《Kohsen Handa》 + 春井星乃《Hoshino Harui》 + まきしむ《Maxim》

はじめに──科学とオカルトの間に橋を架け、わたしの半身を探す旅に出る

ことの発端は私の無茶ぶりでした。


「科学もオカルトも両方好きなんだけどさ」

「うん」

「どっちかに偏ったやつばっかじゃん?」

「うん」

「科学は『なぜ?』に答えられないし、オカルトは客観性がない」

「うん」

「そこで、よ。科学とオカルト、両方からのアプローチで、しかもこの世の統一理論的なものをガチで研究しちゃってるやつないかな?」

「それこそ怪しいんちゃうの?」

「もちろん、怪しくないやつ。もう読んでるだけでゾクゾクして、涙があふれるくらい興奮してきちゃうやつ」

「……お前が怪しいわ」


こんな感じで、ある日友人に私の求めるものなどないと冷たく一蹴されてから、私は科学とオカルトやスピリチュアルの両方からのアプローチで、かつ「教祖がいない」「壺を売らない」「押しつけない」、そして「統一理論的なものを追求している」という無茶ぶりもいいところの理論を、ほぼムキになって探し始めました。

そんな中でたどり着いたのが、この本の共著者である半田広宣氏です。半田氏は、20年ほど前から、「ヌーソロジー」という意識と物質のつながりを追求する宇宙論の研究をされています。ただ、難しい……私もまだちょこっと入り口をかすっただけなのに、すでに挫折気味です。しかも、ファ

ンは中高年層の方が多い。せっかく面白そうなのに、非常にもったいない。私も理解したいし、若い人たちにももっと広めたいと常日頃思っていたわけです。

申し遅れましたが、私は現在、「不思議・ｎｅｔ」というサイトで記事を投稿しているライター・編集の「まきしむ」という者です。「不思議・ｎｅｔ」とは、ネット掲示板の話題の中でも世の中の不思議なこと、それこそ「科学」と「オカルト」両方を広く取り扱っているサイトです。ちなみに余談ですが、玉石混交の叩き叩かれ文化なので、投稿にはそれなりの精神力が必要です。

そんなこの世の悪意と叡智《えいち》が結集したブログに記事を投稿する中で、私はある映画を観てしまいました。それは２０１６年に社会現象にもなった、新海誠監督の『君の名は。』この映画を見た瞬間、私の頭の中はあるクエスチョンでいっぱいになりました。

「なんでこんなにオカルト要素満載な映画が、リア充、いわゆる一般層にも受けたのか？」

『君の名は。』をご覧になった方なら分かると思いますが、予告ＣＭこそ一般層向けだったものの、フタを開けてみたら「むすび」だの「ティアマト」だの「月刊ムー」だの、オカルティックなワードやシーンが出放題。

なのに大受け。

これはもう、この映画を徹底的に分析して解明してやらないと気が済まない。ただ悔しいかな、私だけでは知識が足りなかった。そこで、「あの人に聞くしかない」と思い浮かんだのが半田氏。しかも、半田氏は、映画にもめちゃくちゃ詳しい映画フリークらしい。そこで一念発起して半田氏にコンタクトを取り、出来上がったのが、この本の第1章にも掲載されている「不思議・ｎｅｔ」の『君の名は。』考察記事です。

この記事はアップするやいなや凄まじい勢いで拡散し、何と1日でFacebookの４０００「いいね！」を獲得。現在は1万「いいね！」を超えています。平均して1記事20「いいね！」程度の「不思議・ｎｅｔ」では、極めて異例の事態です。

半田氏はプラトンやベルクソン、さらに量子論まで引っ張り出し、正直他の考察記事と比べたら「日本語でお願いします」と言いたくなるような難しい内容でした。しかし私の心配をよそに、ネット上では「ぶっちぎりで面白い」、「こういうのが読みたかった」という感想が多数という結果に。また、何と高校生の女の子からも「面白かった」という声をいただきました。

そしてある日、私は、その中でまたある女子高生からの気になる一言を見つけます。

「私の半身はどこにいるんですか？」

これです、これ。この文字列を見た瞬間、「私の探していたものはこれだ」とピンときたんです。確かに、『君の名は。』考察記事で登場した「半身」というワードは説明に使われたのみで、じゃあ「失われた半身って何？」、「どうすれば見つかるの？」という疑問には答えていませんでした。

もちろん、知れるもんなら私も知りたい……これはもしかして、そこを半田氏がどう考えているのかをもっと掘り下げれば、私も含め、若い人もヌーソロジーの世界観に興味を持ちながら理解することができるのではないか。そう閃《ひらめ》いたのです。

「不思議・ｎｅｔ」に携わっていても日々感じるのですが、今、世界中で価値観が多様化し、人々が分断されてきています。特に若い世代の中には、「寂しい」「孤独」と感じている人が多くいます。他者に認められることを第一にしており、心のどこかで、自分を無条件に受け入れてくれる人とか、運命の赤い糸でつながったパートナーと出会いたいと強く願っている人も多い。かく言う私も、寂しさを感じないと言えば嘘になる。というか嘘です。寂しいアラサー独身です。

こんな私の発想をきっかけに生まれたのがこの本なんですが、私がこの話を半田氏に持ちかけたとき、彼は心理学に詳しい元臨床心理士の方を呼びました。それがこの本のもう一人の著者、春井星乃さんです。

この時私は、なぜ心理学畑の方を呼ぶんだろうと疑問に思っていました。しかし、その時私はまだ分かっていませんでした。半身を求める旅は、半田氏と星乃さんがそろって初めてなし得ることだということを。

一体「半身」とは何なのか？

平均値ＩＱなまきしむ、果たして「半身」を理解し、見つけることができるのか⁉

本書を通じて、一緒に新しい世界観の探求の旅を始めましょう。読み終わる頃には、あなたの半身と出会えるはずです。

２０１９年　４月　まきしむ

奥行きの子供たち——私の半身はどこに？◉目次

第3章 『ロード・オブ・ザ・リング』
――一神教の精神と自我の成り立ち

第4章　『マトリックス』
―エージェント・スミスはザイオンの夢を見るか

第5章　『2001年宇宙の旅』
―スターチャイルドの世紀はやってくるのか

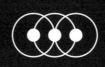

第1章

『君の名は。』
―時空を超えた結びの世界

朝、目が覚めるとなぜか泣いている。
そういうことが時々ある。
見ていたはずの夢は、いつも思い出せない。
ただ……ただ、何かが消えてしまったという感覚だけが、目覚めてからも長く残る。
ずっと何かを、誰かを探している。

『君の名は。』冒頭の瀧のモノローグより

こんにちは、「不思議・net」ライターのまきしむです。

公開開始後1ヵ月強で、興行収入130億円を超えた新海誠監督の映画『君の名は。』。アニメーション映画として100億円突破した作品はスタジオジブリ作品以外では初であり、異例の大ヒットアニメ映画となりました。ただ、一部の新海作品原理主義の層からは、あのラストシーンは少し納得できないという声も囁《ささや》かれています。実は私もその一人です。

しかし、あくまでシナリオだけの話ですが、ただ単にハッピーエンドにしたから一般受けしたのかと言うと、そういうことでもない気がしていて、何ともモヤモヤが止まりませんでした。

そんなモヤモヤが止まらない私は、ついに半田氏に話を聞いてみることにしました。彼は哲学はもちろん、神話や物理学に至るまで膨大な知識量を持つ博識な人物であり、無類の映画好きでもあります。彼が観た『君の名は。』とはどういう物語だったのでしょうか。

彼との話が深まるにつれ、この映画に詰まった情報量は私が想像した以上のものだということが徐々に見えてきました。

劇中に「サブリミナル効果」が潜んでる!?　一般受けしたシナリオの秘密

まき　今日は突然の思いつきにお付き合いいただきありがとうございます！　さて、数々の元祖新海ファンを裏切りつつ大受けした『君の名は。』ですが、ここまで一般受けしたのはなぜだと思いますか？　……なぜ……なぜだ新海監督……。

半田　気持ちは分かるけど、まずは、ちょっと落ち着こうか（笑）。一言で言うとね、これは『愛の起源の物語』だと思うよ。こう言うと陳腐に聞こえるかもしれないけど、つまりは「自己」と「他者」の融合がテーマで、哲学で言うならプラトンの※『饗宴《きょうえん》』に出てくる話の世界だよね。

まき　あなたと合体したいということでしょうか。しかし、何がどうなったら起源が出てくるんですかね……？

半田　有名だと思うんだけど、古代ギリシアの哲学者でプラトンっていう人がいてね。そのプラトンの『饗宴』っていう対話集の中に出てくるある話によると、人間はもともと自己と他者が背中合わせでくっついた一つの生き物（アンドロギュノス：両性具有者）だったと言うんだよね。だけど、人間があまりに強大になりすぎたので、神はこのアンドロギュノス的人間を二つに切り裂いて、引き離してしまう。それによって、人間は自分の欠けた半身を求めるようになり、そこに「愛」が生まれたのだ、と。

まき　いきなりプラトンとか難しくなる予感しかしない……。しかし両性具有ですか。確かに男の子の中に女の子が入ったりしてますからね。だんだん普通の恋愛ものではない気がしてきました。

半田　一見、思春期のただの純愛ドラマのようにも見えるけど、普通のラブロマンスと違うのは、スピリチュアルやオカルティックな記号が至るところに散りばめられているところじゃないかな。ティアマト、組紐、※口噛み酒、ムスビとかね。しかも、すべてが巧妙に計算されて配置されている。エンタメ作品の中でよくここまで作り込んだなぁ、って感心するよ。

まき　何となくそんな予感はしていましたが、やっぱりオカルトですか（笑）。劇中でも「てっしー」という友人の男の子が「月刊ムー」持ってましたよね。新海監督がオカルト系に造詣が深いのは有名な話みたいです。

半田　あれ？　そんなシーンあったっけ。そこは気づかなんだ（笑）。まぁ、確かにオカルトに詳しくなけりゃ、こんな作品は作れないと思うよ。でもここで注意しないとね。オカルトと聞くと多くの人がアヤシイって思うみたいだけど、もともとオカルトの語源は「隠されたもの」という意味で、宇宙の真理のことを意味するんだよね。そして、その真理のキモってのが「対立物の一致」というやつなの。

『饗宴』　プラトン（紀元前428頃～紀元前347頃）中期の対話篇。ギリシア悲劇詩人のアガトンが開いた宴で、ソクラテスをはじめとするギリシアの知識人たちのエロスに関する演説で構成されている。ソクラテスは最後にエロスと哲学の関係について語り、プラトニックラブの理念を説いている。ソクラテスの前に登場する喜劇作家アリストファネスの演説「愛の起源と三つの愛について」が有名である。

口噛み酒　米やイモ類、木の実などを口に入れて噛み、それを土器等に吐き出して溜めたものを発酵させて造る酒のこと。弥生時代に始まったといわれる。日本神話にも記述があり、沖縄やアイヌの熊祭りをはじめ、日本や世界のあちこちで造られていたという。

言ってみれば古代の哲学のようなもの。本当は、とても真摯《しんし》なものなんだ。でね、人間において一番の対立物ってのは何だと思う？

まき 反対の性質を持つものってことですよね？マックとモスバーガーとかですか？

半田 真面目に答えてね……。

まき ごめんなさい。

半田 ……それで、一番の対立物っていうのは、哲学の世界では何と言っても自己存在と他者存在。他に、精神と物質とか、生と死とか、男と女とか、いろいろあるけど、この自己他者問題が一番根が深いんだよね。

まき へぇ～、意外でした。まあ※コミュ障にとっても一番根深い問題ですからよく分かりますよ。

半田 いや、そういう次元の問題じゃないんだけどね。まぁ、いいや（笑）。**オカルティズムは、本当はこの自己と他者の霊的合一を説くもの**なんだよね。現代人はなかなか他者とつながれなくなってきていて、多かれ少なかれ誰もが心の中に孤独感を持ちながら生きているでしょ。今じゃ自分の心の中までもが分裂しかかっている。今の僕らのこうした精神状況にこの作品はそうしたオカルティックな記号を随所に挟むことによって、サブリミナルに働きかけているんじゃないかと思うよ。現代社会にはいろんなモノや情報、価値が溢れかえっていて、少し手を伸ばせば手軽に手に入るものも多い。でも、人間が本当に求めているのは失われた「半身」じゃないのか、って。特に既存の価値観に飽き飽きしている今の若い世代の人たちは敏感にそれをキャッチしているんじゃないかな。

まき それって、単なるパートナーとかそういう意味じゃなさそうですが……。

半田 うん、違う。もっと深いものだよ。これから話すうちに、少しは見えてくるかもね。

まき 頑張ってみます……。ところで、この作品は「ティアマト」という彗星《すいせい》の落下のシーンから始まりますよね。ティアマト彗星の「ティアマト」をググるとシュメール神話が出て来るんですが、一体ティアマトというのはこの映画にとってどういう存在なんでしょうか？

半田 インパクトのあるイントロだよね。つかみはバッチリという感じ。ティアマトというのはシュメールの女神の名前だよね。この女神はマルドゥクという嵐の神によって二つに裂かれて殺害されちゃうんだけど、この二つの「半身」によって天と地が作られたというんだよね。新海監督はティアマトを通して**「元は一つだったものが二つに切り裂かれること」をシンボライズした**かもしれないね。僕から見ると、この「ティアマト」が持つ神話的意味がこの作品全体の通奏低音となってずっと鳴り響いている感じがするんだ。

まき 何だか大変な話になってきて若干《じゃっかん》戸惑っていますけど、確かに共通点はあるように思えてきました。

コミュ障 ネットスラングでコミュニケーション障害の略。と言っても病的なものではなく、単にコミュニケーションが苦手な人といった程度の意味。

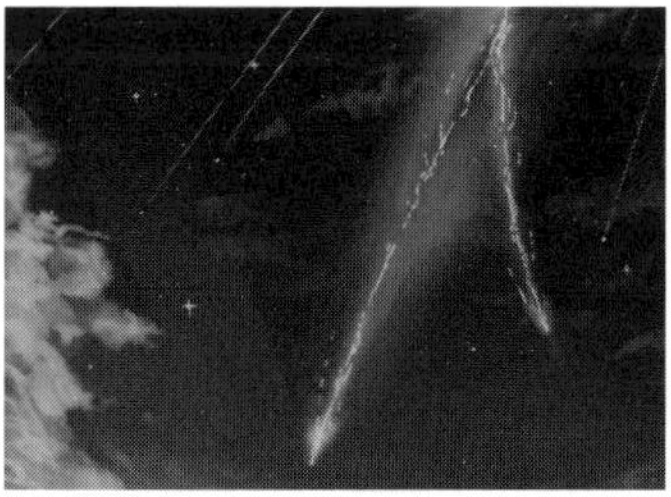
二つに割れたティアマト

誰も見たことがない物語の核心に迫る！初心者でも分かる、哲学や量子論で考える組紐《くみひも》の意味

まき じゃあ、その半身って組紐のシーンとかとも関係があるんですかね。あのシーンが不思議に印象に残っているんですけど。

半田 一葉婆さんが組紐の由来について話すところだね。画面も突然タッチが変わって、生物進化の映像が出てきたりして生命の歴史のようなシークエンスになる。

まき あのシーンがよく分からなかったんですよね。

半田 覚えてるかい？　あのシーンのバックでこういうセリフが流れていたの。

「より集まって形を作り、捻《ねじ》れて絡《から》まって、ときには戻って、途切れ、またつながり。それがムスビ。それが時間」

まき そこはカットも印象的だったので覚えています。ここのシーンでは「組紐」がとても重要なシンボルになっていて、劇中では祠《ほこら》に向かう途中で、一葉がこうも説明していますよね。

「氏神様《うじがみ》のことを『産霊《ムスビ》』と呼び、人をつなげることも、糸をつなげることも、時間が流れることもすべてムスビで神の力であり、組紐も神の業であり時間の流れそのものを表している」

そういえば、民俗学者の※折口信夫《おりぐちしのぶ》は、「産霊」とは「霊魂を結合させる」ことだとも述べていましたが、関係あるんでしょうか？

半田　よく知っているね。折口信夫の言う通りだと思うよ。組紐がさっきのプラトンの『饗宴』に登場する二つに裂かれた「半身」同士の結合を表していると解釈したらどう？　これは、結納なんかの『結び』の起源でもあるし、もともと「むすび」自体、漢字で「産霊」と書くのね。古事記には最初、※天之御中主神《アメノミナカヌシノカミ》、※高皇産霊尊《タカミムスビノミコト》、※神皇産霊尊《カミムスビノミコト》という三人の神様が登場するんだけれど、二人の神様の名前もまた産霊《ムスビ》でしょ。これはね、霊を生み出す神にはもともと二種類あるという意味なの。『より集まって形を作り、捻れて絡まる』産霊と、『ときには戻って、途切れ』た産霊。

まき　……？　つまりどういうことだってばよ？

半田　つまりね、自己と他者を個体として

折口信夫（1887-1953）　日本の民俗学者、歌人。芸能史と国文学を中心に文学者や詩人としての視点から日本文化を研究した。柳田国男とともに日本民俗学の礎を築いた巨人であり、独特の神秘性から今でも多くの人を魅了し続けている。「マレビト（時を定めて他界から来訪する霊的存在）」を認めない柳田と折口の間の論争は有名。著作は歌集、評論など多岐にわたっており、小説に『死者の書』などがある。

天之御中主神（あめのみなかぬしのかみ）　『古事記』では神々の中で最初に登場する神。造化三神の一柱。至高の神。

高皇産霊尊（たかみむすびのみこと）　生産・生成の「創造」の神。神産巣日神と対になって男女の「むすび」を象徴する神。高御産巣日神は天孫邇邇芸命の外祖父に相当するとも言われており、伊勢系の祖神的存在。天津神の祖神と考えられる。

神皇産霊尊（かみむすびのみこと）　生産・生成の「創造」の神。高御産巣日神と対になって男女の「むすび」を象徴する神。『古事記』で語られる神産巣日神は高天原に座して出雲系の神々を援助する祖神的存在。国津神の祖神と考えられる。

一葉婆さん

組紐

切り離す神と、それらを一つに結んで結合させる神の二通りの神がいるということだね。

まき　死と再生的なイメージですかね？　でも、自己と他者を結びつけるっていうのがイメージが湧《わ》かないのですが……。

半田　うーん、こういうイメージを浮かべると分かりやすいんじゃないかな。糸の両端を「自己」と「他者」と仮定してみるんだ。図にするとこういう感じかな（下図参照）。

まき　この図がどう関係してくるんですか？

半田　神話学的には「ムスビ」には宇宙を創造するという意味があるんだ。つまり、自己と他者の霊的合一が宇宙を作り出した力かもしれないってこと。

まき　……オカルトきた！

半田　（笑）。科学的宇宙観に慣れっこになっている僕らには突拍子もない話に聞こえるだろうけど、神話やオカルティズムではそう考えるものもある。お互い双方向から交わって、絡まり合って、宇宙を創造していく。そのときできる結び目が物質だと考えると面白いかも

●自己と他者の結び目としての物質

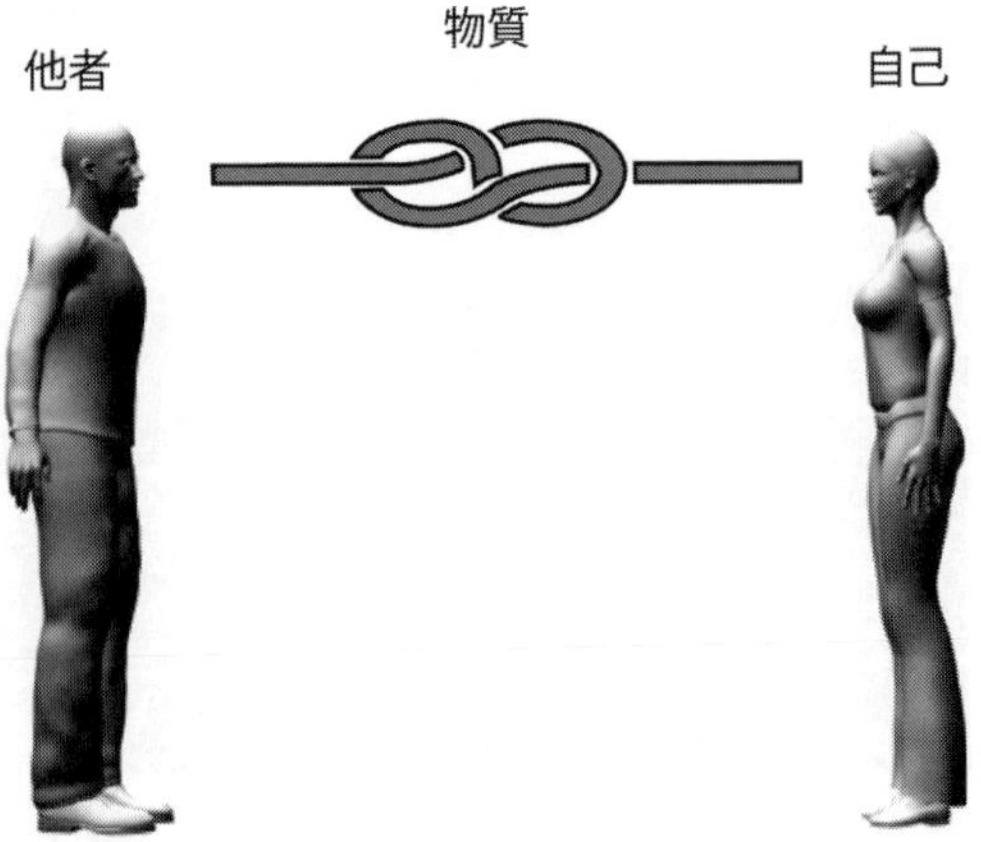

しれないね。現代科学は物質から精神が生まれたと思っているんだけど、古代人たちは逆に精神から物質が産まれている、と考えていたんだ。もともと日本語の「物《もの》」だってそうだよ。昔の日本人は「物」は「霊《たま》」だと考えていた。だから「ものさみしい」とか「ものごころ」とか「もののあはれ」なんて言い回しが残っている。「もの」はその意味で言えば自己と他者の縁結びの場所で、それが物質の創造の秘密にもなっている。これは※彼岸《ひがん》と※此岸《しがん》の出会いと言ってもいいね。

まき　そういえば劇中でも最初の方で、先生が「黄昏《たそがれ》」の語源について触れていましたね。「誰そ彼」、此岸と彼岸の境目についてとか。

半田　そう。冒頭の教室のシーンだよね。新海監督は初っ端《しょっぱな》から畳み掛けてるよね。ティアマト、そして黄昏時。どちらの記号もこの作品のフレーム。彼岸は彼方（かなた＝「遠くに在るもの」）の意味だけど、昔は「あなた」ともいわれていた。※「山のあなたの空遠く、さいわひ住むと人のいう」とか聞いたことあるでしょ。そして、この此岸と彼岸がそのまま瀧と三葉の関係に重ね合わされてストーリーが動き出す。だから、あなたは誰？　君は誰？君の名は。ということになっていく。

まき　でも、結び目が物質というのがよく分からないのですが……。

半田　たとえば、今、こうやって組紐の結び目をつ

「山のあなたの空遠く、さいわひ住むと人のいう」　上田敏の『海潮音』に所収され、有名になったカール・ブッセ（ドイツの詩人）の詩の一節。カール・ブッセ自身はそれほど有名な詩人ではない。

彼岸　煩悩を脱した悟りの境地。

此岸　煩悩や迷いに満ちた現世。この世。

くるとするよ。結ぼうとしている時はいいけど、一度結んでしまうと結び目は小さな塊のようになって、紐の上に小さな結びの痕跡だけが残されてしまうよね。僕らの世界で自己と他者の間に何がある？

まき　物質！

半田　そう。そして紐の端と端を反対方向に引っ張れば、結び目はますます固く閉じてしまうよね。そうなると、それが、かつて自分たちがまぐわって結び合ったものだということを忘れてしまう。**現代人は自分がどこから来てどこへ行くのか、そして物質の起源が何なのか誰も知らないよね。つまりね、この組紐が表現しているのは、本当は自己と他者の霊が結び合ってできたものが物質なのかもしれないってことなんだ。**でも人間はまぐわったことを忘れて、糸の両端と結び目を別々のものに見ているから、自己と他者が本当の意味でつながれない。

まき　なるほど、組紐はまさに「半身の切り裂き」と「世界の創造」を表しているんですね。そういえば劇中で瀧が建築科志望だったと思うんですが、創造と建築というのも何か関係があるんですかね？

半田　おお、いいところに気がついたね。これも新海監督の執拗な仕掛けじゃないかな（笑）。

まき　納得の新海クオリティですね。

半田　はは（笑）。組紐とそっくりな話が古代エジプトにもあってね、「プタハの結び目」って言うんだけど。この結び目も彼岸と此岸を結び合うシンボルとされているんだ。そして、この結び目をつくる※プタハ神っていうのが建築の神とされている。

まき　おお、まさに宇宙の建築（笑）。

半田　これは余談になるけど、※フリーメーソンが最も崇拝しているのがこのプタハ神だよ。

まき　まさかここでフリーメーソンまで出てくるとは（笑）。建築、創造という神様がそれくらい重要な神様ということですね。人間のつながりと組紐の関係は分かってきた気がするんですが、時間と組紐の関係はどう考えたらいいでしょうか？

半田　そこも大事なところだね。一葉婆さんはこの「結び」と「時間」を同じものとして語っている。これはね、**時間には自己と他者を切り離す時間と結びつける時間という二つのタイプの時間がある**ってことを言っているんだと思うよ。

まき　二つのタイプの時間……？

半田　現代人の時間感覚というのは直線的だよね。だから、お婆さんの言う「捻れたり、絡まっ

プタハ神　エジプト神話に登場する古代エジプトの首都メンフィスの主神。古代上エジプトの建築神とも言われる。建築神とは宇宙の創造神のことを指す。フリーメーソンが建築の神として崇拝していた。古代エジプトの逸話では、時の神トートの音声を物体である宇宙に結び付けたのがプタハであったとされる。プタハが目覚めるとトートは眠りに入り、逆にトートが覚醒すればプタハは影を潜めたと言われている。

フリーメーソン　18世紀初頭に結成された国際的な親善団体。中世の石工（メーソン＝建築家）たちの組合がルーツ。国や宗教や主義主張に関係なく、友愛をモットーとするコスモポリタンの組織。陰謀論では、世界を裏でコントロールする闇の組織と言われたりもする。その起源は、１２７６年に神聖ローマ帝国がストラスプールの大聖堂の建築に携わる石工職人のギルド（同業組合）に労役と税金を免除したことが始まりだという。

誰そ彼時

たり」する時間というのがよく理解できない。でも、古代人たちにとっては時間もまた霊なんだよ。**現代人は時間と空間の中に人間が生きていると思っているけど、古代人たちは時間と空間として人間は生きていると思っていた。意識の在り方がまったく違うわけだよ。**

まき　時間と空間として生きる？　意識の在り方？

半田　ここからはちょっと哲学の話をしないといけない。哲学にとっては、時間が最大の謎とされるものなんだ。今の哲学は概《おおむ》ね時間には二つの種類があると考えている。一つは現代科学が「宇宙は137億年前に始まって、今に至る」っていう感じでイメージしている直線的時間。もう一つは、※ベルクソンという哲学者が言った※「純粋持続」という時間。※ハイデガーの言い方をするなら根源的時間という言い方をしてもいい。この純粋持続としての時間は流れない。ある意味、永遠。永遠というのは途方もない長さの時間のことを言うのではなくて、時間を超えた時間のこと。つまり、タイムレスの世界。

まき　時間を超えた時間……ですか？

半田　うん、「時間の流れを感じ取っている側の時間」と言ってもいいかな。たとえば音楽のイメージについて考えてごらん。音楽は絵画と違って時間の流れの中で鑑賞するものだよね。たとえば、ビートルズの「イエスタディ」という曲があるとするよ。科学的に見ればこの曲のメロディーは直線的な時間上を多様なリズムを持って変化していくさまざまな音程の集合にすぎない。でも僕らは「イエスタディ」という楽曲の全体を一つのイメージとして一気につかむことができるよね。だからこそ、あの曲嫌いだとか、好きだとかいう判断が下せる。つまり、人間の意識の中には、流れている時間を一気に把持《はじ》できる意識があって、その意識自体には時間がない。その場所に人間にとっての本当の時間があるのではないか、と考えたりするんだ。

まき　じゃあたとえば音楽じゃなくても、昨日のコミケは豊作で楽しかったなーみたいなイメージも持続が作っているってことですか？

半田　その通り（笑）。ベルクソン的にはそうなるね。コミケの情景を思い出している自分自身は実は現在にいるのではなく、時間の外にいるってことでもあるんだけどね。まあ、この話は直観的な話なのでちょっと難しくなるんだけど、時間の流れを過去、現在、未来を結ぶ直線にたとえてみよう。直線の中に入ってしまうと直線は見えないでしょ。それと同じで、時間の中に入ってしまうと時間の流れなんて分かるはずがない。だから、単なる現在から過去を感じることはできないってわけ。**過去であれ、現在であれ、未来であれ、時間の流れを感じ取ることが出来ている人間の意識は常に時間の流れの外にいる。そこにある**

ベルクソン（Henri-Louis Bergson, 1859-1941）フランスの哲学者。純粋持続の概念を通して、実在論と観念論を結びつける哲学を模索した。相対性理論をめぐるアインシュタインとの論争は有名。１９２７年にノーベル文学賞を受賞している。主著に『意識に直接あたえられたものの試論』『物質と記憶』『創造的進化』などがある。

純粋持続　ベルクソン哲学の中の最重要概念。ベルクソン哲学にとって真の実在概念にあたるもの。主著の『意識に直接与えられたものの試論』のタイトル通り、ベルクソンは純粋持続を意識に直接与えられた根底的な基盤として捉えた。純粋持続は、感性的直観や悟性によってではなく、超知性的な直観によってのみつかむことができるとされる。「流れることのない根源的時間」のようなものとして考えるとよい。

ハイデガー（Martin Heidegger, 1889-1976）ドイツの哲学者。プラトンからニーチェに至るまでの西欧哲学を「主観性の形而上学」と呼んで批判し、人間中心的ではない形而上学を基礎づけることを課題として、存在論の哲学を訴えた。主著である『存在と時間』は、20世紀の哲学書の中で最も大きな影響力をもった書物であるともいわれている。フライブルク大学の学長時代にナチスに傾倒したことにより、現在でも物議をかもしている哲学者である。

のが純粋持続の感覚。そういう感じかな。

まき　時間を直線と捉えていると、過去をイメージとして捉えられないってことですか？　もし人間が直線の時間の中に入ったらどうなるんです？

半田　直線的時間上の点だから、そこには瞬間しかないよね。そういう点を僕らは「現在」って呼んでいるわけだ。現在ってのは一瞬でしょ。次々に新しい現在がやってきては古い現在になっていく。それを僕らは時間と呼んでいるわけだけど、じゃあその過ぎ去った古い現在は何が支えていると思う？　その支えがあるから僕らは時間が流れているっていう感覚を持てるわけだけど……。

まき　もしかして……記憶ですか？

半田　そう！　それがベルクソンの主張。瞬間とし

●時間の流れを感じ取っている側の時間

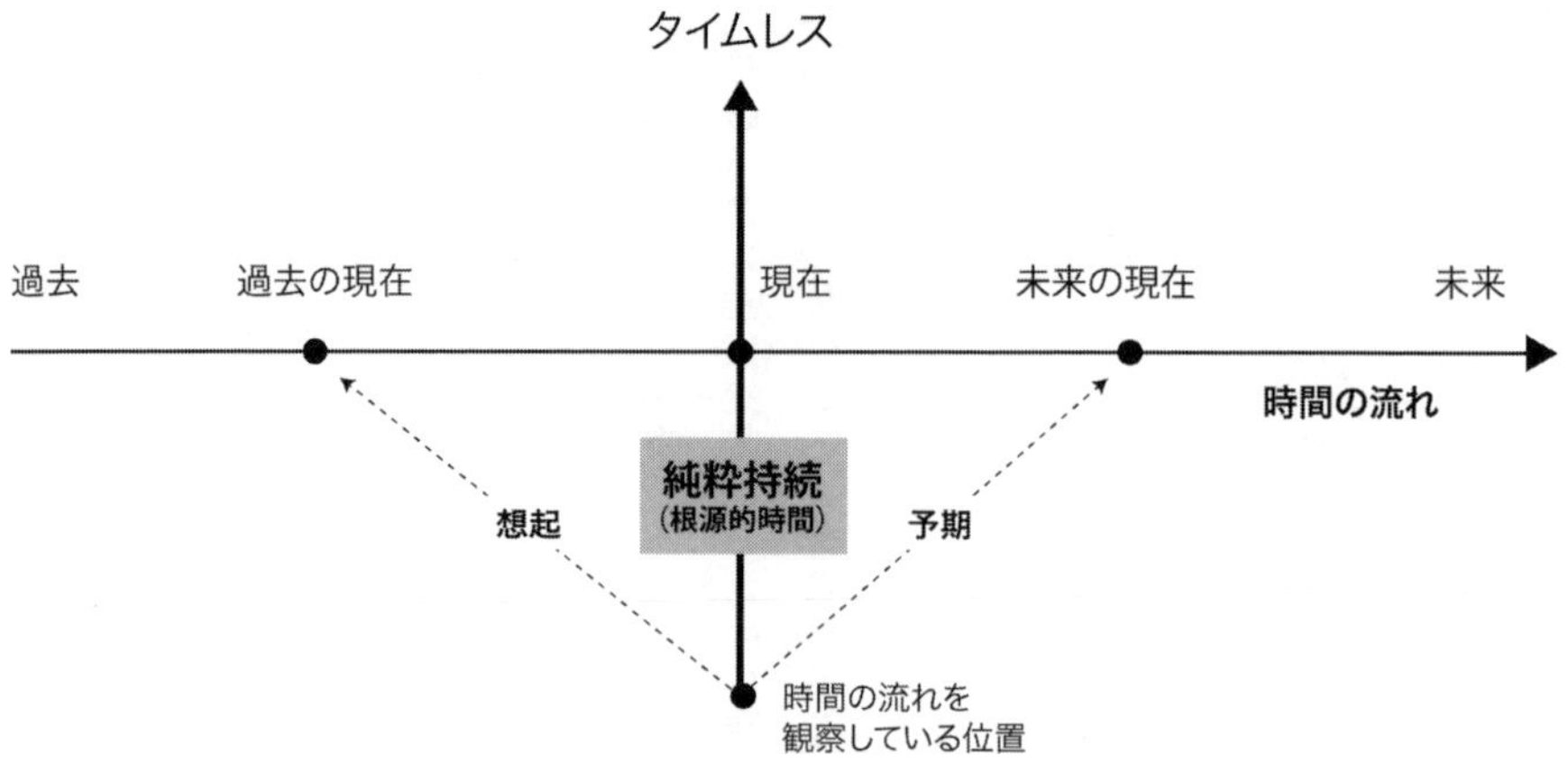

ての現在には前後の現在を感じ取る能力なんてものはない。だから、記憶がなければ時間はバラバラの一瞬でしかなくなるわけ。ベルクソンは、その記憶を支えているのが純粋持続であり、それが精神の働きであるとまで言った。ここで一葉婆さんが言っている組紐が表す時間っていうのは、科学が言っている直線上の時間じゃなくて、人間の心の世界にある、純粋持続の時間のことを言っていると思えばいい。

まき　なるほど！　時間を直線だと認識しているということは、直線じゃないところから見ているからなんですね。

半田　そういうこと。もっと実感的な言い方をするなら、この持続というやつは自分の人生を見ているところと考えるといいんじゃないかな。ベルクソンは実際、この純粋持続のことを「霊魂」と呼んだりもするしね。

まき　きたきた、霊魂きた………！

半田　ここで、一葉婆さんの「産霊」とつながってくるわけだ。「より集まって形をつくり、捻れて絡まって、ときには戻って、途切れ、またつながり。それがムスビ。それが時間」というフレーズの意味が少し分かってくるだろ。

まき　深いですね。まさか『君の名は。』の考察で、こんなに哲学のお話が出るとは思いませんでした（笑）。今までお話をうかがってきて、大きく**「自己と他者の結合」**と**「純粋持続」**という二つのキーワードが出てきたと思うのですが、まさかこの二つがつながってきちゃったりは……

半田　それがね……つながるんだよ（笑）。

まき　えっ〜！、つながるんですか〜!?

半田　最近ノマドワーカーって言葉が流行ったのは知ってるよね？　ノマドってのは本来は遊牧民って意味なんだけど、日本では喫茶店でPCを広げて仕事してる人って意味で広まったよね。このノマドという言葉を流行らせたのはフランスの哲学者※ジル・ドゥルーズって人なんだけど、彼はベルクソンの哲学をもっと具体的に展開すべきだと考えた。持続の精神からどうやって物質が作り出されてくるのかを哲学していったんだ。

まき　哲学者ってそんなこと考えているんですか……。物質から精神が作られたのではなく、精神から物質が作られる仕組みを考えたんですね。

半田　その通り。ベルクソンの持続は言ってみれば精神の働きだよね。ドゥルーズはここに※ライプニッツの※モナドの哲学を接続させるんだ。

まき　モナドの哲学？

半田　モナドというのは「単純実体」という意味で、ライプニッツにとっては物質を作っている大本の存在のこと。ライプニッツは物質をどんどん分割していくと、もうこれ以上分割不可能なところまで出るだろうと考えた。そこに精神が顔を出すと考えたんだ。

まき　え、物質が「精神」なんですか？

半田　いやいや、物質が精神じゃなくて、分割できるうちは物質だけど、分割できなくなったときに実体としての精神が現れるという意味だよ。そして、それをモナドと呼んだのね。

まき　ということは、ライプニッツにとって精神はすごーく、小さいものなんですか？

半田　ライプニッツの考え方ではそうだね。霊魂は物質の一番根底に収縮して入っているという考え方をするんだ。ドゥルーズはベルクソンの純粋持続をこのモナドに結びつけたんだね。とすると、必然的に物質を作っているのは純粋持続＝霊魂ということになるだろ。

まき　ええ、でも、それだとやっぱりオカルトっぽいですよね。

半田　そうだね。でもね、実は現代物理学も同じような世界に入ってきてるんだよね。量子力学の話は聞いたことがあるんじゃない？　観測問題とか、※シュレディンガーの猫とか、※量子もつれとか。

ジル・ドゥルーズ（Gilles Deleuze, 1925-1995）フランスの哲学者。前期は、ヒューム、ベルクソン、スピノザ、カント、ニーチェ等の哲学の研究を行った。60年代にはそれらを総合し、ハイデガーの存在論の批判的乗り越えを試み、超越論的経験論の哲学を打ち立てる。70年代からはフェリックス・ガタリと組んで『アンチ・オイディプス』『千のプラトー』を著し、ポストモダン哲学の中心的潮流を作った。その他の主著に『差異と反復』等がある。

ライプニッツ（Gottfried Wilhelm Leibniz, 1646-1716）ドイツ（プロイセン）の哲学者。ニュートンより先に微積分法を発見したともいわれ、数学者としての功績も大きい。「神は可能的な宇宙をすべて認識する認識力を持ち、かつ、その中で最善のものを選ぶ善意と、それらをすべて現実的に存在させることのできる力を持つ」とする予定調和説を説く。予定調和説は後の人々にモナドロジーと名付けられる。モナドロジーは部分＝全体、全体＝部分という考え方を持つ。ライプニッツは徹底したグノーシス主義者であり、その哲学はルーリア派のカバラから深遠な影響を受けたともいわれている。

モナド（monade）「単純実体」とも訳される。ライプニッツが考えた物質の最小構成要素のこと。物質をその極限まで分割していくと、それ以上小さく分けられないものにたどり着く。それがモナドである。ライプニッツによれば、モナドは精神であり、宇宙を映し出す鏡でもある。つまり、宇宙の全体はこのモナドに映り込み、またこのモナドが宇宙を作る最小部分となる。モナドの宇宙観は、今風に言えばホログラフィックな宇宙観と言えるだろう。

シュレディンガーの猫　量子力学における思考実験の一つ。量子現象は観測されるまで状態を決定することはできない、とするボーアら「コペンハーゲン解釈」への批判として、エルヴィン・シュレディンガーによって提出された。

量子もつれ　量子エンタングルメントとも呼ばれる。量子力学において、遠く離れた二つの粒子が互いに影響をおよぼし合い、一方の測定がもう一方の状態に瞬時に影響を与える性質（非局所的相関性）を持つ状態のことをいう。量子もつれは20世紀前半から確認されていて、アインシュタインは「奇妙な遠隔作用」と表現した。物理学者セス・ロイド（ＭＩＴ教授）らの指摘によると、量子的な粒子は、ほぼどんな相互作用によっても絡み合っており、ほとんどの粒子が量子もつれ状態にあると考えられている。

まき　知ってますよ！　だてにオカルト※厨二病《ちゅうにびょう》こじらせてませんから……。素粒子は観測していないときは確率の波のようなもので、観測したときに初めて現れるという不思議な存在だということですよね。初めて知った時は胸が熱くなりました。

半田　そうだね。現代科学は物質の根底にたどり着いたわけだけど、物質のような捉え方で素粒子は理解することができないということが分かった。物質であれば3次元認識で把握できる。でも素粒子はできないんだ。数学的にもそうだよ。素粒子の世界は複素数でしか表せない。虚数が混じってるんだ。実数じゃない。だから現実的なものとしては表現できない。素粒子が意識と何らかの形でつながっているというのは物理学者たちも気づいているけれど、その先はまだ誰も分からない。それが持続としての精神だという見方をするのがドゥ

●量子の波動性と粒子性

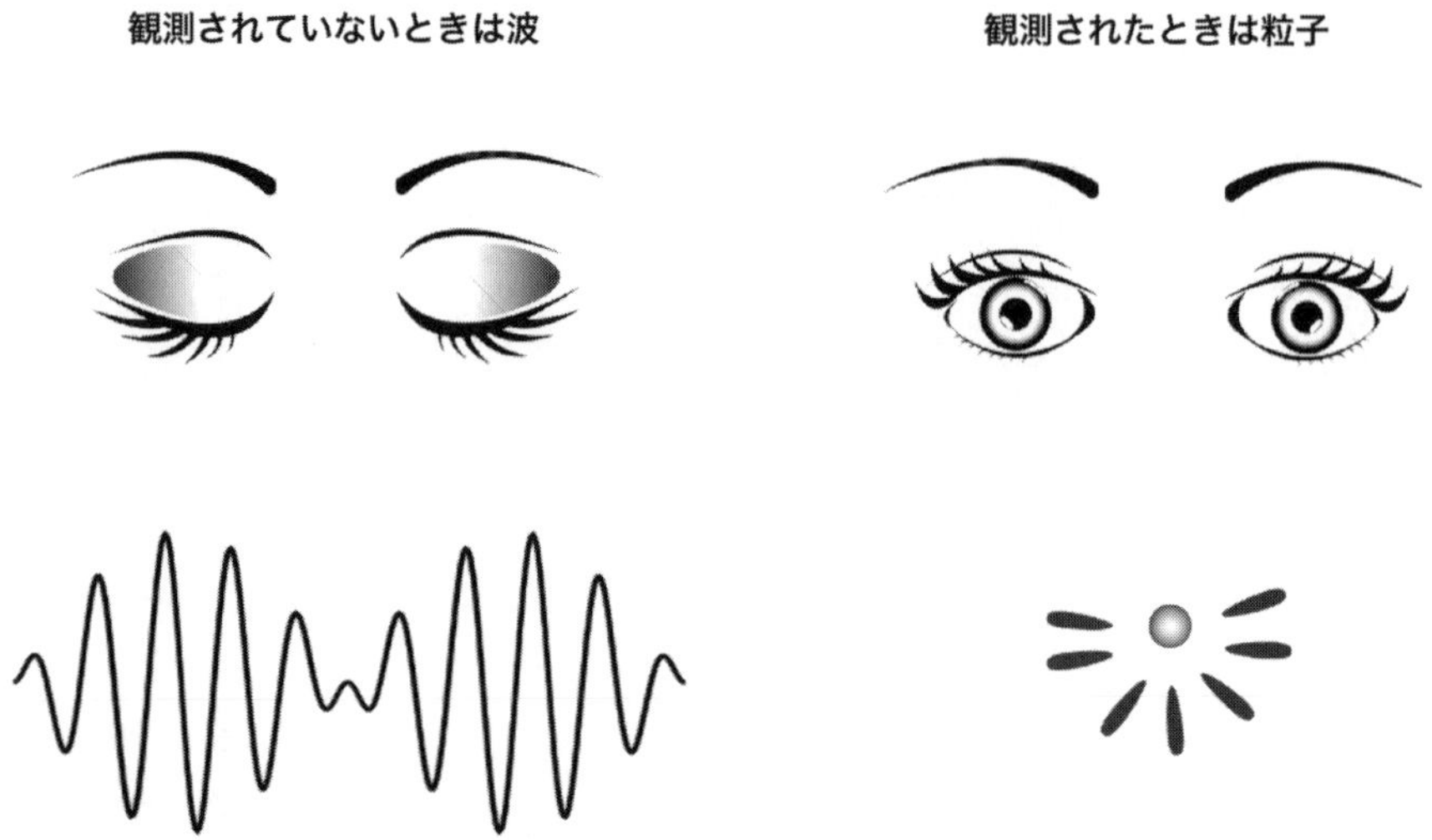
観測されていないときは波
観測されたときは粒子

ルーズだと思うといいよ。

まき　そこにあえて踏み込むのがドゥルーズなんですね。ロックだ……。じゃあ、素粒子が実は自己と他者の持続の力で、それが組紐になって、結ばれたり、引き裂かれたりして、物質を作ってるってことになるってことでしょうか？

半田　なかなかいい直感してるね（笑）。さっきの一葉婆さんのように、持続の領域で自己と他者のモナドがつながり、捻れて、組紐のようになっていると考えたの。ドゥルーズはライプニッツにならって「襞《ひだ》」っていう言い方をするけどね。でも、これはヌーソロジーの考え方では「結び」と言い換えてもいい。そしてドゥルーズは時空に支配された世界は表の自分が住んでいる世界だけど、持続の領域には無意識の自分が住んでいると考えたんだ。だからその仕組みを見い出せば、今までの自我を超えて、無意識の自分を知ることができ、自我の檻《おり》から脱出できると考えた。そして、ここが一番大事なところなんだけれど、その無意識の先に本当の他者がいると考えたんだ。つまり、持続の仕組みを見い出せば、本当の自己と本当の他者がそこで出会える、ということになる。

まき　おばあちゃんマジ哲学者……。彼岸と此岸の出会いがそこにあるということなんですね。

半田　その通り。

厨二病　中学2年生ころの思春期にありがちな、自己愛に満ちた言動を揶揄するネットスラング。例えば、「選ばれし能力（ちから）を持っている俺」など。

二人はイザナギとイザナミだった？
ラストシーンは日本神話「スサノオ」所縁《ゆかり》の神社

まき　須賀神社？　あのラストで二人が会った階段のところですか？

半田　そうそう。※スサノオという神様は知ってるよね。

まき　ええ、日本神話の神様ですよね。ヤマタノオロチを退治したとかいわれてる。

半田　そう。須賀神社というのはね、そのスサノオがヤマタノオロチを退治してその妻となったクシナダヒメと暮らした場所とされているところなんだ。新海監督は意図的にこの場所をラストシーンに持ってきた。

まき　なるほど。ここにも深い意味づけがしてあるんですね。それにしてもラストシーンですよ。ラストは新海作品には珍しく二人が再会しましたよね。この最後のハッピーエンドに納得がいかない視聴者もたくさんいるようですよ！　私とか……。新海監督の美学が一般受けを狙ったことで損なわれた、みたいな（笑）。

半田　確かにこうしたタイムスリップ恋愛ものの今までのセオリーから言ったら、すれ違っても気づかないところに余韻を残して終わるのが定番なんだけどね。最近の映画じゃ『バタフライエフェクト』とか『デジャヴ』とかそうだった（笑）。僕も最初このラストにはちょっと違和感を感じたんだけど、二人が再会した場所が『須賀神社』だということを後で知って、このラストシーンにいたく合点がいったよ。

んですね？

半田　と思うよ。この須賀神社は、明治以前は牛頭天王社《ごずてんのうしゃ》と呼ばれていたの。牛頭天王というのはスサノオの異名でもあるんだけど、実は、これは※古代ミトラ教のミトラのことでもあるんだ。つまり、スサノオはミトラ教と深い関係を持っているんだね。ミトラというのはキリスト教が栄える前に中東全域を支配していた古代宗教で、とても※グノーシス的色彩が強いものだったのね。仏教で弥勒菩薩《みろくぼさつ》と呼ばれているものもこのミトラのことなんだよね。

まき　ということは、日本的にはスサノオが弥勒菩

スサノオ　日本神話において、イザナギから生まれた三貴子の一人。イザナミは火の神カグツチを生んだために死に、その後、イザナギは悲しみの中で一人で無数の神々を生む。イザナギはイザナミに会いたくなり黄泉の国へと赴くが、イザナミのあまりの変わり果てた姿に驚き逃げ帰る。イザナミは怒ってイザナギを追いかけてくるが、イザナギは黄泉平坂（よもつひらさか）に千引きの石を置いて境界を作り、イザナミを撃退する。黄泉の国から帰ったイザナギは禊（みそぎ）をし、14柱神と12柱神を生む。禊の最後に左目と右目と鼻を洗ったときに、順にアマテラス、ツクヨミ、スサノオの三貴子が生まれてきたとされる。

古代ミトラ教　古代ペルシア人の太陽信仰をルーツに持つ宗教。ミトラ神は「新しく生まれる太陽神」という意味で、古代エジプトのホルス神とも深いつながりを持つ。古くから古代アーリア民族の間に絶大な人気を誇り、ヘレニズム・ローマ時代（A・D1世紀から4世紀）には、キリスト教と並ぶ救済宗教として民衆から絶大な支持を集めた。ミトラ教をキリスト教のルーツと見なす研究者もいる。

グノーシス主義　グノーシスは「知識」を意味する。グノーシス主義には狭義のものと広義のものとがある。広義のものは、原始キリスト教の時代（1～3世紀頃）に、キリスト教内部もしくはその周辺に出現したマンダ教、マニ教など多種多様な宗派の総称として用いられる。狭義のものはキリスト教内部の一派として解釈される。グノーシスの究極的対象は「神」であり、この神を魂の中で生起させることを目標にする。それによって、その経験を知る者は神的存在への参与者（霊）と見なされ、この霊化において、魂が知の対象に到達することになる。グノーシスにおける「知識」とはそのような霊化した存在における知識のことをいう。

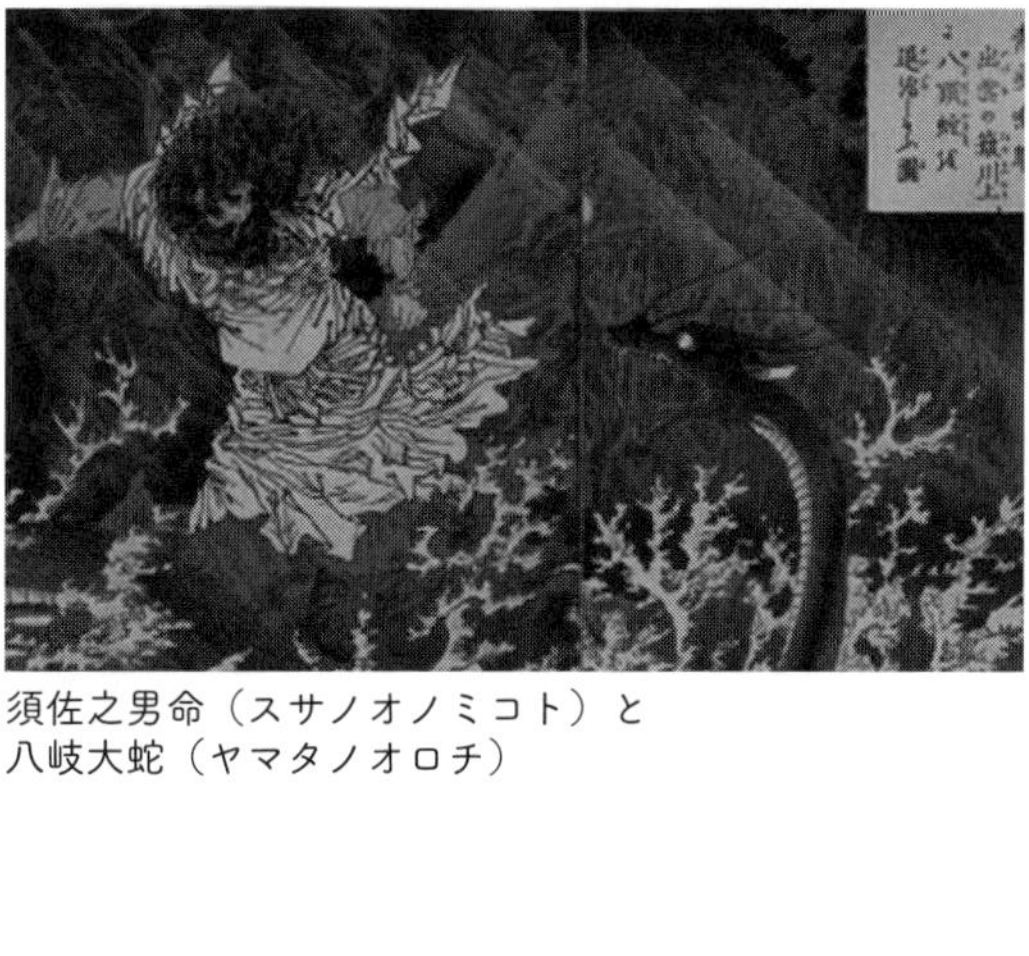

須佐之男命（スサノオノミコト）と
八岐大蛇（ヤマタノオロチ）

薩だってことですか？

半田　そうだね。そう言えると思う。スサノオがヤマタノオロチを退治したときに使った剣のことを天羽々斬《アメノハバキリ》っていうんだけど、古語ではこの※『ハバ』は大蛇の意味だったんだ。ここからは僕の憶測でしかないんだけど、この『ハバ』がさっき話した組紐が強く緊張した状態を示しているんだよ。

まき　「ハバ」が組紐と関係している？　組紐とヤマタノオロチが関係あるんですか？

半田　そう、紐を自己と他者それぞれの方向に引っ張って、直線上の『幅＝ハバ』の世界として3次元空間に閉じ込めて、持続を感じさせなくしているってこと。もっと言うと、この『ハバ』が、ティアマトを二つに分けてしまった※マルドゥクの霊力でもあるってことなんだけどね。マルドゥクは牡牛の神と言われているんだけど、ミトラ教では牛は物質の象徴とされていて、牡牛を供儀することによって人間本来の姿である霊性をよみがえらせることができると考えていたんだ。じゃあ、「スサノオの異名の牛頭天王は物質意識？」という疑問が出ると思うけど、これは殺した牛の頭をかぶった者という意味で物質意識を超えた者という意味を持っていると思うんだ。だから、スサノオが天羽々斬（＝天の幅切り）で物質意識の象徴である八岐大蛇《やまたのおろち》（＝ハバ＝幅）を切ることによって、霊性を奪回する物語とほぼ同じ意味と読める。つまり、『物質意識（＝幅＝ハバ＝八岐大蛇・マルドゥク）』によって自己と他者に分けられてしまった世界を、『純粋持続』（霊魂）によって再び結合させようということをシュメール神話も、プラトンも、日本神話も、ドゥルーズも言及しているんだよ。

まき　すごい、すべてつながっているんですね。

半田　うん。さらに面白いのはね、ひょっとするとイザナギとイザナミの国生みの話も重ね合わせているかもしれない。日本神話ではイザナギとイザナミは最初の父神と母神のような存在だけど、この二人が最初に国生みをしようとするとき、イザナミの方から声をかけるんだよね。そしたらヒルコ神が生まれてうまくいかなかった。だから、今度はイザナギの方が声をかけたんだ。そしたら、うまくまぐわうことができて国生みができた。そういう話なんだけどね。彗星の落ちる直前に三葉が瀧に会いに東京に行くシーンでは、やっとのことで電車に乗っている瀧を発見するけれども瀧は三葉に気づかず、出会い＝「自己他者の合一」は起こらない。ラストシーンは最初に三葉が声をかけそうになるけど思い止まるよね。そして、瀧が呼び止めて「君の名は。」となり、ここでめでたく「自己他者の合一」が起こるんだ。

まき　いやなんか、本当に、思った以上に作り込まれていますね……。

半田　うん。この作品は人類が抱えているその普遍的なテーマを見事に青春ラブロマンスものの中に消化させてみせたってことだね。当たって当然。なかなか作れる作品じゃない。少なくとも僕の中ではここ数年で一番のアニメ作品だと思うな。

まき　哲学に神話に量子論にと、思った以上にすごい話でした……。まさに一つの神話、創世記とも言えますね。貴重なお話、本当にありがとうございました。

ハバは大蛇の意味だった　古語では「蛇」を「カカ」、蛇の眼のことを「カカメ」といい、これが「カガミ」の語源となっているとも言われる。つまり、これはカガミによって作られる空間が「幅（ハバ）」（時空の延長性）を作り出しているという意味にもとれる。

マルドゥク　古代メソポタミアのバビロニア神話などに登場する男神。バビロニアの創世神話『エヌマ・エリシュ』では、マルドゥクは知恵の神エアとその妻ダムキナの息子とされている。木星の守護神をはじめ、太陽神、呪術神、英雄神など、多面的な神格を持ち、当時のメソポタミアでは最も信仰された神と言われている。

ここまでが、「不思議・ｎｅｔ」で公開した半田氏へのインタビュー記事です。

さて、次からはいよいよ、「はじめに」で触れた「わたしの半身はどこにいるのか？」という疑問に迫っていきます。

まだまだヌーソロジーを聞き足りない私は、半田氏に再度アポイントを取りました。そこで紹介されたのが、元臨床心理士の春井星乃さんです。ヌーソロジーと心理学なんて、とんでもない化学反応を起こすに違いありません。ある小春日和、私は逸《はや》る気持ちを抑え、初めての三人でのインタビューに向かいました。

ドキドキしながら待っていると、まずは星乃さんが到着しました。ちなみに星乃さんは心理学で大学院修士課程を修了後、臨床心理士として精神科クリニックに勤務していた方です。

ヌーソロジーとイデアサイコロジー

まき　今日、なぜ星乃さんをお呼びしたかと言うと、私、『君の名は。』の記事を書いた後、半田氏に「失われた半身はどうしたら見つかるのか」を教えてほしいって頼んだんですね。ほら今の若者って、全般的に寂しさを抱えていて承認欲求が高いし。それを満たす方法をみんな知りたいんじゃないかって思ったんです。そしたら、「じゃあ星乃さんを呼ぼう」と言われたんですよ。

星乃　半田さんから聞きました。半田さんは、まきしむに質問してきたような若者たちが「半身」を見つけるためには、心理学的なアプローチも必要と思われたみたいですよ。

まき　いや〜、いまだに「寂しさ」とか「承認欲求」と、ヌーソロジーがどうつながっていくのか予想がつかないので、どうなるのかとても楽しみですわ。あ、承認欲求といえば※アドラーって知ってます？　あれ一時期めっちゃ流行りましたけど、なんでだったんですかね？　個人的には『君の名は。』が流行ったことより不思議でした。

星乃　うん、私も実はあんまり興味持

瀧くんからの声掛け

アドラー（Alfred Adler,1870-1937）　オーストリアの精神科医、心理学者。フロイト・ユングと並び心理学の三大巨匠とされている。初期にはフロイトと共同研究していたが、のちに独立し、個人心理学を創始した。

てなくて。アドラーの心理学が流行るきっかけになったのは岸見一郎さんの※『嫌われる勇気』という本だと思うんだけど、この本では、簡単に言うと「どうすれば承認欲求から自由になれるのか」ということを言ってるのね。多分、難しい自我の構造論とかには踏み込まずに、日常生活にすぐ取り入れられる対人関係のマニュアルのようなものとして、特に現代の、承認欲求から来る対人関係の問題に悩む人たちに受け入れられたんじゃないかと思います。でも、私はアドラー心理学が「トラウマはない」「過去はない」って言い切っちゃうところは共感できないんですよね。『君の名は。』で、半田さんが「記憶は純粋持続で、純粋持続が素粒子、物質の元になっている」って話していたでしょ。そう考えると、記憶＝純粋持続はすべての存在の元になっているものであって、自我も記憶を基盤に出来上がっているの。岸見さんは、「過去や未来を思い悩むのがよくない」、「今ここ」が大事と言っていて、それも言いたいことはよく分かるのね。でも、「今ここ」とは単に、瞬間、一刹那という意味じゃなくて、純粋持続という意味で、記憶のすべてがそこに入っているのだし、「今ここ」を見ている**自我自体が記憶を基盤に出来ているとも言えるのだから、本当は過去をいきなり無視することなどできない**のよね。

まき　なるほど。「今ここ」って「純粋持続＝記憶」だから、過去を無視しては前に進めないですもんね。

星乃　そうですね。無視するのではなく、過去の捉え直しの作業が必要ってことなんだけど。そしてね、「承認欲求」から自由になって、本当の自分を生きるためには、人間の自我の構造、意識発達の仕方についての知識が必要だと思うんですよね。

まき　それを星乃さんがやっているんですね。

星乃　うん、一応自分で「イデアサイコロジー」って名前つけてるんだけど。意識＝素粒子＝物質の構造を心理学的な側面から分析してるの。

まき　それは新しい試みですね！　面白そう。ところで、イデアって『君の名は。』のインタビューで出てきたプラトンのやつですか？

星乃　そうそう。言葉の出自はプラトン哲学だけど、ヌーソロジーでは、今言った「意識＝素粒子＝物質の大本の構造」のことをイデアと呼んでいるの。ヌーソロジーは、そのイデアの構造、つまり、『君の名は。』で言うなら、組紐の結びの仕組み、自己他者のつながりの仕組み自体を、主に物理学・哲学の側面から説明していると言っていいんじゃないかな。つまり、ヌーソロジーの主な関心は「空間とは何か」というところにあるの。それに対して、イデアサイコロジーは、そのイデアの仕組みが人間の心、意識の中にはどのように表れているのかという問題を主に追求しています。つまり、「意識・心とは何か」「意識はどのように発達するのか」ということね。

まき　まじっすか！　だから、その両方がないと、「失われた半身」を見つけることができないということなんですね。だから半田さんは星乃さんを呼んだのか。来てくれてありがとうございます……。でも、そうなるとやっぱり「半身」っていうのは、運命の相手とかパートナーとか、そういう話じゃなさそうですね。

星乃　そうかもしれない。でもそれは、これからのお楽しみなんじゃないかな？　とりあえずそ

『嫌われる勇気 自己啓発の源流「アドラー」の教え』　２０１３年に岸見一郎と古賀史健の共著によって出版されたアドラー心理学を紹介した書籍。２０１７年には、本書を原案としたテレビドラマが放映された。

れを理解するために、ヌーソロジーを一緒に勉強しましょ。

まき お願いします……！　ただヌーソロジーって基本難しくて、相当いろんなこと、哲学とか物理学、あと、歴史や神秘学、神話なんかを、結構幅広く知っていないとなかなか理解できないですよね。本当しんどい。

半田 どうも半田です。分からないなら分からせましょうホトトギス。

まき うわぁ！　いたんですか！

半田 いやあ、出る機会を窺《うかが》ってたんだけど、今だ！　と思ってね。へへ。

まき まあタイミング的には最高でしたけど。

半田 でしょ（笑）。で、「ヌーソロジーが難しい」とか何とか聞こえてきたんだけど。

まき そりゃあそうでしょう。難しいもん。

半田 「難しい」んじゃなくて、「新しい」と言ってほしいなぁ（笑）。僕だって、若い人たちにヌーソロジーを分かりやすく説明するにはどうしたらいいんだろうって、いつも考えてるんだけど、これがなかなかうまくいかなくてね。

星乃 そうですよね、「新しい」というのと、あと、やっぱり「アヤシイ」というのもあると思うんです（笑）。でも、手に取る前にスルーされちゃうのはもったいないんですよね。ヌーソロジーを知ったら、きっと「へぇ〜、そんな考え方もあるんだぁ」ってワクワクできる人って、結構たくさんいると思うんですよ。特に今の若い人は社会に希望を持てず、閉塞感を感じている人も多いと思うから。

まき　そうですね。人類の未来は明るいんだって、ヌーソロジーを通して思えるといいなって。だから、そんな人たちのために「半身の見つけ方」やヌーソロジーのもっと深いところを、分かりやすく説明することはできないかなぁって思って、今日は相談しにやってきたわけですよ。そのためには、私自身がヌーソロジーを勉強して、もう少し知っていないと無理かなぁって感じて、まずはヌーソロジーって何なのか、何をやろうとしているのか、そのへんの部分だけでも、今日は簡単にレクチャーしてもらおうと思ってます。

半田　そうだね。まきしむには『君の名は。』のインタビューで、ポイントになるところはだいたい話していると思うんだけど、ヌーソロジーは世界の捉え方自体がまるっきり違うから、最初は何を言っているのか、分からないかもしれないね。ヌーソロジーのやりたいことを一言で言うなら、意識の反転、つまり、「世界の見方を根底から反転させよう」ってことなんだ。

ヌーソロジーは意識の反転を目指している

まき　「反転」って、半田氏の本やTwitterなどでもよく出てくるワードですよね。でもはっきり言ってまだ理解できてません。考えようとすると意識が反転して、ついつい夢の中へ……。

半田　そっちに反転するんかい（笑）。えっと、今の世の中、いろんなことが行き詰まってるよね。環境破壊なんかは一番の問題だし、世界のいろんなところで紛争なんかも起こってて、大きな戦争だっていつ起こったっておかしくないような状況にあるでしょ。あと、日本の場合、若者の自殺率は先進国でナンバーワン。社会のモラルもどんどん低下してきている。世の中は、IT化やIoT（Internet of things：モノのインターネット）化が当たり前のように叫ばれて、どんどん便利にはなっているんだけど、それに反比例するかのように僕らの心の方はどんどん狭いところに閉じ込められていって、出口ナシ。そんな感じだよね。で、みんな一生懸命頑張ってきたはずなのに、何でこんな世の中になっちゃたの？　って。その理由を考えたときに、結局のところ、世界に対する僕らの眼差し自体が歪《ゆが》んでいるからなんじゃないかと思ったんだ。**ビッグバン理論とか、進化論とか、まぁ、何でもいいんだけど、僕らが学校で習って常識としていることとそれ自体が、何か根本のところで間違ってるんじゃないか**って。それで、『君の名は。』のインタビューのときにも少し話したと思うんだけど、神話とか、宗教とか、オカルティズムとか、物理学とか、哲学とか、とにかく、それらをぜーんぶ、トータルにまとめて見ることのできる一貫した視点ってものがないものか、ずっと考え続けてきたんだよね。その結果、もう、これしかねーだろ、って行き着いたのが、今言った「意識の反転」というコンセプトだったわけ。僕ら人間が持った意識の在り方を、その大本から反転させて、世界に対する眼差しそのものをまったく違ったものに変える、ってことなんだけどね。

まき　意識の在り方をその大本から反転させるってどういうことですか？　……ハッ、まさか私、洗脳されようとしてる……？

半田　大丈夫。洗脳が目的だったら、こんなややこしい話はしないよ（笑）。とにかく、僕が言いたいのは、**今の人間は宇宙を逆さまに見てるんじゃないか**ってこと。たとえば、いきなり、鏡の中の世界に投げ込まれちゃったら、時計の文字盤も、道路標識も、通りの看板も全部、逆に映って鏡文字に見えてしまうよね。ドアノブも、電気のスイッチも、逆の位置にあるように見えちゃう。それって、かなり薄気味悪い。人間って、ひょっとしたら、そういった巨大な宇宙鏡の中に閉じ込められているんじゃないのかって、思い始めたわけだよ。何か、一方的に偏《かたよ》ってるんじゃないかって。だから、僕らが常識としているものの見方の一つひとつを丁寧に反転させて、世界を見たらどういう世界になるんだろうって、執念で考えていった。

まき　執念（笑）。ふむふむ、そうやって、出来上がっていったのが、ヌーソロジーだというわけですね。言わば、世界を真ウラから見直すような考え方なんだ。

星乃　半田さんがおっしゃったように、私も、世界はいろんなところで限界を迎えているように思うのね。『君の名は。』の記事で、半田さんとまきしむが素粒子の観測問題について話していたでしょ。人間の観測が素粒子の状態に影響するっていう。そこで、問題になっているのは人間の意識だよね。でも、意識が何なのか誰にも分からない。心理学だって、※フロイト・※ユングの時代からその謎に取り組んできたわけだけど、最近は測定可能な表面

フロイト（Sigmund Freud, 1856-1939）オーストリアの精神科医、心理学者。神経症の研究を通して無意識を発見した。精神分析学の創始者として知られる。フロイトの精神分析は精神医学よりも20世紀の哲学に大きな影響を与え、構造主義やポスト構造主義の基盤にもなっている。主著は『精神分析学入門』『夢判断』『モーセと一神教』など。

ユング（Carl Gustav Jung, 1875-1961）スイスの精神科医、心理学者。統合失調症研究や夢分析を行い、集合無意識や元型の概念を提出した。分析心理学の創始者。フロイトの愛弟子であったが、フロイトの手法に限界を感じ、独自のアプローチを取るようになる。主著に『タイプ論』『アイオーン』『心理学と錬金術』などがある。

的な研究ばかりしてるの。若者たちは若者たちで、非常に自己評価が低くなっていて、他人からの評価や承認以外には価値を感じることができないという状態になっているみたいだし。いつの時代も若者というのは、その時代の最先端の意識を体現するものだから、きっと「人類は今までの自我のあり方では本当に価値のあるものは見い出せない」ということなんじゃないかと思うの。唯一の希望であるかのように見えるAIやVRの技術も、私は自我を強固にさせる壁にしかならないような気がしてるし。

まき 確かに。出口が見つからない感がハンパない。

星乃 うん、ここに共通してくるのは、意識＝自我の問題でしょ。人類の前に立ちはだかったこの壁をぶち破るには、もう意識＝自我の謎に切り込むより他に道は残されていないと思うのね。だから、私が個人的にヌーソロジーがすごく面白いって思ったのは、素粒子を人間の意識との関係で考えているところなの。『君の名は。』でも、「むすび」の話とかがあったじゃない？　物質を自己と他者の「むすび」として考えているところ。そこに、その壁を超える鍵があるような気がして。

まき なるほど、**意識の謎に切り込むことが現代社会の限界を突破する道につながる**ってことですね。普通は、素粒子によってこの宇宙や地球、さまざまな物質、生物、人間一人ひとりが構成されていると考える。でも、ヌーソロジーは自己と他者の意識によって素粒子が構成されていると考えるわけだから、人間から宇宙が生まれていることになっちゃう。ちょっとまだ、というか全然、想像できない世界ですが、考えるだけでワクワクしてきました。

「僕—それ」と「僕—君」という意識の二つのフィルター

星乃　そう、そこが本当に面白いんですよね。もし、自己と他者の意識によって素粒子が構成されているとしたら、**本当の究極の二元論というのは、意識と物質ではなくて、自己と他者だってこと**になるでしょ？　科学的にはもちろんトンデモにしか聞こえないんでしょうけど、そう考えると、すべてがしっくりくる感じがするんですよね。だって、私たちが生きていて、一番大事なことって、まさに自己と他者の間の関係ですからね。

半田　うん。それ、それ！　星乃さんが言う、自己と他者の間の関係。この二元的関係をベースにして宇宙の構造について考えている人って、科学者の中には、ほとんどいないのね。**現代の哲学なんかが一番問題にしてきたのもこの自己他者問題だし、今一番考え直さなくちゃいけないのもこの問題だと思っているんだ。そして、それが宇宙の在り方とダイレクトに結びついている。**

まき　自己と他者の関係をベースにして宇宙のことを考えるって、具体的にどういうことなんでしょ？　普通、自己も他者も、宇宙の中の地球という一惑星に生まれてきた二人の人間というようなイメージで考えられていますよね。そして、そこでそれぞれが意識を持つ、といったような。ヌーソロジーではそういう考え方をしないということなんでしょうか。

半田　うん、そういう考え方はしない。それだと、自己と他者の関係が一般化されてしまって、自己と他者の間にある根本的な違いが見えなくなってしまう。その違いが見えないために、こんな世の中になっていると言っても過言じゃないかもしれない。

まき　自己と他者の関係が一般化されてしまうってどういうことですか？　意味が分かりません。

半田　一般化というのは、学校の出席簿みたいに、Aさん、Bさん、Cさんというように、各個人が並列的に並べられてしまうことを言うんだけど、**そもそも自分という存在は、他者とはその存在の仕方が絶対的に違うもの**だよね。

まき　………？

半田　ん〜、どういうふうに説明しようっか……。ちょっとだけ、話の角度を変えるね。ユダヤ人の哲学者で、※マルティン・ブーバーっていう人がいるんだけど、彼は人が使う言葉の中で、最も根源となる対の言葉は何かって考えたのね。普通だったら、肯定と否定を表す「はい―いいえ」とか、在と不在を表す「ある―ない」とか、そういった対立語が浮かんでくるよね。でも、ブーバーは、それは「〈我―汝《なんじ》〉と〈我―それ〉」の関係だと言うんだ。つまり、人が世界に対して取る態度には、〈我―汝〉を根底に置く態度と、〈我―それ〉を根底に置く二つのスタイルがあるってこと。カジュアルに言えば、〈僕―君〉〈僕―それ〉ってことだね。

まき　根源語って言うのは、さっき話した意識と物質とか、自己と他者っていう世界を構成する最も基本的な要素って意味ですか？

半田　人間は言葉でものを考えるわけだから、ブーバーの言う根源語というのは人間が世界について考えるときの最も深い基盤になっている関係のことと言っていいと思うよ。

まき　つまり、ブーバーが言いたいことって、世界の基盤が〈僕―君〉と、〈僕―それ〉という二通りの在り方で成り立っているということですか？

半田　そういうこと。要は人間が世界を見るときには、必ず〈僕―君〉か、〈僕―それ〉かという、どちらかのフィルターを通して見ているってことだね。ブーバーは※ハシディズムっていうユダヤ思想がベースにある哲学者なので、宇宙の在り方を倫理的なものとして捉え直したかったんだと思う。だから、こんなことを考えた。さっき星乃さんが、人間が生きて行く上で一番大事なことは、自己と他者の関係って言ったけれど、普通、自己と他者の問題って、道徳とか、倫理とか、社会的な問題として語られることが多いわけじゃない。でも、ブーバーは、さすがユダヤ系の哲学者だよね、そのことを宇宙的な問題と考えて、宇宙自体を〈僕―君〉というフィルターを通して見るか、〈僕―それ〉というフィルターを通して見るかによって、人間の在り方、生き方も大きく変わってくるって語ったわけ。ちなみに、まきしむはどっちのフィルターで見ている？

まき　どっちって？

マルティン・ブーバー（Martin Buber, 1878-1965）　オーストリア出身の宗教哲学者。シオニズム運動に積極的に関わったが、ハシディズムに傾倒した後は運動から離れた。ブーバーは、人間の世界に対する態度には、『我―それ』という主体で閉じた場と見なすか、『我―汝』という主体的な出合いの場と見なすかという二通りの根源があるとした。主著は『我と汝』。

ハシディズム　18世紀に東ヨーロッパで、バアル・シェム・トーヴが創始したユダヤ教の神秘主義的革新運動。カバラ思想を基礎に置くものの理論的な複雑さは除外され、ユダヤ神学の核心である神との感情的な交わりを重視した思想。ハシディズム（ドイツ語 Chassidismus）とは、ヘブライ語のハシドゥート（敬虔）に語源を持ち、この特質は「生命の樹」を構成するセフィラーの一つであるヘセド（chesed）と結びついているとされている。ヘセドのセフィラーは「慈悲・慈愛」を意味している。ヘセドはケセドとも呼ばれる。

半田　今言ったこと。〈僕—君〉で宇宙を見ているか、〈僕—それ〉で宇宙を見ているか。

まき　〈僕—それ〉は普通に、自分が宇宙を物質として見ているってことですよね。そっちはまだ分かるんですけど、〈僕—君〉で宇宙を見ているっていうのは、ちょっと想像できないですね。宇宙が「君」ってこと？

半田　そうだよね。それが、普通の感覚。でも、〈僕—それ〉のフィルターで宇宙を見ちゃうと、自分以外は全部「それ」にすぎなくなっちゃうから、すべてを対象や道具として見ることと同じになっちゃうよね。さっきも言ったけど、世界に対するそういう見方が、世界をこんなに住みにくくしているんじゃないかと思うのね。

まき　えっと、ちょっと待ってください。私の感覚としては、宇宙は「それ」ですけど、「君」は人間として、道具としては見てないですよ。何と言うか、物質と人間は別物として考えているといった感じです。

星乃　そうよね。半田さんの言う〈僕—それ〉っていうのは、「君」さえも「それ」として見てしまう、つまり、人間というか意識を、物質と同じものとして考えるってことなんじゃないかな。人間関係なんかでも、他人を道具のようにして利用することしか考えない人っていますよね。

まき　あっ、そういうことか。〈僕—それ〉で宇宙を見ちゃうと、人をモノのように扱って、全部自分本位の世界になって、相手に対する思いやりとか、共感とかを忘れがちになっちゃうんだ。

『君の名は。』に秘められた真意

星乃　うん、普通、私たちは肉体のことを自分だと思っていて、それを3次元世界の中にある物質のように見る癖がついているよね。それが〈僕―それ〉っていう世界観ですよね。でも、半田さんが言いたいのは、意識と肉体は別だよってことなんじゃないかな。『君の名は。』の話にも出てきていたけれど、意識は幅的な客観世界にあるのではなく、それを超えたところにある純粋持続が基盤なんだってこと。

半田　星乃さんを呼んで正解。的確に説明してくれてありがとう（笑）。ブーバーも、〈僕―それ〉は時空的な連関を持つけど、〈僕―君〉は時空的な連関を持たないって言ってるね。つまり、『君の名は。』での三葉と瀧君との関係にも表されていたように、〈僕―君〉の関係は、本当は時空なんてものをはるかに超えているってこと。ここがとても大事なところ。さっき、僕が「人間は宇宙を逆さまに見ているんじゃないか」って言ったけれど、それを、このブーバーの言い方に訳すなら、**本当は、宇宙は〈僕―君〉が根源語であるはずなのに、今の僕たちは、〈僕―それ〉を根源語のように感じてしまっている**ってことなんだよね。

まき　それは言い換えれば、宇宙を「意識と物質」の二元論で見るってことですよね。そっか、今の私たちには、本当の意味での「君」、つまり、他者がいないってことなんだ。

星乃　うん、人間さえも「物」として見てしまっているわけだから、当然、そうなるよね。

半田　まきしむも星乃さんもナイスセンス！　まさに、そのことを哲学では※「独我論《どくがろん》」という言い方をするんだけどね。今の世界は〈僕―それ〉の中で閉じているってこと。この間のまきしむの『君の名は。』のインタビューの最中も、僕自身は、ずっと、この独我論的イメージを超える思考の在り方を念頭に置いて話していたのね。つまり、みんな〈僕―それ〉のフィルターでしか世界を見ていないから、誰も「君」が誰なのかを知らないんだよ。だから、あの映画も『君の名は。』―なの。

まき　………目から鱗《うろこ》が止まらないですわ。じゃあ、さっきおっしゃってた宇宙全体を「僕―君」のフィルターを通して見るっていうのは、どういうことなんでしょうか？

半田　さっき、星乃さんも言っていたけれど、たとえば、現在の科学は「素粒子」を物質の最小単位として考えているでしょ。これなんか、素粒子を「観測者と対象」という形で〈僕―それ〉の関係で見ているからだよね。でも、ヌーソロジーが考える素粒子の世界というのは、『君の名は。』のインタビューでも答えたように、まさに今、世界で生きている〈僕―君〉の意識構造を形作っている力そのものの姿なわけ。つまり、ヌーソロジーは見ている自分と見られている対象を分けて考えないってこと。これは、物質が先か精神が先かっていう、プラトンとアリストテレスの論争以来ずっと続いている哲学の伝統的な問題ともリンクしている話なんだけど、**ヌーソロジーでは、精神の存在の方が先にあるものとして考え、そして、かつ、それを素粒子と同じものだと考えて、そこから、この宇宙がどういう構造になっているのかを考えていくん**だよね。この時点で、すでに、〈僕―それ〉といったような、精神と物質を区別して見る考え方はなくなっていて、逆に、宇宙そのものの中に〈僕―君〉を感じ取っていくような新しい世界観が現れてくる。

まき　そっか、宇宙を〈僕―君〉で見るっていうのは、宇宙全部が「わたし」と「あなた」の結びつきの中で出来ているって考えるっていうことなんですね。『君の名は。』で言えば、組紐の両端を自己と他者と考えて、その結び目が物質となっているってことと同じですかね。

半田　そういうこと。**宇宙を論理ではなく、倫理で思考していく**って言い換えていいかもしれないね。もっと、言っちゃえば、本当の論理とは倫理でもあるべきだってこと。当然、今まで〈僕―それ〉という根源語の中で生きて、物質が先と思い込んでいた人たちは、初っ端から、眩暈《めまい》がするような反転感覚を喰らうから、多分、すぐには信じられない。特に対象的な思考を絶対としている科学者の頭には理解が難しいだろうね。でも、そういう見方をしても、この世界に首尾一貫した説明を与えることができるのであれば、それは、今の世界観に対するオルタナティブとして十分に成り立つわけだろ。単に世界を〈僕―それ〉の世界から、〈僕―君〉の世界へと反転させてみたら、世界はどのように見えるのかってことを思考しているだけだから、別に問題はないよね。ヌーソロジーというのは、そういったコンセプトで、近代の学問が積み上げてきた物質的な知識を、〈僕―君〉という根源語のもとで、精神的な知識へと変換して、新しい宇宙的な知性のプラットフォームを用意していこうとする思想だと思ってもらえばいいかな。

独我論　哲学における主観主義的な認識論の立場の一つ。実在するのは自分の精神現象としての自我だけであり、他者や外界の事物などのあらゆる存在は疑いえるもので、自我の意識内容にすぎないとする考え方。

星乃　そうは言っても、ヌーソロジーの世界観を受け入れるのはなかなか難しいですよね。アカデミズムの世界ではなおさらです。半田さんの〈僕―それ〉感覚って、多分自我のことだと思うんですよね。人間が自分の自我を維持しようとする力はめちゃくちゃ強力なんですよ。人間って、それまで信じてきたものを否定することは自分自身の存在を否定するように感じ、感情的に受け入れがたいものに見えるんですよね。だから、ほとんどの方は、科学的な立場を離れるということに抵抗があるんじゃないかな。

半田　もちろん、それも無理ないことだと思うから、〈僕―それ〉感覚を否定しようとはまったく思ってないのね。それはそれでいいじゃない。問題はその裏となる〈僕―君〉感覚が欠けているってことだから、それを、補完した方が望ましいと言っているだけで、科学的知識と矛盾を起こすわけじゃない。ただ、〝世界観〟という観点からみたときには、真っ向から対立してしまうけどね。なんせ、物質より精神の方が先だって言っているわけだから。だから、当面は、こうした問題意識を共有できる人たちが、力を合わせて地道にそのオルタナティブを作り上げていくしか方法はない。そのためにも、それこそ、その構築のための共同のプラットフォームのようなものが必要になってくるよね。ヌーソロジーはまず、それを作っていきたいわけ。

まき　私もアカデミズムがどうこうというより、一人の人間の感覚としてどうかということの方が関心あるなー。何か、こうやって話を聞いてるだけでも、ヌーソロジーって、今までとはまったく違った宇宙論って感じがしますよね。何か異次元に引き込まれていくみたいな感覚を感じます。このような新しい考え方を、何とか「常識的感覚」と喧嘩《けんか》しないように伝えていきたいですね。

半田　確かに、そのへんが難しいところではあるんだけどね。でも、『君の名は。』の記事は、ネットで、結構評判良かったんだろ。

まき　そりゃ、「いいね」は一万を軽く超えてますし、コメントも100件超えてますからね。賛否両論ですけど（笑）。それだけ注目を浴びているってことです。

半田　じゃあさ、うまくできるかどうかは分からないけれど、不思議議ネットでやったのと同じ『君の名は。』方式で、このインタビューも構成していくってのはどうだろう。何かヌーソロジーと関係がありそうな映画をネタにして、映画分析をやりながら、同時にそこにヌーソロジーの考え方を絡ませて解説していくというスタイル。星乃さんの心理学的な側面から見た考察なんかと混ぜ合わせながらやれれば、「失われた半身の見つけ方」にも触れられるし、少しはとっつきやすくなって、面白くなるんじゃない？

まき　いいですね。有名な映画ならみんなもとっつきやすそうだし。星乃さんはどうですか？

星乃　うん、面白そう！

まき　基本、みんなが知ってる大ヒットした作品がいいと思います。で、さらにヌーソロジー要素もあると最高ですね。

星乃　そうよね。半田さんは映画オタクだから、マニアックな作品が好みなんでしょうけど、ここは自我の好みを抑えて、メジャーな映画やアニメでいきましょう。あっ、そうだ。『エヴァンゲリオン』はどうでしょうか？　あの作品は心理学的に見ても、結構、面白い作品なんですよ。それに、『君の名は。』ともアニメつながりということで、話の流れとしてはいいんじゃないかな。

まき　はいはいはい。アニメといったら外せないですねー『エヴァンゲリオン』。『エヴァンゲリオン』なら、私のようなアニオタもついてくるでしょうし、世代的にも、結構、幅広くカバーできますよね。……って、肝心の半田氏は、『エヴァンゲリオン』、分かります？

半田　なめちゃいかんよ、ＴＶ版も含めて新劇場版三部作まで、一応、全部見てる。でも、ほとんど忘れちゃってるから、見直さないと。

まき　よし、わりとあっさり決まりました。とりあえず次は『エヴァンゲリオン』に決定!!

時空を超えた瀧と三葉

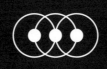

第2章

『新世紀エヴァンゲリオン』
——二つのタナトスの狭間で

無へと還ろう
みんな崩れていく　崩れていく　崩れていく
無へと還ろう
私は壊れていく　壊れていく　壊れていく

『Komm, susser Tod　甘き死よ、来たれ』より

第1章では、「半身」を見つけ、新しい世界観を得るための、全体的な地図を手に入れることができました。いよいよ、これから本格的な旅が始まります。

庵野秀明監督の『エヴァンゲリオン』。この作品はアニメ界にそびえ立つ「セカイ系の走り」的作品の代表格です。アニメ『新世紀エヴァンゲリオン』は1995年から96年にかけて放送され、その後、97年には『新世紀エヴァンゲリオン劇場版 air/まごころを、君に』が上映されました。当時、若者を中心に、キャラやストーリーの斬新さや設定の難解さなどから大ブームとなり、社会現象ともなりました。2020年には、エヴァファンが待ちに待った最新作『シン・エヴァンゲリオン劇場版』が公開される予定です。

第2章では、この難解な庵野ワールドを紐解くため、『エヴァンゲリオン』シリーズ（本書ではこの旧劇場版までを対象とし、それ以降の新劇場版はほとんど扱いません）と共に、2016年7月に公開された、同じく庵野監督の作品『シン・ゴジラ』も取り上げたいと思います。

『エヴァ』と『シン・ゴジラ』。一方は20年前のアニメ作品、一方は3年前の実写映画。まったく違うものです。でも、使徒やゴジラなど、得体の知れないものが襲ってくるという設定は似ています。ここには何かあるんじゃないかという感覚を覚えた方もいらっしゃるのではないでしょうか。この似ているようで似ていない、似ていないようで似ているという何とも言えないモヤモヤ感、そして、そもそも「エヴァとは何だったのか」を、心の世界と※カバラなどの※神秘主義思想から、星乃さんと半田氏が一刀両断で解決してくれます。『シン・エヴァンゲリオン劇場版』公開までに庵野ワールドを攻略して、さらに楽しむための下地を作れるのではないでしょうか。もちろん、それと同時に、「半身」に出会うためのアイテムもぞくぞく登場します。乞うご期待！

カバラ　ユダヤ教の神秘主義思想。カバラ（Kabbala）には「口伝」の意がある。神との神秘的合一の秘儀と、万物創生の秘密を解き明かす神智といわれる。歴史的にカバラが表舞台に登場してきたのは、12世紀の北スペイン、ないしはフランス南部のプロヴァンス地方だといわれている。カバラは古代から連綿と続くユダヤ神秘主義に、その時代の時々のラビたちが幾度となく修正を加えながら出来上がってきたもので、現在知られている「生命の樹」を土台とした教義の大筋は「バヒルの書」が記された12世紀頃に出来上がったとされる。

神秘主義思想　人間が神をその絶対性のままに自己の内面において直接的に体験できるとする信仰形態を持つ思想。当然、そのような存在は感覚や知性によっては認識できないので、瞑想や荒行などの秘儀的方法を通して行おうとする。新プラトン主義や原始キリスト教におけるグノーシス主義などはいずれも神秘主義思想とされる。

『新世紀エヴァンゲリオン』のあらすじ

２０１５年、第3新東京市に正体不明の巨大生物「使徒」が現れる。「使徒」を殲滅するべく結成された組織「ＮＥＲＶ（ネルフ）」の総司令官碇ゲンドウの息子シンジは急遽父に呼び出され、汎用人型決戦兵器「エヴァンゲリオン」のパイロットに指名される。シンジは拒否するが、同じくパイロットの綾波レイや人類を救うために「エヴァ」で使徒と戦うことを決断する。しかし、父の冷徹な行為への反発や使徒への恐怖から「エヴァ」に乗ることに葛藤し続ける。次々と明らかになる使徒の祖「アダム」と人類の祖「リリス」の存在、南極で起こった大爆発「セカンド・インパクト」の謎。そして「ＮＥＲＶ」の上部組織「ゼーレ」の「人類補完計画（全人類を全て融合させ一つの新たな生物として新生させるというもの）」が発動され、シンジは人類の未来を託されることとなる。

70〜90年代の日本人の精神的風景 ――『エヴァ』の空気感――

まき　いや〜、やっぱり『エヴァ』は何回観ても「なるほど分からん」ですね。でも、好きなんですよ。自分でもよく分からないんですけど。だからこそ、私がエヴァのどこに惹《ひ》かれているのかも知りたいんです。もはやこの映画評論は自己分析にも近いんですわ。ファンの中にはそういう人も多いんじゃないかな？　だから今回はぜひ星乃さんに心理学的な面から、半田氏にオカルト・神秘主義の面からエヴァを読み解いてほしいんですよ……！

半田　最初から熱入ってるねぇ。僕は、90年代後半だったかなぁ、オカルト好きの友人に「ムチャクチャ面白いアニメがありますから、半田さんもぜひ観といた方がいいですよ」って言われて観たんだけどね。その友人が「深遠な哲学的アニメです」って言うもんだから、その期待で胸を膨らませているところに、いきなりペンギンが出てきたから、ひっくり返った（笑）。でも、回を追うごとに徐々に引き込まれていって、物議を醸した例の最終回もそれなりに楽しめたし、その後の旧劇場版と新劇場版の三部作もすごく面白かったけどね。

まき　あの最終回は監督的にも消化不良だったらしいですからね。私も何だかんだ両方楽しめましたけど。

半田　ただ、今の若い世代にはこの作品の意図はよく分からないんじゃないかな。やっぱり、当時の時代の空気感というのがあって、それがもろに反映されていた感じがする。確か、TV版の放映が始まったのが1995年だったよね。実は、この年に日本全体を揺るがすような大事件が起こってるんだけど、まきしむは何か知ってる？

まき ……コギャル現象ですね。

半田 うん、そうだね。孫ギャルというのも存在した。ソニプラのルーズがマストアイテムで、チョベリバ、チョベリグ………？　って、違う、違う。僕が言いたいのは……。

まき オウム真理教による※地下鉄サリン事件ですね。

半田 最初からそう言ってくれよ（笑）……そう、その地下鉄サリン事件。この事件が起こった1995年の3月から、教祖の麻原が逮捕されるまでの約2カ月間というもの、TV欄は連日オウム関連の特番で埋め尽くされて、日本全体が異様な雰囲気になってたんだよね。ある評論家なんかは「一連のオウム事件以降、すべてのドラマ、映画が面白くなくなった」とまで言っていた。

まき 私は当時小学生だったので記憶がおぼろげですが、あの頃のオウムに関するTV報道のドラマ感はヤバかったですねー。ちなみに当時私のクラスでは、しばらく家のインターホンの鳴らし方を「ショーコーショーコー」のテーマ曲のリズムと完全に同期させる謎の流行が起きました。

半田 ははは（笑）。子供は呑気でいいねぇ。大人の世界はもう大変。オウムは、教団ができたのは1984年なんだけど、90年代になって教団施設付近の住民とのいざこざが始まって、徐々に一般にも知られ始めたんだよね。70年代から90年代の初めというのは、※新・新宗教ブームというのが起こってきて、新手の新興宗教が立て続けに登場してきた時期でもあった。※幸福の科学とか、※ワールドメイトとか、※ラエリアン・ムーブメントとか。オウム真理教もそのうちの一つで、それこそ、かなりの勢いで信者を増やしていったのね。そこにきて、この地下鉄サリン事件でしょ。だから、その反動たるやすごいものがあったんだ。このオウム事件以降、宗教に嫌悪感や拒絶感を抱く人が激増して、宗教やっている人＝アブない人という等式が半ば常識化していった。そういった時期にTV版の『エヴァンゲリオン』が登場してくる。確か秋頃だったと思うよ。

地下鉄サリン事件　１９９５年3月20日に発生したオウム真理教による同時多発テロ事件。東京の地下鉄車両内で神経ガスのサリンが散布され、乗客・乗務員を含む多数の被害者が出た。

新・新宗教ブーム　新・新宗教とは、１９７０年代以降に出現した新興宗教の総称。幸福の科学、ワールドメイト、ラエリアン・ムーブメントなどがある。幕末明治維新後の日本を見ると、宗教ブームは大まかに分けて3回起こっている。1回目は、幕末明治維新時の天理教・金光教などの出現、2回目は戦後の創価学会、立正佼成会など、3回目がこの１９７０年以降の新・新宗教ブームである。

幸福の科学　１９８６年、大川隆法によって創始された宗教団体。至高神 エル・カンターレを本尊とし、歴史上の著名人の霊言を主とした出版物による布教スタイルを特徴としている。

ワールドメイト　深見東州が教祖をつとめる神道系の宗教団体。

ラエリアン・ムーブメント　フランスのクロード・モーリス・マルセル・ヴォリロンが創始した新宗教。人類は約2万5千年前に、異星人エロヒムによりクローン技術によって創造されたと説く宗教。

境界例的時代の境界例的な『エヴァ』

星乃　そうでしたね。今回、私もいろいろと『エヴァ』について調べたんですよ。それで、これは庵野監督の心の世界の話であり、しかも半田さんのおっしゃるように、『エヴァ』の作られた時代の風潮とも関連していると思ったんです。

まき　ふむふむ。**『エヴァ』は庵野監督の心の世界で、90年代半ばの風潮に関係しているのと。**

星乃　多分、これは半田さんの言われていることと関係していると思うんですが、精神科医の※斎藤環《たまき》さんがちょうど『エヴァ』が出た頃の時代を「※境界例的」な時代だとおっしゃっているんです。

まき　キョウカイレイ的？……

星乃　境界例っていうのは、心の病気の一種で、正しくは境界性人格障害と言うんだけど、私はエヴァンゲリオンを見ていくうちに、これはめちゃくちゃ境界例的だなと思ったんです。斎藤環さんも「エヴァンゲリオンは境界例的」と言っています。だから、まさに『エヴァンゲリオン』は半田さんの言うように時代を映していた作品なんです。確かに80年代から90年代は社会的に心理学や精神医学がもてはやされ、ワイドショーのコメンテーターや事件の解説などに心理学者や精神科医が登場することが増えましたよね。私の時代は、心理学科は文系では一番人気でしたし。自分探しとか、自分と向き合うことが良いとされる雰囲気があったんです。精神科の敷居も低くなって軽症の患者さんも増えましたね。とにかく、自己理解がテーマになった時代だったんです。

まき　そうすると、『エヴァ』が放映され出した90年代半ばは境界例的な時代であり、エヴァも境界例的な作品であると。

星乃　そうですね。境界例というのは、統合失調症を含む精神病と神経症のちょうど境界にある病気という意味で名づけられたんですが、斎藤さんが「境界例的な時代」と言っているのは、境界例の患者さんが内省的で、自己分析を好んでする傾向があるというのが主な理由なんだと思います。

まき　ふむふむ。で、キョウカイレイって具体的にどんな症状なんですか？

星乃　境界例の患者さんは「見捨てられること」に敏感に反応します。そして、空虚感、抑うつ、怒り、孤立無援感、自暴自棄などの感情を持ち、それを緩和させるために周囲の人々の援助、愛情を渇望するんです。そのため、自殺未遂、リストカットなどを繰り返し、周囲の人たちを振り回してしまいます。通院されていない病識のない境界例の方は、自分の「見捨てられる不安」や周囲を振り回しているということに自覚はないかもしれないけれど、私がお会いした患者さんたちはご自分の症状に本当に苦しんでいました。でも、境界例の患者さんの思考や感情は独特なので、周囲の

斎藤環（1961-）　精神科医・批評家。筑波大学医学医療系社会精神保健学教授。ひきこもり研究やサブカルチャーに関する著書が多数ある。ここ数年では、フィンランドで主に統合失調症の治療に用いられている「オープンダイアローグ」という技法の普及に尽力している。主著に『社会的ひきこもり――終わらない思春期』『戦闘美少女の精神分析』『心理学化する社会――なぜ、トラウマと癒しが求められるのか』などがある。

境界例　人格障害の一種で、境界性人格（パーソナリティ）障害のこと。神経症水準と精神病水準の境界にあるということから名付けられた。

人たちはなかなか本人の苦しみを理解することができないんですよね。「自分は化け物のように思われているのかも」と言っていた患者さんもいました。

まき 化け物かぁ……。SNS上でもよく、精神を病んでいる方、いわゆる※メンヘラと呼ばれる人に対しては「どんなに美男美女でもかわいそうに思っても、容易に近づくな」と注意が促されてますよね。お話聞いていると、その中には境界例の方が多く含まれている気がしてきました…。

星乃 そうですね。そういう場合は専門家に任せた方がいいですね。でも、境界例の方も好きでそうなっているわけじゃないんです。いろいろなことが重なって、そうならざるを得ない状況が生まれてしまっているということは分かっていただきたいですけどね。

まき うんうん。

星乃 それでね、さっき、『エヴァ』は庵野監督の心の世界をそのまま描いたものって言ったでしょ。これは庵野監督ご自身もいろんなところで言及していることなんだけれどね。「魂を削って作っている」とか。旧約聖書やカバラ、グノーシス、※死海文書などオカルティックな用語をたくさん使っていますが、それはあくまで雰囲気作りでしかない。庵野監督も「衒学的《げんがくてき》」とご自分で言っているんだけど。

まき 「衒学的」って？

星乃 知識をひけらかす、自慢するためのものってこと。

まき なるほど。そういえば庵野監督が「適当にいろんな要素つけただけなのに、設定マニアが勝手に盛り上がっている」って暴露してましたね……。当時深読みをしていたファンにとってはちょっと切ないですよね。

星乃　うん、当時のエヴァファンの人たちはそういうオカルト的な話や世界観の設定、キャラについての深読みをしていろんな批評が出回っていたんだけど、庵野監督自身は「違うのに」と思ってたみたい。

半田　話が面白くなってきたね。確かに庵野監督の中ではそういうことなんだろうけど、作家がどういう思いで作品を作ったかという作家論的な分析と、受け手が作品をどのように解釈したかっていうテキスト論的な分析のどちらもあっていいんじゃないの。だから、星乃さんは臨床心理士の経験もある方だから、徹底して庵野分析を行い、僕の方は設定マニア側の立場に立って、徹底してオカルト的な文脈をえぐり出すってのはどうだろう。その二つの関連性が見えてくると、今までにはなかったタイプの『エヴァ』分析になるかもしれないしね。

まき　なるほど！　大抵どちらかで語られることが多い**「作家論」と「テキスト論」の両方から攻める**とは、今までにない視点のエヴァ分析ですね！　おらワクワクしてきたぞ。

メンヘラ　精神的な疾患を持っている人、精神的に不安定な人の意味。ネット掲示板「2ちゃんねる」のメンタルヘルス板を使用している人がメンヘラと呼ばれていたことから、それが一般化したもの。

死海文書　1947年、ヨルダンの死海近くにあるクムラン周辺で発見された写本群の総称。前3世紀半ばから紀元1世紀のものまでとされる。この中にはユダヤ教エッセネ派に属したといわれているクムラン教団に関する貴重な文書が含まれており、イエスが生きていた時代のユダヤ教を知る貴重な資料ともいわれている。洗礼者ヨハネはエッセネ派のクムラン教団に属していたともいわれており、イエスも同じクムラン教団に属していたのではないかという仮説もある。もしそうであれば、イエスはグノーシス派であり、正統派キリスト教にとっては異端となる。

『エヴァ』は庵野監督の「心の世界」だった

まき じゃあ、まず最初に星乃さんに庵野監督分析をお聞きします！　その後半田氏にオカルト的な分析をお願いして、最後に三人でまとめるという感じでいこうかな。で、さっそくですが、星乃さん、庵野監督の心の世界ってどういう感じなんですか？

星乃 そうですね、私は**庵野監督ご自身が境界例的**な方なのではないかと思っています。

半田 わぁ。いきなり。大丈夫（笑）？

星乃 え？　だって、本当にそう思ったの……。

まき 笑顔でとんでもないことを……。神よ、どうかお許しください…（天を仰ぎながら）。えっと、つまり庵野監督がメンヘラだと…？

星乃 ううん、そうではなくて、あくまで「境界例的」。患者さんということではなく、世界観が似てるって意味です。そういうタイプの方は普通に結構いらっしゃいます。芸術家タイプの方に多いですね。斎藤環さんは「エヴァンゲリオンは境界例的だけども、庵野監督自身は発達障害とかの方が近いかも」と言っていたけど、私は庵野監督ご自身も境界例的だと思うの。今は結婚されて安定していらっしゃるのかもしれないけど、アニメが終わった後「愛を求める絶望的な叫び」を感じ、「孤独に耐えられなくなって」自殺をしようとしたらしいんです。他にも何人ものスタッフに飲み屋で「自殺したい」と言うことがかなりあったと。

半田 それは、知らなんだ。

まき　オタク界隈では有名な話みたいですけど、スタッフの前でいっちゃうのはスゴいよなぁ。

星乃　うん、それで本題のエヴァンゲリオンの話になるんだけど……、エヴァの登場人物たちは庵野監督の分身なんじゃないかと思います。まず、シンジくんはそのままよね。庵野監督の中の中心的な人格。私は**境界例の根本には「自分が消えてしまう」という恐怖がある**と思っているの。これは精神医学で教科書的に言われていることではなくて、私が患者さんと接する中で気づいたことなんだけど。そう考えると、境界例のいろんな症状がどうして生じるのかにすっきりと説明がつくから。普通の患者さんはそこまで自分の深い感情に気づいていない場合も多いんだけど、庵野監督は自殺未遂の時に「自分が消え失せてしまう恐怖」があったと言ってるの。だから、庵野監督は本当に鋭い感性を持っていらっしゃって、しかもそれを使ってとことん自分を追求する方なんだなと……。それがあの才能にもつながっているけど、だからこそ精神的に繊細にならざるを得ないってことなのかなって思ったんですよね。

まき　あ〜、そういうことなのか。そりゃ、大変そうですね。

星乃　うん、だからね、境界例的な人は、自分が消えないために他人との絆が必要になる。他者によって自分の存在をつなぎ止めてもらわないと消えてしまう。だから、他人から受け入れられること、他人との絆を求めるんです。シンジくんの「見捨てないで」「誰か助けて」「ここにいてもいい」「存在理由」とかはまさに境界例的ですよね。

まき　なるほど。じゃあ、みんな大好き綾波レイは？

星乃　綾波は現実感のなさや空虚感の象徴かな。「消えてしまう恐怖」と常に向き合っていて、自分がこの世界に存在している感覚がなかったら、外の世界も現実感がなくなるんじゃないかと思うの。だから、何に対しても反応が薄い。関係の仕方が分からない。境界例の患者さんは現実感がなくなる「離人症」という症状も生じやすいの。それと同時に綾波はシンジの母ユイの遺伝子を引き継いでて、母の象徴でもあるわけなんだけど。

まき　アニメでもよく「感情がないオレかっこいい」みたいな人物が持てはやされるけど、それって綾波が元祖な気がするんですよね。

星乃　うん、そうだよね。それは、また今度違う映画の分析をやるときにでも説明しようと思ってるんだけど、時代の流れ、日本の社会的意識の流れにも関係してるんだよね。庵野監督が綾波に持たせた意味と、綾波から派生した「無感情キャラ」が流行った理由というのは違うんじゃないかと私は思ってるの。

まき　なるほど、それって『エヴァ』自体が庵野監督の表現したかったことと、アニオタの受け取った意味に乖離《かいり》があるっていうのと一緒かもしれないですね。そういや劇中ではシンジと綾波が融合して覚醒するって場面が結構あるんですが、それってどういう意味なんですか？

●イデアサイコロジーにおける意識発達の考え方

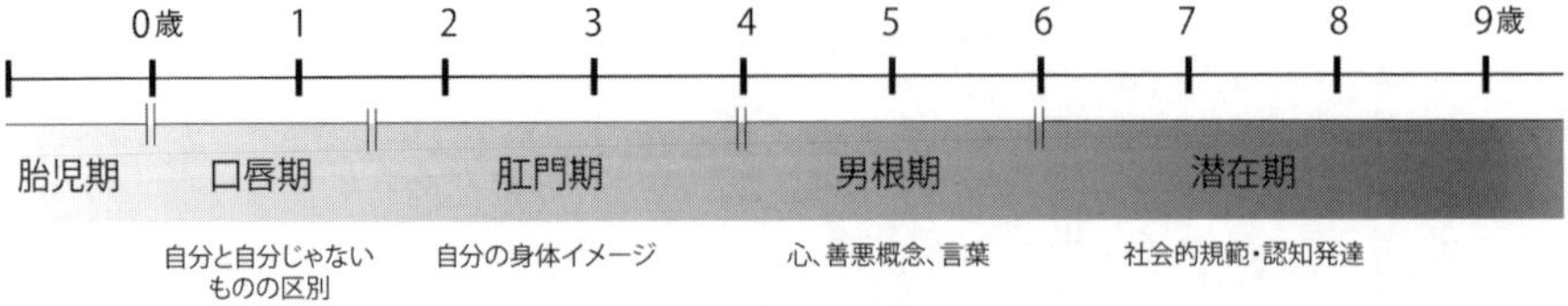

星乃　うん、ここで、境界例に大きく影響していると言われてる乳幼児期の話をしなきゃね。境界例は、フロイトの発達段階の中で最初の「口唇期」という時期（0〜1歳半まで）との関連が深いと言われているの。実は、庵野監督ご自身も「自分は口唇期だ」っておっしゃってたね。さっきも言ったけど、そこまで自己分析しているのはスゴイと思ったし、私の分析もあながち間違いではないのかなと思いました。で、口唇期の世界について説明すると、赤ちゃんはまず、お母さんの胎内にいる時や生まれてすぐは自分というものがなくて、すべてと一体になっているのね。でも少し経つと赤ちゃんの世界は「自分」と「自分じゃないもの」という二つの世界に分かれてくると私は考えているの。これが口唇期の世界。

まき　う〜ん……赤ちゃんの時の記憶なんてないからなー。なかなか想像しにくいけど、その時の自分ってどういう感じなんでしょうか？

星乃　うん、あくまで「自分と自分じゃないもの」しかない世界だから、「自分」と言っても外から見た自分の姿とかが分かるわけじゃない。快不快とか触覚の感覚の総体かな。そして「自分じゃないもの」とは大部分が母なんだけど、母と分かっているわけではないの。ぼやっとした「快不快をもたらしてくれるもの」という認識。この時期の赤ちゃんの快は口からもたらされるでしょ。お母さんのお乳を吸うから。だから、こういう世界では赤ちゃんの欲求は「自分じゃないもの＝母」を飲み込むこと、それを取り込んで一体化すること。でも同時に「自分じゃないもの」に侵食されて自分が消えてしまうという恐怖も生じてくるんです。

まき　消えてしまう恐怖か、当然ながら覚えてないけど……。ということは、境界例はその自分が消えてしまう恐怖を大人になっても持ち越しているということですか？

星乃　うん、**大人になっても口唇期の世界観を通して現実を見てしまうことで、「消えてしまう恐怖」が生じる**ということが、境界例的な人たちの根本にあると私は考えているの。

まき　なるほど、すごい納得しました。庵野監督なんてそのまんまですしね。

星乃　うん、でも今は※DSM-5っていう世界共通の診断基準があって、「以下の項目から何個が当てはまったらこの病気」っていう診断の仕方なの。表面的に見える症状だけを見るのね。だから、その病気がどういう構造で生じるとかその人の人格の全体像とかはあんまり見ない傾向があるの。

まき　それって患者さんの立場からしたらちょっと悲しいですね。もっとちゃんと深いところまで診てほしいというか。

星乃　ほんとにそうよね。だから、私は人格の構造から病気を診たいと思ってるの。ただ、現実問題として、現在の医療システムだと診察時間を多く取ると経営が厳しくなるという状況もあって、お医者さんも大変なんだけどね。

まき　なるほど、そんな問題もあるんだ。それで、シンジと綾波の融合の意味はどうなるんですか？　もしや……シンジってマザコンなのでは？

星乃　いやいや、マザコンってわけじゃないよ（笑）。説明するね。さっき、口唇期の赤ちゃんは「自分じゃないもの＝母」を飲み込むこと、それを取り込んで一体化することを欲すると言ったでしょ。庵野監督が口唇期の影響を引きずっているとすれば、そういう母との一体化願望もあると言えるんじゃないかな。でも、その一方で、庵野監督にとって「母」は常に失われたもの、「失われた半身」なんだと思うの。なぜかと言うと、今言った「母」とは現実の母ではないから。あくまで口唇期における「自分じゃないもの」なんです。「母」との融合は永遠に叶わない望み。だからシンジの母ユイは亡くなっているという設定になってるでしょ。

半田 シンジが自分のことをシンジと知る以前に接していたお母さんってことだね。このお母さんは原理的にもう戻ってこない。というのも、シンジはもう自分のことをシンジだと知ってしまっているから。

星乃 はい、だからこれは通常言われているマザコンとはちょっと違うんです。母の代理としての綾波との融合は、そういう口唇期における一体化願望の表現じゃないかな。そして、現実の思春期男性として口唇期の「自分じゃないもの」を求めた時、それが「女性」として現れてくるわけです。それがミサトやアスカですね。彼女たちのような女性が庵野監督の理想の女性なのかも。どちらにしても依存対象ですよね。庵野監督自身「女性に依存して自分を維持」しているっておっしゃっていますし。そういう女性がいないと「消えてしまう」恐怖が襲ってくる。

まき これ庵野監督がご自分で言ってるからまだアレにしても、また怒られそうなネタを……。あ、そうだ。最初のインタビューでお話しした「承認欲求」のことを今思い出したんですが、そのシンジくんのミサトやアスカに対し

DSM-5（Diagnostic and Statistical Manual of Mental Disorders.）『精神障害の診断と統計マニュアル』。アメリカ精神医学会が出版している診断基準。現在は、2013年に出版された第5版となっている。

ての思いは「承認欲求」とは違うんですか？

星乃 うん、傍目《はため》から見ると似ているように見えるけど、ちょっと違うと私は思う。私は、承認欲求には三つの種類があると思ってるんだよね。一つは、人類共通のもの。二つ目は、時代の流れの影響によって生じているもの。これはまた後で説明しようと思ってるよ。三つ目は、境界例的な世界観のように、乳幼児期の影響から来るもの。その乳幼児期での意識の固着の仕方で、また何種類にも分かれるの。たとえば、まきしむが言ったような「孤独感・寂しさ」とか、「善い人と認められたい」「好かれたい」とか、「自分が優れていると認められたい」とか、境界例的な人々のように「消えないように、他者との絆を感じたい」とか。表面的には同じ「承認欲求」に見えたとしても、人それぞれ動機が違うんです。でも、まきしむが言ってた「承認欲求」とは、人類共通のもののことだよね。しかも、現代に特徴的なもの。

まき そうですね……私は、みんな同じ動機だと思ってました。孤独感や寂しさとかかと。

星乃 人類共通の承認欲求でも、孤独や寂しさから来るものだけではないよね。ただ人に認められたい、好かれたいっていうものもあるし。まきしむが言っている孤独は人間共通のものでもあるけれど、乳幼児期の固着のタイプから、特に孤独感に目が向きやすい人もいるんだよね。

まき え、じゃあ、そういうタイプの人は、より孤独感が大きいってことなんですか？

星乃 うん、大きいというか、他のタイプの人よりも「孤独感」に意識が向かいやすいと言った方がいいかな。まきしむはそのタイプかもしれないね。口唇期の次の肛門期に生じてくるタイプ。だから、孤独を避けるために周りを笑わせたり、楽しい雰囲気にするのとか得意でしょ？

まき うわ、そうかも。星乃さんに見破られてる（笑）。つまり、承認欲求にもいろいろあって、シンジくんのは境界例的な不安からくるものってことですね。そっか、シンジくんが「モテモテ」っていう設定はそこから来てるんですね。納得。

星乃 うん、そうかもね。だけど、アスカやミサトは、実際には口唇期の「自分じゃないもの」ではないし、すべてが受容されるわけじゃない。それで「もうこんなの嫌だ」と思って、「じゃあどうしたらこの恐怖から逃れられる？」と考えた時、その**究極の手段が「人類補完計画」、つまり原初の母との合一状態に戻ること**だったんです。口唇期の「自分」と「自分じゃないもの」が分かれる前に戻ること。胎内回帰ね。お母さんの子宮に戻ること。もう一つがゲンドウの言う「神になる」事で。

半田 面白いね。「お母さんの子宮に戻ること」と、ゲンドウが言うその「神になること」っていうのは、同じものなの？

星乃 いえ。これは後で半田さんにもお聞きしたいことなんですが、この二つはまったく正反対の方向だと思うんです。

半田 うん、僕もそう思うんだよね。そして、その方向性の見極めこそがこの作品のオカルト分析の肝になってくる部分になるんじゃないかな。

まき 子宮と神が一体どんな関係にあるんですか？

半田 たとえば、子宮は英語で「womb（ウォム）」って言うのね。これは言語学的には墓＝「tomb（トゥム）」と深い関連があると言われているんだ。つまり、子宮というのは胎児が育つところではあるんだけど、同時に死後の世界とも深い関係があるってこと。洋の東西を問わず、古代人たちは死後には自分たちを産み出した神の世界に還ると考えていて、子宮に似た構造物を土や石でお墓として造っていたんだよね。日本の古墳の中にも結構あるはずだよ。

まき そういえば熊本の「オブサン古墳」は古墳のつくり自体が「妊婦さんが足を広げた形に似ている」と言われ、安産の神様とされているそうです。そもそも「産《うぶ》さん古墳」から転じたみたいだし。…ということはですよ？死後の世界と胎児の世界はつながっているということですか？

半田 それは、まだ内緒（笑）。星乃さんの話を続けてもらおう。

超自我との戦い——成長と退行の反復

星乃 はい。もう一つ、フロイトの概念で『エヴァ』に大きな影響を与えているのが「※エディプスコンプレックス」っていう概念なんですけど。

まき 「エディプスコンプレックス」って聞いたことあります。子供が父親を敵視して母親の愛情を得ようとするとか……。

星乃 うん、フロイトの発達段階は口唇期の次に肛門期、その次が男根期と言って4～6歳くらいを指すのだけれど、男根期は別名エディプス期とも言うんです。このころの男児が父親を敵視して母親の愛情を求め、近親相姦《そうかん》的な願望を持つことをエディプスコンプレックスと言うの。その敵意によって今度は父親に去勢される恐怖を抱き、近親相姦的願望が抑圧されるんですね。そしてそれによって今度は父親のようになろうという同一視が起きて、父を自分の中に取り込みます。これがフロイトの精神分析で「超自我」と言われるものです。

まき　超自我ってよく聞くけど、何のことでしたっけ？

星乃　**超自我とは、心の中にある善悪の基準とか「～すべき」とか、自分を上の立場から縛るような心の機能**です。エヴァで言うとゲンドウがまさに超自我の象徴と言えるでしょう。社会や世間、常識、仕事、義務、責任の象徴です。

まき　私が苦手なやつだ。

星乃　これもまた後で詳しく話すけど、特に若い人にはそういう人が増えたみたいだよね。でね、シンジくんにとって、ゲンドウは父として自分の存在を認めても

碇ゲンドウ

エディプスコンプレックス　フロイトによって提出された概念で、4～6歳の男根期に生じる、父に成り代わって母を手に入れたいという欲求とそれに伴う葛藤。ギリシャの「オイディプス神話」になぞらえて名付けられた。

らいたい一番の他者でもあると同時に、超自我でもあるってことになるの。そして、シンジくんがエヴァンゲリオンに乗るということは、庵野監督にとってはアニメ映画監督という仕事です。つまり、超自我の司令だよね。でも、いくら口唇期の世界を引きずっていたとしても、現実社会に生きるならば、仕事や常識、義務、責任とは無関係でいられないよね。境界例的な人にとっては感情がまさに自分というものの象徴なので、感情を抑え込もうとする超自我、世間の常識や責任などは自分を消そうとするものに感じちゃうの。

まき　なるほど〜。だから父はなおさら敵として認識され、父を倒して母と融合したいとなるんだ。全国のお父さんが泣いちゃうわ。

星乃　ここでの父は、さっき言った口唇期の「母」と同じように、現実のお父さんとは違うかな。あくまで象徴の話。でね、普通エディプス期を経て子供は超自我を取り込んでいくんだけど、シンジくんはそうならないの。さっき話したように、境界例的な人には芸術方面の人が多いんですけど、下手に超自我を取り込んで常識人になってしまうと、面白い作品ができなくなるって思う人もいるんです。

まき　あ〜、何となく分かる気がする。

星乃　そしてね、「自分が消えてしまう」恐怖から逃れる手段として、他者との絆以外にもう一つ、**自分が唯一無二な存在になる**っていうのがあるの。つまり、自分にしかできないことをする、個性的な人と思われるってこと。そうすると、ますます常識的な人になんかなりたくないって思うでしょ。患者さんだと、精神科に通ってるとか、リストカットしてるってこと自体が個性的、カッコイイってことになっちゃう場合もあって、なおさら境界例は治りにくいんですよね。

まき　「リストカットしてる自分カッコイイ」かあ……。よく聞く話だけど、本当にそういうメカニズムなんですね。

星乃　それから、庵野監督が境界例的とするならば、今話したように「唯一無二の存在でありたい」「個性的でありたい」という欲求が強いはずなんだけど、綾波はクローン人間ですよね？　クローンはいくらでも替えが利《き》くわけですから、庵野監督は綾波を描くことによって唯一無二な存在には永遠になれない、消えてしまう恐怖と常に直面しているってことを表現しているんじゃないかと思います。

まき　そっか、だから綾波は自分が存在している確信が持てずに現実感が持てないいんだ。

星乃　そうね。そして、どんなに超自我がイヤでも、やはり仕事はしなくてはならないわけだよね。その葛藤が一番よく出てるのがＴＶ版の第１話。自分を見捨てた父に急に呼び出されてエヴァに乗れと言われるけれども、シンジは恐怖を感じ拒否する。すると代わりに綾波が呼ばれて登場するが、彼女は傷だらけ。それを見たシンジはエヴァに乗ることを決断するって流れなんだけれど。

まき　うん、そうでしたね。これが超自我と関係あるんですか？

星乃　これは父＝超自我に感情を抑圧するような命令をされ拒否をするけれど、「失われた半身」、つまり自分を救ってくれる可能性のある女性を守りたいという感情が生まれ、その選択が超自我の命令と一致する。そうすることで社会から受け入れられ、評価されるということを描いているように思うの。それにエヴァに乗るってことはシンジくんにしかできないことだから、これは境界例的な欲求をくすぐるものなんだよね。それが庵野監督の生き方なんだろうなと。

まき なるほど、でもそれは超自我を取り込んだことにはならないんですか？

星乃 うん、あくまで一致でしかないと思う。超自我を取り込むことを拒否しているような感じがするんです。シンジくんの代名詞ともなった「逃げちゃダメだ」のセリフも、超自我の声じゃない。自我が強迫的に自分に言い聞かせている感じ。庵野監督のスタッフの人が「ここでガンダムの監督の富野さんなら、『男なら、世界の危機を救えるのが自分しかいないのであれば乗るでしょ』と言うと思うが、庵野さんはそうならないらしい」って言ってました。それが、超自我が自分の中にあるかないかの違いですよね。

まき ふむふむ。

星乃 そうだ、一番分かりやすいのは、まきしむ『宇宙戦艦ヤマト』の歌知ってるでしょ？

まき はい、そりゃ知ってますよ。

星乃 あれを自分がヤマトの乗組員になったつもりで歌ってみて！　今から流すから（笑）。

まき え？　ちょっと待ってください、心の準備が……。

BGM「タ～タッタタ～タラタッタッタタ～♪」

退路を断たれた……では歌わせていただきます。「さらば～地球よ～♪……（中略）……宇宙～せんかん～♪や～ま～と～♪……」

半田 まきしむ、歌上手いね。ささきいさおそっくり（笑）。

まき　これでも昔は趣味のバンドでギターボーカルやってましたからね！　ってそうじゃなくて。えっと、何か使命感に駆られていやいや歌いましたが、歌ってみたら「地球を救うぞ！」という気持ちと同時に、なんか誇らしいような高揚感を感じました。これがいわゆる超自我的な感じ？

星乃　うん、そう。いわゆる昔の「理想の男」像。自分を犠牲にしても地球を救うという「理想の人格」であるべき、そこに誇りを持とうと言ってるわけ。そう考えると『残酷な天使のテーゼ』が女性の歌手なのも意味があるかもね（笑）。

まき　確かに、「〜するべき」っていう圧力を感じなくて済むかも。

エロスとタナトス

星乃　でもね、この超自我を取り込まなくても、「エヴァに乗る」ことはシンジくんにとってはいい方向であることには違いないと思うんです。いやいやながらエヴァに乗っていたシンジくんが、綾波や人々を救うために自分の意志でエヴァに乗るというシーンは何回かあると思うんですが、それが覚醒につながったりします。ミサトも常に「自分で決めるのよ」と言ってますよね。周りの意見や評価に流されずに、自分の意志で決めるということが成長の方向として描かれているんです。

まき　じゃあ、人類補完計画は……逃げの方向なんでしょうか？

星乃　人類補完計画の原初の母との合一状態に戻りたいという欲求は、精神分析で言うとタナトス、その反対の自我を維持しようとする生の欲求はエロスと言えると思います。エロスは「生の欲動」、タナトスは「死の欲動」という意味なんですが、エヴァではリビドーとデストルドーと言い換えてますね。タナトスには「退行」と言われる逃げの方向と、自我を超えていく「超個的」な方向の二つの意味があるんだけど、シンジくんの場合はやっぱり「退行」の方かな。自我がはっきり確立されていないように見えるから。これは、さっき話した「胎内回帰」と「神になる」という二つの方向性と関係あると思うんですけど、半田さんはどう思いますか？

半田　そうだね。星乃さんが言ってるタナトスの二つの方向というのは、**超自我から逃げたまま母との合一へと向かう「退行のタナトス」**と、**一度、超自我をしっかりと取り込み、その上で自我を確立して無意識との合一へと向かう「成長のタナトス」**ということなんだろうけど、あと一つ、**「消滅のタナトス」**というのもあるかもしれない。

まき　消滅のタナトス？

半田　うん、虚無化への欲望とでも言うのかな。自我をネガティブな意味で消したいと欲すること。**「成長のタナトス」が自我を超えていく死だとすれば、「退行のタナトス」は自我を保ったままでの死、「消滅のタナトス」は自我が持った主体性自体の死**って感じかな。

星乃　その、主体性が消滅してしまう「消滅のタナトス」というのは、『エヴァ』では出てきてないですよね？

半田　そうだね。これは個的意識に現れてくるものというより、人類全体の意識に関わってくる問題だから、いずれ機会を見計らって詳しく話すよ。

星乃　なるほど……じゃあ、それはちょっと置いといて、エロスとタナトスの話に戻りますけど、シンジくんは「消えてしまう恐怖」を女性に助けを求めることで緩和させようとしますよね。そして超自我と何とか折り合いをつけエヴァに乗り、必死に自我を守ろうとしている。これがエロス的な行動と言えます。でも、やはりつらいので「退行のタナトス」の方向に退行して逃避してしまいたくなるんです。その究極が「人類補完計画」ですね。この繰り返しの中で、自分の意志というものを少しずつ確立していくというのがエヴァンゲリオンという作品の骨格なんじゃないかな。それが当時の庵野監督の心の中の世界なんですね。その中で必死に生きる葛藤と、成長と退行の反復の物語。

まき　そうですね、劇場版『Air/まごころを、君に』では、シンジくんはすべての人間がLCL化（原初の生命のスープへの液体化）して一体になった時、やはり他者がいない世界は嫌だと言って、また自己と他者のいる世界に戻ってきました。それはエロス的行動ですよね。傷ついたとしても他者との絆を求めて生きたいと思うようになったんですね。そして賛否両論を生んだアニメの最後には「ここにいてもいいんだ」となる。

星乃　そうね、自分は消えない、「ここにいていいんだ」と思えるようになる。それが境界例的な人が安定を得るために必要なんですね。

まき　なるほど。「ここにいてもいい」っていうのは、そういう意味だったんだなぁ。

口唇サディズムと酒鬼薔薇聖斗《さかきばらせいと》

半田 でも、同じ劇場版の最後のシーンはどう考える？　融合状態から戻ったシンジが隣で横たわっていたアスカの首を絞めるという。あれって、結構、謎だよね。

星乃 はい、それなんですけど、私はやはりフロイトの口唇期で読み解けると思っています。シンジくんはそれまで「助けてよ」「僕を見捨てないでよ」「優しくしてよ」と他人に受けいれられ、認められることによって安定を保とうとしていたのですが、あの最終シーンの前にアスカに拒否された過去の回想シーンがありますよね。シンジくんが唯一生きる手段は受動的に女性から庇護《ひご》されること、つまり「失われた半身：母」に包まれることだったのにそれが不可能になった。そうすると、今度は一転して能動的、攻撃的になる。自分が他人を飲み込む、食べる＝殺すことによって他者を自分に取り込むしかなくなるんです。シンジくんにとっては同じことの裏表なんですよ。自分が存在するために必要なこと。

まき なるほど。そういえば、エヴァが使徒を食べたり、劇場版でもゼーレの量産型エヴァが2号機を食べていましたね。それも庵野さんの中ではそういうことの表現なんでしょうか。

星乃 そうかもしれませんね。これを口唇サディズムと言うんです。1997年に起きた※神戸連続児童殺傷事件は知ってますよね。酒鬼薔薇聖斗と名乗った14歳の少年が複数の小学生を殺傷しました。この事件は口唇サディズムを説明するには一番分かりやすい事例ではないかと思うんです。多分境界例的な人の中でも、究極の深い闇を持った人間と言えるんじゃないかな。

まき　あ〜、何となく覚えています。

星乃　彼の言動を見ると、庵野監督の中に出てくるキーワードがすべて出てくるんです。たとえば警察への挑戦状にあった「透明な存在」という言葉。後に開設したホームページの題名も「存在の耐えられない透明さ」だったんだけど、これは境界例的な「消えてしまう恐怖」からくるものだよね。さらに「周りの人が野菜に見える」という離人症的感覚や「胎内回帰願望」を持っていました。そして、殺人衝動が芽生えたきっかけが、唯一、彼が信頼し、愛情を受けてきた祖母の死だったの。

神戸連続児童殺傷事件　1997年に兵庫県神戸市で発生した、当時14歳の少年による連続殺傷事件。酒鬼薔薇事件とも呼ばれる。

まき　ほう。祖母の死がどうして殺人衝動になるんですか？

星乃　彼にとって祖母だけが現実と自分をつなぎ止める「錨《いかり》」だったらしいんです。シンジくんがミサトやアスカに求めた「愛情」をくれる存在だったわけです。それによって、かろうじて人間として現実世界に存在していられた。でも、それが無くなった途端、殺人衝動が芽生える。これはシンジくんがアスカに拒絶されて首を絞めたのと同じことのように思えるんです。つまり、他者を食べる＝殺す＝取り込むことによって一体化すること。現に彼は被害者が自分だけのものになった満足感を感じたと言っていますし。

半田　なるほど。酒鬼薔薇事件って、すごく自己顕示欲がむき出しの事件だったよね。小学生を殺してその頭部を校門に晒《さら》すだけでなく、その口にメモを挟んだり、新聞社に犯行声明文を送ったりしていたでしょ。もともと「酒鬼薔薇聖斗」という名前自体が捜査の攪乱《かくらん》を意図したフィクショナルな人物名だしね。酒鬼薔薇が境界例的だとして、そんなに演出に凝《こ》る理由は何なんだろうか？

星乃　まず、新聞社に犯行声明を送ったのは、今までお話ししてきたように、他者に認められることによって自己の存在を確立したいからだと思うんです。他者によって唯一無二の存在として認められれば、「消えてしまう恐怖」から逃れられ「透明な存在」ではなくなるからです。実際、彼はニュースで酒鬼薔薇をオニバラと読み間違えられたことに非常に強い怒りを持っていたみたい。境界例的な人には独特なセンスがあって、彼にとっては「酒鬼薔薇聖斗」が自分のセンスにぴったりくるものであって、一文字違っただけでもそれは自分ではないんですね。メディアの中で酒鬼薔薇聖斗という名前を耳にすることで彼は自分の存在を感じられるのに、その機会を奪われたということなんじゃないかな。２０１５年にも『絶歌』という犯行や半生を描いた本を出版していますよね。演出を凝るのも、基本的には「消えてしまう恐怖」から逃れ、唯一無二な存在になるためなんじゃないかと思うんですよね。彼なりの魂の表現であり、そのための自己プロデュースなのではと。

超自我への反発

まき　なるほどね～。でも、なんで庵野監督は最後にあのシーンを持ってきたんでしょう？　せっかくシンジくんが傷ついたとしても他者のいる世界を選択したのに。

星乃　うん、やっぱり庵野監督は「人間は変わらない」「（絶対的な）成長なんてない」ということが言いたかったんじゃないかな。これもある意味、超自我への反発とも言えるかもしれないよね。人間とはこうあるべき、理想の自分になるということへの反発ということ。

まき　なるほど。そういえば『エヴァ』の今度の新作の副題は、楽譜の「繰り返し」のマークでした。庵野監督の世界の枠組みの中での「成長と退行の反復」ということなんですかね。でも、本当のところはどうなんですか？　絶対的な成長なんてないんですか？

星乃　私はそうは思ってないです。庵野監督が不可能だと思っている、その「成長」の向こうに何があるのか、ゲンドウが目指した「神になる」ということ、つまり本当の自分の半身との融合が何を指しているのか、その正体をいろんな角度から探っていきたいですよね。

半田　そうだね、これからそれを明らかにしていかないとね。

まき　楽しみ～！

星乃　でもね、私は『エヴァ』がこれだけヒットした理由の一つが、この「超自我への反発」なんじゃないかと思っているの。どこかで「『エヴァ』がヒットしたのは、若者の、社会に出て仕事をするということへの不安を表現しているからだ」という批評を見てね。表面的にはそうとも言えるんだけど、その奥にあってエヴァファンを本当に惹きつけたのは、今まで当たり前と思われて、無意識に圧力を感じてきた超自我の義務や常識に対して「ちょっと待てよ」と初めて疑問を投げかけたということなんじゃないかと思うの。そして、さっき、ちょっとだけ話したけど、超自我の一つの機能である理想の人格を目指す、男らしさの強制などへの反発も代弁していたのではないかと思う。『宇宙戦艦ヤマト』的な世界への、ね。『エヴァ』は、エヴァファンにとってはまさに「君はそのままでいいんだよ」というメッセージになっていたんじゃないかな。

まき　なるほど、**若者たちが無意識に感じていた「超自我への反発」を形にしてくれたのが『エヴァ』**ということですかね。そう考えると、『エヴァ』ってやっぱりすごいな。

星乃　そういう感じがします。日本人の意識の流れを考えると、本当に『エヴァ』って重要な潮目だったと言えると思うんです。1995年の地下鉄サリン事件で「現実に歯向かうのはカッコ悪い」という雰囲気が作られ、現実は個人にとってリスクを取ってまで抗《あらが》う価値はないものとなってしまった。だったら、虚構で楽しんだ方がいいと。現実とは、社会のシステム、常識、共有された価値観の総合のようなものですから、超自我と言い換えることもできます。この現実＝超自我の価値や重みが※ポストモダンの影響もあって、90年代半ばから減少し始めたんです。

まき　ポストモダンって？

半田　モダンというのは「近代」という意味。だからポストモダンは「近代以後――」って意味だね。近代は進歩史観というのかな、歴史とともに人類の精神性が進歩していくとか、科学技術の発達のもとに豊かで平和な社会が到来するとか、そういったことが信じられた時代だったのね。でも、待てど暮らせどそうはならない。だから、それって幻想じゃね？　という話になってきた。こうなると、人々の関心は人類や社会がどうこうといった大きな物語の方には向かわなくなるよね。「価値観なんて人それぞれでいい」っていう相対主義が蔓延して、もはや、人間全体を導いていくような正義や真理の存在を信じなくなったってことだね。それが「近代以後――」としてのポストモダンの意味だと思うといいよ。

星乃　そうですね、そうやって人類共通の価値や真理なんてないとなると、当然、社会で共有されている「こうあるべき」という超自我の重みが減少します。そこで初めて、若い人たちが「別に超自我の言うこと聞かなくてもいいんじゃね？」という声をあげられる隙間ができたということなのかもしれません。ちょうどこの年に、現実＝超自我への反発を扱う庵野監督の『エヴァンゲリオン』が大ヒットしたのは、本当に象徴的だと思います。まきしむは社会学者の※宮台真司《みやだいしんじ》さんって知ってる？

まき　はい、何となくは。

ポストモダン　進歩主義や主体性を重んじる近代主義や啓蒙主義を批判し、そこから脱却しようとする思想運動のこと。またはモダニズム（近代主義）に行き詰まりを見出し、そこから逃れようとする芸術などの文化的諸分野上の潮流のことをいう。脱近代主義。思想的にはニーチェ、フロイト、ハイデッガーらの思想を源泉とし、構造主義によって提起された近代的な「主体」概念に対しての批判が背景にある（wikipediaより転載）。

宮台真司（1959-）　社会学者、首都大学東京教授。90年代より、オウム真理教や援助交際の研究によりメディアでも取り上げられ、95年出版の『終わりなき日常を生きろ』で使用した「まったり」という言葉が若者の間で流行する。著書は、『終わりなき日常を生きろ　オウム完全克服マニュアル』『14歳からの社会学　これからの社会を生きる君に』『私たちはどこから来てどこへ行くのか』など、社会学・政治・サブカルチャー・教育の分野まで多岐に渡る。

戦後の日本人の意識変化

星乃 その宮台さんがね、戦後の日本人の意識変化について、かなり鋭い分析をしてたんですけど、『エヴァ』の意味を理解するのに役立つと思うから、ちょっと紹介してもいいですか?

半田 もちろん。今の僕らの意識の現状を考えるためにも重要なところだよね。

星乃 宮台さんによると、戦後1945年から1960年までが「秩序の時代」で、これは今までお話ししてきた超自我的な、善悪の価値観が強かった時代です。1960年から1970年代半ばまでが「未来の時代」で、これは半田さんがさきほどおっしゃっていたように、未来や科学がすべての問題や不合理から社会を救ってくれるんじゃないかっていう科学万能信仰の時代って感じかな。そして、1970年代半ばから1995年までは「自己の時代(前半)」、1996年からは「自己の時代(後半)」。

まき なるほど。で、その「自己の時代」っていうのは?

星乃 「自己の時代」とは、今までお話ししてきた「境界例的な時代」とほとんど同じ意味だと思うんだけど、自我の維持が生きる上で大きな価値を持ってきた時代のこと。シンジくんやその他の登場人物が必死で追い続けていたものだよね。

まき 確かに。今は、社会共通の価値というよりも、個人の自我の維持が目的になっていますね。

じゃあ、前半と後半では何が違うんでしょ？

星乃 そうですね、これが私がさっき話した「超自我＝現実」の価値、重みの減少ということと関わってくるの。宮台さんは１９９６年から「現実は虚構よりも重いという感覚が急減した」とおっしゃっています。現実＝超自我とすれば、今の人たちは、「理想の人格」「男らしさ」などの成長の方向の超自我の価値を追求したいというモチベーションを持ちにくくなっているんじゃないかと私は考えています。

まき なるほど、それはネットを見ているとすごく感じます。『エヴァ』を境に若者たちが「超自我なんかクソ食らえ！」という価値観を持ったということですね。今は若者の間では「努力しないで成功する」というアニメやライトノベルが流行っていますし、とにかく「〜するべき」という考え方に反発している感じがしますね。

星乃 そうですね。シンジくんと同じように、超自我が取り込めない。でも、それは若者だけではなく、人類全体の傾向と言えるかもしれません。「モンスター・ペアレント」とか「ヘイトスピーチ」なんかも、人間の「こうあるべき」という理想像が消えてしまったことによって助長されているんじゃないかな。

シン・ゴジラとエヴァンゲリオン

まき ん～、となると、同じ庵野作品でもある2016年に公開された『シン・ゴジラ』も気になりますね。『エヴァンゲリオン』から20年以上経っていますが、これも庵野監督の心の世界が描かれている作品なんですか？

星乃 それが、面白いくらいにそうなんです。宮台さんも、2017年に出版された映画批評本『正義から享楽へ』の中ではっきりとおっしゃってるんだよね。

「米国が父(碇ゲンドウ)。日本が息子(碇シンジ)。特使が米国から遣わされた母。『エヴァンゲリオン』では、シンジ以外のエヴァ搭乗者（綾波レイとアスカ・ラングレー）は父から派遣された母です。その母の入れ知恵で息子は父の策略から脱します。～中略～本作はゴジラを使徒としたエヴァ続編なのです。」

（「正義から享楽へ」p・330）

半田 そりゃ、面白い解釈だ。宮台さん、鋭いね。

星乃 そうなんです。「エディプスコンプレックス」とか「人類補完計画は子宮回帰」ともおっしゃっていて、宮台さんも私と同じことを考えていらっしゃったみたい。

まき そうなんだ。でも、「消えてしまう恐怖」とか「口唇期の特徴」とか、境界例的ということで『エヴァ』を庵野監督の心の世界で説明したのは、星乃さん以外に見たことないかも。

星乃 そうですね、斎藤環さんも「庵野監督自身は境界例的ではない」とおっしゃっているし、そういう分析はされてないみたい。庵野監督ご自身は、ある女性漫画家に「庵野さんは統合失調症」と言われて喜んだってエピソードがあるので、「境界例的」って言われたらあんまり嬉しくないかもしれないけれど（汗）。

まき　統合失調症って言われて喜ぶっていうのもよく分からないけど（笑）。で、さっき言ってた「ゴジラは使徒」っていうのは？

星乃　そういえば、使徒のことは話してなかったですね。**使徒＝ゴジラとは「超自我＝社会・現実を破壊するもの」**です。この現代社会を生きる私たちにとって、超自我＝社会・現実は

なくては困るものだけれども、永遠に縛られ続ける窮屈な存在です。特に境界例的な庵野監督のような人々にとっては。それを破壊するものは、怖いけれども何とも言えない爽快感を与えてくれます。

半田　※ラカンのいう「※破壊の享楽」というやつだね。

まき　破壊野享楽？　落語家さん……？（笑）

半田　はは、「享楽」というのは、普通の快楽を超えた、より本源的な強烈な快楽のようなものと考えるといいよ。ラカンは※象徴的秩序を崩壊させる快楽という意味で使ってる。たと

ラカン（Jacques Lacan, 1901-1981）　フランスの精神分析医。フロイトの最後の弟子。フロイトの意思をついで精神分析にソシュール、ヤコブソンの構造主義的言語学を取り込み、独自の精神分析学を作り上げた。１９６０年代にフランスで起こった構造主義ブームの一翼を担う。主著に『エクリ』等がある。

破壊の享楽　ラカン精神分析学の概念。ラカンは「享楽への道とは死への道」であるとし、享楽をフロイトのタナトスに関連付けた。欲望を欲望するところに生まれている根源的な快楽と言い換えてもよいかもしれない。言葉の世界による制約を逃れ、現実界に回収されていくところの無意識の流動性。オイディプス的な資本主義社会の動力源を破壊しようとする無意識の本能。

えば、さっきの地下鉄サリン事件なんかでもいいんだけど、非日常的な大事件が起きて世間がテンヤワンヤするときって、もちろん不安感や恐怖心も掻《か》き立てられるだけど、それを上回るような、何かゾクゾクした得体の知れない快感みたいなものを感じたりもするよね。それが破壊の享楽。

まき なるほど。そういえば、庵野監督は宮崎駿監督の『ナウシカ』に出てくる巨神兵の映画も撮ってましたよね。それも、もしかして超自我の破壊者ってことなんでしょうか。

星乃 うん、そうだと思う。宮台さんも『正義から享楽へ』の中で、巨神兵も破壊の享楽をもたらすものとして扱っていたし。

まき やっぱり庵野監督は超自我を破壊してくれるものに惹かれているんですね。ある意味一貫してるなー。庵野監督にとっては、ゴジラ・使徒・巨神兵は自分を縛るものから解放してくれる、ある意味、神のような存在なのかも。石原さとみ扮する米国大統領特使が、ゴジラのことを「まさに神の化身ね」って言っていたし。オカルト好きが人類滅亡の予言を好きなのもそれに近かったりして。

星乃 うん、それと同時に『エヴァンゲリオン』という作品自体が、時代の流れの中で超自我の破壊の象徴として働いていたんじゃないかと私は思ってるの。そう考えると、庵野監督は『エヴァ』によって、ご自身が惹かれている破壊の享楽をもたらすものに既になっていたとも言えるかもしれませんね。

まき なるほど、庵野監督自身が実は、日本社会にとっての「使徒・ゴジラ」になっていたのかもしれないってことですね。**境界例的な時代の、境界例的な「超自我への反発」を描いた『エヴァ』が、日本社会の超自我の減退を象**

徴していたとは。時代の要請と庵野監督の心理傾向がバッチリ共鳴したということですね。

エヴァンゲリオンの神秘主義的背景

まき では、今までの星乃さんの臨床心理学レベルのお話を踏まえて、いよいよ半田氏のお話をお聞きしていきたいと思います。

半田 星乃さんが作り手の庵野監督の心理分析を鋭くやってくれたので、僕の方は当時の設定オタクたちが躍起《やっき》になっていた、この作品に散りばめられたオカルト的な記号の読み解きを中心に話を進めていこうと思うんだけど。

まき いいですね。私を含め、眠っていたエヴァ考察班がよみがえってきそうです。

半田 『エヴァ』がこれほどまでにヒットした理由は、星乃さんが言うように、「境界例的」な世界観を当時の多くの若者たちが共有していたことや、あと「超自我への反発」もあるんだろうけど、その背景に、世紀末特有の終末感のようなものが時代全体に覆いかぶさっていたことも大きいと思うのね。なんせ、当時は迫り来る「※ノストラダムスの大予言」のご時世でもあったわけだから。

象徴的秩序 国家や法など、言語の力で出来上がっている秩序のこと。（超自我）

ノストラダムスの大予言 1973年に発行された五島勉の著書。ルネサンス期のフランスの占星術ノストラダムスが著した『予言集』に独自の解釈を施し出版した。「1999年7の月」に人類が滅亡するとしたことにより、当時の日本でベストセラーとなった。

まき　ふむふむ、人類補完計画なんかはモロにそのノリですよね。とか、使徒とかもそうですね。

半田　そう。おまけに、セカンドインパクトとか、ゼーレとか。「何じゃそりゃ？」という思わせぶりなエヴァ用語のオンパレードでしょ。『エヴァンゲリオン』の魅力の一つは、普通では訳の分からないこうしたオカルティックな記号を、いたるところに伏線として埋め込んでいるところにあるのは間違いないと思うんだ。

まき　エヴァをはじめとして、リリスとか、アダムとか、使徒とかもそうですね。

半田　うん。使われているエヴァ用語のほとんどが旧約聖書やユダヤ神秘主義のカバラからの引用だよね。庵野監督が意図していたことが何であるにせよ、この物語の設定からオカルティックな背景を想像しない方が不自然だと思うし、僕から見ると、そうしたオカルト的な記号が偶然にしてはできすぎぐらいに、ちゃんと意味の一貫性を持って成立しているように思えるんだよね。結果的にそれが『エヴァンゲリオン』という物語全体の強度を引き上げている部分がある。

「綾波レイ」をめぐる謎

まき　そうですね。ただ、アニメファンから言わせてもらうと、エヴァがあんなにブームになったのは、私的には綾波レイのキャラの存在が大きいと思うんですよ。『るろうに剣心』でも、剣心の昔の恋人は綾波レイがモデルと作者がゲロっていますし。『涼宮ハルヒ』の長門とかも。あれ以来、無表情系ヒロインがめっちゃ増えたと思います。

半田 それは、言えてる。綾波のあのキャラの存在は大きい。無感情系ヒロインの走りだよね。『エヴァンゲリオン』は星乃さんが言うように、シンジの自我の成長の物語とも言えるんだけど、**オカルト的に見るなら、これは綾波の物語とも言える**んじゃないかと思うな。

星乃 なるほど、シンジの物語と取れば監督の心の世界に見え、綾波の物語と取ればオカルト的に見えるという……。一つで二度美味しい作品ですね（笑）。

まき なんて便利な作品（笑）。

半田 いやいや、庵野監督はそこまで意図したわけじゃないと思うけど。得てして傑作と呼ばれるものは、作者の意図を超えたところでいろいろな偶然が重なり合って、思いもよらぬ作品のトータリティを醸《かも》し出してくるものなのね。

まき 庵野監督も何でこんな作品できちゃったんだろって思っているかも知れませんしね（笑）。で、半田氏的には綾波って何なんですか？

半田 さっき、星乃さんは「綾波は霊性」っていうような表現をしていたけど、あえてオカルティズム的解釈を採《と》るなら、綾波って、そのまま物質世界の象徴として描かれているんじゃないかと思う。星乃さんのところで「綾波は自分

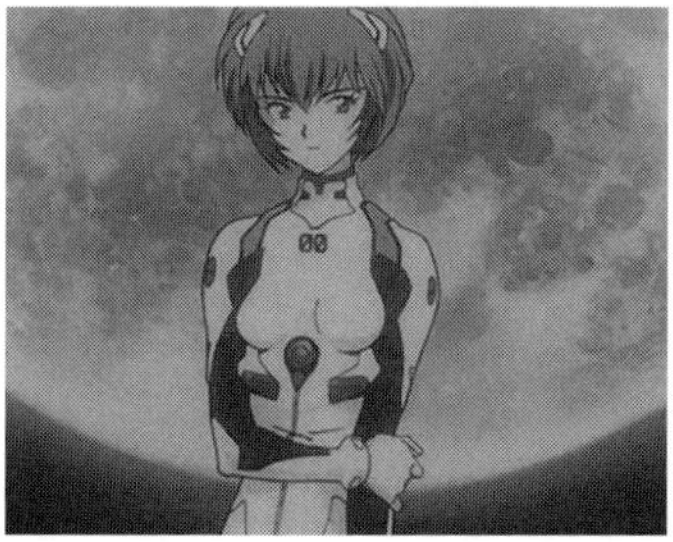

綾波レイ

が存在している確信がなくて現実感が持てていない」って話があったよね。物質もそうなんじゃない？　おそらく、物質には自分が存在しているという確信は持てていないと思うんだけど。

星乃　はい、多分……物質はただそこに「ある」だけだし。

半田　そう、ただそこに「ある」だけだから、多分物質は自分の由来を知らない。このへんって、綾波の過去の経歴がすべて抹消されていることとも被《かぶ》らないかい？　創造のナゾという意味では、物質も過去の経歴がすべて抹消されているわけだ。あと、綾波はリリスの魂を持ったクローンとされているでしょ。作品中ではアダムは生命の実、リリスは知恵の実を持っているという設定になっているけど、この生命の実、知恵の実というのは旧約聖書にあるエデンの園の話からの転用だよね。まきしむは、エデンの楽園伝説は知っているよね。

まき　はい、アダムとイヴがいたところですよね。イヴがサタンにそそのかされて禁断の果実を食べて、そこから追い出されたっていうお話。

半田　そう。エデンの園には実は「生命の木」と「知恵の木」という二本の木があった。この「生命の木」と「知恵の木」には、それぞれ霊的な意識と物質的な意識が象徴化されているんだけど、楽園では、この二本の木が理想的な調和を保って育っていた。だけど、イヴがサタンにそそのかされて知恵の実を食べたことによって、そのバランスが壊れてしまう。つまり、物質意識の方が俄然《がぜん》強くなっちゃったわけ。それが原因で、人間は物質意識の中に落ちてきて、死すべき存在となってしまった。それが、もともとの楽園追放のあらましだよね。僕の解釈では、この転落してきた物質意識というのがリリスのことを意味しているんじゃないかと思うんだ。

まき　なるほど、綾波の魂はリリスですもんね。リリスの身体はネルフの地下に保管されていましたよね。何かとても不気味でしたけど。

半田　どんな姿だったか覚えているかい？

まき　上半身だけ裸で、禿《は》げてて、下が黒いタイツの……。

半田　おいおい、なんでエガちゃんが出てくるんだよ。タイツ履いてねぇ〜し（笑）！　そうじゃなくて、上半身しかなくて、十字架に掛けられてうなだれている感じだったでしょ。リリスのあの姿は、おそらく、※ルーリアカバラからインスピレーションを得たものだと思う。

まき　ルーリアカバラ？　普通のカバラと違うんですか？

半田　世俗的なオカルト本の中に登場するカバラは、ほとんどが※クリスチャンカバラで、キリスト教神秘主義がカバラを取り入れたものなのね。

ルーリアカバラ　16世紀にイサク・ルーリアが伝統的なカバラに大胆な修正を施して確立した近代カバラの原型。ルーリアカバラでは『ゾハール』に登場する「イドロート（脱穀場の意）」と呼ばれる一群のテキストが主役を果たす。「イドロート」においてはセフィロト内部の構造論よりも、「生命の樹の」中で生起している霊的事件のイメージの方が重要とされる。「イドロート」は「天上の神の家族」の物語であり、ルーリアはここに登場する「パルツーフィーム（顔たち）」の象徴体系を重要視している。師匠筋に当たるコルドヴェドロは「パルツフィーム」はあくまでセフィロト理論の注解、改訂にすぎないと考えていたが、ルーリアはセフィロトを神秘的実在の中心としては考えず、構造論は副次的な役割しか果たさないと考えていた。

クリスチャンカバラ　キリスト教神秘主義におけるカバラのこと。1492年のユダヤ人追放令によって、スペインからイタリアへと流れ込んだユダヤ人によって伝えられた「カバラ」がキリスト教神秘主義に影響を与え、錬金術やヘルメス思想と混合した思想を生んだ。メディチ家に仕えていたピコ・デラ・ミランドラはカバラのセフィロト理論を宇宙の天球層と関係づけ、グノーシス主義とも新プラトン主義ともとれる独自の思想を作り上げ、この思想がクリスチャンカバラの原型と言われている。ピコ・デラ・ミランドラが創始した「クリスチャンカバラ」は、同時期にフィレンツェで活躍しマルシリオ・フィチーノの「ヘルメス主義的魔術」と共に、イタリアンルネサンスの中心的思想を作り上げた。

ルーリアカバラというのは、16世紀に現れた※イサク・ルーリアというラビが、それまでの伝統的な※ヘブライカバラに大胆な修正を加えて成立したもので、今のユダヤ教にとってのカバラとは、本当はこのルーリアカバラのことを指すと思った方がいい。

まき　へぇ～、カバラにもいろいろあるんですね。

半田　TV版の『新世紀エヴァンゲリオン』のオープニングで「※生命の樹」の図像が出てくるよね。カバラではあの「生命の樹」は神的人間とされる※アダムカドモンの身体を表しているとされているんだけど、ルーリアカバラの教義では、今はその下半分が吹き飛んでなくなっているって言うんだよね。「※容器の破壊（シェビラート・ハ・ケリーム）」って呼ばれているんだけど。リリスの身体にも下半身がないでしょ。

まき　確かに！　それが、生命の樹の破壊を表しているんだ。

半田　そう。あと、リリスの顔に張りついていたお面が取れたときの顔は覚えている？

まき　ええ、7つの目がついた、あの気持ち悪いやつですよね。

半田　そう、イボイボつきのやつ。7つの目の下に、逆さまに描かれた三角形が、あたかも処刑後の「傷」のように刻み込まれていたよね。あの「7つの目」はゼーレのシンボルにも

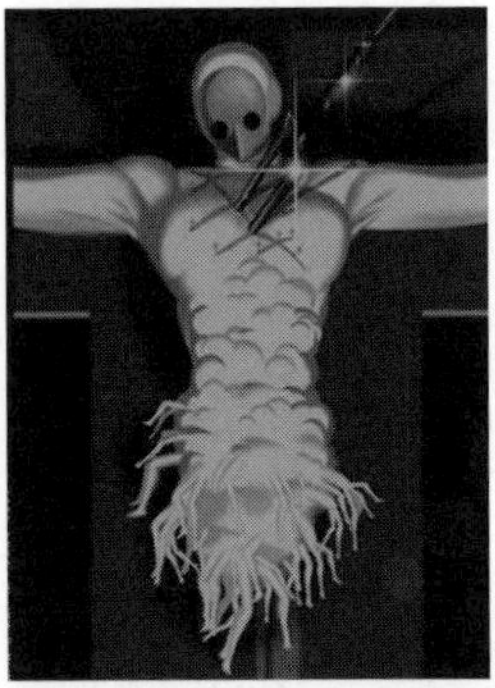

カシウスの槍を刺されたリリス

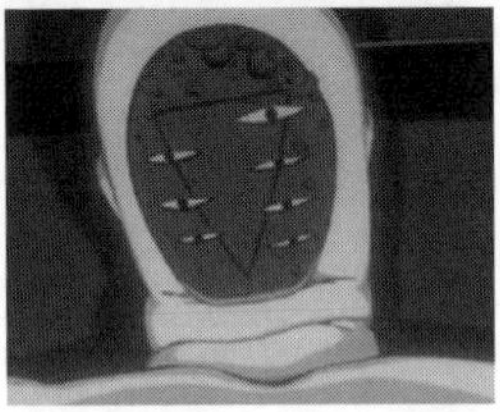

リリスの顔

なっていて、設定オタの間では「ヨハネの黙示録」に出てくる「黙示録の仔羊」から取ったものだと言われているんだけど、カバラ的には、あの逆三角形には「霊的転落」の意味があるのね。カバラの起源に当たる※メルカバー神学というのがあって、その中では、アダムと呼ばれる人間の霊性が天上界にある※7つの霊的階層を上昇していくことによって、

イサク・ルーリア（1534‐1572）　8歳の頃から「タルムード」を学び、神童と呼ばれた。17歳で『ゾハール』に出会い、瞑想と研鑽を繰り返すうち、19歳のときに預言者エリアが幻視の中に現れ、秘儀を授かったという。その後、ツファットに定住し、カバラの大家モーゼス・コルドヴェロとわずかな時を共にし、ルーリア自身も3年ほどで死去した。ルーリアはカバラに大胆なグノーシス的な修正を施し、近代のヘブライカバラの礎を作り上げた。ルーリアカバラはユダヤ人追放令（スペイン１９４２年）などで動揺する当時のユダヤ人たちに大きな影響を与え、ルーリアは近代カバラ史において最も偉大な存在といわれている。

ヘブライカバラ　ユダヤ教のカバラのこと。魔術体系などを持つキリスト教神秘主義のカバラ（クリスチャンカバラ）とはまったく違ったものなので、注意が必要。ヌーソロジーの論理構造は、ヘブライカバラの中のルーリアカバラと酷似している。

生命の樹　本来は旧約聖書に登場するエデンの園の中央に植えられた木のことをいう。生命の樹の実を食べると、神に等しき永遠の命を得るとされる。ユダヤ神秘主義の歴史の中でさまざまな変遷を経て、12世紀に南フランスで記された「バヒルの書」においてカバラの生命の樹に見られるセフィロトの原型が整ったとされている。

アダムカドモン　アレクサンドリアのフィロンが語った「神的人間」の意。天の人間であるアダム・カドモンは神のイメージの中で生みだされた存在であり、ロゴスが完全に具象化されたもので、両性具有者であり、純粋な知的イデアと結合した存在であったとされる。

「容器の破壊」（シェビラート・ハ・ケリーム）　ルーリアカバラでは、ツィムツームによって神の内部から、神自身の自己展開として10個のセフィロトが種々の純度をもって生まれてくるとされている。しかし、神の原光を受け入れることができたのは実は最初の三つのセフィロトだけで、神聖な光の流れが下方の七つのセフィロトに及んだ時、これらはその光を捉えられないどころか、その光の強度によって破壊されてしまったという。

メルカバー神学　2世紀頃に現れたユダヤ神秘主義の秘儀。ユダヤ教における神の創造世界は天上界と地上界、それぞれ7階層に分かれているとされる。天上の7層目に神の玉座があり、ユダヤ教の神秘家たちは、この神の玉座に到達するために預言者エゼキエルが幻視したとされる「神の戦車」を瞑想の対象とした。この「神の戦車」がメルカバーと呼ばれる。そして、この「神の戦車」は神の玉座と同一視されるようになり、この秘儀の体系自体が「マアセ・メルカバー（メルカバーのなせるわざ）」と呼ばれるようになった。

7つの霊的階層　古代ミトラ教など、古代の密儀宗教から伝統的に伝承されている世界霊の根本的な在り方。古代ミトラ教では、コスモスの最上層アーカシャに住むミトラは、そこから七つの光線を発して、コスモスの中のすべてをコントロールしていると言われる。この「7」という数は、旧約聖書における「創造の7日間」や、新約聖書における「7つの封印」、さらにはローマ教皇グレゴリウス1世による「7つの大罪」など、ユダヤキリスト教の教えの中のさまざまな箇所に見ることができる。

神ヤハウエとの神秘的合一を果たすっていうストーリーになっているんだけど、そのとき、逆方向に7つの階層を下降してくる存在もいてね。実は、それが物質世界に出現してきた人間のことだと言われている。つまり、リリスのこの顔につけられた逆三角形の「傷」には、人間という存在が神の創造行為の反対物として生まれてきたことがシンボライズされているわけ。

リリスと科学主義のつながり

まき じゃあ、その下がってきた存在がリリスであり、そのリリスによって生み出されたのが人間だということですね。

半田 うん。つまり、『エヴァ』の中で、ターミナルドグマに磔《はりつけ》にされていたリリスの身体とは、神的領域から転落してきた人間の霊が象徴化されたものだってこと。そのリリスの世界に神的世界の反射物として物質世界が出現しているわけだから、リリスという存在は、僕ら人間存在の起源だということになる。

まき 人間自体がリリスとも言えるわけですね。

半田 意識が物質世界の中だけに囚《とら》われてしまえば、そうなるね。旧約聖書では、リリスはアダムの先妻で、淫婦《いんぷ》とも言われているんだけど、淫婦ってのは男をたぶらかす妖しげな魅力を持っている。男ってどういうわけか物質的な思考が好きでしょ。科学に夢中になるのもほとんどが男だし、機械とか物理の数式に夢中になるのもそうだよね。こうした数理的な思考は人間の理性が提供してくるものなんだけど、人間の理性の背後には、こうしたリジッドなものを嗜好《しこう》する強力なエロティシズムが潜んでいるわけ。そして、その力が科学をここまで発達させてきたとも言えるわけだよね。

まき　そうか。男性を科学に惹きつけるその得体の知れないエロスが、物質としての淫婦リリスってことですね。リリスは知恵の実を持った生命の源であり、このリリスから生まれたのが知恵の実を持つ※リリン（人間）で、リリン（人間）が持っているのが科学の力。全部、つながっていますね。

星乃　でも、綾波が淫婦というのは、私の解釈での「現実感のなさ」とは正反対に思えるんですけど……。

半田　それは星乃さんが普通に「淫婦」をイメージしているからじゃない。網タイツ履いて、うっふ～ん♡みたいなやつ（笑）。確かに、そういう淫靡《いんび》さは僕も嫌いじゃないけど、聖書なんかで言われてる淫婦というのは「※バビロンの淫婦」とか言うときの淫婦のこと。つまり、寓意《ぐうい》だよね。たとえば、物質のことを英語でmatterって言うでしょ。これは語源的にはmother（母親）と同じで、マタニティドレスのmaternity（母性）なんかもこのmatterから派生してきている。つまり、もともと「女

リリン　ユダヤ教では、リリスとルシフェルとの間に生まれた子供。悪魔の一種とされる。『エヴァンゲリオン』では、第18使徒でもある人類のことを指す。

バビロンの淫婦　『ヨハネの黙示録』の第17章第4－5節で「黙示録の獣」とともに描写されている。獣に乗り現れて、栄華をほしいままにするが、乗っていた獣に裸にされ、引き裂かれ、喰われたあげく、神の裁きを受けて焼かれてしまう。女性であり都市であるこの「バビロンの淫婦」が何を意味するかについては諸説が存在していて定かではない。

性性」というのは物質世界の豊穣な多産性を意味していて、「淫婦」という表現は、霊性に対するその物質性の過剰の比喩になっているわけ。本来は、物質は霊性に従属したものであるはずなのに、その関係が逆転してしまうってこと。物質による存在論的騎乗位とでも言っていいかな（笑）。でも、物質が上位になってしまうと、物質は途端に現実感のないものになってしまう。実際、科学の目で見る物質って現実感が希薄だよね。科学にとって光や音は、ただのエネルギー振動だよ。そこには、色彩もなければ、音色もない。綾波のあの生感覚の希薄さには、科学が見ているこうした物質の空虚さが重ね合わされているように思えるんだよね。綾波が住んでいる部屋には彩りもなければ、音楽もかかっていなかったよね。それに、綾波はクローンだし。クローン技術ってのは、自分の細胞からまったく等しい形質と遺伝子組成を受け継がせて、自分の肉体を永続化させる技術とも言えるわけだから、これはオカルティズムの考え方からするなら、本当は、霊的な覚醒によって実現されるべき「永遠の生命」が、単なる物理的時間の中で模倣《もほう》されているってことになる。それこそ、知恵の実だけしか持たないリリスの不完全さを象徴しているんじゃないかと思うよ。

星乃 なるほど、偽りの「永遠の生命」ということですね。そういう意味で、リリスは知恵の実だけしか持たない物質性の象徴＝淫婦と言えるわけなんですね。さっき私は、綾波の各個体から見ると、唯一無二の存在になり得ない恐怖＝「消えてしまう恐怖」があると言いましたけれど、綾波の身体という視点から見れば、科学的に無理やり「永遠に存在すること」を実現させているとも言えるんでしょうね。

半田 あのプールのような場所に漂ってた無数の綾波の身体がその不気味さを漂わせているよね。

「永遠」とは、本当は時間が存在しない世界のことを意味しているのに、物質的意識は、それを無限に長く続く時間と勘違いしているということだよね。

まき　ところで、綾波の身体のもとはシンジの母ユイですけど、それって何か意味あるんですか？

半田　そうだね。エヴァ初号機の事故でシンジの母ユイは※LCL化してしまって、その魂はエヴァの中に取り込まれたままになっている。綾波レイの肉体は、確か、そのとき残されたユイのサルベージによって得られたんだったよね。つまり、ユイの魂はエヴァ初号機に取り込まれ、肉体的要素の方は綾波の肉体に引き継がれている。

星乃　ユイはエヴァの中で魂だけの存在になり、綾波はユイの肉体でリリスの魂を持っているということを考えれば、人間が持った霊性と物質性の関係をユイと綾波の関係と見ることもできるということですね。

半田　その通り。そういう対応が可能だろうと思うよ。

まき　それって、**綾波が物質の象徴で、ユイが霊性の象徴**ってことですか？

半田　そうだね。もとは一つだったものが、二つに分かれて別々のものに見えてしまっているってことじゃないかな。旧約聖書で言うなら、

ＬＣＬ　「Link Connected Liquid」の略。エヴァのエントリープラグ内に満たされている液体のこと。

アダムの先妻と、正式な妻という関係になっているんじゃないかと思う。

星乃　アダムの先妻＝リリス＝綾波で、正妻＝イヴ＝ユイってこと？

半田　そういうこと。

星乃　そうすると、それは「生命の実を持っているアダム」＝「ユイの魂を持ったエヴァンゲリオン」＝霊性と、「知恵の実を持っているリリス」＝「リリスから生まれた人間」＝物質意識の関係にもなってるんですかね。そこに使徒が襲来してきて、人間の持つ知恵の実を回収して神になろうとする……。

半田　基本的にはそういう構図が描けるんじゃないかと思う。使徒は悪者扱いされているけど、本当は人間の中に眠る霊性を目覚めさせようとして、人間の世界に迫ってきている無意識の力を表しているんじゃないだろうか。それこそ、さっきの「破壊の享楽」の表現じゃないかと思うよ。つまり、知恵の実を回収するってことは、超自我の解体を意味しているわけだから。

まき　お〜、星乃さんの話とつながった！

半田　このへんは、庵野監督は自分のオカルト的知識から、しっかりと計算して配置しているんじゃないかな。つまり、使徒は、リリスに支配された人間を物質から解放して、霊的世界へ引き戻そうと圧力をかけてきている存在と言っていいと思う。その意味では、文字通り、神の使徒＝天使群でもあるってことだね。このへんのことは、カバラの「生命の樹」を使って整理するとすっきりすると思うから、ちょっとカバラについても話していいかな？実を言うと、今日のために、図も仕込んできたのよね。へへ。

まき　よっ、待ってました！　オカルトといったらカバラですね。人間が「完全な人間」になって「楽園」に戻るための鍵となる知識体系なんじゃないかって言われてるし、ヌーソロジーとの共通点も多そう。しかも「生命の樹」はエヴァのオープニングでも出てきますよね。エヴァ、カバラ、ヌーソロジー……おらワクワクしてきたぞ。

カバラにおける「生命の樹」

半田　確かにヌーソロジーとカバラはとても相性がいいんだけど、いきなり、いろんなカバラの専門用語を出すと混乱するだろうから、ここでは重要なポイントだけを簡単に話しておくね。まず、ここに描いた左側の図（104頁参照）を見てほしいんだけど、これがカバラのシンボルとも言える「生命の樹」の構成だね。

「生命の樹」とは、さっきも言ったように、楽園にいたアダムカドモンと呼ばれる「神的人間」の身体を表したもので、一番下の「マルクト」から、一番上の「※ケテル」まで、セフィラーと呼ばれる合計10個の霊的な容器から成り立っている（「ダート」はセフィラーと見なされない）。で、この10個のセフィラーをま

ケテル　「生命の樹」において最上位に位置する第一のセフィラーの名称。「王冠」の意を持つ。神性の思考の王冠とも呼ばれ、その内部にアインソフと呼ばれる六芒星に象徴される「無限」を内包している。ここから創造の意思が流出し、そこからすべての世界と存在が生み出されるといわれている。

●生命の樹

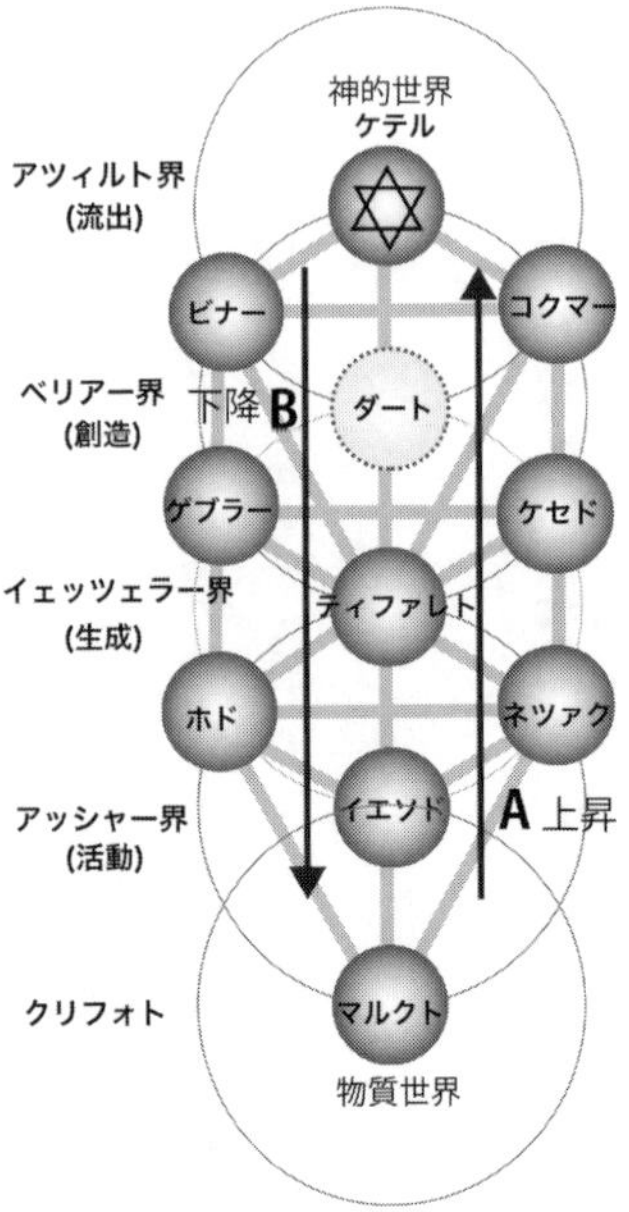

●容器の破壊

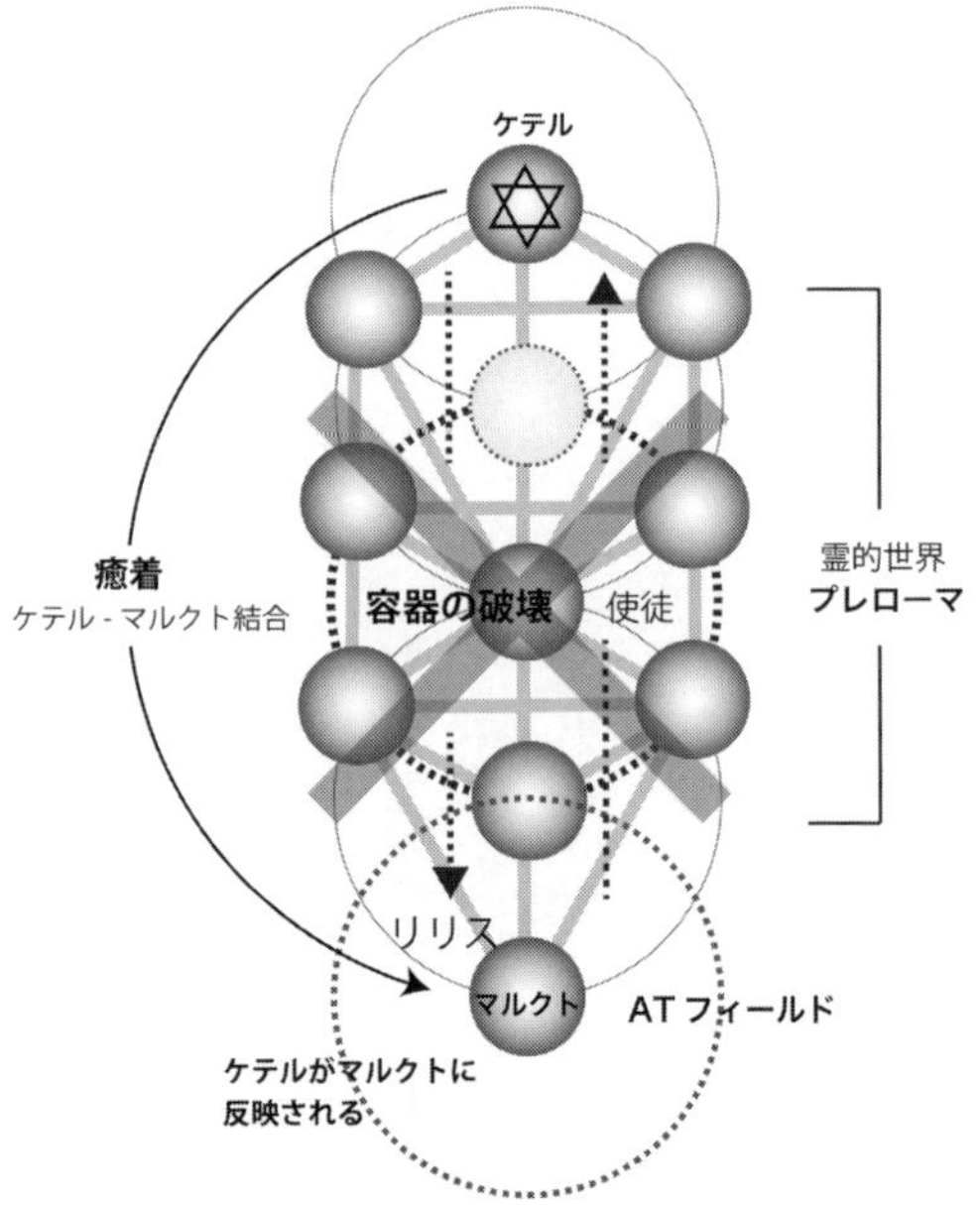

とめて呼ぶときは「セフィロト」って言うんだ。だから、「生命の樹」は「セフィロトの樹」って呼ばれることもある。これらは宇宙を作り出した世界霊の全体構造のようなものだと思うといいよ。

まき　この図に描かれてある一つひとつの球体のようなものが霊的容器ですね。ってサラッと言ったけど、そもそも霊的容器って何なんですか？

半田　いろいろな意識の働きの次元のようなものと考えるといいかもしれない。たとえば、一番下の「マルクト」は、人間が認識している物質世界のすべての領域を表していて、物質世界の活動を司《つかさど》っている霊的容器とされる。一方、一番上の「ケテル」の方が物質世界のすべてを創造した神の玉座があるところとされている。マルクトとケテルの間にある中間領域（アッシャー界、イェッツェラー界、ベリアー界）

はプレーローマ（霊的世界）と呼ばれるところで、まぁ、言ってみれば物質宇宙を作り出していった聖霊たちの活動領域のようなものだね。神のさまざまな属性が働いているところだと思えばいいよ。

まき　へ〜、神様にも「妹属性」とか「眼鏡属性」とかいろいろあるんですね……。

星乃　違うでしょ（笑）。「生命の樹」とは、『君の名は。』でも出てきた、プラトンの言う※イデア界のようなものと考えていいんですか？

半田　そうだね。こうした「生命の樹」の形式自体は、カバラの聖典とされる『※バヒルの書』が書かれた12世紀あたりから整ってきたものだといわれているんだけど、さっき言ったように、カバラのルーツとなる※メルカバー神学なんかは2〜3世紀の※新プラトン主義の影響も受けて発展してきているので、そうい

イデア界　プラトンが語った人間の認識の背後にある永遠不滅の真実在の世界のこと。万物の本質である原型が存在するとされる。人間の魂は肉体に閉じ込められイデア界を忘れてしまっているが、現象界で善や美を経験することによって、かつていた理想のイデア界を想起するという。

バヒルの書　カバラ神秘主義の道を開いた記念碑的著作。『光明の書』とも呼ばれる。12世紀に北スペイン、もしくはプロヴァンス地方で編纂されたといわれている。この書によって、「生命の樹」における10種の神の属性とされるセフィロトの概念が初めて示されたとされている。

メルカバー神学　3世紀から6世紀にかけて隆盛を誇ったユダヤ神秘主義。カバラのルーツともいわれる。メルカバーという名称は預言者エゼキエルが幻視したとされる「神の戦車（メルカバー）」に由来する。メルカバー神学は神の玉座に到達するために、この乗り物を瞑想の象徴として用い、メルカバー自体が神の玉座を意味するようになった。メルカバー神秘主義は、地上を支配する四大元素や、太陽系の敵対的な惑星霊（ダイモーン）の領域を抜けて、光の充溢の中にある神的故郷に帰還するというエジプトなどの古代密儀がユダヤ的に変質したものだともいわれている。

新プラトン主義　古代ローマ末期のアンモニオス・サッカス（175頃〜242）にはじまる哲学的潮流。プロティノス（205〜270）が完成させた。プラトン主義の二元論を克服するためにプラトンのイデア論を徹底させ、万物は一者から流出し、また帰還するという動的な一元論を唱えた。永遠の本質への観照による知覚、また、その際の脱自によるエクスタシーなどが特徴的とされる。

う言い方をしても間違いじゃないと思う。

まき　そういえば詳細は不明ですが、日本にも迦波羅《かばら》っていういかにもな秘術があったと噂がありますよね。その広がり具合もだけど、歴史的にもいろいろな変遷《へんせん》があるんだなあ。

半田　うん、カバラは、旧約聖書の教えのもとに、ユダヤ教の※ラビたちがそのつどさまざまな修正を行いながら作り上げられてきたものなのね。その間に、古代バビロニアの哲学だとか、新プラトン主義だとか、グノーシスだとか、実にさまざまな思想を吸収していってる。詳しく話すと複雑になるので、ここではごく大ざっぱにポイントとなる部分だけを説明しておくね。

まき　はい、簡単にお願いします。

半田　さっきのアダムとイヴの話を思い出しながら聞いてほしいんだけど、楽園には最初、生命の木と知恵の木があったと言ったよね。それら二つの木は、このカバラの「生命の樹」の図では矢印Aと矢印Bに対応していると思うといいよ。矢印Aが「生命の木」で、矢印Bが「知恵の木」だね。

まき　ふむふむ。上昇方向が生命の木で、下降方向が知恵の木ということですね。

半田　そういうこと。楽園では、この二つの木が理想的なバランスを持って働いていたわけだけど、それを象徴しているのが、この一番上のケテルの中に描かれている六芒星なんだ。**この六芒星は、カバラでは「※アインソフアウル」と呼ばれていて、これは、霊的上昇と霊的下降の力が互いに完全なバランスを持って活動している状態を意味している。**分かりやすく言うなら、創造の原理における男性原理と女性原理の和合、調和だね。与えるものと受け取るものの関係が共に神自身によって意識出来ている状態とでも言うのかな。

まき アインソフアウル……呪文か……？　この言葉自体は、どういう意味なんですか？

半田 「存在の無限光」って意味だよ。カバラでは、これは光における神の自己認識とも言われている。「神が神を見る」という言い方がされるときもある。霊的なイデア界を創造した神が、その創造の全ルートを物質的自然として認識している様子って感じかな。それが上向きと下向きの三角形の交差に象徴化されている。

まき そっか、リリスの顔に下向きの三角形しか描かれていなかったのは、リリスには上向きの三角形、つまり、イデア界を創造した生命の木の働きが存在していないからなんですね。

半田 存在していないというより、忘却されているってことだね。**リリスが霊的な世界における創造のプロセスを見失っている**ということが表現されているんだと思う。旧約聖書では、イヴがサタンにそそのかされて知恵の木の果実を食べてしまい、イヴもアダムも楽園から追放されてしまうって話だったよね。この話が、ルーリアカバラでは「容器の破壊」と呼ばれる事件に相当していると考えるといい。ちょうど真ん中の※イェッツェラー界に当たる部分に「×」印を入れているでしょ。これ

ラビ　ユダヤ教における宗教指導者、宗教学者。現在では、ユダヤ教神学校で教育を受けた教師で、典礼上の事柄を判定し、祭式を司り、説教を行う者のことを指す。

アインソフアウル　「存在の無限光」ともいわれる。神自身が抱く宇宙の根源的な無底性を意味する。

イェッツェラー界　形成界といわれる。天球（土星までの惑星天）、天使、霊魂などが含まれる。

が破壊された部分だと考えるといい。神の世界と人間の世界の霊的交通路が遮断されてしまっているわけだよ。ただ、ルーリアカバラには サタンは登場しない。「容器の破壊」は「セフィロトに流れ込んだアインソフの光があまりに強烈すぎたため」に起こったとしているけどね。

強烈すぎた光

まき 「アインソフの光が強烈すぎた」っていうのは、どういうことなんでしょ?

半田 僕が読んだルーリアカバラ関連の本では、それについて詳しく論じてるものはなかった。とにかく、アインソフにおける光が強すぎて「ケテル、※コクマー、※ビナーという上位の三つのセフィラーを残して、中間領域のセフィラーはすべて吹き飛んでしまい、かろうじて一番下の※マルクトだけが、神の創造であるアインソフの光の火花を物質として反映させるために残された」というような話になっている。

星乃 詳細は書かれていないんですか?

半田 さぁ、どうだろうね。ルーリアカバラの内容を紹介したものは、日本には少ないから、ひょっとしたら、海外にはそのへんの理由を詳しく書いたものもあるのかもしれない。でも、いずれにせよ、カバラの叡智は、長い年月をかけて、カバリストたちが深い瞑想や、熾烈《しれつ》な修行の中で経験した神秘体験の履歴を通して形作られてきたものだろうから、科学理論のように明晰に表現できるものじゃないと思う。もし、それが出来ているなら、神秘主義とは呼ばれないだろうし。これは、あくまでもヌーソロジーからの推測にすぎないんだけど、多分、霊的上昇の力が神の玉座さえも超えようとしたために、ケテルにおけるエネルギーバランスが壊れたってことかもしれない。僕なんかは、どうしてもここに、楽園伝説のサタンの姿を連想してしまうんだけど。

星乃 それって、ひょっとして、※堕天使ルシファーのことですか。神にもっとも近い天使だったにもかかわらず、自分が神より上だと驕《おご》り高ぶってしまい、神の怒りを買って地獄に落ちてしまうっていう。

半田 そうそう、まさにそのイメージだね。ケテルにはすべての創造を成し終えた一者としての至高神の玉座があるんだけど、その場所を超えてしまうと、一気に、最下位のセフィラであるマルクト側へと下側から接続するような仕組みになっているのね。つまり、「生命の樹」というのは上と下がつながった円環的な構造を持たされているんだ。一番上が一番下とつながっている。だから、**ケテルがダイレクトにマルクトとつながってしまうと、霊的**

コクマー 「生命の樹」における第二のセフィラーの名称。「知恵」の意を持つ。ケテルから流出する神の知恵を意味し、この力の中に、その後に展開する一切の創造のわざの青写真が、種子のように完備されているとされる。

ビナー 「生命の樹」における第三のセフィラーの名称。「知性」の意を持つ。

マルクト 生命の樹における最下位のセフィラー。「王国」の意を持つ。

堕天使ルシファー 「輝きを揚げるもの」の意。悪魔の王とされ、初期キリスト教ではサタンと同一視されている。神が作る愛と光の世界の対極に仄暗い影のようにして悪の象徴とし存在しているものとされる。キリスト教の伝統的解釈によれば、ルシファーはもともと全天使の長であったのだが、神が人間を愛したことで神に嫉妬し、神と対立して天から追放され、神の敵対者となったとされている。

下降の流れは、下位のマルクト側の中に、逆さまになったケテルの鏡像を見てしまうことになるわけ。このとき、「生命の樹」全体にどういうことが起きるかを考えると、おそらく、さっきの図（104頁）に描いたような状態になる。左図と右図の違いが分かるかい？

まき　右図の方は、霊的な下降と上昇の力の流れを表すAとBの矢印の線が、両方とも真ん中で切れちゃってますね。

半田　そう。この切断が、さっき話した「容器の破壊」を意味していると思っていいよ。生命の樹における「最小作用の原理」とでも言うのかな。**本当は知恵の木として下降してきた意識は、マルクトで反射して、そこからプレーローマを辿《たど》って最上位のケテルへとつながらなくてはいけないのに、マルクトが下側から現れたケテルとガッチリと結合してしまい、中間領域であるイェッツェラー界というのが消滅してしまう**わけだね。それによって、イデア界の忘却が起こっているってことなんだ。この忘却によって、霊的下降側は本来のケテルに至るまでの霊的上昇力のすべてを、マルクトで物質として見てしまい、上昇側の力のことをすべて見失ってしまうわけ。

まき　なるほど。物質世界であるマルクト側に現れたケテルの力を神と思って、上昇の方向にいる本来の神（ケテル）への世界を忘れちゃうわけだ。

半田　おお、いい表現だね。その通り。ケテルとマルクトの直接的な結合によって、もともとの中間領域である生成世界が見えなくさせられてしまうってこと。でも、たとえ下降側の意識には見えなくなったとしても、上昇側はイデア世界の創造を行っている領域なわけだから、潜在的には霊的生成の力は働き続けているわけだよ。おそらく、この潜在的な力の流れが人間の無意識の世界に対応していて、マルクトは下降側に映し出されているケテル（物質）とイエソドより上のセフィロトへと向かう潜在的な力の流れ（無意識）との間でダブルバインドを受けることになる。

まき　ダブルバインドって、上司に「黙ってないでなんか言え」って言われたから説明しようとしたのに、「言い訳するな」ってよけい怒られる理不尽な現象のことですか？

半田　はは、分かりやすい表現だね（笑）。どちらを選択することもできずに、二重拘束で身動きが取れなくなってしまう状態だよね。つまり、意識を物質世界に止めおこうとする力と、霊的世界に引っ張り上げようとする力との間で激しい拮抗《きっこう》作用が起こってしまうってこと。

星乃　う～ん、それってなんか、フロイトの「超自我・自我・エス」の理論と構図がそっくりですよね。**ケテルがマルクトと結合した流れが超自我、マルクトが自我、イエソドがエス**と仮定すると……。

まき　まさかここで精神分析とつながるとは。それってどういうことですか？

星乃　うん、ルシファー＝ゲンドウ＝超自我で、使徒＝ユイ＝エス。エスの説明はしてなかったですね。エスっていうのは、簡単に言うと感情・欲求・衝動とかの本能的エネルギーのある場所です。庵野監督にとっては、口唇期の「自分じゃないもの」＝「母」、「失われた半身」の源とも言える場所ですね。さっき、綾波がその「母」の象徴と言ったけれど、厳密にはユイがエスで、綾波は※対象ａとした方がいいかもしれないですね。

まき　対象ａ？

星乃　うん。これもラカンの概念なんだけど。エスは、永遠に触れることのできない人間の無意識の総体、欲望の源という意味なので、亡くなってもう会えないユイとすると辻褄《つじつま》が合います。対象aというのは、現実の世界にちょこっと垣間見えるエスの分身のようなものです。ラカンは、乳房・糞便・声・まなざしなどを例としてあげています。綾波は、現実の世界に存在する、ユイの遺伝子で作られたユイの分身と考えれば、対象a的ですよね。

半田　なるほど、それはいい解釈だね。僕は綾波を物質意識と言ったけれど、厳密に言うと、**物質意識には、ケテルと結合した方向性と、イエソド、つまりエスの方向性を持つものの二種類がある**んだ。この図で言うなら、星乃さんの言う対象aというのは、まさにエスの方向に顔を覗かせる物質性のことだろうね。エスの方向の物質は自分自身の代理のようなものとして出現してくる。ケテルと結合する方の物質はそれとは反対に、さっき言ったような科学的な見方における物質、つまり、単なる対象と考えると分かりやすいんじゃないだろうか。

まき　なるほど、そういう意味で、物質意識と対象aは綾波が持つ二面性ってことなんだ。知恵の実を持つリリスとエスであるユイのハイブリッドってことですもんね。綾波がゲンドウに向かうか、ユイに向かうかってことかな。

星乃　そうですね。そして、そのゲンドウに向かう方の、幅的な物質意識であるリリスに翻弄される人間＝自我と考えれば、それは庵野監督の心の世界の中心的存在としてのシンジくんとも取れます。人間＝シンジ＝自我ですね。こう考えると、この三者の葛藤が起こっているわけですね。超自我とエスの間で翻弄《ほんろう》される自我という構図に見えます。

まき　※父母子の三位一体ですね……物質意識のリ

リス＝綾波は、シンジ＝自我とはどう違うんですか？

星乃　うん、自我は超自我とエスとの間で揺れ動く主体って感じかな。物質意識も自我も、超自我によって作られるものってことは共通なんだけど、ここでいう物質意識は自我が持つ科学的な世界観、3次元認識、幅（延長）の世界ということです。

半田　さすが、星乃さん、カバラと精神分析のつながりが透かして見えてくるようだね。フロイトはカバラ思想に影響を受けて、精神分析の理論を作ったという話もあるから、似ていても何の不思議もないんだよね。なんせ、ユングがフロイトの書斎を訪ねたとき、本棚の半分以上がオカルティズム関係の本で埋め尽くされていたという話もあるぐらいだから（笑）。まっ、それはいいとして、以上が、カバラの「生命の樹」で見るところの人間の意識と無意識の大まかな関係だね。

まき　ふむふむ。つまり、リリスが霊的下降。アダムが霊的上昇。使徒は容器の破壊を補おうとして自我に去来してくる無意識＝エスということですね。

半田　そういう配置関係で大ざっぱにイメージして

対象a　ラカンの精神分析学の用語。真の自己の存在を担保するものが幻想として現れたもの。私が私を人間だと規定するに際して、私が根拠としてそこにしがみついているもの。人間として現れたきたために消えてしまった自らの実存性の代理物。ラカンに拠れば、この「対象a」を手に入れようという欲望が人々を社会的関係の中で動かしているという。ラカンは「対象a」は自己と他者の黄金比的関係としてあるとも言っている。

父母子の三位一体　古代宗教における宇宙的原型。エジプトであれば、父なるオシリスと母なるイシスと子なるホルス。ミトラ教では、父なるズルワーンと母なるソフィアと子なるミトラ。ホルスもミトラも共に太陽神である。キリスト教においては、父と子と聖霊の三つの位格が三位一体とされ、本来の母の位置に「子」、子の位置に「聖霊」が置かれ、母性が隠蔽されている。その穴埋めにマリア信仰が生まれたともいわれる。

おくといいと思うよ。ゼーレのいう人類補完計画というのは、人類を完全な生命体へと進化させるための計画だったわけだよね。アダムから生まれた使徒は生命の実を持ち、永遠の命を持ってはいるけれど、知恵のない生命体だった。一方、リリスから生まれた人類は知恵の実を持ち、科学の力はあるけど、命に限りがある生命体だった。両者はどちらも不完全なので、その生命の実と知恵の実の両方を手に入れて、人類を新しい完全な一つの生命体へと進化させようとする計画、それが人類補完計画の内容だよね。さっきのルーリアカバラと対比させてみるなら、この人類補完計画が「容器の再生」という作業のことを指していることがすぐに分かるんじゃないかな。「生命の樹」を元の理想的な状態へと戻し、世界に創造世界の調和を再現するという話になるね。

まき　こう聞くと『エヴァ』の物語って、まんまカバラですやん。

星乃　フロイトがカバラを参考にしていたならば、シンジくんの物語が精神分析で説明できるのも当然と言えば、当然なんですね。

半田　そういうことになるね。

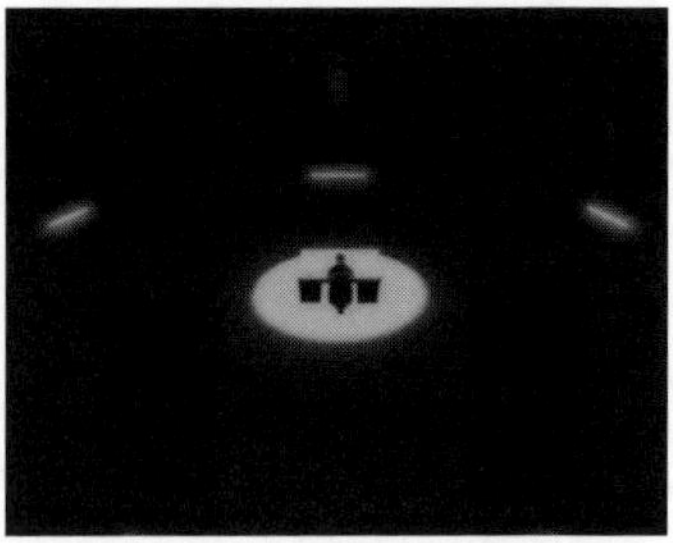

ゼーレ

ゲンドウとは何者なのか

まき　劇場版では、ゲンドウだけがLCL化せずに、初号機に噛み殺されてしまいましたけど、あれは、何か意味があるんですか。

半田　うん、さっき星乃さんも言っていたけど、ゲンドウはマルクト側に映し出されてきたケテル、つまり、ルシファー的役割として配置された記号じゃないかと思うよ。彼が人類補完計画を進めていたのも、最初からユイと再会するのが目的だったし、綾波だってそのための存在にすぎなかった。シンジもそのために利用したわけだし、リツコだってそう。どう見ても、『エヴァ』の中で一番利己的、権力的に動いていたのがゲンドウだよね。最後、ゼーレがネルフの※MAGIシステムにハッキングを仕掛けたとき、ゲンドウは第666プロテクトというのをかけるじゃない。ここで、ゲンドウは自分の正体を明かしているようなものだよね。「666」は、獣の数字、つまり、ルシファーの象徴でもあるわけだから。ルシファーはリリスとは出処がまったく違う存在なので、LCLの世界へと戻ることはできない。あくまでも、リリスを物質世界につなぎとめておこうとする存在にすぎないから、容器の修復が始まるときには、一人寂しく取り残される運命にある。

星乃　なるほど〜。そういえば、綾波は最後、ゲンドウを拒否して「私はあなたの人形じゃない」「私はあなたじゃないもの」「碇君が呼んでる」と言って、リリスへと近づいていき、そこで融合しますね。綾波がゲンドウの支配

MAGIシステム　赤木リツコの母である赤木ナオコ博士が開発した第七世代有機スーパーコンピュータ・システム。ネルフ本部の指令室に安置されている。本部施設の運用やEVAシリーズの戦闘時におけるサポートを行い、第3新東京市の市政等に利用されている。

を乗り越えたことが、そのまま、物質がルシファーの支配の手から逃れたことを意味するわけですね。さっき出てきたイエソド＝エス方向の綾波の目覚めですね。

半田 そう考えるとスッキリするよね。そこから、リリスはエヴァとつながり、綾波の姿をまとって巨大化するわけだけど、あれが物質の霊的覚醒の表現になっているとも言える。リリスがアダムとの邂逅《かいこう》を果たし、正妻としての姿に目覚めたんだね。

まき まさにエヴァだ。

星乃 そのリリスとアダムとの邂逅っていうのが、半田さんが『君の名は。』で話されていた「素粒子＝純粋持続」ってことですか？　つまり人間が自分の精神の在り処《か》を物質の中に見出すこと。

半田 おっと、いきなり話がワープしたね（笑）。でも、その通り！　時間と空間の中で物質意識に支配されていた人間が、純粋持続を通してプレーローマへの入り口を発見するってことだよ。あのとき、巨大化した綾波の周囲を10体のエヴァが囲んでいたよね。あれには、破壊された容器の修復の意味が持たされていると見なせるんじゃないかな。

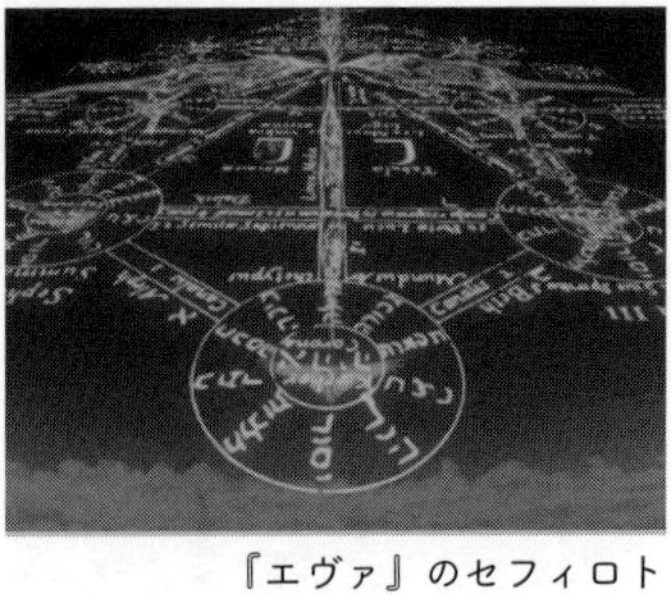

『エヴァ』のセフィロト

星乃 そっか。あの10体はセフィロトの象徴になっているんですね。

半田 うん。それによって、プレーローマの入り口を塞《ふさ》いでいたA・Tフィールドを破壊する強力なデストルドーのエネルギーが噴出し、ガフの扉が開き、本来の「生命の樹」の姿がよみがえっていくことになるわけだね。

まき う〜む、話がスムーズにつながっているなぁ。半田解釈ヤバし。

『エヴァ』と『君の名は。』との違い

半田 こういう物語を作り上げた庵野監督には、本当に脱帽なんだけど、ただ、『エヴァ』が本家のルーリアカバラと大きく違うのは、希望がまったくないところだね（笑）。ルーリアカバラの場合は、地上の悪が絶頂に達したときに救済が訪れると考えるので、まだ希望がある。まぁ、ここでいう「救済」とは何かという問題はまた別に議論が必要なところではあるけど、僕自身は、この間話した新海監督の『君の名は。』の方には、この「救済」の希望をすごく感じたのね。だから、最近のアニメの中ではとてもいい作品だと思ったわけ。

ある意味、ポストモダンの風潮に真っ向から対抗して、大きな物語を新たに作らなくちゃいけないという意志のようなものを感じたんだ。でも、庵野監督はポストモダンをそのまま地で行っている。つまり、所詮、現実なんてものは何も変わりゃしないっていう「まったり感」が漂っている。まぁ、時代のせいもあるんだろうけど。

星乃 そうですね。庵野監督はまさにポストモダン的感性ですよね。

まき　そういえば庵野さん自身は、『君の名は。』は※『仮面ライダーカブト』のパクリだみたいなことを言っていて、あまり評価していませんでしたけど……。

半田　多分、それって本心じゃないと思うよ。あれだけの一大ブームを巻き起こした作品なわけだから、当然「この作品には何かある」とは感じたはずだよ。別に庵野監督がそうだというわけじゃないけど、『君の名は。』が大ヒットしたとき、かなり辛辣《しんらつ》な批判を飛ばしていた評論家とか映画監督とかがいたよね。通ぶっている人ほど、あの映画のサブリミナルなメッセージ性を読み取れていない気がするな。僕自身は、大きな物語を信じたいタイプの人間だから、『君の名は。』を観たときは、おっ、こんなのが出てきたんだって、とても新鮮に感じた。とにかく、伏線が緻密に構成されていたし、青春恋愛モノに、よくぞここまでオカルティックな思考要素を盛り込んだもんだって。

まき　私も最初のインビューで半田氏の解説を聞いて、びっくりしましたもん。何か眠ってるんだろうけど霧がかかって正体が分からずモヤモヤしていたところに、その霧が晴れたような感じでした。

星乃　そうですね。半田さんがさっき言われた「救済」というのは、決して宗教的な意味じゃないですよね。

半田　もちろん、そういう意味じゃない。宗教的な救済って、カバラにしてもそうなんだけど、単にメシアがどうのこうのと言うだけで、救済というものが具体的に何を意味するのかを詳しくは語らないよね。僕がイメージしている**現代的な救済というのは**、一言で言うなら、まさに「アインソフアウル」の六芒星が象徴していることで、**精神と物質が新しい知性の**

もとに統一的に理解されるようになるってことなんだよね。それによって、人間自身が人間の存在の意味について、今までとはまったく違う考え方をするようになるってこと。

星乃 ヌーソロジー自体がそれに挑戦しているようなものですよね。

半田 挑戦というのは大げさだけど、カバラに代表されるグノーシス的な世界観を現代的な形で一つの知性として甦《よみがえ》らせることができるんじゃないかって思ってる。

まき さっき、星乃さんの話に、庵野監督はグノーシス関連の知識を衒学的《げんがくてき》に使っただけって話がありましたが、そのへんについては、半田氏はどう考えているんですか。

半田 半分ウソっぽくないかな（笑）。もし庵野監督が、星乃さんが言うようなタイプの人なら、若い頃から相当、自分の存在理由について悶々《もんもん》と考えてきた人だろうと思うのね。でなきゃ、カバラなんかに興味を持つはずないし。だけど、何らかの原因で、そんな自分を現実逃避だと感じるようになったんだと思う。でも、結局のところ、「本当にオレは逃避しているのだろうか」ってところでまだ迷っている。かつ、そういった自分自身の内にある軸のブレをも嫌っているんだと思う。だから、自分が出した判断を自分自身に納得させる意味でも、自分と同じような連中に一発、強烈なアイロニーを喰らわせたかった。そういう

『仮面ライダーカブト』 ２００６年〜２００７年に放映された「平成仮面ライダーシリーズ」第7作目。

自己嫌悪がなけりゃ、旧劇場版で、あれほど※あからさまな観客批判はやらないんじゃないかな。何が言いたいのかというと、結局、庵野監督はグノーシス的なものを実は信じてるんじゃないのか、ってことなんだけどね。僕が勝手に想像するには、そうした軸のブレが、LCLの海を、あのように、すべてが死に絶えてしまったような世界として描写させたんだと思ってる。

星乃　うーん、でもそれは仕方ないんじゃないですか。当時の庵野監督が表現したかったのは、自分の魂の世界の在り方、葛藤、成長と退行の反復、そして結局、その枠の中でジタバタするしかないんだということなんじゃないかと思うし。そういう諦めと、またそれを自分に言い聞かせているような感じですよね。そして、その中で救いがあるとすれば、使徒やゴジラが超自我を破壊してくれることなんだという……ヌーソロジーみたいなことは、まったく考えていないと思いますよ（笑）。でも、本当は、半田さんが言うように、心の奥底では、その枠を超えることを求めているのかもしれませんね。今度の最新作『シン・エヴァンゲリオン』で、庵野監督がどう自分自身を表現してくるかはとても楽しみですよね。

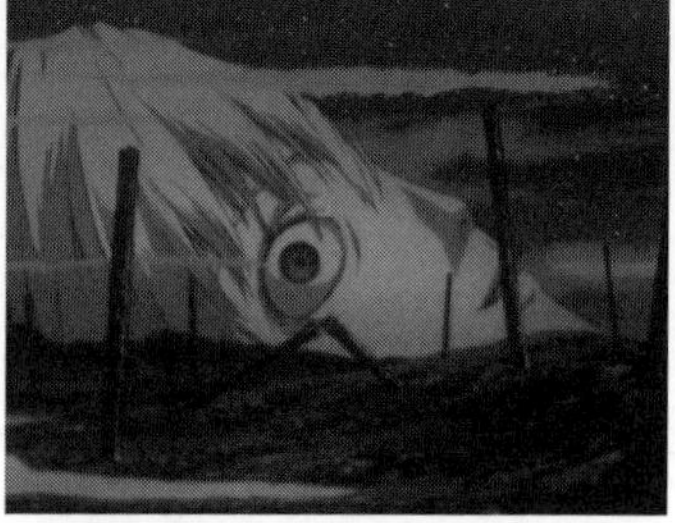

綾波の破壊

半田　そうだね。当時の庵野監督が表現したかったことって、結局、※現実原則と※快感原則の間をただ行ったりきたりした挙句、その間の深淵に落ち込んで苦しんでいる心理だけだよね。シンジだって、一度LCLの中に溶けてすべてと一体となったものの、「やっぱり苦しい世界で生きていく」と決心して人の形を取り戻すわけでしょ。もちろん気持ちは分かるんだけど……。

まき　だって人間だもの。まきお。

半田　おっと、どこかで聞いたフレーズ。まきお（笑）。でも、そこなんだよね。まさに、その「人間だもの」っていうけだるさを漂せた肯定感が問題だと思うんだ。もし、「気持ち悪い」って言うべきものがあるとするなら、シンジがどうのこうの、設定オタクがどうのこうのというより、人間の現実が持ったこうしたマンネリ化に対して、その気持ち悪さを感じ取らなくちゃいけないって、僕なんかは思うんだけど。

星乃　自我の枠の中で日々生活をしているだけで、結局、何も変わらない。出口なんて存在しない。どうせ変わらないんだから、自分と向き合う必要もないってことですかね。

半田　Ｙｅｓ。だから、僕にとっては、『エヴァ』というのは、庵野監督の心理風景であるのと同時に、今の時代の人間全体の心理風景でもあるように見えてしまう。社会の在り方に対していろいろな批判は出てくるんだけども、結局のとこ

あからさまな観客批判　劇場版『Ａｉｒ／まごころを、君に』の映画後半で、突然、『エヴァ』を鑑賞中の映画館の観客たちをスクリーン側から写したショットを実写で挿入している。観客たちは戸惑いや不満を隠せず、誰もが怪訝な表情を見せ、場内はざわつく。このシーンには庵野監督自身の、アニメオタクたちに対する痛烈な皮肉が込められているといわれている。

現実原則　フロイトの精神分析学の概念。人が快感原則を自制して、現実との適合を図りながら、欲求を充実させようとすること。言いたくないが仕方がないので言う。やりたくないが仕方がないのでやる。したくないが我慢してする。今すぐ食べたいが我慢して後で食べる。欲望を押さえて理性的に行動しようとする志向性。快楽原則と対で働くものであるが対立するものではなく、快感原則が変形されたものとされる。

快感原則　フロイトの精神分析学の概念。人間が快楽を求め苦痛を避けること、すなわち生理学的・心理学的な必要を満そうとすることを表す。人間が持っている不快な状態を避け、本能的な欲望や衝動の即時的、直接的な満足を得ようとすることと考えるといい。言いたいから言う。やりたいからやる。したくないからしない。今すぐ食べたいから食べる。欲望のままに行動を取りたいとする志向性。

ろ、喉元過ぎれば熱さ忘れるじゃないけど、すべてが何事もなかったかのようにして事態が進んでいく。この気持ちの悪さだよ。ついこの間のフクシマだって、全部そうじゃない。時代のテンポがあまりに速くなりすぎていて、もう誰も過去を振り返らないし、未来だって見なくなっている。みんな、ただ目先の現在だけに閉じ込められて、同じ習性、惰性で生きてるだけで、そのことに対する問題意識さえ持たなくなっている。本当に、そんなのでいいのかって思わないかい？

ＬＣＬの海が意味するもの

星乃　心理学もそうなんですよね。フロイトやラカンといった自我の構造論は「もう古い」とされて、臨床以外では研究対象にすらならない。現実的な常識的な範囲で、測定可能なものしか対象にならないんです。社会的にも、この間お話ししたような、現実生活に簡単に取り入れやすい『嫌われる勇気』などが流行りますしね。

半田　おそらく、エロスの過剰なんだと思うよ。「死」が忘れ去られているんだよね。死の価値について、ほとんどの人が考えなくなっている。健康ブームが高まれば高まるほど、死は怖いものとしか見られないし、死期を迎えようとしている老人に対しても、無理やり、延命治療を施して何とか死なせまいとするでしょ。死が徹底して忌み嫌われてるわけ。だから、タナトスという言葉を聞いてもほとんどの人たちはネガティブなものにしか感じない。そんな状態だから、さっき星乃さんのところで話したタナトスの区別さえどうでもよくなっている。「死＝霊性」に対する感受性がそれこそ死に絶えていっているんだよ。

まき　・・・・・・・オカルトスキーとしては悲しいばかりです……。ところでタナトスの区別さえどうでもよくなっている、というのは、どういうことですか？

星乃　さっきも話したけど、タナトスというのは「死の欲動」という意味で、何だかネガティブなものに解釈されがちだけど、これって、元はと言えば、フロイト自身の解釈が前期と後期で変わってきたからなの。前期のフロイトは、タナトスが人間の持つ原始的な欲求と関係していて、自滅的な行動や攻撃衝動（破壊衝動）にもタナトスからリビドーが供給されていると考えていたのね。でも、後期になると、このタナトスによって生まれる行動原則を『涅槃原則《ねはん》』とも呼ぶようになるの。「涅槃」とは、普通、一切の煩悩や執着が無くなった絶対的な安楽の境地のことを言うでしょ。つまり、解脱して、欲望や苦悩を消し去った状態とでも言うのかな、自我意識を超えた意識状態のこと。だから、さっきも言った通り、一口にタナトスと言っても、自滅的な「退行のタナトス」と、解脱的な「成長のタナトス」っていうのがあるということなの。

半田　さすが星乃さん、詳しい。『エヴァ』での具体例を出すね。たとえば、「人類補完計画」が始まったときの、ATフィールドの解体のシーンなんかを思い出すといいよ。

まき　サードインパクトが発生したときのことですね。巨大化したリリスがアンチATフィールドによってATフィールドを破壊しちゃうシーン。

半田　あのシーンで、ネルフの職員たち全員がLCLの海へと還っていくよね。そのとき、人それぞれに、日頃、大切に思っている人がイメージとなって現れてきたでしょ。日向ならミサトが、伊吹ならリツコと言うように。これって、普通であれば、自分が日頃一つになりたいと思っていた相手と融合していったという話で、それなりに筋が通る話ではあるんだけど、さっき、星乃さんも言ってたように、「成長のタナトス」というのは、自我を超えて行こうとする欲望でもあるわけだよね。だから、成長のタナトスによるLCLでの融合というのは、特定の誰かと一つになりたいといったような欲望じゃないと思うのね。

まき　ってことは、これは「退行のタナトス」ってことでしょうか？

半田　そうだね。ATフィールドの解体によって、ただ、全員が漫然と原始の生命の海へと溶けていくような描写になっているでしょ。

まき　ふむふむ。ATフィールドが解体されているようで、実際には解体されていないってことですね。

半田　その通り！　あくまでも、みんな、ATフィールドの解体を受動的に受け入れていくだけで、自ら進んで、それを解体しにかかっていったわけじゃないってこと。それだと、さっきのカバラの視点から言えば、単なる世界の終末ってことになっちゃう。つまり、人類の滅亡。ガフの部屋が開くことは、世界の始まりでもあるはずなのに、始まりのビジョンがどこにも描かれていないんだ。

星乃　つまり、このATフィールドの解体は「成長のタナトス」とは言えないってことですよね。私が言った「胎内回帰」でしかないってこと。

半田　そうだね。すべてが「胎内回帰」で終わっちゃってる。「退行のタナトス」だね。

星乃　で、半田さんは、成長のタナトスならば、それが創造的な力へと変わる生命そのものの生成の世界があると考えてるってことですよね。

半田　もちろんだよ。だから、あのＬＣＬの海の表現に断固として抗議しているわけ（笑）。あれじゃ、まるで「生命の樹」のセフィロトの中間領域が静寂の無のような世界になってしまうからね。

まき　つまり、自己と他者が融合する仕方には二通りあるってことなんですか？

半田　そう思うよ。つまり、さっき話した「退行のタナトス」の方向性での融合と、「成長のタナトス」の方向性での融合というように二つある。自我が再び人間の胚芽へと戻ることと、自我を乗り越えて創造的な力になっていくことの違いと言っていいかもしれない。**人間の胚芽へ戻るというのは、仏教でいうなら※サンサーラ（輪廻）の方向性。自我の乗り越えというのは、人間が主体性を超えて、宇宙の創造的な力へと変容していく※ニルヴァーナ（涅槃）の方向性。**そういう違いになると思う。

星乃　それが、母親の胎内への退行の方向と、自我を確立してからの成長の方向ということですね。

まき　ＬＣＬに溶けてなくなっちゃうのは、若者が

サンサーラ　サンスクリット語で「輪廻」の意味。もともとの意味は「流転（るてん）、転生（てんしょう）」。仏教においては、霊魂の迷いの状態であり、輪廻の世界から脱出することを「解脱（げだつ）」とする。空海の曼荼羅でいうなら胎蔵界。

ニルヴァーナ　サンスクリット語で「涅槃」の意味。もともとの意味は「消える、吹き消す」。輪廻から逃れた霊魂の至福、完全な幸福の状態を指す。空海の曼荼羅でいうなら金剛界。

気軽に口にする方の「死にたい」的な感じなんでしょうね。すべてから逃げて、楽になりたい的な。

半田 うん。『エヴァ』では、その二つの方向性の区別がはっきりしていないというか、最初っからないんだ。だから、逆に、謎が謎を呼んで物語を面白くしているとも言えるんだけど、同時に、何だか後味の悪いスッキリしない話にもなっている。このへんが、星乃さんが指摘していたように、庵野監督個人のポストモダン的な心理風景とガッツリかぶっているところでもあるんだろうけど。

星乃 そうですね。庵野監督はさっきも言ったけど、成長を拒んでいる感じもするし、「涅槃なんてそんなものはない」と思っているんじゃないかと思うんです。対談本の中で「幸せなんてイリュージョンだ」とか「人間は孤独からは逃れられない」ともおっしゃってます。ゲンドウの「神になる」計画も結局は失敗しますし。庵野監督ご自身はゴジラや使徒を「成長のタナトス」として描いているのかもしれませんが、結局、超自我は取り込まず、「成長はない」ということで、どうしても退行の方向に戻ってしまうんです。

半田 それって、さっきも言ったけど、**ポストモダン以降の知識人たちの典型的な思考スタイルだよね。霊的世界などといったものはないって決めてかかっているから。科学的世界観に影響されすぎていて、霊性というものを素直に受容することができない。**そのために、感受性が優れている人ほど変な鬱屈が起こっている。もっと自分の直感を信じればいいのにって、僕なんかはいつも思うんだけど。

星乃 本当にそうですね。科学的な世界観を絶対と見てしまうと、「自我を超える」なんてあり得ないということになるから、自己と他者の融合という話になると、どうしても胎内回帰の方向に行ってしまいがちですよね。

半田 それが、エロスが過剰な世界の特徴でもあるわけだから仕方ないけどね。

カシウスの槍《やり》とロンギヌスの槍

まき なるほどね〜。わたしもオカルトは好きなんですけど、いざ、霊性とかいう話になると、ちょっと身構えるんですよ。常に「壺なんか買わねえぞ」っていう警戒心があって。半田氏の言う霊性というのは、どういうイメージなんでしょうか。

半田 一言で言うなら、無意識を意識化することができた意識のことだと思うよ。

まき それって、具体的にはどういうことなんでしょう？　意識化できないから、無意識なわけですよね。

半田 いや、意識化できないと諦めているから無意識なんだよ。あっ、ごめん、意識化という言い方はよくないな。**無意識の意識化とは、人間が精神そのものの世界に入ること**、と言った方が正確かな。

まき 精神そのものの世界に入る？　精神と時の部屋のことかー！

半田 それ作品が違うから（笑）。『君の名は。』でも話した純粋持続の世界のことだよ。流れる時間が存在しないタイムレスな場所の中に入ること。※ハイパータイムの世界だね。さっきのカバラの「生命の樹」だと、この意識領域は、破壊された容器を再生させていくイェッツェラー界の領域に対応しているんじゃないかと思う。

まき 哲学やカバラの知識での説明としては、それなりには分かるんですが、それは具体的にどういうことなんでしょ……。

半田 ヌーソロジーの場合は、それを空間認識の在り方を変革することでやろうとしているんだけど、『エヴァ』が面白いのは、それについてもしっかりと暗示したシンボルを盛り込んでいるところだね。嬉しくなっちゃう。このへんは、「庵野監督、相当キテる」としか言いようがない（笑）。

まき 空間認識の在り方の象徴？……それって、何として表されているんですか？

半田 槍《やり》だよ。ロンギヌスの槍。ロンギヌスの槍はエヴァが使途を攻撃するときに使う強力な武器のことだけど、ターミナルドグマで磔になっていたリリスの胸にもロンギヌスの槍らしきものが刺さっていたよね。まきしむや星乃さんは、あの槍については考えてみたことある？

星乃 あれもロンギヌスの槍じゃないんですか？

半田 僕の解釈では、あれはカシウスの槍だと思うよ。

星乃 カシウスの槍？

半田 カシウスの槍の話が出てくるのは新劇場版『Q』の方なんだけど、その中で、カオルが**「世界の修復には〈ロンギヌス〉と〈カシウス〉という対の槍が必要だ」**と言っているのね。

まき　むむ、聞き逃していたかも。

半田　ヌーソロジーの解釈からすると、この二種類の槍が象徴している寓意は極めて重要なものなのね。この二本の槍については設定オタクたちもいろいろな推理をしているみたいなんだけど、ヌーソロジー的には名称の由来から、その意味について推理するのが一番しっくりくる。

まき　ロンギヌスとカシウス……。

半田　「ロンギヌスの槍」というのは、もともとは、イエスがゴルゴタの丘の十字架の上で磔刑《たっけい》にされたとき、イエスの死を確認するためにローマ兵が脇腹を突き刺した槍のことだよね。そのローマ兵の名前がロンギヌスで、槍の名称の由来もそこにある。で、面白いのは、このロンギヌスという人物は目を患っていたらしく、イエスを刺したときにその返り血を浴びて、目がよくなったらしいのね。それで、改心して、洗礼を受け、信者になっちゃう。

まき　なんて調子のいいヤツ（笑）。

半田　確かに、何よそれ？　って話だよね（笑）。で、ロンギヌスという名は、そのローマ兵が洗礼を受けた後の名前なんだ。元の名がカシウスなの。だから、ロンギヌスの槍とカシウスの槍の違いは、イエスの返り血を浴びた後か前

ロンギヌスの槍

ハイパータイム　直線的な時間ではなく、同時的に垂直的な方向にある次元によってもたらされる時間。純粋持続と同じような意味。

か、その違いを意味しているってことになる。

星乃 それで、リリスの胸に刺さっていたのが、カシウスの槍だというのはどういう理由からですか？

半田 カシウスの槍が物質意識を作り出す力の象徴になっているからだよ。キリスト教的に言えば、カシウスの槍とロンギヌスの槍の違いというのは、イエスの教えを知る前の槍か、その後の槍か、という対応になるんだろうけど、ヌーソロジーから見ると、**これら二種類の槍は、そのまま空間認識の反転の象徴になっている**って感じなのね。つまり、カシウスの槍というのは、奥行きに突き刺さった幅、ロンギヌスの槍とは本来の奥行き、というようにね。

まき 奥行き？　奥行きっていうのは、『君の名は。』で出てきた幅に対しての奥行きってことですか？　自分の身体から前方に伸びる方向ですよね。

半田 そうだね。自分の視線の方向のこと。カシウスの槍に象徴される奥行きは、他者から見た幅と同一視されていて、見るものと見られるものの間に距離を作り出している。つまり、世界を3次元化させて、物質を対象として見なす意識を作っているわけだね。一方のロンギヌスの槍に象徴される奥行きの方は、奥行き本来の奥行きであり、そこには幅はなく、見るものと見られるものの分離も作らない。だから、「見ているもの＝自我」という感覚も存在しない。主客が一体化しているわけだよ。

まき なるほど。

星乃 つまり、**自己が自分の視線を他者視線に同一化させて世界を見ると、3次元という客観空間が現れ、自己自身の奥行きに戻れば、主客**

一体の世界が現れ、そこに純粋持続が息づいているってことですよね。見方を変えれば、他者の奥行きがカシウスの槍で、自己の奥行きがロンギヌスの槍とも言える……

半田　まったく、その通り。カシウスの槍とはまさに自己を突き刺している他者の視線のことと考えるといいよ。『君の名は。』では、女神ティアマトを二つに分けてしまったマルドゥクの霊力が幅意識の力だという話をしたよね。ティアマトっていうのは、実は見るものと見られるものが分離する以前の主客が一致した世界の象徴と考えるといいんじゃないかな。だから、ティアマトを二つに分けてしまったマルドゥクというのは、「奥行きに幅が突き刺さってしまう」＝カシウスの槍とも考えられるということ。自己視線の他者視線との同一化によって、自己の意識の中に他者が見ている世界のイメージが入り込み、主客が分離しちゃうってこと。

まき　そっか。組紐も、紐の端と端を反対方向に引っ張れば、結び目はますます固く閉じてしまい、物質意識＝幅が強くなって自己と他者がつながれなくなるんですよね。ひょっとしてこれも関係があるんですか？

半田　深く関係していると思うよ。自己と他者にしても、主体と客体にしても、普通は互いに分離しているように見えてしまっているでしょ。それは、カシウスの槍＝奥行きの幅化の一撃によって、主客分離の世界が登場し、外の物質宇宙という概念が生まれてしまったということの意味なんだよ。

まき　「奥行きの幅化」っていうのは、精神としての純粋持続の働きを、身体、つまり物質的な3次元世界に存在するものとして見てしまうってことですよね。それが、最初のインタビューでもおっしゃっていた〈僕―それ〉の世界をつくり出す原因となっている。

半田　おぉ、いいね、まきしむ。その通り！　ヌーソロジーの思考法が分かってきたみたいだね。その対応で言うなら、〈僕―君〉の世界を作り出すものが真の奥行きの世界ということになるね。そして、**カシウスの槍による「奥行きの幅化」によって作られているものがATフィールド**なんだよ。

星乃　つまり、自我ってことですよね。

まき　ほー。つまり、カシウスの槍とは、『君の名は。』での話でいえば、マルドゥクに対応していて、人間の意識を物質世界に閉じ込めている3次元意識の象徴になっているということなんだ。そして、それが自我の檻《おり》のことでもあると。

星乃　そうですね。そして、カシウスの槍・マルドゥクっていうのは、超自我のことですね。自我と物質意識、『君の名は。』で言えば八岐大蛇《やまたのおろち》や幅を作り出すもの。

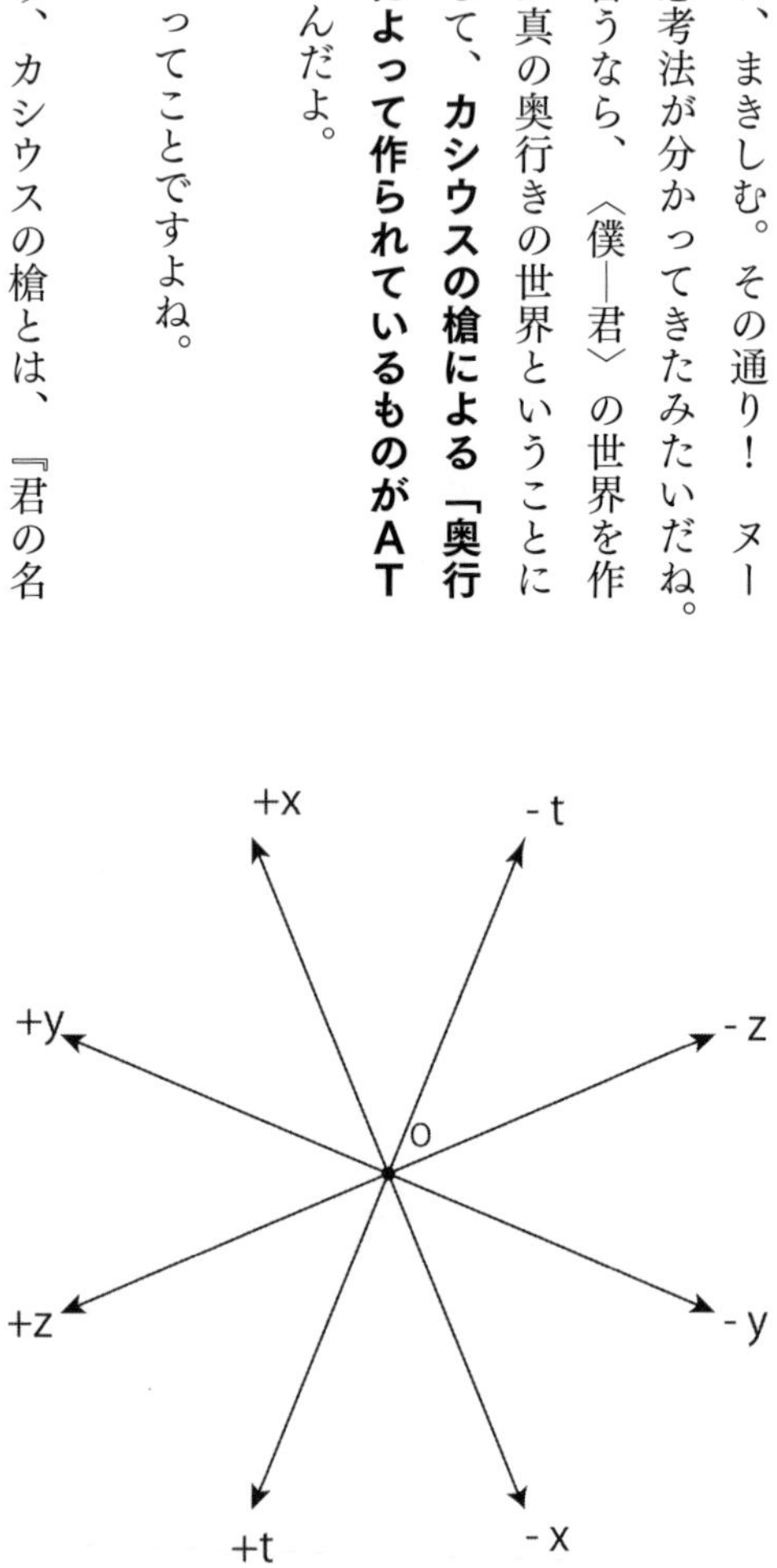

●４次元時空の双方向が八岐大蛇

半田　そうだね。要は、時間と空間自体が自我を作り出している力の本質だということだね。時間と空間は4次元時空と呼ばれているよね。実際、今の僕たちの意識は、空間の±x、±y、±z

と時間の$\pm t$という4次元時空の双方向に幅を感じ取って活動しているわけだから、**これは、合計八つの方向に延びた「ハバ」という意味で、まさに「八岐大蛇」と呼んでいいもの**だと思うよ。

まき　なるほど！　3次元座標に、時間軸を加えた4つの軸のプラスマイナスの二方向で合計八つの頭ってことですね。それが八岐大蛇の正体なんだ。

星乃　そうすると、カシウスの槍が刺さったリリスの身体は、人間が持った物質意識の象徴になっているということなんでしょうか？

半田　物質は時間と空間の中に現象化してくるものだから、そういうことになるね。その意味で、このカシウスの槍によって、さっき言った「容器の破壊」が起こっているとも言える。

まき　じゃあ、ロンギヌスの槍が本来の奥行きを取り戻すというのは、どういう意味なんでしょうか？

半田　詳しい説明はまた今度するけど、さっき幅化されていない本来の奥行きとは純粋持続の力だと言ったよね。つまり、カシウスの槍がエロスで、ATフィールドを作っている力なら、ロンギヌスの槍はタナトスの原因となっているものであり、アンチATフィールドを作り出す力だということ。そして、それは純粋な奥行きとして息づいているんだけど、残念なことに、僕らはまだそのことに気づいていない。幅化した奥行きの中にそれは隠されているんだ。

星乃　ですね。カシウスの槍がイエスの贖罪《しょくざい》の血を浴びたことによって、原罪から解放され、ロンギヌスの槍に変わって、自我を作る力から自我を解体する力に変わる。つまり、**槍の性質が、**

「幅」の世界から解放されて、純粋持続を取り戻す「奥行き」という方向に変わるってこと。それは、成長のタナトスの力ですね！

半田 そう考えると、ピッタリはまるでしょ。ロンギヌスの槍はATフィールドを無効にする働きを持っているわけだから。

物質的ビッグバンは霊的ビッグバンの影

まき でも、さっき半田氏も星乃さんも「旧劇場版のATフィールドの解体は成長のタナトスになっていない」っておっしゃってましたよね？

半田 うん、そうなんだよね。だから、何度も言うようだけど、庵野監督のLCLの描写にさっきからケチをつけているわけ（笑）。

星乃 そうですね。そこが、さっきから半田さんもおっしゃっている庵野監督の世界とカバラの世界の違いなんですよね。**カバラ的にはロンギヌスの槍は「成長のタナトス」と解釈できるけど、『エヴァ』の中では結局「退行のタナトス」になってしまっている**ということなんじゃないかな。

まき え、じゃあ、本来のカバラ的解釈での、「ロンギヌスの槍がATフィールドを無効にする」というのは、結局どういう意味なんでしょうか。単にLCLの海に戻るってことじゃなさそうですね。

半田 全然違うと思うよ。もう一度、「生命の樹」の図（104頁）の右側の図を見てほしいんだけど、「容器の破壊」が起こると、リリスはクリフォト（殻）の中に閉じ込められて、生命の樹全体が作る生成世界をマルクトの中に逆さまに見てしまうんだったよね。それが、僕らが物質宇宙と呼んでいるものの世界なわけ。つまり自然界の生成は、本当はプレーローマという霊的な領域で起こっているにもかかわらず、リリスはルシファーのせいで、それを時空内部での生成、進化と勘違いしてしまうわけだよ。だから、カバラの考え方から言えば、今の科学が考えている宇宙の歴史は、単に霊的世界の影について語っているようなものであって、まったく本質に触れることが出来ていないんだよね。

星乃 カシウスの槍によって創られた3次元認識の中で世界を見ているから、本当は霊的なものの歴史が、物質の歴史のように見えてしまっているということですよね。

半田 そうだね。たとえば、今の科学は宇宙の始まりにビッグバンを想定しているよね。カバラの世界観を通してビッグバンを見るなら、ビッグバンは決して物質的な出来事ではなく、霊的な事件として解釈されなくちゃいけない。で、おそらく、この霊的ビッグバンとも呼べる出来事は、ケテルとマルクトの癒着によって生まれていたATフィールドの壁を人間の認識が突き破ることを意味していると思う。なぜなら、それが霊的な意味での※創造の始源に当たるから。科学はそれを逆さまに見てしまって、「器の破壊」の方を「創造の始源」と勘違いしてビックバンって呼んでいるんだと思うよ。

まき 成長のタナトスによってATフィールドを突き破るっていうのは、時空を突き破って、時空の外部に出るってことですか？

半田 そう。人間がタイムレスな純粋持続の世界へと出て、そこに高次元の認識を作り始めるってこと。

まき　『君の名は。』で、スサノオが八岐大蛇＝幅を退治したときに使った剣のことを天羽々斬《アメノハバキリ》と呼んだという話もありました。とすると、ロンギヌスの槍というのは、このアメノハバキリと同じような役割を持ったものということなんでしょうか。

半田　「アメノハバキリ」は、ヌーソロジーの解釈では、奥行きから幅（距離）を取り去り、そこに純粋持続の空間をよみがえらせることを意味するわけだから、ロンギヌスの槍とまったく同じ象徴と考えて構わないんじゃないかな。ヌーソロジーは、そこに潜在化している持続空間の構造体が素粒子だと考えている。

まき　そうか。この間おっしゃっていた「世界を真裏から見直すような考え方をする」っていうのは、このことなんですね。**本当は、この人間の世界が宇宙の始まりの場所でもある**ということなのか……。

半田　キリスト教神秘主義では、そうした始まりのことを「始源＝アルケー」と呼んでいるね。そして、世界をアルケーに戻す者こそが救世主イエス＝キリストの意味だとしている。

星乃　『君の名は。』で言えば、自己と他者の本当のつながりの仕組みを見出すってことですね。自我を超える、成長のタナトスが持った新たな方向性。

まき　なるほど。でも、どうして、奥行きから幅（距離）をなくしたら、そこが素粒子の世界になるんでしょうか。そのへんがさっぱりイメージできません。

半田　そのことを具体的な空間論として展開してい

くのが、ヌーソロジーの本論になっていくんだけど、それについては、哲学や物理学の話が混じってきて、説明にちょっと時間を要しちゃうから別の機会にまたやろう。ただ、ルーリアカバラでも似たような話になってるから、ここでは、イメージを膨らませるために、その話だけでも紹介しておこうか。

ツィムツーム——マクロからミクロの一点へと収縮する宇宙

星乃　えっ、ルーリアカバラでも、同じようなことを言っているんですか？

半田　さすがに素粒子の話は出てこないけど、それらしきことは言っている。ルーリアカバラの目的は「容器の破壊」によって壊されたプレーローマのセフィロトをいかにして再生していくかというところにあるんだけど、この再生の作業のことを「容器の修復（ティックーン）」って呼んでいるのね。そして、この修復は「ツィムツーム」によって為《な》されるとしている。

まき　ツィムツーム？

半田　あまり聞かない言葉だよね。この「ツィムツーム」というのは、もともとヘブライ語で「収縮」っていう意味。つまり、「縮む」ってこと。ルーリアカバラでは、この「ツィムツーム」によって、思考は創造に隠された思考を追い求めるようになるとも言われているんだ。言い換えるなら、ルーリアカバラにとっては、この「ツィムツーム」が創造の始まりでもあるってことなんだけど。

まき　「縮むこと」が宇宙の始まり………。

半田　そう。そのへんがとても面白いところなんだけど、ルーリアカバラでは、初めに神は悪と共にあったと考えるんだ。つまり、原初というのはどうしようもないカオスだったわけ。だから、創造に当たって、神はそこから撤退することを望んだという話になってる。悪が混じっていたら、コスモスとしての創造はできないってことだね。そして、この悪が混入した世界から神が撤退することが同時に「ツィムツーム」の意味になっているの。つまり、縮んで、悪の混在した場所から脱出する――それによって、神による宇宙の創造が新たに始まる。そういうストーリー。

まき　ビッグバンによる宇宙創生だと、創造の開始は、爆発して、広がるというイメージですから、まったく逆のイメージですね。

半田　そうだね。**科学的な宇宙創世の物語とは方向がまったく逆。「広がるんじゃなくて、縮む」。反転しているところが実に面白い**よね。ただ、ルーリアカバラでは、この神の創造行為が、伝統的なカバラの創成理論と同じで、最上位のセフィラーであるケテルから始まるとされているのね。でも、それだと本来、「純粋なる無」であるべきアインソフの世界になぜ悪が混入していたのかがよく分からない。僕もいろいろと調べてみたんだけど、その理由を納得がいくように説明した資料は見つからなかった。それで、そこにヌーソロジーの考え方を適用してみたら、なぜケテルに悪が混入していたのか、その謎があっさり解けた。

星乃　それって、どんなイメージなんですか？

半田　さっきも話したケテルとマルクトの結合だよ。ケテルとマルクトが直接的に結合すると、マルクト側からはケテルがルシファーのように見えてしまうんじゃないかっていう話をしたよね。ということは、その様子をケテル側から見るなら、ケテルは最下位に見えるマルクトの中に自分の影が「悪」として映っていることを知っていることになる。となれば、ケテルがこの悪から離れるためには、マルクトに見える自分自身の影をイエソド方向に向けて上昇させればいい。そうすれば、必然的にルシファーも消え去ることになる。つまり、**ツィムツームというのは、人間から見れば、ケテルではなくて、実はマルクトにおいて起こる出来事**なんじゃないかってことなのね。ルーリアが語る「創造の始めに混入していた悪」をマルクトとケテルの接合部分、つまり時空の中に現れた光そのものと考えるなら、ルーリアのいうツィムツームとは、文字通り、時空からの光の撤退の意味となるわけ。光を縮ませるってこと。

まき　光を縮ませる？

星乃　それがさっき半田さんがおっしゃっていた「奥行きから幅を取り去る」ってことなんじゃないかな？　光は目で見るもので、そのまま眼差しを意味するとすれば、〈眼差し＝奥行き〉を縮ませるとは、奥行きから幅を取り去るってことになるでしょ？　幅は距離があるけど、奥行きは自分から見れば点にしか見えないから。

半田　さすが、星乃さん。鋭い！　秒速30万kmで横に走る光を奥行き方向に持ってきて潰すわけだね。物理学が言うように、光速度では、空間も時間も無限小にまで縮むわけだからね。

星乃　で、そのツィムツームによって現れてくるのが、現代風に言えば、素粒子の世界のことなのでは。

まき　そこで素粒子？「容器の修復」が素粒子と関係してるんですか？

半田　うん。『君の名は。』でも話したけど、ヌーソロジーはそういう対応で考えているんだよね。人間の意識は空間を幅＝延長として見てしまっているので、時空と言うマクロ世界をフランチャイズにして、そこに物質からなる宇宙を見ているわけだけど、**ツィムツームが起こると、空間はミクロ世界へと一気に収縮して、人間は自分自身を純粋持続として捉え始め、素粒子空間を住処《すみか》にしていると考えるようになる。**ここらへんはまた後で詳しく説明するよ。とにかく、**マクロ宇宙からミクロ宇宙への反転が起こる**んだ。**それが起これば、人間の前に物質と精神を区別しない世界が現れてくる**ことになるだろ。だって、**自分自身が素粒子へと変身する**わけだから。

時間と空間を超えた高次世界へとダイブする

まき　物質と精神を区別しない世界……そうか！　それが、ＬＣＬの海の本当の意味なのか。それって、『君の名は。』で一葉おばあちゃんが言っていた時間が作る組紐の世界のことですよね。自己と他者が「結び」を行っている世界って、この前、言われていましたが。

半田　ここでは、自己と他者の関係まではまだ具体的に突っ込んで話すことはできないけれど、いずれそういうストーリー展開になってくると思うよ。純粋持続と化した根源的時間が人間の無意識の構造として見え出す世界と言っていいかな。

星乃　私が個人的にヌーソロジーがすごく面白いって思ったのは、まさに、ここなのね。素粒子を人間の意識との関係で考えているところ。そして、ヌーソロジーでは、その素粒子のシステムが人間の無意識の構造になっていると考えているでしょ。私は主に心理学を通して、自我意識の発達の構造を研究してきたんだけど、ヌーソロジーはそれを素粒子構造の中に見ていて、自我意識だけではなくて、歴史意識の発達構造や鉱物、植物、動物から地球や惑星の構造などもみな同じところ、つまりイデアから生じてきていると考えてるのね。その仕組みで心理学的な事柄もぴったり説明がつくから、本当に面白いの。

まき　マジですか、にわかには信じられないような……。

半田　いきなりは、信じられないのは当然だと思うよ。それこそ、今の僕らは全員、カシウスの槍で目ん玉を貫かれているからね（笑）。人間の無意識構造は、訳の分からない茫洋《ぼうよう》としたものではなく、基本にはそれこそ、イデアによって象《かたど》られた明確な空間構造を背景に持って運動しているものなんだ。もちろん、その構造は、時間と空間を超えた高次の世界にあるものなんだけど、そこに一気にダイブを試みていくのがヌーソロジーなんだよね。

まき　もう、「知識のジェットコースターや～」って感じです。まだよく理解出来ていませんが、じゃあ次の回は、そのへんの話をもっと具体的にしてもらおうかな。そしたら、もっとイメージが湧いてくるかも。

半田　ん～、具体的に話すとなると、物理学や哲学を使わないと苦しいかも。

星乃　いきなり、物理学や哲学に話が行くのはまだ難しいんじゃないですか。まずは、まきしむにイデア世界への反転が必然的なものであるということを分かってもらうためにも、人間の自我意識の発達と歴史意識の発達の関係を理解してもらうというのはどうでしょうか。それがなくて、いきなり素粒子の話をしても、話が跳びすぎて分かりにくいと思います。私は自我意識の発達の話をしますから、半田さんは歴史意識の発達について話すというのはどうでしょう？

まき　私の知識レベルに合わせていただいて、ありがたさ半分申し訳なさ半分……。

半田　いや、まきしむだけじゃなくて、ヌーソロジーを知らない若い人たちに分かってもらうためには、それが必要かもしれないね。まずは、人間の無意識には構造があるということを知ってもらわないと、イデア世界の何たるかを感じ取ってもらえないからね。でも、歴史についてかぁ。題材となる映画はどうするの？　何かピッタリくるのってある？

星乃　それなら『ロード・オブ・ザ・リング』はどうでしょうか？　自我意識の発達について説明するのにもピッタリだし、歴史の話も絡められそうだし。

半田　『ロード・オブ・ザ・リング』かぁ。こりゃ、超大作だなぁ。分かった、分かった。

まき　よっしゃ、『ロード・オブ・ザ・リング』で決まり！

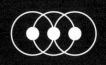

第3章

『ロード・オブ・ザ・リング』

——一神教の精神と自我の成り立ち

一つは、暗き御座の冥王のため、
影横たわるモルドールの国に。

一つの指輪は、すべてを統《す》べ、
一つの指輪は、すべてを見つけ、
一つの指輪は、すべてを捕らえて、
くらやみのなかにつなぎとめる。
影横たわるモルドールの国に。

『指輪物語 ー旅の仲間上ー』より

あらゆるファンタジー作品の原点ともいわれる『ロード・オブ・ザ・リング』は、２００１年から03年にかけて公開されたＪ・Ｒ・Ｒ・トールキンの小説『指輪物語』を実写化した3部作映画。

この章では、ヌーソロジー的な視点から、西洋史における時代意識の流れを俯瞰《ふかん》していきます。まず、半田氏には神話や宗教と、その歴史の観点から、主にサウロンと指輪との関係を、星乃さんには臨床心理学の観点から、主にフロドの旅の意味についてお聞きします。そして、話は歴史的な意識発達の流れと個人における意識発達の呼応性に及び、いよいよ無意識の中に潜むイデア構造の輪郭が明らかになっていきます。

『ロード・オブ・ザ・リング』のあらすじ

ホビット（小人）族のフロドは、叔父のビルボからある指輪を譲り受ける。それは、かつてこの世界に魔王として君臨していたサウロンの作った世界を統べる一つの指輪だった。魔法使いのガンダルフによれば、当時サウロンはエルフと人間の連合軍に滅ぼされたが、再び力を取り戻しつつあり、世界を支配しようと企んで指輪を取り返そうとしている。それを阻止するためには、オークの棲むモルドールの火山に指輪を捨てるしかない。サウロンの指輪を捨てるため、フロドは、ガンダルフ、人間の王の一族であるアラゴルン、エルフ（妖精）のレゴラス、ドワーフのギムリ、人間の執政の一族であるボロミア、そして、フロドの友人サム、メリー、ピピンと共にモルドールを目指す。

フロドとサウロン

まき　私が『ロード・オブ・ザ・リング』を初めて観たのは、中学生のときかな。「面白かった」という感想も出てこないくらい、衝撃を受けたんです。その後3日間くらい、言語化できない感覚でぼ〜っとしてました。しばらく魂が中つ国にいたんでしょうね（笑）。マジで24時間耐久で語れるくらい、ぶっちぎりで好きな作品です。

星乃　私も映画の中で『ロード・オブ・ザ・リング』が一番好きなの。一部を観た後、ゴールデンウィークに原作を一気読みしたんだよね。

まき　一本一本が中身、濃かったですよね。昔、次の作品が待ちきれずに二次小説を書いてエネルギーを発散していたのは私の黒歴史になってます。一作目でこれ以上ないくらいに死亡フラグを立てていったボロミアさんが期待を裏切らなくて、一周まわって愛おしく感じていました。あと、もともと監督がホラー畑の人だったからか、ナズグルに追われて木の陰に隠れるシーンはフロドと一緒になって息を呑んでいました。あれほどの一体感と緊張感は、後にも先にもこれっきりです。シェンロンに願いを叶えてもらうなら、記憶を消してもう一度観たいくらい。

星乃　そうだよね（笑）。私が最も印象的だったのは、※冥王サウロンかな。本質的な悪をあそこまで象徴化し切った映画は他にあんまりないんじゃないかと。人間にはどんな悪人でもいいところはありますから。

まき　そうですよね。で、半田氏は『ロード・オブ・ザ・リング』をどう評価されてますか？

半田　原作自体がファンタジーの最高傑作と言われているわけでしょ。その世界を実写で再現して、それがまた多くの原作ファンたちからも絶賛されているってところがすごいよね。普通は必ずケチがつくもんだよ。音楽やキャスティングも申し分ないし、映像の質感もすっごくいい。ただ、この間西洋の歴史の話をしてくれって言われて、今回はそのことを気にしながら観たので、映画のできばえ云々というより、原作の意図の方がすごく気になった。

まき　お、早速入っていきますね。原作の意図とは？

半田　この作品はサウロンが主役のようなところがあるでしょ。要は、「悪」を中心に立てないと物語が成り立たない。さっき、星乃さんが「本質的な悪を象徴化し切った映画」って言っていたけど、これって、やっぱりすごく西洋的だよね。第三部「王の帰還」のラストでサウロンの世界は滅び去っていくけど、じゃあ、サウロンは一体何のために世界にのさばっていたのかって、その理由をいろいろと考えさせられたんだよね。

まき　そう言われてみれば、確かに、善と悪のコントラストがはっきり出ている作品ですよね。

星乃　そうですね、この間の『エヴァ』と同じように、この**『ロード・オブ・ザ・リング』も、**

冥王サウロン　『ロード・オブ・ザ・リング』で、フロドがビルボから託された一つの指輪を創った人物。そもそもは、ガンダルフやサルマンと同じ魔法使いの一族で、彼らよりもはるかに格上の存在であった。「中つ国」の唯一神によって創られた神々の中で最大の力を持っていたが後に悪に転じたモルゴス（メルコール）の配下に下ったため、堕落した。

フロドを中心に見るか、サウロンを中心に見るかで、二つの見方ができるかもしれませんね。フロドの物語は心理学的に解釈することができ、サウロンの物語はオカルティックな分析を必要とするんじゃないでしょうか。

物語がないと人は生きていけない

半田　またまたオカルト役？　まぁ、いいか（笑）。オカルトとダイレクトに結びつくってわけじゃないけど、とにかく、今回は映画の分析云々というよりも、西洋の歴史の流れとの関連で、僕なりにいろいろと連想したことがあって、それについて話をしてみようかなって思うんだけど、それでいいかな？

まき　はい、ぜひぜひ。よろしくお願いします。

まき　なるほど、サウロンの物語っていう視点はありませんでした。星乃さんの心理学的なお話も気になるけど、今回は半田氏のオカルティックなお話から聞いていこうかな。

半田　えーと、まず何から話そうか……。これは『ネバー・エンディング・ストーリー』の原作者である※ミヒャエル・エンデも言ってたことなんだけど、ファンタジーをただの子供向けのエンタメのようなものと勘違いしている人が、ほんと多いんだよね。そもそもファンタジーのベースって神話や伝承でしょ。現代では科学的な世界観が常識になっているものだから、ほとんどの人たちが神話を古代人たちの幼稚な妄想の産物としてしか見ない。

でも、神話っていうのは、決して荒唐無稽《こうとうむけい》なおとぎ話なんかじゃないのね。そこには、※ブリコラージュ的思考とでも言うのかな、古代人たちの自然観や宇宙に対する深い洞察がさまざまな象徴で表現されている。それに、神話はオカルティズムの源流でもあるから、宗教や哲学のルーツも一緒に含んでいる。その意味で、**ファンタジーは人間の心の深い部分とつながってるし、人類の歴史的な集合意識とも緊密な関係を持っている**ものなんだよね。

つまり、人間の無意識が持った普遍的な構造が擬人化されて語られているんだよ。だから、現代人だってまだ神話の中を生きているって言ってもいい。

星乃　心理学で言えば、ユング的な世界ですね。ユング派の心理療法には、イメージ療法といって、患者さんに心に浮かんできたイメージや物語を語らせるという手法があるくらいですから。

まき　なるほど。みんな自分の人生に自分なりの物語を持って生きているし、同時にその物語がその人を生かしているんですね。

半田　そう。物語がないと人間は生きていけない。人は何かしら自分をドラマのヒーローやヒロインに重ね合わせて生きているよね。そして、めいめいが好き勝手に自分だけの物語を夢想

ミヒャエル・エンデ（Michael Ende, 1929-1995）　ドイツの児童文学作家。著書に『はてしない物語』『モモ』などがある。１９８５年には、『はてしない物語』を原作とした映画『ネバーエンディング・ストーリー』が公開された。

ブリコラージュ　「素人仕事をする、日曜大工をする」というフランス語のブリコルール（bricoler）に由来する。ありあわせの道具でやりくりすること。「器用仕事」とも訳される。ある目的のためにあつらえられた既存の材料や器具を、別の目的に役立てる手法。レヴィ＝ストロースは『野生の思考』の中で、人類が古くから持っていた知の在り方をブリコラージュによる物作りにたとえ、これを近代以降のエンジニアリング的思考と対比させ、ブリコラージュを近代社会にも適用されている普遍的な知の在り方だと考えた。

している。その夢想の原動力となっているのが、まさに神話じゃないかと思うんだ。悲劇にしても、喜劇にしても、全部そう。そういう目でこの『ロード・オブ・ザ・リング』を見ると、また、まったく違った面白さが出てくるんじゃないかな。

星乃　原作の『指輪物語』はもともと、※トールキンがブリテン独自の神話を作ろうとして、中世のいろいろな伝承をまとめ、自分独自のイマジネーションの中で作り上げていったものだといわれていますよね。だから、いろいろな物語の要素が詰まっている。

まき　中世の伝承か……。そうだったんですね。

半田　トールキンって、もともと学者さんだよね。中世英語の専門家か何かでしょ。アラゴルンやレゴラスなんかが話していたエルフ語もオリジナルで作ったっていう話だから、相当、古代の言葉に詳しかったんだろうね。おそらく、中世のブリテンにはアングロサクソンやケルト、北欧由来のいろいろな古代伝承が残っていて、それらを自分なりにいろいろとアレンジして物語を作り込んでいったんだと思う。だから、世界観がハンパなく分厚い。その重厚感がまたこの作品の魅力でもあるんだけど……。そう言えば、一つ面白い話があってね、何かの雑誌で読んだんだけど、トールキンは、この『指輪物語』以前にも、いろんなオリジナルの神話を作っているみたいで、それらの背景には、常に※アトランティスへの郷愁があったらしいんだ。

まき　みんな大好きアトランティス、来ましたねー。超古代にすごく進歩した文明があったっていう、あの伝説の失われた大陸のことですよね。

半田　そう。それこそ、『ムー』とかのオカルト雑誌の定番ネタになってるヤツ。普通、アトランティスというと、「かつて大西洋上にあった」だとか、「一万数千年前に海に沈んだ」とか、物理的なイメージで語られるのがほとんどじゃない。でも、トールキンはアトランティスを人間の心の中に存在した世界として考えていたみたいなんだ。アトランティスが消え去ったことによって楽園への道が失われた、ってな感じで。これって面白くないかい？　おそらく、この『ロード・オブ・ザ・リング』もトールキンの、そういった失われた楽園へのノスタルジーが書かせたものなんじゃないかと僕なんかは勘ぐっているんだけど。

まき　楽園ということは、『エヴァ』の話でも出てきた「エデンの園」みたいな？

半田　うん、そこだよね。断言はできないけど、トールキンが『ロード・オブ・ザ・リング』を書き上げた背景には、現代人が持った物質的世界観に対する痛烈な批判精神が込められているような気がするんだよね。その強い想いがこの壮大な創作神話を生んだ原動力になっているんじゃないだろうか。

まき　神話の中の神様って、昼ドラもびっくりな感じで人間臭いですよね。昔の人が勝手に書いた近所の人間模様の同人誌かなって失礼なことを思ったこともあります、正直。でも実は人間の表面的な外の世界ではなく、内の世界を描いたものなんですかね？

トールキン（John Ronald Reuel Tolkien, 1892-1973）　イギリスの文献学者、作家、詩人。著書に『ホビットの冒険』『指輪物語』『シルマリルの物語』などがある。

アトランティス　プラトン晩年の著書『ティマイオス』や『クリアティス』に登場する大西洋上に存在したとされる伝説上の島。大地震と洪水のため一夜にして海底に没したといわれている。

半田　ユングなんかは「神話とは魂の生活そのものである」みたいなこと言ってるよね。よく神話を古代の政治的な覇権争いの物語として解釈する人たちがいるけど、僕はユングの見方の方がはるかに正しいと思う。それこそ、僕らの※無意識の元型として起こっている出来事を、古代人たちが擬人化して表現したものなんだと思うよ。

まき　「元型」って、時代や場所を超えて、人間の心の中に普遍的に存在するものっていうイメージなんですが、合ってます？　しかし、無意識の元型となるとどういう意味なんだろう。

半田　人間の意識を、今あるような形で成り立たせている大本の精神の形のようなものと考えるといいと思うよ。人間って、自己意識を持って何かを考えたり、感じたり、判断したりして、意思を持って生きているよね。そのような自己意識の意志的な活動に対して、それをやらせている裏側の意識の働きみたいなものだね。この意識は普通の意識より深い部分にあるものだから、自分では意識化できない。だから、無意識っていうわけ。

星乃　それこそ、今まで『君の名は。』や最初のインタビューでもお話ししてきた、自己と他者のつながりの仕組み＝イデアってことですよね。ユングの元型って、※老賢者とか※太母、※影、※アニマ・アニムスとかあるけれど、これらもこのイデアから生じてくるものだと私は考えています。同じイデアの構造から派生するものだから、人類共通のイメージになるわけです。

半田　そうだね。人種や民族によって肌の色や目の色は違っても、ホモサピエンスとしての生物学的機構には違いがないように、言葉や文化は違っても、その奥には人類としての無意識の共通の構造があるってことだね。だからこそ、僕らは互いに人間として認知し合える。

サウロンと一つの指輪

まき　なるほど。確かに、その意味じゃ、善とか悪とかいった概念も人類共通ですよね。半田氏もさっき言っていたように、この映画ではサウロンが悪の象徴として描かれています。もちろん、ただひたすら「シャイアー」「バギーンズ」って囁《ささや》くいやがらせおじさんってわけじゃないですよね？

半田　「変なおじさん」と一緒にすな、っつーの（笑）。サウロンに秘められた寓意を読み取るためには、まずはこの作品のタイトルにもある「指輪」の意味について、ある程度のイメージを作っておく必要があるね。物語の中では、指輪は全部で20個作られたっていう話だった。エルフに三つ、ドワーフに七つ、人間に九つ、そして、最後に、サウロンに一つ。で、これら合計20個の指輪の総称は「力の指輪」って呼ばれている。ここで言う「力」と

無意識の元型　アーキタイプとも言う。心理学者ユングの用語。集合的無意識の領域にあって、さまざまな民族の神話や伝説などに、時代や地域を超えて繰り返し同じような像や象徴などを表出する心的構造のこと。

老賢者　ユングの無意識の元型概念を構成する元型の一つ。理性や知恵の原理。指導力を持つ「父親」「神」のイメージ。男性にとっては、到達するべき理想像となる。ネガティブな側面としては、支配する独裁者のイメージ。

太母（グレート・マザー）　同じく元型の一つ。すべてを暖かく包み、受容する生命原理。大地の母。女性の理想像。ネガティブには、すべてを飲み込み、束縛する母のイメージ。

影（シャドウ）　同じく元型の一つ。ユングは、社会的コミュニケーションの中で他者に見せている自分像を「ペルソナ」と名付けたが、影とはそのペルソナ以外の、好ましくない自分や見せたくない側面を指す。人間が他者を嫌うのは、影が投影されている場合がある。また、ペルソナに固執しすぎて影の部分を認めないと、影が暴走し、精神的不安定や精神病理が発現する。

アニマ・アニムス　同じく元型の一つ。アニムスとは、男性の中の無意識にある女性性、生命原理。現実の女性に投影される場合がある。アニマとは、女性の中の無意識にある男性性、理性の原理。現実の男性に投影される場合がある。

●『ロード・オブ・ザ・リング』のカバラへのたとえ

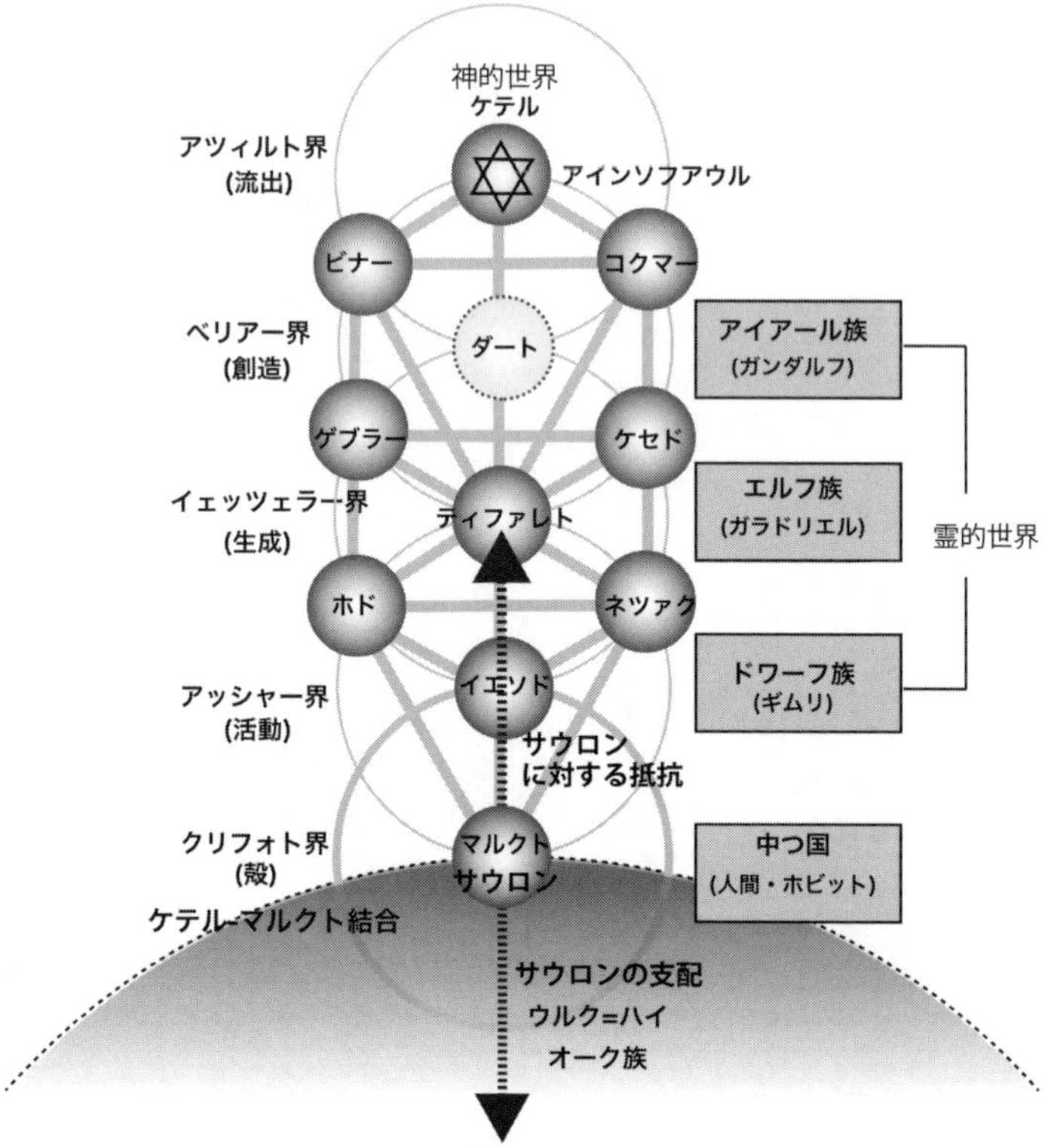

は、多分、それぞれの種族が魂の中に宿している霊力のようなものじゃないかと思う。

まき　レイリョクというと、新海誠監督の守護霊をその身に降臨させたりできる能力のことですか？

半田　そう、守護霊インタビューですぐに一冊本を書けちゃうような……おっと、そっち系の話はちょっとややこしくなるからノーコメントで（笑）。僕ら人間であれば、感覚の力、感情の力、言葉の力、概念の力、愛の力というように、いろいろな力が意識の内部で活動しているでしょ。これらの力すべてを陰で支えている大本の力のことを霊力と呼んでみてはどうか、ってこと。さっき言った元型の力だよ。

まき　ふむふむ、霊力とは無意識の元型の力、つまりイデア界の力ということですね。ということは、人間の指輪は九個ですから、人間が元型・イデアの力を一番多く持っているってこと？

半田　いや、数が多ければいいっていう話じゃない。人間の指輪は人間が自分の意識を働かせるために必要なもので、エルフやドワーフが持っている指輪は人間の指輪とはまた質的に別物だろうね。それらは、自然界を生成させている精霊の力の象徴として表されているんだと思う。この前話した「生命の樹」のセフィロトのようなものだよ。前回は説明しなかったけど、「生命の樹」を構成するセフィロトは、下からクリフォト（「殻」という意味を持つ）、※アッシャー界、※イェッツェラー界、※ベリアー界、※アツィルト界というように、大きく四つの領域に分け

アッシャー界　活動界とも呼ばれる。生命力の基盤となる《イエソド（基礎）》を中心とする領域。上位のティファレト、ネツァク、ホドの力を借りて、われわれの住む物質世界である《マルクト（王国）》を下位に持つ。《アッシャー界（活動世界）》が完成する。

イェッツェラー界　形成界とも呼ばれる。《ティファレト（崇高・美）》を中心とする領域。コクマーとビナーの間の不均衡によってゲブラーから「悪」が発生するが、両者を《ティファレト（崇高・美）》が調停する。そこに《イェッツェラー（形成世界）》が形成され、そこから人間の個体の意識を支える二元性としての《ネェツァク（永遠）》と《ホド（尊厳）》のセフィラーが生まれる。

ベリアー界　創造界とも呼ばれる。《ダート（知識）》を中心とする領域。創造における十の原型、あるいは概念が存在する。アツィルトによって展開されたこの神の原プランは、アツィルト界の具体的な設計図となってこの《ベリアー（創造世界）》へと場所を移す。ベリアーでは秩序と調和がテーマとなり、ビナーから《ケセド（愛・慈悲）》、《ゲブラー（法・神の権力と裁き）》が両輪として流出してくる。

アツィルト界　流出界とも呼ばれる。カバラにおいては、神の玉座とされる《ケテル（至高・無）》から創造の青写真としての種子が《コクマー（智慧）》へと流出するところから始まる。この種子は「万物の最初の創造の言葉」と言われる。この言葉を具体的に展開させるための準備となる場所が《ビナー（知性）》と呼ばれるセフィラーで、これによって、最も至純な神的属性の流出によってできた《アツィルト（流出世界）》が現れる。ビナーは万物の神秘的母胎とも呼ばれ、創造の水源を意味する「泉」によっても象徴される。

られるのね。それらを、それぞれ、人間・ホビット、ドワーフ、エルフ、魔法使い（アィアール）の世界に対応させてイメージしてみるのもイメージが広がって面白いかな、と。図（154頁）で示すと、こんな感じだね。

まき おお、数がぴったり重なりますね。人間とホビットを除けば、みんな、霊的世界で活動している精霊たちとして見なすことも可能だということですね。あれっ？　でも、一番上のアツィルト界に対応する種族がいませんけど。

半田 アツィルト界はカバラでは神の至高世界とされているところだから、そこで活動する霊は姿を持たないってことにしておこう(笑)。

星乃 アツィルト界は、最後にガラドリエルやガンダルフ、フロドが船で向かう※西方世界って考えることもできるんじゃないですか？

半田 そうだね。ただ、あくまでもこの配置はアバウトな比喩なので、そんなに突っ込まないでくれ（笑）。でも、こうした配置をあえてイメージして、『ロード・オブ・ザ・リング』の寓意を考えると、サウロンの意味も少しは具体的に見えてくるんじゃないかな。サウロンが自分の「一つの指輪」を手にしてしまうと、人間の霊力も、エルフやドワーフや魔法使いが持った霊力も、すべてサウロンの支配を受けてしまうわけだよね。ある意味、サウロンの霊力を通じてすべてがつながっているとも言えるわけ。サウロンの「一つの指輪」には文字が刻まれていたでしょ。※フェアノール文字って言うんだっけ？　あの文字列の意味を調べたんだけど、「一つの指輪」がやたら強調されているんだよね。メモってきたから見てごらん。

一つは、暗き御座の冥王のため、
影横たわるモルドールの国に。

一つの指輪は、すべてを統《す》べ、
一つの指輪は、すべてを見つけ、
一つの指輪は、すべてを捕らえて、
くらやみの中につなぎとめる。

まき ですね。「一つの指輪」を恐れて、かなり警戒しているような。

半田 これって、面白くない？ 普通、僕らは「世界は一つ」とか、「われわれは一つ」とか言って、ワンネスであることを賛美するじゃない。要は、ワンネス万歳!! といった感じで「一つになること」が人類の究極の目標と考える人たちだってたくさんいるわけだよ。でも、この物語では「一つの指輪」を手にした者は、誰もがその魔力に魅せられ、心を奪われ、闇の中につなぎとめられるとしている。

まき エヴァでも、最終的にはみんな一つになろうとするわけですからね。つまり、「一つであること＝ワンネス」は悪でもあるということですか？

半田 「闇の中につなぎとめられる」わけだから、善のイメージでないことは確かだよね。多分、「一つになること」には表の顔と裏の顔があるんだよ。これって、この前話した「生命の樹」のケテルとマルクトの直接的結合の話に似てると思わないかい？ 最上位

西方世界 『ロード・オブ・ザ・リング』で、最終的にフロドがガンダルフやガラドリエルと共に船に乗って向かうことになった「不死の国」「至福の国」と言われている場所。

フェアノール文字 J・R・R・トールキンが創った架空文字。別名テングワール文字。作品中では、主にエルフが使用する。

一つの指輪

のケテルには霊的創造をすべて終えたアインソフとしての神がいる。でも、その神を下降側の意識がマルクト側で見てしまうと、それは、神の暗黒面でもあるルシファーとして出現するって話をしたよね。「生命の樹」を通して構造的に解釈するなら、おそらく、それがサウロンってことになる。

星乃　**ケテルとマルクトが直接的につながってしまうと、そこに「暗き御座の冥王サウロン」が現れる**ということですね。でも、映画の中ではサウロンと「一つの指輪」はまた違うものになっていますよね。サウロンが探している一つの指輪とは何なのでしょうか。

半田　カバラ的に想像するなら、物質世界であるマルクトが今度は玉座となって、生命の樹全体を完全に下側へとひっくり返したところにある逆ケテルのようなイメージだよね。地上に反映された神の光を霊的世界に戻していくのではなく、すべてを物質世界の方向へと引き寄せて呑み込んでいく転倒した世界への意識の流れ。その流れが最終的にたどり着く場所に、サウロンが求める「一つの指輪」というものがあるような気がする。

まき　逆ケテルってなんか逆十字と似たような厨二病《ちゅうにびょう》感があって妙な魅力を感じます……。「一つの指輪」って、具体的には何を指しているんでしょうか。

半田　それを探っていくのが、今日の僕の話の流れになると思う。

まき　何か、ミステリーハンターのノリになってきましたね。ワクワク♡。

半田　そのためにも、まずは、サウロンが何者なのかをはっきりさせておかないと話が進まない。

初めにサウロンありき

まき　じゃあ、ぶっちゃけ半田氏的に言うとサウロンとは何なんですか？

半田　誤解を恐れずにストレートに言うね。**サウロンというのは「※一神教の精神」のこと**じゃないかと思う。

まき　おお、また物議を醸《かも》しそうなことを（笑）。一神教って、唯一の神を崇拝する宗教ってことですよね。

半田　そうだね、正確には、排他的一神教と言った方がいいんだろうけど、自分たちの神以外は絶対に神として認めない宗教のこと。

星乃　つまり、それってユダヤ教のことですよね。

半田　そういうことになるね。

まき　じゃあ、ユダヤ教がサウロンってことに？

半田　いやいや、ユダヤ教を生み出した一神教の精神がサウロンじゃないかってこと。別にユダヤ教という特定の宗教のことを指して言っているわけじゃない。徐々に真意が分かってくると思うので、ここはあまり突っ込まないで（笑）。

一神教の精神　一神教には、拝一神教、単一神教、包括的一神教など幾つかの種類があるが、ここでいう「一神教」とは、ある特定の一神を唯一絶対の神と見なし、他の神々の存在そのものを原理的に否定する宗教「モノセイスム（monotheism）」のことを意味する。現在のユダヤ教、キリスト教、イスラム教などがこれに属する。

星乃　ユダヤ教を「悪」と言って批判しているわけじゃないということですよね。

半田　もちろん、そういう意図は一切ないよ。誓って言うけど、僕は反ユダヤ主義者とかじゃないからね。今までの話の流れから分かるよね。ここで話そうと思っているのは人間的な善悪の話でもないし、特定の宗教がどうこうという話でもなくて、もっと、イデア的なものなの。とにかく、まずは、あのモルドールの荒涼とした大地を思い出してほしいんだよね。中央に廃墟のようにしてそびえ立つ巨大な塔があって、サウロンは、その頂上の燃える赤い炎の中で、巨大な一つ目をギラつかせていた。あれが、サウロンが支配した世界の心象風景でもあるわけ。

まき　見るからに殺伐《さつばつ》として、地獄のような風景でしたね。いくら家賃安くてもあそこには住みたくない。

半田　あそこには賃貸マンションはないでしょ（笑）。僕には、あのモルドールの風景が一神教の精神が持った原罪意識の象徴のように見えるのね。人間の内には物質的自然をあのような風景として感じとってしまう力が、それこそさっき言った元型の中に内在していて、人間という存在自体が、その力によって出現してきているんじゃないかって感じているんだ。

まき　つまり、**人間自体が「初めにサウロンありき」で始まった**ということですか？

半田　Ｙｅｓ。グノーシス的に言えば、時間の発生自体が楽園からの追放を意味しているわけだから、そういうことになるね。人間の世界＝時間の世界と言ってもいいんじゃない？

星乃　『エヴァ』の話のところで出てきた「奥行きの幅化」ですね。『君の名は。』で言えば、組紐を引っ張ることによって、直線的な時間が発生したということ。

半田 そうだね。時間や空間の出現自体をサウロンの目覚めと呼んでいいかもしれない。もしそうなら、人間が人類の歴史と呼んでいるもの自体が、実は、直線的時間の世界の中で繰り広げられているタイムレスな世界との闘争とも言っていいんじゃないだろうか。

星乃 タイムレスな世界というのは、純粋持続の世界のことですよね。だとするなら、その闘争というのは、心理学的には、前回、『エヴァ』でも話しましたが、超自我とエス、エロスとタナトスのせめぎ合いとも言えますね。もっと本質的に言えば、自我を作り出している物質世界とイデア界のせめぎ合いってことになりますけど。

半田 そうだね。そう考えると、サウロンが手にしようとしている「一つの指輪」というのは、その闘争の歴史の発展の中で最後に出現してくる、**一神教の精神の最終形態**ってことにならないだろうか。万が一、サウロンがそれを奪い取れば、タイムレスな世界が滅亡してしまうといったような。

まき ということは、一神教も東京湾から蒲田に上陸して二足歩行したりすると?

半田 こらっ、シン・ゴジラじゃないっつーの（笑）。それがどのようなものなのか、これから探っていこうか。

サウロンの塔と滅びの山（オロドルイン）

デミゴウルスとしてのヤハウエ

半田　まきしむも星乃さんも「モーゼの十戒」は知っているよね。ユダヤ人たちがエジプトを脱出してイスラエルに戻るとき、モーゼがシナイ山で神託を受け、その内容を石板に刻み込んで、イスラエルの民に見せたやつ。

まき　懐かしの『十戒』、映画で見ましたよ。3時間かけてようやく海が割れたときは、妙な達成感を感じました……。

半田　ははは、そんなこと言ってると、※チャールトン・ヘストンにライフルで撃たれるよ（笑）。モーゼはその石板を、ちょうど『水戸黄門』の印籠の巨大版みたいな感じで、「これが目に入らんかぁ～」とか何とか言って、イスラエルの民たちの前に差し出すのね。で、その石板に書いてある初めの三つの戒めっていうのが、「わたしのほかに、ほかの神々があってはならない」「偶像を造ってはならない」「主の御名を、みだりに唱えてはならない」というやつなんだ。『ロード・オブ・ザ・リング』の中で、アラゴルンもサウロンについて話していたよね。「彼（サウロン）は自分の本当の名は使わないし、それを字に書いたり口に出したりすることも許さない」って。このへん、とても似てると思わない？

まき　言われてみれば……。そういえば『ハリーポッター』の中にも、よくネットでいじられている「名前を言ってはいけないあの人」という黒幕的存在、ヴォルデモートが出てきますよね。あれもモーゼの十戒をモデルにしているという説があります。ハリーの額の傷も、稲妻として地に落ちたルシファーの姿なんだそうです。

半田 へー、『ハリーポッター』にも出てくるんだね。トム・ハンクスが主演した『ダヴィンチ・コード』（原作ダン・ブラウン）なんかもそうだけど、最近は、グノーシスの復権と言うか、西洋自身が従来の一神教的精神を批判する内容の作品が多くなってきているよね。実際、歴史的に見ても、ユダヤ教の神ヤハウエというのは、グノーシス派からは「※デミウルゴス」と呼ばれ、悪神扱いされていたしね。

まき デミウルゴスですか。最近のやつだと『オーバーロード』という漫画にも同じ名前の悪魔が出てくるんですが、敵か味方かよく分からないし、上司の命令で人間界で暴れまくる際には「ヤルダバオト」という仮名を使ってるんですよ。その理由が今、よく分かりました（笑）。

半田 デミウルゴスというのは、もともとは「造物主」って意味なんだ。造物主というのは、物質世界の神といった意味だね。グノーシス思想では、造物主は創造主とは区別される。つまり、成りしすましの神ってこと。「ヤルダバオト」もグノーシスでは偽神のことで、デ

チャールトン・ヘストン（Charlton Heston, 1923-2008） アメリカの俳優、社会運動家。ライフル協会会長をつとめる。１９５７年制作のハリウッド映画『十戒』でモーゼ役を演じている。

デミウルゴス プラトンの『ティマイオス』では善なる世界の創造者として登場する。この言葉をグノーシス主義者たちが援用し、物質世界を創造した「造物主」を指す呼称に使用した。グノーシス主義者たちによれば、肉体や心魂はデミウルゴスの創造したものなので、これらの部分では人間はデミウルゴスの支配下にあると考える。そして、ただ、霊のみがデミウルゴスの支配を逃れることができ、それを人間自身が呼び覚ますことが救済とされる。

モーゼ

ミウルゴスと同一視されているよね。

まき 造物主と創造主の違いって何かビミョーですね。

半田 分かりにくいと言えば、確かに分かりにくい。支配神と創造神の関係と見るとすっきりするんじゃないかな。

まき 支配神と創造神？

半田 グノーシス思想の宇宙創生論では、まずアイオーンという神的存在がイデア界の創造を行うのね。そして、それを元にして、今度はデミウルゴスが物質界を創造し、それを支配するというシナリオになっている。つまり、宇宙の創造は、まずはイデア界、次に物質界という形で、※二段階に渡って行われたと考えていたわけだね。ただ、物質界はイデア界の影のようなものだから、デミウルゴスは物質界が現れる場所を用意しただけの存在で、実際に創造したわけじゃない。そこに君臨して、影としての物質を支配する神っていう感じ。だから、グノーシス思想にとっては、デミウルゴスは二次的な神にすぎず、本来はアイオーンに従属した存在にすぎないってこと。

星乃 ケテル側に本当の創造主がいるとするなら、マルクト側にデミウルゴスが現れるってことですね。

半田 そうそう。前回、話したよね。

まき ということは、そのデミウルゴスがサウロンに相当するってことだ。

半田 デミウルゴスがイデア界を無視して自分を唯一の神だと思い上がってしまうなら、そういうことになる。

まき なるほど。ということは、**デミウルゴスが一**

神教の精神に関係するなら、グノーシス思想の言うアイオーンの方は多神教と関係すると単純に考えていいんでしょうか。

半田　いいと思うよ。多神教はアイオーンが創造したイデア界へのノスタルジーのようなものが生み出したんじゃないだろうか。太古の人間たちは、おそらく、イデア界の記憶を不完全ながらもまだ少しは持っていたんだと思う。ユダヤ教が出てくるまでは、古代の宗教というのは、そのほとんどが多神教だったわけだよね。多神教の世界は自然崇拝的で、古代ギリシアの神々だったらゼウスとかポセイドンとか、星や海の神がいろいろと出てくるでしょ。古代メソポタミアだって、古代インドだってそう。日本の八百万《やおよろず》の神なんかもそうだよね。そして、人々は神託を得るために神殿を建て、いろいろな神様の彫像を祀《まつ》って拝んでいた。でも、ユダヤ教はまったく違うよね。まず、ユダヤ教の神は自然の神々とはまったく関係がない。さらに、すべての創造を成し終えた至高神という意味で超越的なのね。だから、この神は、姿形を持たない。そのため、さっきも言ったように、偶像崇拝は禁じられているし、名前を口にすることすら許されない。とても観念的な神なんだ。

星乃　あと、旧約聖書の『※ヨブ記』なんかを読むと、人間にひどい試練を与えたりもしますよね。ヨブが神の奴隷のように見えてしまいます。

半田　ユダヤ教は、神と人間の間に交わされた主従契

二段階に渡って行われた　「創造の二段階説」と呼ばれている。アレキサンドリアの哲学者フィロン（紀元前20年頃〜紀元後40年頃）が最初に唱えたとされている。

ヨブ記　ユダヤ教の正典としてのヘブライ語聖書（タナハ）の第3部「諸書」（ケスビーム）に属し，キリスト教における旧約聖書の一部をなす書。　神がヨブの信仰心を試すためにサタンを使って数々の試練を与える話。ヨブの信仰心の強靭さを讃え、信仰の尊さを説く。世界的な文学作品の一つにも数えられる。

約の宗教のようなものだからね。旧約聖書の「約」自体がそもそも契約の意味でしょ。この契約は「主がイスラエルの神となり、イスラエルは主の民となる」という、神とイスラエルの民との間の直接契約になっている。これって、カバラでいうところのケテルとマルクトの直接的結合のイメージに近くないかい。

まき　『エヴァ』の分析のときにされていた話ですね。中間のプレーローマの精霊の世界がまるまる忘れ去られてしまうっていう。

半田　そう。実際、カバラでは物質世界を意味するマルクトのことを「神の花嫁」とも呼んでいて、そこにイスラエルの民を重ね合わせてイメージする。カバラは「生命の樹」のセフィラーをマルクトから順にたどって、最終的にケテルへの霊的上昇を試みようとする秘教だから、プレーローマの世界の存在を十分に意識していると言えるんだけど、正統派ユダヤ教にはそのような中間的存在がまったく存在しない。審判の日まで、ひたすら神の救済を待ち続けるっていう話になってる。なぜ、こうした特殊な信仰形態が起こったのか不思議でならないんだけど、ヌーソロジーから見ると、おそらく、**正統派ユダヤ教というのは物質世界を人間の意識に定着させるための錨《いかり》のような役目を果たしている**んじゃないかと思う。

星乃　物質世界や人間という存在が生まれてくるために必要なものだったということですね。

半田　うん、このへんは新プラトン主義や、キリスト教グノーシス派の※オリゲネスという人の考え方でもあるんだけど、イデア界が自分自身の世界を刷新していくためにも、一度、霊魂を物質世界の中に落とす必要があったということだね。人類の歴史の中でその落下を先導していったのがユダヤ教として出現してきた排他的一神教の精神だったんじゃないかと思う。

まき　つまり、ある意味、一神教の精神は「生命の樹」自体を成長させていくために出てきたということでしょうか。

半田　カバラ的に考えれば、そうなる。さっき、生命の樹の一番下のセフィラーであるマルクトがクリフォトという世界を作ってるって言ったよね。前に言ったようにクリフォトには「殻《から》」という意味があるんだけど、この「殻」は人間の意識を物質世界の中に閉じ込めている膜のようなものとしてイメージするといいと思うよ。つまり、現代風に言うなら「時空」だね。**クリフォトは、この時空という闇の中に生命の樹の全体性を物質として逆さまに映し出す。**

まき　ということは、サウロンは根っこの世界っていうことなんですね。もしかしてユダヤ教がサウロンと関係しているとするなら、多神教的世界が、エルフやドワーフ、人間として表現されているってことになります？

半田　トールキンには、その意図があったと思うよ。エルフは間違いなく火や風や水の精霊たちの寓意だよ。ドワーフは鉱物の中に住む妖精のようなものかな。そのへんの細かい対応はよく分からない。ただ、そのときの人間やホビットは、こうした火地風水の四元素から成る霊的自然と調和して生きていた頃の人間の姿を表しているんだと思う。いずれにしろ、サウロンは、そうした調和を破壊する存在と

オリゲネス（Origenes Adamantius, 185 - 254頃）　古代キリスト教最大の神学者。ヘレニズムの時代、ユダヤ教やギリシア哲学、異端の混交するなかで、プラトン主義にストア主義の倫理学を折衷した独自のキリスト教神学を構築する。オリゲネスの教説で最も騒がれたのは、悪魔ですら救われるという「万人救済論」だったが、死後300年して、コンスタンチノープルの宗教会議で異端の宣告をされる。1989年にヨハネ＝パウロ二世が法王なって、ミサにおいてオリゲネスの言葉が引用されたことにより、名誉が回復された。「全ヨーロッパの思想はすべからくプラトンとオリゲネスの注解にすぎない」という言葉もあるほど、偉大な宗教思想家とされている。主著は『諸原理について』。

して出現してきたものじゃないかな。

星乃　映画でも、第二部の『二つの塔』のところで出てきていましたよね。白の魔法使いサルマンが住んでいるアイゼンガルドのオルサンク塔のシーン。木の牧人であるエントたちが大切にしていた木々を、オークの軍隊を作るために好き放題に切り倒して、世界を灰色一色に塗り替えていましたよね。サルマンはサウロンの軍門に下った魔法使いだけど、もともとはガンダルフの良き友人、というか先輩かな？それほどの強い力を持っていたサルマンでも、サウロンの力に魅せられて正気を失ってしまい、アイゼンガルドはあのような姿になってしまったんですよね。

半田　とにかく、世界が一神で支配されてしまうと、自然に宿る精霊たちが持つ豊かな生命力は弱ってしまうし、賢者たちもそれに付き従う愚者になり果ててしまう。僕は、それが、一神教的精神がリードしてきた今の人間の文明の姿そのもののように感じて仕方ないんだよね。

アイゼンガルド

星乃　確かに、環境破壊とかで、地球上のいろいろなところがアイゼンガルドのような姿になってきていますよね。

まき　今の文明の在り方自体がユダヤ教の登場と関係しているってことなんですね？

半田　無関係であるはずがないよ。

まき　具体的には、どう関係しているんでしょう？

キリスト教はイエスの教えではない

半田　このへんは、結構、いろいろと入り組んでいるから、一言で説明するのは難しいんだけど、順を追って話していってみようね。まず、ユダヤ教における最大の事件は、何と言ってもイエスの出現だよね。本来、ユダヤ教では、人間は神と直接コミュニケーションを取ることはできないとされている。つながることができるのは選ばれた預言者だけで、その代表がモーゼだったわけ。ところが、イエスはこうした伝統を無視して「神の国は汝らのうちに在るなり」《ルカ伝17：21》と言って、誰もが神とつながれると説いた。保守的な正統派のラビたちはびっくり仰天だったろうね。当然のことながら、無茶苦茶怒り狂ったと思うよ。で、その激しい反感からローマ軍にイエスを処刑させた。最近は『※ナグハマディ文書』や『※死海文書』などの古文書を通して、当時の詳しい研究が進んでいるみたいなんだ

ナグハマディ文書　１９４５年にエジプトのナグハマディで発見されたパピルスに記された初期キリスト教文書のこと。ナグ・ハマディ写本とも呼ばれる。20世紀最大の考古学的発見とされ、初期キリスト教の研究を飛躍的に進展させた。その大半はグノーシス主義文書である。創造神話、福音書、説教・書簡、黙示録などに分類されているが、福音書では「トマス福音書」「フィリポ福音書」などが有名である。

死海文書　１９４７年、ヨルダンの死海近くにあるクムラン周辺で発見された写本群の総称。前3世紀半ばから紀元68年のものまでとされる。この中にはユダヤ教エッセネ派に属するといわれているクムラン教団に関する貴重な文書が含まれており、イエスが生きていた時代のユダヤ教を知る貴重な資料とも言われている。洗礼者ヨハネはエッセネ派のクムラン教団に属していたともいわれており、イエス・キリストも同じクムラン教団に属していたのではないかという仮説もある。もしそうであれば、イエスはグノーシス派であり、正統派キリスト教にとっては異端となる。

けど、イエスはユダヤ教の中でもグノーシス的色彩が極めて強い※エッセネ派という集団の若き宗教指導者だったという説も出てきている。つまり、イエスの教えというのは、本来はグノーシス的なものだったんだよ。

星乃 でも、グノーシス思想はキリスト教に弾圧されたんですよね。

半田 そう。だから、ここで、話が捻《ねじ》れているわけ。屈折している。キリスト教はイエスを教祖のようにして崇《あが》め奉《たてまつ》っているけど、本来、キリスト教はパウロの宗教であって、イエスの教えとはまったく真逆なものだってことじゃないかな。イエスは、自分を崇めろなんてことは一言も言ってないからね。パウロが実権を握った原始キリスト教会の流れは、その後、ローマ帝国の国教となって、星乃さんが言うように、グノーシス派を異端として徹底的に排斥《はいせき》して地中海全域を支配していく。排他的一神教の精神丸出しの宗教になって、人々をそれこそ暗闇の中に閉じ込めていったわけだよ。

星乃 確かにキリスト教が支配した中世ヨーロッパの社会は※暗黒時代と呼ばれていますね。ヘレニズムの時代には、いろいろな民族が持った生の躍動感に満ち溢れた文化が栄えていたのに、その華やかさがどんどん消えていっちゃった。

まき 暗黒時代のことは学校でも習いました。でも、なんでそんなことになっちゃったんでしょうか？

半田 それが、一神教の神の怖いところなんだよ。「この神以外は信じるな！」ってことになれば、星乃さんが言ったように、いろんな人種や民族の固有の価値観や多様性なんてものは、全部失われてしまうよね。アレキサンドリア図書館の破壊なんかが有名だけど、ローマ帝国の政治権力と合体した当時のキリスト教会は自分たちの教義を「唯一の真理」にするために、地中海世界で花開いていたヘレニズムの文化を徹底的に弾圧していったんだよね。そして、この暴挙はグノーシス派の末裔《まつえい》ともいわれている13世紀の※カタリ派の殲滅《せんめつ》や、14世紀まで続いた十字軍の遠征に見られるように、ヨーロッパでは1000年以上も続いちゃう。**「1つの神しか信じてはいけない」とすることが、いかに恐ろしいものであるかが分かる**よね。

まき　ということは、サウロンを倒そうとするフロドや他の仲間たちは、一神教を倒して、その元の世界を取り戻そうと戦っている仲間たちということになるんでしょうか。

エッセネ派　パリサイ派、サドカイ派と並ぶユダヤ教三大教派の一つ。独身主義の集団で、隠遁と瞑想を好み、財産はすべて共同所有。聖約者宗団ともいわれた。エッセネ派のクムラン教団にはメシア待望思想が芽生えており、そこには「義の教師」と呼ばれる人物が活動していたという。この義の教師が聖ヨハネやイエスと深いつながりを持っていると考えられている。

暗黒時代　ここでは、キリスト教支配によるヨーロッパ中世を指している。この時代、カトリック教会は原罪説を民衆に押し付け、救世主イエスの権威を継承する教皇に服従して人々は奉仕に努めるべきだとした。人々は教会の周囲の街や村にのみ集住し、教会の外に救いは無いとされた。当然、文明はローマ時代よりもはるかに後退したものとなった。

カタリ派　12世紀頃までに、マニ教やグノーシス主義を受け継いで水面下で形成されたキリスト教異端派のこと。南フランスのラングドック=ルション地方を拠点とした。マニ教から輪廻思想、グノーシス主義からは霊・魂・体の三位一体論や物質世界がデミウルゴスに由来するという説を受け継ぎ、信者たちは現世否定的で、禁欲主義を貫いた。カトリックに対抗する巨大な勢力になりかけたため、13世紀初め、教会が送ったアルビジョア十字軍によって10万人の信徒が虐殺され、殲滅させられた。

一神教の精神が目指す一つの指輪

半田　確かにそうとも言えるんだけど、話はそんなに単純じゃない。さっき、指輪はすべてつながっているって言ったよね。もし、「一つの指輪」がすべてを統《す》べる力を持っているとするなら、他のどんな指輪の中にも、この一神への誘惑が紛れ込んでいるってことになる。だからこそ、この一つの指輪はガンダルフやエルフにさえ抗《あらが》いがたい魔力を持つとされていたわけだよね。その意味では、サウロンが求めている「一つの指輪」とは、一神教の精神の中に潜んでいる、その究極的な一神の姿のようなものに思える。それは裏を返せば、残りの19個の指輪一つ一つの中に潜む、仄暗《ほのぐら》い闇が一点に焦点化するブラックホールのようなものだと思うよ。

まき　仄暗い闇が一点に焦点化するブラックホールのようなもの？

半田　そう、光を含めた一切のものを出られなくしてしまう暗黒の場所ってこと。

まき　何か、怖〜い雰囲気がしてきました。では、その一神教的なものが持っているその終局的な姿って、どんなものなんですか？

半田　ここも誤解を恐れずに言わなくちゃならないんだけど、「僕らの今の世界が、すでに、そうなりつつある」って言ったら、ビックリするかな？

まき　えっ!?　今の時代が、サウロンの「一つの指輪」の時代に近づきつつあるんですか？　確かに陰謀論系の人たちは※NWO（ニューワールドオーダー）とかいって、フリーメーソンがワンワールド化を企んでいると騒いでいますが、世界が統一政府によって「一つになる」ことが一つの指輪の正体ってこと？

半田 いやいや、そういう陰謀論系の話をしてるわけじゃない（笑）。サウロンが欲しがっている「一つの指輪」の本質を探るためには、この物語を僕ら人間一人ひとりの心の中の風景として見ないといけない。さっき、言ったよね。神話というのはおとぎ話なんかじゃなくて、人間の無意識を象徴的な比喩を使って表現しているものだって。だから、たとえば、フロドやサム、ガンダルフ、アラゴルンといった登場人物も、実は、すべて僕ら人間の心の中で活動している情動の力のようなものとして考えた方が、よりリアルにこの物語の意図を味わうことができるんじゃないかと思っているわけ。

まき 情動の力？

半田 さっき言った霊力のことだよ。一人の人間の中に、フロドやサムもいれば、ガンダルフやアラゴルンもいる。そう考えた

NWO New World Order の略。新世界秩序と訳される。言葉自体は新しいものではなく、第一次世界大戦後の世界秩序の意味で用いられた。その後、第二次世界大戦後にイギリス首相チャーチルが、破滅的な世界大戦を避けるには世界政府の樹立による恒久的な平和体制の実現が不可欠であるとして、この言葉を使ったといわれている。アメリカ大統領ジョージ・H・W・ブッシュが湾岸戦争前に連邦議会で行った『新世界秩序へ向けて（Toward a New World Order）』というスピーチでアメリカでも有名になった。

旅の仲間たち

らどうだろうってこと。フロドのような懸命さ、サムのような友愛、ガンダルフのような叡智、アラゴルンのような勇猛果敢さ。もちろん、グリマのような狡猾《こうかつ》さや、ゴラムのような卑屈さもここには含まれている。そういう多種多様な情動が僕たち一人ひとりの中に働いているでしょ、ってこと。

まき なるほど、人の心の状態のいろいろな様子を表しているということですね。でも、それが、一神教の精神とどういう関係にあるんでしょうか。

半田 もし、ユダヤ教の出現がなければ、キリスト教もイスラム教も存在してないわけだよ。今じゃ、全世界の人口の半分以上の人たちが、このユダヤ教由来の一神教を信じているともいわれている。歴史に「たら・れば」は禁物だけど、もし一神教がこの地球上に出てきていなければ、人類の歴史も、おそらく全然違うものになっていたんじゃないのかって話。それだけ一神教の出現は、いい意味でも、悪い意味でも、人類の今までの文明の発展に直結している。日本だって、今じゃほとんど西洋化しているわけだから、すでに一神教的の精神の洗礼をたっぷりと受けているわけだよ。

まき ん〜、よく分からないなぁ。前回、半田氏はカバラの話をしてくれましたよね。で、カバラもユダヤ教の神秘主義なんですよね。でも、カバラは人間の霊性を取り戻そうとする教えだとも言われていました。同じユダヤ教から生じているのに、なぜ、そうなるんでしょうか。

半田 カバラが歴史の表舞台に出てきたのは12世紀頃なんだけど、その起源自体はかなり古くて、神智学なんかでは紀元前5世紀頃だっていう説もある。この頃はちょうどユダヤ人たちがバビロンに捕囚されていた時期なんだよね。

当時、バビロニアにはカルデア人という霊的叡智に長《た》けた民族がいて、そこから、ユダヤ教の中に神秘主義的なものが入り込んだという話になっている。その後、紀元2～3世紀頃には新プラトン主義の影響を受け、さらには、グノーシス思想をも取り込み、カバラはその折衷《せっちゅう》の中で発展していったのね。だから、同じユダヤ教と言っても、正統派ユダヤ教とカバラの教えはまったく逆の精神性を持ったものと考えた方がいい。おそらく、**正統派ユダヤ教が持った一神教の精神が極めて強固なものだったからこそ、その反動として生じたカバラの神秘主義的側面も深遠で強靭《きょうじん》なものへと成長していった**んじゃないだろうか。現代に伝承されているさまざまな神秘思想の中でも、カバラほどメジャーになっているものはないでしょ。それだけカバラの思想には強度があるんだよ。

星乃　確かに、カバラはキリスト教神秘主義の中にも入り込んで、近代魔術の基盤なんかにもなっていますよね。

半田　そうなんだよね。近代のオカルティズムと聞けば、まずはカバラの「生命の樹」をイメージする人がほとんどでしょ。

まき　ということは、ユダヤ教とカバラって、互いに別物って考えた方がいいってことなんだ。

半田　まさに表裏だと思うよ。カバラは正統ユダヤ教に対する反動的な補完のようなものだと思う。キリスト教にも新プラトン主義に由来するキリスト教神秘主義というのがあるけれど、これら神秘主義に共通しているのは、どれもグノーシスだってことだよ。「人間は自分自身の力によって再び楽園に戻ることができる」という信仰とでも言うのかな。実際、カバラの思想がその後の西洋思想に与えた影響はかなり大きくてね。たとえば、※スピノザとか※ライプニッツとか。※ベンヤミンとか※レヴィナスとか。最初のミーティングのときに話したブーバーなんかもそうだよ。フロイトやユング、※マルクスだってそう。グノーシスという意味では、ハイデガーやドゥルーズだって仲間に入れていいかもしれない。とにかく、ヨーロッパの中世から近代、さらには、**近代から現代にかけての思想史におけるすったもんだは、物質的思考への転落の方向とそれに抗おうとする精神との間に起こっているせめぎ合いみたいなところがある**んだよね。特に、近代から現代にかけての思想史なんかを見ていると、カバラが内在させているこのグノーシス的精神がその反動の中心として働いていたようなところもあるんだ。つまり、ヨーロッパの精神史というのは、一神教的精神が出てきたからこそ持つことのできる、その反動との弁証法的なダイナミズムを通して発展していったと考えると、結構、見通しがクリアになってくる部分が多いんだよね。デカルトとスピノザとか、ニュートンとライプニッツとかもそういう対立軸で見れないこともない。

星乃　西洋の歴史をそういう見方で分析している学者さんっているんでしょうか。

半田　※ヘーゲルなんかがそうじゃない。弁証法で有名だよね。※ヘーゲルの弁証法も、対立し合うものの抗争の中で歴史が進歩してきたと考えるのね。その意味じゃ、ヌーソロジーの歴史観と似ているんだけど、ただ、ヘーゲルの場合は「われがわれわれになり、われわれがわれになる」という言葉に象徴されているように、要は、人間の歴史が最終的には世界のワンネス化を目指して進んでいるという想定になっているのね。そして、それを実現する力のことを「世界精神」と呼んで、そこに理想的な国家や法のイメージを重ね合わせている。これって、それこそ、さっきまきしむが言っていた陰謀論系のワンワールド思想っぽいでしょ。**人間がイデア界の創造空間へと反転するという視点がまるまる欠落している**んだよね。そのへんがヌーソロジーの考え方とはまったく違うんだけど。

星乃　ヌーソロジーは人間の歴史が作り出してきた、そういった全体化＝ワンネス化へと向かう方向から出ようと主張しているんですよね。

半田　そうだね。**歴史は全体化というよりも、最終**

スピノザ（Baruch De Spinoza, 1632-1677）オランダの哲学者。両親はポルトガルからオランダへ移住したマラーノ。反ユダヤ教的であり、かつ反キリスト教的でもあった。スピノザの汎神論とは唯一の実体が神であり、被造物はそれが表現されたものだと見なす。すべては自然の中に十全に存在するという汎神論を唱えた。主著は『エチカ』『知性改善論』。

ライプニッツ（Gottfried Wilhelm Leibniz, 1646-1716）　ドイツの哲学者、数学者。「モナドロジー」や「予定調和説」を提唱する。ライプニッツの思想は哲学だけにとどまらず、論理学、記号学、数学、自然科学など、極めて広い領域にまたがっている。微積分法の発見はニュートンよりも早かったという話もある。デカルトやスピノザなどと共に近世の大陸合理主義を代表する哲学者とされる。主著は『モナドロジー』『形而上学叙説』『人間知性新論』。

ベンヤミン（Walter Benjamin, 1892-1940）ドイツの思想家。20世紀ドイツにおいて最も異彩を放つ思想家・批評家といわれる。ユダヤ神秘主義やマルクス主義の影響を受け、緻密で繊細な文体で独特の批評的思考を繰り広げた。ナチスから逃亡中にピレネー山中で自殺したといわれる。現代でもメディア論を語る上で欠かせない思想家といわれている。主著に『複製技術時代の芸術作品』『パサージュ論』などがある。

レヴィナス（Emmanuel Lévinas, 1906-1995）フランスの哲学者。ユダヤ人であり、父や兄弟などの彼の親族たちはほぼ全員ナチスによって殺害された。フッサールやハイデガーの現象学に関する研究後、ユダヤ思想を背景にした独自の倫理的な哲学を展開し、ハイデガー哲学の批判を行う。「〝顔〟は神の言葉が宿る場所である」として、独自の他者論を展開する。主著は『全体性と無限』『存在するとは別の仕方であるいは存在することの彼方へ』。

マルクス（Karl Heinrich Marx, 1818-1883）ドイツの思想家、経済学者、哲学者。アダム・スミスの資本主義が生んだイギリスの悲惨な労働者を見て、資本主義を否定し、共産主義を唱えた。ドイツの革命運動の促進をはかったが、49年イギリスに亡命。盟友エンゲルスの援助を受けながら、マルクス経済学のバイブルとも呼べる『資本論』を書いた。

ヘーゲル（Georg Wilhelm Friedrich Hegel, 1770-1831）　ドイツの哲学者。ドイツ観念論を代表する思想家。絶対的観念論の立場に立つ。主著は『精神現象学』。

ヘーゲルの弁証法　この世のものは、肯定の段階である「正」と、それに対立する「反」からなり、この両者を統合した、より高い段階の「合（正）」という「正―反―合」の反復で発展していくとする論理。

的には霊的個体化の方向に向かわなくてはいけないって考えてる。ヌーソロジーはグノーシス思想を現代的な形でよみがえらせようとしているものでもあるから、世界の在り処自体を時間と空間の世界から、タイムレスなアイオーンの場所へと変えるべきだと考えている。そして、そのタイムレスな世界に僕らの個の霊の力が息づいていて、その中でそれらが連携するような共同性をイメージしている。でも、今の学問にとっては、物理的な時間や空間は絶対的なもので、思考のイメージもその中で縛られていて、タイムレスな永遠世界なんて存在しないと考えるのが常識になっているでしょ。

まき　物理学が時間と空間を土台にしてしか宇宙について考えないのは分かるんですが、哲学までがそうなっちゃうのは変ですよね。哲学が時間と空間を超えた世界を考えなくなったのは、いつ頃からなんですか？

半田　「※物自体の世界」の存在が否定されてからだと思うよ。

まき　「物自体の世界」って？

半田　哲学者のカントが言い出したことだよ。普通、僕らが「物」と呼んでいるのは時間と空間の中で人間が感覚を通して知覚しているものだよね。カントに言わせると、時間と空間というのは※人間の感性における直観の形式である、と。だから、人間はあくまでも、その形式に従って物を認識しているだけであって、あるがままとしての物は認識出来ていないと考えたんだ。そのあるがままの物というのが「物自体」の意味だと考えるといいよ。別の言い方をするなら、見るものと見られるものが分かれていない世界のことと言ってもいいかな。時間と空間が、人間が世界の存在を感覚化するための形式になっているということは、時間と空間の出現によって、見るものと見られるものが分離したとも言えるわけだから。

まき　主体と客体が一致している世界ということですね。でも、なぜ、それがイデア世界と関係しているんでしょうか？

半田　今までも何度も言ってきたよね。イデアの世界は、伝統的にタイムレス、つまり、時間と空間の影響を受けない永遠不変の世界と言われてきた。その意味では、カントが言っている物自体の世界というのも、人間の意識に時間と空間が生まれる以前の世界と言えるわけだから、それはイデアの世界と同じ世界と見なすこともできるってこと。※ショーペン・ハウエルなんかがそういう考え方をしていたんだ。だけど、科学が発達すればするほど、理性の力が強くなって、哲学者たちもその勢いに押されてしまい、物自体の世界なんて言ったものは存在しない、って考える人が多くなった。いや、カント的に言うなら、人間の思考にはそれについて考える能力も権利もないのだから、考えるだけ無駄って感じかな。

物自体　対象は感覚的表象を通して人間に認識される。感覚がないところでの物がどういうものであるかは想像すらできない。その意味で、物それ自体は不可知である。人間の意識によって表象化される以前の現象の背後にある真の実在という意味。カント自身は物自体は不可知なものとしたが、その存在は否定しなかった。

人間の感性における直観の形式　カントは『純粋理性批判』の中で時間と空間を物自体（対象自体）側の性質ではなく、私たちに対して現れる現象を可能とする条件とした。カントに拠れば、まず、空間を条件として感性が働き→構想力が働き（先験的図式が時間を規定し）→そこから、悟性が働き（カテゴリー）→対象の認識がなされる（統覚／意識の統一性）とされる。

ショーペン・ハウエル（Arthur Schopenhauer, 1788-1860）　ドイツの哲学者。仏教やインド哲学に影響を受け、実存主義の先駆者ともいわれる。世界は自我の表象であり、その根底には盲目的な意志が満たされない欲望を追求しようと絶えず働いていると説いた。そのために、人生に苦は存在するのであるから、苦を免れるには意志を否定するほかはないと主張した。徹底した厭世思想である。ニーチェなど後の哲学者だけでなくワーグナー、トルストイなど多くの芸術家、作家、学者に影響を与えた。主著は『意志と表象としての世界』。

星乃　「物自体」って、『エヴァ』で出てきた精神分析の「エス」とも類似の概念ですよね。最初のインタビューでもお話ししましたけど、物質的な世界観が行き詰まっている今、「物自体」や「エス」って、とても大事な概念じゃないかと思います。私も、長年、心理学の研究をやってきて、宇宙というのは物理的に存在しているというよりも、人間の意識や無意識の中に息づいているとした方が、すべてがすっきりと説明がつくという感覚が強くて、どうしても、今流行りの脳科学的な方向で人間の意識を見ることに抵抗を感じています。そうした傾向が、ますますこの世の中を生きづらくしている気もしますし。

半田　そうだね。20世紀に入ると、ベルクソンとか、※ホワイヘッドとか、ハイデカーとか、ドゥルーズとか、再び、物自体への思考の奪回を目指す存在論の哲学者たちが出てくるんだけど、彼らの深遠な哲学ですら、結局は心霊主義＝オカルトと変わらないものと見なされ、結局のところ、今ではマイナー化して行きつつある。論理主義や科学主義の強力な体制の前に、古代哲学の血脈を引く存在論の哲学も、ほんと風前の灯《ともしび》って感じなんだよね。

ルネサンスは人類の自己意識の目覚め

半田　あっ、ごめん。ちょっと話がズレちゃったね。何の話をしてたんだっけ（笑）。

まき　ヨーロッパの暗黒時代が1000年以上も続いたって話です。

半田　あ〜、それそれ。話を戻そうね。ヨーロッパの暗黒時代っていうのは、だいたい12〜13世紀ぐらいで終わりを告げて、その後、イタリアでルネサンスが起こってくる。ルネサンスって、文芸復興とかギリシア精神の復活とかいわれているけど、本当はキリスト教が抑圧していた古代ギリシアやヘレニズム的なものの反動のようなものなんだよね。新プラトン主義や、今話したカバラ、さらには、占星術、錬金術なんかも、この時代にイタリアのフィレンツェを拠点として息を吹き返して、形骸化《けいがいか》していた中世のキリスト教的哲学の中に入り込んでくる。その意味では、ルネサンスは、抑圧されていたグノーシス的なものの一神教的精神に対する対抗（カウンター）として出てきたものとも言っていいんじゃないかな。

まき　ふむふむ、ある意味、サウロンに対するエルフたちの反旗《はんき》の翻《ひるがえ》しのようなものなんですね。

半田　まぁ、反旗を翻すとまではいかないけど、意識が物質性から霊性の方向へと再び傾いてきて、一神教の精神に抵抗し始めたって感じかな。今までは、唯一神のもとに集団として一括《くく》りにされていた意識たちの「個」の部分が、目を覚まし始めたってこと。実際、ルネッサンス期以降は、文学でも、音楽でも、絵画でもいいんだけど、いきなり作者名がついてく

ホワイトヘッド（Alfred North Whitehead 1861-1947）イギリスの数学者、哲学者。主著に『過程と実在』などがある。「西洋のすべての哲学はプラトン哲学への脚注にすぎない」という『過程と実在』におけるくだりは有名であり、同時に、「もし、プラトンが現代によみがえったならば、間違いなく有機体の哲学を自身の哲学として語るであろう」として、ホワイトヘッド自身の哲学である「有機体の哲学」を自負している。「有機体の哲学」は、自然科学によって顧みられなくなった形而上学の構図を現代の先端科学の領域を媒介することによって復活させようとする一種の自然哲学であり、ヌーソロジーのコンセプトに極めて近い。

るようになるんだよね。※ボッカチオの『デカメロン』とか、※ダンテの『神曲』とか、※ボッチチェリの『ヴィーナスの誕生』とか。それ以前の芸術作品って、作者不詳というのがほとんどだから。

まき そっか、芸術を通して自己意識が生まれてきたってことなんだ。

半田 その通り！　**意識が自らの感性に自意識的になることで、個としての自分を認識できる意識が出てきた**ってことだね。そして、15～16世紀ぐらいになってくると、グーテンベルクの活版印刷とか、ルターによる聖書の翻訳とかで文字が普及してきて、多くの人たちが自分たちで聖書を読みだすようになる。それによって、今度はヒューマニズムってのが生まれてくる。

まき へっ、ヒューマニズム？　ヒューマニズムって人道主義のことですよね。聖書の普及と人道主義って何か関係があるんですか？

半田 ヒューマニズム（humanism）という言葉はフランス語の「ユマニテ（humanité）」から来ているんだけど、これは、もともとは「人文」という意味なんだ。「人文」というのは、本来、聖書を通して神や人の本質を考えることを意味していて、そこから「人間性」という概念が生まれたんだよね。それまでの西洋には、「人間性」などと言った概念は存在してなかったんだ。ヒューマニズムというのは、その意味では人間性を第一に尊重するという意味の思想なんだよね。

まき そっか。はっきりとした個の意識がなければ、そうなりますよね。ということはつまり、聖書が「人間性」という概念を作ったということなんだ。

半田　人間を「西洋近代の人間」として定義するなら、そういうことになる。聖書が一般に普及することで、当然、信者たちと教会との関係も変わってくるよね。それまでは、教会が聖書を独占して、神への信仰も教会が仲介していたわけだけど、聖書が印刷物になって誰にでも読めるとなると、教会の権力は弱体化し始め、従来の教会支配の体制自体を批判する人たちが現れ始める。これがルターとかの宗教改革につながって、個人が直接、神とつながれるプロテスタントのような信仰形態が広がっていったのね。こうした流れが起こったのが15～16世紀頃で、17世紀になって、今度はピューリタン革命や名誉革命といった市民革命が起こり、民主社会というものが登場してくる。個の意識に目覚めた人々が今までの封建的な共同体に変わる新しい共同体の在り方を模索し始めるわけだ。こうして近代民主主義をベースにした近代国家の時代へと移っていく。

まき　なるほど～、勉強になるなぁ。古代の国家と近代の国家の違いって、国民に個体意識があるかないかの違いなんですね。古代はまだ個の意識が生まれてなかった。

半田　意識はまだ、部族とか、民族とか、一種の集団魂のようなものとして活動していたんだと

ボッカチオの『デカメロン』　ジョヴァンニ・ボッカチオ（Giovanni Boccaccio, 1313～1375）　14世紀のイタリアの作家・文学者。ダンテの作品に心酔した。ペストの流行を背景に著された『デカメロン』はイタリア語の散文形式を確立させたと同時に、近代風刺小説の原点とされている。

ダンテの『神曲』　ダンテ（Dante Alighieri 1265 - 1321）。14世紀のイタリア、フィレンツェの詩人、哲学者、政治家。イタリア文学最大の詩人と言われ、ルネサンス文化の先駆者と位置付けられている。作品に叙事詩『神曲（La Divina Commedia）』がある。

ボッチチェリの『ヴィーナスの誕生』　ルネサンス期のイタリアのフィレンツェ生まれの画家ボッチチェリ（Sandro Botticelli 1445 - 1510）の代表的作品。ボッチチェリはメディチ家の保護を受けて、その他『プリマヴェーラ』など、宗教画や神話画などの傑作を残した。

思うよ。それが、ルネサンス期あたりから個的な意識が目覚め始め、そこから、個同士のための新たな共同体の在り方が必要になり、近代国家へとその姿を変えていったってことなんだろうと思う。

まき　民主主義とか、国民主権とか、基本的人権なんかの概念も、そうやって生まれてきたんだ。

半田　そうだね。基本的人権なんかは、まさに近代国家の屋台骨となる概念だね。そして、今度は17~18世紀ぐらいになると、再び一神教的精神の力が、今度は物質側から勢力を持ち始めるようになる。

まき　物質側からの一神教的精神の力？

半田　科学革命だよ。17世紀になると近代科学が出てくるってこと。近代科学って、こう言ったら何だけど、物質的一神教のようなものでしょ。

科学主義はサウロンの息子

まき　**科学が物質的一神教**……。科学って物質を信仰する宗教、ってことなのかな。

星乃　半田さんの「物質的一神教」という言い方は語弊があるかもしれないけど、確かに、科学も一つの信念体系であることには間違いありませんよね。私たちは科学と聞くと、何か絶対的な真実を語るもので、人間が作り出している思想とは関係ないものと思ってしまうけど、科学も人間の思考が作り出した一つの知識体系であることに変わりはありませんからね。

半田　星乃さん、いいこと言うね。普通、科学は宗教に対立するもののように思われているよね。だから、近代科学の登場も西洋社会をそれまで支配していたキリスト教的イデオロギーへのカウンターとして出てきたものだと思われがちなんだけど、実際はそうじゃなくて、キリスト教は科学の父のような存在じゃないかってこと。ガリレイやニュートンの中にはキリスト教の神がしっかりと息づいていたし、今だって、欧米の科学者たちの中には、科学法則の中にキリスト教的な神が宿っていると考えている人たちもたくさんいる。つまり、**科学というのは、一神教的な精神が人間の心の中から物質の中へとただ引っ越ししただけで、その排他的な性格をしっかりと受け継いでいる**わけだよ。科学者の中には、科学的真実だけを絶対と考える人だって結構いるでしょ。

まき　UFO番組なんかによく出てたO教授みたいな人たちのことですね（笑）。ということは、科学主義とか物質的な唯物論とかは、ユダヤ教の一神教的精神がキリスト教を通して成長したところに生まれてきたものだということなんでしょうか。

半田　これも、誤解のないようにお願いしたいんだけど、**近代科学は、サウロンが「一つの指輪」を追い求めていくプロセスの中で生み出してきた「サウロンの息子」ってことになる**と思う。

まき　げっ、近代科学がサウロンの息子？

半田　近代科学がユダヤ＝キリスト教という一神教の精神の血脈から生まれたという意味ではそう言っていいんじゃないか、ってこと。

星乃　でも、近代科学のルーツは、それ以前の時代のインドやイスラムの文明で発達していた科学を継承したものともいわれていますよね。なぜ、ユダヤ＝キリスト教から近代科学が生まれたと言えるんでしょうか？

半田　中世までの伝統科学は確かに星乃さんの言う通りだと思うよ。でも、西洋から出てきた近代科学は、その根本の理念のところでまったく別物じゃないかな。つまり、**根底に、自然を支配しているのは人間で、人間がそれを利用するのは当たり前といったような驕《おご》った考え方がある**ように思える。こういう考え方のルーツって、やっぱり『創世記』だよね。神は自分に似せて人間を作り、「産めよ、増えよ、地に満ちよ」と言って、人間に世界の支配権を与えた。そして、「海の魚、空の鳥、地の上を這《は》う生き物をすべて支配せよ」と人間に命じる。このような教えの中では、人間の生活や文化を豊かにするために自然を手段化することは、神の言葉に則《のっと》った正しい行いだということになるよね。

星乃　なるほど。旧約聖書の中にすでに、人間が神の代理人として地上を治めるという考え方があったわけですね。

半田　そうなんだよね。本来、主体というのは他の何物の力も借りることなく、それ自身で成立するもののことを言うわけだから、そういう存在は「神」しかいないはずなんだよ。でも、人間はなぜか自分のことを主体って呼ぶでしょ。一神教的精神は神との契約によって、自分たちが仮の主体を任されたのだと自負している。ここにすでに驕りがあるんじゃないのかな。あと、伝統科学には錬金術みたいなものも含まれていたから、まだ物質は霊性と深くつながっていて、「自然の精神化」とリンクしていた。でも、近代科学は違うよね。物質を単なる物質としてしか見ないわけだから、そこに必然的に「自然の物質化」が起こる。これは方向がまったく逆。それによって、物質は時間と空間の中の単なる数量へと還元されて、自然現象のすべてが関数の中の数量的な対象でしかなくなったわけだよ。これって同一性の思考の典型だよね。「すべてを一つにする」のワンネスの力が持った均質化の欲望が、このへんからどんどん勢力を拡大してくるんだ。だから、前回も言ったように、科学的な思考の中には色彩もなければ、音色も、匂いもなく、それこそ、僕の中ではあのモルドールの風景とオーバーラップして見えてくるわけ。**科学者たちは、もちろん頭は優秀で、素晴らしい智者ではあるんだろうけど、「一つの指輪」への誘惑に駆られて、本当の宇宙を見えなくさせられているんじゃないかと思う**よ。

星乃　言われてみれば、そうですね。サルマンはオークたちを使って、滑車《かっしゃ》や歯車を使って、武器を製造していましたね。ウルク・ハイもエルフを遺伝子操作して作ったものですし。アイゼンガルドのあのシーンには、科学技術のイメージが重ね合わされているのかもしれませんね。

半田　トールキンの中にはその思惑はあったと思う。そして、今度はこの近代科学によって起こった科学革命の力が、18世紀の後半あたりから産業革命を引き起こし、近代の資本主義を加速度的に発達させていくわけだよね。

まき　近代科学の力が今の資本主義を生み出してくるんですね。

半田　近代の大規模な資本主義という意味ではそういうことになるよね。科学が持ったテクノロジーの力によって、大量の商品を生産することが可能になったわけだから。

資本主義の中に潜む夢の資本

星乃　もともと、資本主義というのは、どういう形で生まれてきたんですか？　資本というのは、本来は、労働力とか、土地とか、お金の意味ですよね。

半田　資本主義の始まりはいろいろな言い方がされるけど、あくまでも「初めに資本家と労働者の関係ありき」だと思う。資本主義が生まれてくる条件にはいくつかあって、まず私有財産が認められないといけない。次に、今、星乃さんが言ったように、たくさんの労働力と貨幣経済がないとだめだよね。それから、商品の自由な取引も保証されないといけない。そして何よりも、お金を儲けることはいいことだというコンセンサスが必要になる。こうした土壌が、14世紀のベルギーやオランダあたりから育ち始めたっていわれている。力を持った商人たちが自治都市を作って、そこに地方から労働者が集まってきて、彼らに小麦や羊毛なんかを商品として作らせ始めたんだね。さっき話した市民社会の発達とともに、こうした小規模な資本主義経済がヨーロッパのあちこちで徐々に育っていき、その流れの中で科学革命や産業革命が起こって、資本主義は飛躍的な発展を見せ、近代資本主義と呼ばれるものに成長していくわけだよ。でも、まぁ、こういうことは、歴史の教科書に書いてあることで、僕自身は資本主義のダイナミズム自体は、もっと深いところにあるんじゃないかと思ってるんだけど。

まき　もっと深いところ？

半田　うん。資本主義の大規模な拡大に18世紀の科学革命と、それに続く、産業革命が決定的な役割を果たしたことは間違いないとは思うんだけど、本質は人間の中にうごめいている欲望の力だと思う。あれが欲しい、これが欲しいとか、社会をこうしていきたい、ああしていきたいとか、そこには、必ず人々の欲望のビジョンが働いているはずでしょ。欲望という言葉の聞こえが悪ければ、「夢」と言い換えてもいいよ。今のIT社会だって、スティーブ・ジョブズとか、ラリー・ペイジの夢があったからこそ、こうなってる。ITが金になると思ったから、彼らはアップルやグーグルを創立したわけじゃないと思うのね。その意味じゃ、**お金や土地、労働力などと言ったいわゆる資本と呼ばれているものの力は単に表層的なもので、肝心要《かんじんかなめ》の「夢の資本」がなければ近代の資本主義なんてものは出てくるはずがない**んだよ。

星乃　「夢の資本」かぁ。とても詩的な表現ですね。確かに、人間が抱く心の中のビジョンの方が大事ですよね。では、近代の資本主義が生まれる以前は、人々にはまだそうした「夢の資本」を生み出す能力がなかったということですか。

半田　なかったと思うよ。さっき言ったような外部的な条件が整う必要があるのはもちろんだけど、夢の資本が生まれてくるには、人間の無意識自体がその構造を変える必要があるから。※想像界と象徴界の間のエロス的関係とでも言うのかな、その生殖力が持てるようにならないといけない。

想像界と象徴界　ラカンの精神分析理論で用いられる、三つに分類された人間の無意識世界のうちの二つに当たる。想像界はイメージの世界、象徴界は言語の世界。これらはコンピュータにたとえるなら、モニター上の画面とプログラム言語の関係に似ている。残りの一つは「現実界」と呼ばれ、これはコンピュータのハードウェアそのものにたとえることができるだろう。

まき　ソーゾー貝とショーチョー貝の生殖力？　確かに※『貝社員』でも貝社員同士でなく人間とのみ生殖が可能だという設定があってですね……

星乃　それは朝の人気番組の話でしょ（笑）。『エヴァ』でも出てきたけど、フロイトの最後の弟子の精神分析家であるラカンが使った用語で、人間の意識が成立するための大きな区分のようなものを表すとされているの。簡単に言うと、想像界と象徴界というのは、物の世界を挟んで活動している人間のイメージの世界と言葉の世界のことって考えておけばいいと思うよ。**イメージの世界が想像界で、言葉の世界が象徴界**だと、とりあえずは思っておいて。

まき　ふむふむ。想像界と象徴界というのは、イメージの世界と言葉の世界のことなんですね。

半田　星乃さん、サンキュー。ほんとはもっと複雑な関係があるんだけど、ざっくり言うと、そういうこと。知覚イメージの世界は人それぞれで、言葉のように使い方も共通である必要はないし、自由度が高いでしょ。たとえば、芸術には言葉の壁がないよね。英語が分からないとアメリカ人のアートが理解できないということもないし、オリジナルのどんな表現も許される。というか、むしろ、そっちの方が高く評価されたりもするじゃない。その意味で、芸術なんかはモロ想像界の産物だね。一方、言葉は人々が互いに「共通了解し合える」ための力を持っていなくちゃならない。人間が作る社会も法律とか規則とか言葉の力で規律されることで成り立っているよね。自分勝手に言葉を作って使っても他人には通じないし、相手にとっては、それはときに暴力にさえなる。これは、社会全体が言葉の力で組織化されているからだよね。そのような世界が象徴界だと考えるといい。

まき　想像界は自由だけど、象徴界は息苦しい、そんな感じですかね。でも、それらのエロス的関係が生殖力を持つ、ってどういうことなんでしょ？

意味のコミュニケーション

半田　たとえば、科学技術が登場してきて、人間は自然を作り変えることができるようになったよね。こういうものがあれば人々の生活が便利になるだろうとか、豊かになるだろうとか、その時代時代のイノベーターたちは、アイデアやイメージを形にして実現させていく。当然、そこで発明、開発されたものには新しい名前がつけられて、社会の中に商品として浸透していく。すると、今度はそれらの商品がユーザーたちの言葉やイメージの世界を刺激して、そこからまた新しいアイデアが生まれ、それがまた技術の力によって商品化され、市場の中へと流通していく。そういう目には見えない意識の運動がイメージの世界と言葉の世界の間を振り子のようにして反復しているわけだね。その繰り返しの結果、資本主義の都市の風景がこんなに賑やかになっている。街を歩いている時なんか思わないかい？ビルにしろ、道路にしろ、看板にしろ、街行く人たちのファッションにしろ、デパートのディスプレイにしろ、自分がストリートで見るものは、もともとは、すべてが誰かのイメージの中にあったものだって。

まき　確かに、言われて見れば、その通りですね。都市の風景は街並みからショップの隅々に至るまで、人の心の中にあったものが、外に出てきたことによって成り立っていますね。

『**貝社員**』　2014年より、日本テレビの朝の情報番組『ZIP！』内で放映されているショートアニメーション。会社員のあるあるネタや、社会を風刺したストーリーがメイン。

半田 イメージが具体的な物として外に出てくるってことは、多くの人が共通して知覚できるようになるってことだから、当然、それらはまた想像界から象徴界へと記号化されて組み入れられていくことになるよね。そうやって人間の無意識の中では、イメージ（知覚）と記号（言葉）との間で互いの変換が常に働いているわけだよ。この相互変換の欲望のことをエロス的関係と呼んでいるわけ。

星乃 イメージと言葉を介《かい》して行われる自他間の意味のコミュニケーションのようなものですね。

半田 まさに、それ。無意識の中で次々と生み出されている新しい意味の生産とでも言うのかな。そして、これは見方を変えれば、自己と他者のコミュニケーションの産物でもあるわけだよね。というのも、**想像界と象徴界の関係は、自己と他者（社会）の関係にダイレクトに対応している**わけだから。

まき え？ なんで想像界と象徴界の関係が自己と他者の関係になるんですか？

半田 だって、イメージの世界というのは、人それぞれで違うものだよね。たとえば、「リンゴ」って言葉を聞いたとき、まきしむは赤いリンゴをイメージして、僕は青いリンゴをイメージするかもしれない。だから、イメージというのは主観的なものってことになる。でも、言葉は違う。リンゴは音声では「RINGO」だし、漢字で書けば「林檎」だし、英語じゃ「APPLE」であって、それらは他者としっかり共有されている。そういう意味で、言葉は

資本主義社会の風景

複数の「他者」からなる客観的な世界の支えにもなってる。だから、想像界と象徴界の間にコミュニケーションが起こっているとするなら、それは主観と客観、つまり、自己と他者（社会）の間で行われているコミュニケーションとも言えるわけだよ。いや、もっと言うなら、自他間における「主体の交換」への欲望の運動と言ってもいいかな。

まき　主体の交換への欲望の運動？

半田　それこそ、自己と他者が「一つ」になりたがっているってことだよ。

まき　さっき、想像界と象徴界の間のエロス的関係が資本主義の原動力になっていると言われていましたが、ということは、資本主義というのは、本当は「自己と他者が一つになりたい」という欲望によって生まれているってことですか？

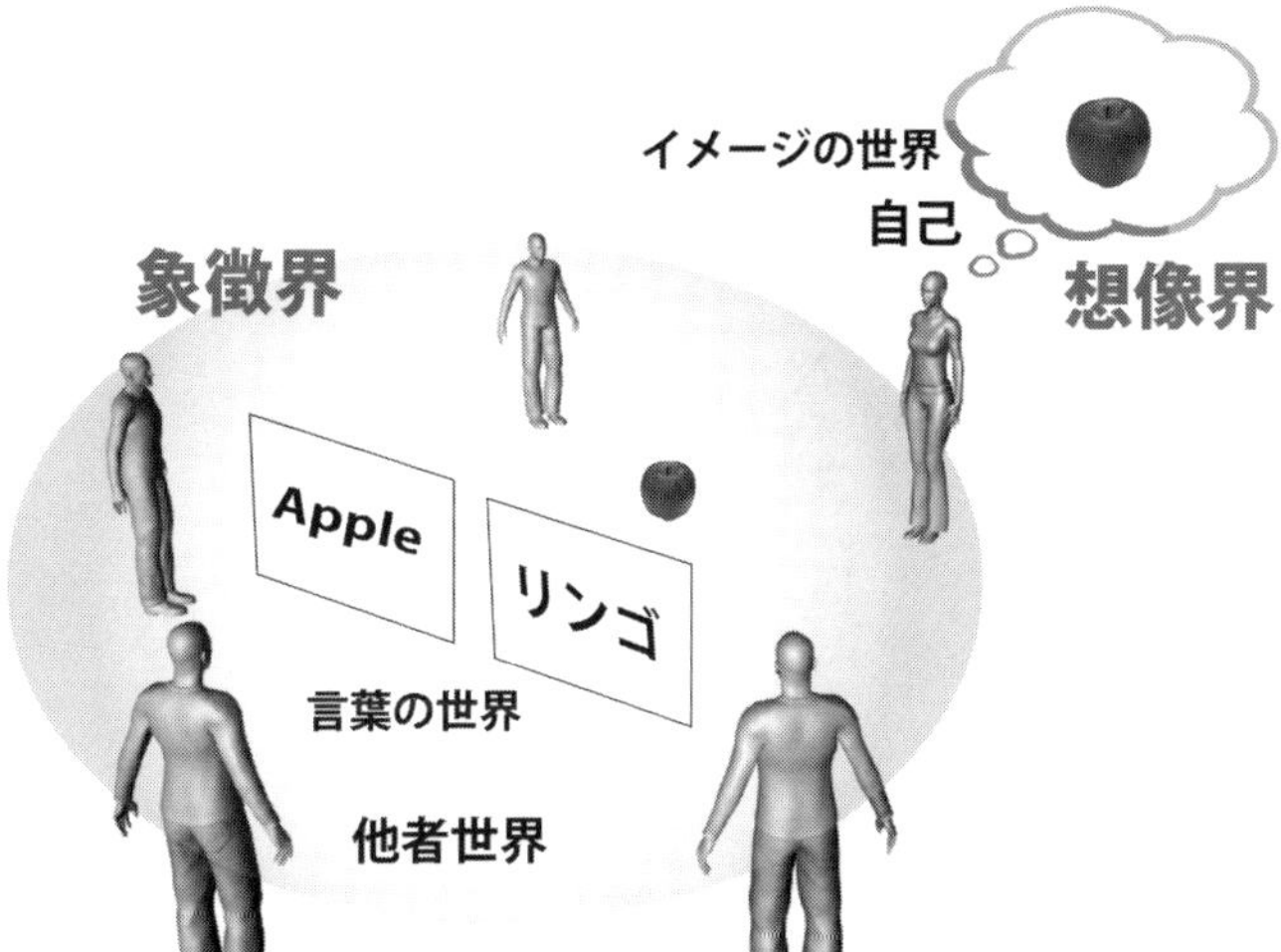

●想像界と象徴界のイメージ図

サウロンの第四形態としての貨幣

半田　本質はそうだと思うよ。さっき星乃さんが紹介していた精神分析家のラカンなんかも、人間の欲望というのは、ズバリ、「他者の欲望」だと言ってるよね。他者の欲望というのは、他者を欲望する欲望。他者に欲望されたいという欲望。これは、本来、人間というものは他者と一体化したがっているということを意味しているんだと思う。他者が好きなものを好きになり、他者がしていることをしたくなり、他者が欲しがるものを欲しがる。流行なんかはまさにそうだよね。一時期「ポケモンＧＯ」のブームとかすごかったじゃない。あっ、アイツがやってるならオレもやろっ、って感じでさ。アイツが見てるものを見たい。アイツが触っているものを触りたい。アイツが食べているものを食べたい。そうやって、他者と「同じになりたい」とする欲望が、資本主義の駆動エンジンとして動いているわけだよ。

星乃　雑誌やＴＶのＣＭなんかもそうですね。あの芸能人が使っているなら私も、って。でも、そうやって資本主義が発達することによって、主体が交換されていくのであれば、人々は愛で結ばれ、素晴らしい世界になるはずなんだけど、実際はそうはなっていませんよね。特に最近は、貧富の差が大きくなって格差は広がっていくばかりだし、逆に、人間の幸福度がだんだん下がってきているような気もします。それは、なぜなんですか?

半田　いい質問だね。**資本主義の世界が人をどんどん孤独にしていくのは、資本主義においては、象徴界と想像界の間をつなぐこのコミュ**

ニケーションメディアを貨幣が支配しているからだと思う。お歳暮とか、クリスマスとか、お祝い事とかのプレゼント交換なら、まだ互いの気持ちは伝わるよね。気持ちが伝わると言うより、本当は、気持ちを伝えるために贈与をしているわけだから。でも、貨幣は自己と他者の間に第三者的に介入してきて、商品にまつわるそれこそ無数の人のさまざまな思いや労働の価値をすべて価格という数量に置き換えちゃうでしょ。

星乃 なるほど、それこそ、奥行き＝純粋持続を、他者の視線を取り入れることによって、幅という距離、数値で置き換えるのと同じことですね。霊性を物質性に置き換えるということと同じことをやっている。

半田 そうなんだよね。**貨幣というのは、人間に内在している霊性の力を数量で換算しているようなもの**だと思う。それによって、僕らに交換の本質を見えなくさせてしまっている。本来、貨幣自体はただの紙切れで何の価値もないにもかかわらず、資本主義の社会では、人々は、まるで貨幣に価値があるかのように錯覚しているよね。そして、そのために、僕らは商品の背後にある、さっき言ったような自己―他者間で働いているエロス的な意識の活動を忘れてしまって、経済を単なる商品の生産や流通と消費としてしかイメージできなくなっている。マルクスのいう※物象化とい

物象化 カール・マルクスが『資本論』で使った概念。人間の自他間の精神的関係が資本主義市場の合理性に支配され、物と物との関係のように見られてしまうこと。人間的な諸現象をあたかも物のようにして理解すること。経済活動の起源が人間自身の心にあるということが忘れられ、当の人間自身が疎外されてしまう。

うやつだよ。本来、人間と人間の関係が生み出しているはずのものが歪曲《わいきょく》されて、物と物との関係が生み出しているものであるかのようにイメージされるってこと。これも、すべて貨幣経済が価値を数量化のもとに価格の世界へと同一化させていることによって起こっていることなんじゃないかな。**科学が数量化のもとに物質世界を時間と空間の中に同一化させてしまったのと同じように、貨幣が価値の数量化のもとに、僕らの精神を物質的なものに同一化させてしまっている**んだよ。つまり、ここにも、一つ目のサウロンの力が及んできているってことなんだけどね。

星乃　実際、資本主義社会では、時間も空間も、利子とか地代という形で貨幣に換算されてしまいますしね。

半田　ほんと、ひどい話だよね。住宅ローンとか、保険とか、人間の空間的な居場所や時間までもがすでに資本主義のシステムによって差し押さえを食らっているようなもんだからね。「時は金なり」って言った人って、※ベンジャミン・フランクリンだっけ？　ほんと、最低の言葉だと思うよ（笑）。

星乃　そう言えば、ベンジャミン・フランクリンも確かユダヤ人ですよね。銀行、株式、保険と言った金融システムも、すべて、ユダヤ人の発明といわれていますし、やっぱり、ここにも一神教の精神が働いているんでしょうかね。

まき　え〜そうなんだ。確かに、今の私たちの状況を見ていると、お金だけを信じるという拝金教信者みたいな人がたくさんいますよね。ということは、半田氏が言うサウロンが探している「一つの指輪」の正体とは貨幣ということになるんでしょうか？　それだと、分かりやすいですよね。実際、人間って、いざ、お金のこととなると人が変わったようになって、それこそ、フロドの持っている指輪を見たときのビルボのような形相になっちゃいますから（笑）。

半田　ほんと、そうだよね。あのときのビルボの顔って、人が「これはオレの金だぁ〜」と言うときの顔に確かに似ている（笑）。その意味では、お金は近代の自我そのものと直結したエネルギーと言ってもいいかもしれない。拝金教の人たちは、より多い貯蓄、より多い財産というように、お金の所有にありとあらゆる情熱を注いで生きているでしょ。結局、その情熱によって「私は私である」という自我の自己同一性をより強固なものにさせていくことになる。でも、それでは資本主義の根底で働いている欲望を決して満たすことはできない。さっきも言ったように、本当は「主体を交換したい」という欲望が資本主義のエンジンを回しているわけだからね。**本当は相手と一つになりたいにもかかわらず、一つになろうとすればするほど、相手と引き裂かれていく。そういったアイロニカルな構造が資本主義を動かしている無意識の構造にはセットされている**ってことだと思うよ。資本主義の欲望は何か根底的なところでボタンの掛け違いをしているんだよ。

ベンジャミン・フランクリン（Benjamin Franklin, 1706-1790）　アメリカの政治家、外交官、物理学者。事業（印刷業）で成功を収めた後、政界に進出し、アメリカ合衆国の独立に多大な貢献をした。現在の米１００ドル紙幣に肖像が描かれている。

ビルボ

人間の愛は最初から破綻している

まき　つまり、貨幣経済は一見、人と人を結びつけ合う力のようにして働いているけれども、結局のところ、お金では愛は買えないってことですね？

半田　いや、こういうことを言うと、嫌われちゃうかもしれないけど、男女の愛とか、家族の愛とか、およそ人間が愛と呼んでいるものは、お金で買えるんじゃないの？　と言ってるわけ。事実として、お金で買えているよね。

まき　それって、金持ちはモテるってことですか？

半田　ははは、身も蓋もないけど、そういうこと。民事訴訟の手続きなんかもお金で問題を解決するためにあるようなものでしょ。だからこそ、お金はいとも容易《たやす》く憎悪へと裏返ることもできる。まぁ、よく言われるように、普通に言う人間の愛なんてものは憎悪の裏返しのようなものにすぎないってことだね。何が言いたいのかというと、**人間が本当に欲している愛は、本当は、そういった愛じゃない**ってことなんだよ。

まき　男女の愛でも、家族の愛でも、人類愛でもないってことですか？

半田　うん。まったく違うと思う。同性愛なんかも含めて、そういった愛は結局のところ、自己愛のグラデーションのようなものにすぎず、自我意識を強化しているものにすぎないように思うんだ。だからこそ、人間の愛はいつも破綻していく運命にあるんじゃないんだろうか。**ヌーソロジーが「主体の交換」と言って**

いるのは、今まで僕たちが愛としてイメージしてきたものとはまったく違った愛の形態のことを言っている。その愛が実現すると、おそらく、人間は人間でいられなくなる。そういう愛なの。だって、自己と他者が互いに等価に交換されるのなら、それはもう従来の自己でも他者でもない何者かってことになるだろ。交換されるたびに、その当の主体が次々と別の生き物へと変身していくような愛とでも言うのかな。人間が全宇宙的なエネルギーの流れに変容して、宇宙の内部へと溶け込んで、その中を駆け抜けていくような愛だと思うのね。

星乃　それが、『君の名は。』で言えば、瀧くんと三葉が出会い、純粋持続＝自己他者のつながりの仕組みを見出すってこと、『エヴァ』で言えば、自我を超える「成長のタナトス」ってことなんですか？

半田　そう考えたいところだね。そのような新種の愛で満たされた世界が、『ロード・オブ・ザ・リング』で言うなら、さっき星乃さんも触れていた「西方世界」というものに当たるんじゃないかって思ってる。ラストシーンで、フロドは一つの指輪を葬り去ることによって、エルフと共に西方へと旅立ったよね。フロドには、サムのように、ホビット村に自分の帰りを待つ恋人はいなかった。あれだけ頑張ったのにかわいそうだと思わない？でも、フロドには、そういう恋人はもう必要なくなっていたと考えたらどうだろう。フロドは、指輪を捨てることによって、違った愛の形態

西方世界への旅立ち

をつかんだのだとしたら。だからこそ、最後はホビットの仲間たちとは別の道を歩むことになった。僕はあのラストシーンをそういうふうに解釈したんだけどね。

まき　でも、フロドが捨てた「一つの指輪」の最終形態というのは貨幣のことではないんですよね。とすると、サウロンが最後に手にしようとしている「一つの指輪」というのは、結局、何なんでしょう？　半田氏はそこに一神教の精神の最終形態があると言われていましたが。

半田　今までの話をすべて総合して考えてみるといいんじゃないかな。**まずは一神教の精神が宗教として登場してくる。次に、それが近代国家として登場してくる。さらに、それが近代科学として登場してくる。そして、その次に、近代資本主義における貨幣として登場してくる。サウロンが最後に手にする「一つの指輪」とは、これらすべてが一体となって現れてくる**もの。僕はそういうふうにイメージしている。そして、おそらく、「一つの指輪」が現れて、世界をすべて支配してしまったときには、生きている人間たちすべての心の風景をも、あのモルドールの荒地のような風景にしてしまうんじゃないかとも思っている。

星乃　そこに、半田さんの考える一神教の精神の最終形態があるってことですね。

半田　そうだね。僕らが最後に捨てるべき「一つの指輪」がそこに出現してくるんだと思う。

まき　かなり、悲観的な話のようにも聞こえますけど。

半田　いやいや、何言ってんの。まったく逆。希望に満ち満ちた話だと思うよ。

まき　え？　なんで？

半田　だって、人間の意識の成長の先には、孤独化していく「自我」に成り代わって、僕らが未だ予想だにしたことのない、まったく別の意識の存在形態があり得るのだって話をしているわけだからね。今はその変身の能力に気づけていないだけで、人間の歴史が最終段階に突入してくれれば、資本主義に対する反動的な力として、その未知の能力が必然的に芽生えてくるんじゃないかと思っているんだ。

星乃　その最終段階というのが『エヴァ』でおっしゃってた、「消滅のタナトス」が流れ込んでいく最終的な世界ということですか？　そして、そこから、物質意識や自我意識に対する反動的な力が生まれてくる？

無意識による裏か表のコイントス

半田　歴史意識における「消滅のタナトス」というのは、人間が主体として振る舞っていた世界を終焉《しゅうえん》に導いていく欲望という意味になるけれど、まぁ、その正体についてはまた後のお楽しみということで。星乃さんも多分感じたんじゃないかと思うけど、『エヴァ』では、オカルティックな記号をあれだけ使用しておきながら、自我を完成させてイデアの世界へと向かうようなキャラクターは一つも出てこなかったよね。ガフの部屋の扉が開いたままではいいんだけど、ATフィールドが破壊されて、みんながLCLの原始の海へと一体化していくとき、誰もが自分の自我を引きずったまま消えていった。

星乃　あれは、庵野監督の自己他者の融合のイメージですよね。『エヴァ』では、半田さんが言ってるような、主体の交換が作り出す創造的な愛のイメージはまったく描かれていませんでしたね。

半田　何度も言うようだけど、個人的にはそこが物足りないんだよね。人類補完計画なるものがあるとすれば、仏教が語る「※空《くう》」のような、そんな悟りの境地のようなものとは違うだろって思うんだ。もっと「創造的なもの」がイメージされないといけない。あと、アニメでも映画でも小説でもそうなんだけど、自我の消滅への不安や恐怖を煽《あお》り立てるような作品はもう要らないんじゃない。最近は、そういう作品ばっかりだから。

まき　しつこくてすみません。サウロンの最終形態となると、さっきのフリーメーソンじゃないけど、私なんかすぐ陰謀論を想像しちゃうんですけど。だって、陰謀論って、ユダヤ教を背景にして、国家を超えた統合的な組織が、科学的な組織のトップさえ支配し、それこそ、世界の貨幣の造幣権を独占しようとしているって話ですよね。どう考えても、今まで半田氏の話とつながってきます。半田氏は、陰謀論に関してはどう思われているんですか？

半田　さぁ、どうかな。その道の専門家じゃないからよく分からない。半分当たっていて、半分外してるって感じじゃないの。でも、今までの話からも分かるように、**そうやって外に存在する政治や経済の権力のシステムをいくら槍玉に挙げたところで、何も変わらない**と思うよ。※「帝国を滅ぼす者は、必ずや、やがて自分が帝国になる」って言うでしょ。結局、人間は誰もが同じ欲望をめぐって、裏か表のコイントスを続けているだけじゃないのかな。ドゥルーズなんかも言うんだけど、政府なんてものはいつの時代でも保守でしかなく、革新政府なんてものが生まれてきた試しはないんだよ。それと同じで、権力を批判する人間は結局、自分が権力の座に就けば同じことを反復するだけだと思うのね。もちろん、権力を批判したくなる気持ちは分かるけど、とにかく、**まずは自分の内側にある政府を倒さないことには話が始まらない**んだよ。

星乃　自分の内側にある政府を倒すというのは、指輪を捨てるってことですよね。さっき話されていた、それぞれの指輪が持つ仄暗い闇というのも、そうやって誰もが容易《たやす》く指輪に支配されてしまうということで……だから、人間も、エルフも、魔法使いも、ドワーフも、指輪を運べないんですね。

半田　そう思うよ。どの指輪もサウロンの一つの指輪につながっているからね。人間ってそういう生き物でしょ？　金じゃない、地位じゃない、名声じゃない、権威じゃない、って言いながらも、一度、自分がそれらを手にすればついつい執着してしまう。ときには、強大な権力を持ってしまったが

ナズグル

空（くう）　仏教思想において最も重要な教えの一つ。あらゆる事象は事象間相互の関係の上に成立するものであるから、不変的で固定的な実体というべきものは何一つないという考え方。また、「固定観念に囚われない心」という意味で、悟りの境地を示す状態ともいわれる。大本はサンスクリット語の「梵：sūnyatā（シューニャター）」。

「帝国を滅ぼすものは、必ずや、やがて自分が帝国になる」　P.K.ディック作『ヴァリス』の中で「ファットの〈秘密教典書〉」の中に出てくる言葉。「〈帝国〉と闘うことはその錯乱に感染することにひとしい。これはパラドックスである。〈帝国〉の一部をくつがえす者は、誰であろうと〈帝国〉になる。〈帝国〉はウイルスのように急激に増殖し、その形態を敵に押しつける。それによってみずからの敵となる。」

ゆえに、サウロンの支配下に堕ちてしまうサルマンやナズグルのような存在もいるしね。

まき ナズグルー！　あの真っ黒いフード付きマントを着て、真っ黒い馬に乗って登場するときのシーン、最高でしたねー。ＢＧＭも。彼らはもとは人間の王だったんですよね。陰謀論的にいうと「イルミナティ」みたいなもんですかね（笑）。

半田 はは。そこまでいかなくても、宗教家とか、大企業の経営者とか、大物政治家とかの中にもそれっぽい人たちが、たまにいるでしょ。いない？

まき 確かに。う、う、名前を挙げたい誘惑が……（笑）。

半田 はは、とにかく、僕の言いたいことは、大体話し終わったから、次に行ってください。

まき えっ、肝心のサウロンの最終形態の話が。

半田 その話は、星乃さんの話が済んだ後でまたね。

指輪とは自我

まき 分かりました。それでは、ガラっとムードを変えて、今度は星乃さんの心理学的な分析をお聞きしたいと思います。

星乃 はい、さっきもお話ししたように臨床心理学的な立場から見ると『ロード・オブ・ザ・リング』はフロドの物語と言えると思います。

フロドというか、指輪の物語。心理学的に見ると、**指輪とは「自我」**なんです。

まき　え？　指輪が自我？　なんで？

星乃　うん、今から説明するけど、『ロード・オブ・ザ・リング』の物語は、自我を捨てる物語と読めるの。『エヴァンゲリオン』は自我が確立する前の超自我との戦いとその中での成長と退行の物語でしたが、『ロード・オブ・ザ・リング』は自我が確立した後、それを捨てるための冒険と葛藤の物語です。

まき　なるほど。でも自我の確立ってどういうことなんですか？　『エヴァ』の章ではその前で星乃さんの解説が終わっていたような気がするんですが。

星乃　そうですね。口唇期（0～1歳半）と男根期（4～6歳）しか詳しく説明していませんでしたね。（66頁の図を参照）口唇期の0～1歳半の時期は「自分と自分じゃないもの」という漠然とした二分割の世界で、「自分」は抽象的な、快不快や感覚の総体のようなものとして認識されます。これは『エヴァ』でもお話ししましたよね。そして、その次の肛門期の1歳半～3歳では、「自分」は身体イメージになると私は考えています。お母さんから見られている自分像です。当然、お母さんやお父さん、周囲の人たちのことも「身体」として認識するようになります。でも男根期の4～6歳に入ると言葉を話すようになり、今度は人間には心があるということが分かってきて、概念的な心に同一化していきます。そこで客観的な善悪とかを学ぶわけです。これが『エヴァ』で話した超自我のもとになっていて、この超**自我が『ロード・オブ・ザ・リング』ではサウロンに対応してくる**んです。半田さんが、さっき、ケテルとマルクトが結合したものがサウロンって言ってたでしょ？　あのとき言おうか迷ってたんだけど、『エヴァ』のところで、ケテルとマルクトが結合したものがゲンドウであり、超自我だって話したよね。ということは、当然、サウロン＝超自我ってことになります。

まき ほ〜、サウロンは超自我！

半田 そうだね。多分、星乃さんがそう言うだろうと思って、あえて言わなかったんだけど（笑）。

星乃 やっぱり（笑）。そして、半田さんがおっしゃっていた一神教の一神、「一つのもの」っていうのは、心理学的には、子供にとっては、まずは親の目として現れてくると考えられますね。

まき 「一つのもの」とは子供にとっては親の目か。そして、そこからできる超自我がサウロン。シンジくんはサウロンに立ち向かっていたのか……そりゃ勝てないわ。

星乃 そうね（笑）。でも、これは第1次サウロン。作品中でサウロンは昔は人間の姿をしていましたね。でもアラゴルンの先祖であるイシルドゥアによって指輪を奪われ、形を消失して眠りにつきます。これが男根期の次の潜在期（6〜12歳）に当たると解釈すると面白いですよね。リビドーの力が隠れて見えなくなるんです。この時期は言語や知覚、コミュニケーション能力などを発達させる時期で、厳密に言うとサウロンの力が働いているのですが、リビドーが隠れているので葛藤が少ないのです。平和な時期と考えれば、作品とも整合性が取れるかな。そして、13〜14歳前後からサウロンとの戦いが始まります。ちょうど「エヴァ」のパイロットの年でもありますね。そのへんから異性を意識したり、他者の目を気にするようになるんだけど、この他者の目がサウロンの目なの。モルドールの塔の上から私たちの一挙手一投足《いっきょしゅいっとうそく》に目を光らせている。そういうサウロンの目が一人ひとりの心の中に現れる。それで、見られている自分を意識すると同時に、自分の心の中を見る自分が出てくるの。それが自我。自分を上から見ているような。幼児期の自我の芽生えとはまた違う意味のね。ここで、リビドー、つまり感情や欲望が溢れ出て、思春期の葛藤が始まるんです。

まき　ああ、なるほど、**サウロンの目によって「自分を見る自分＝自我＝指輪」が出てくる**んだ。

星乃　そうですね。半田さんも「一神教の精神は物質世界を人間の意識に定着させるための錨」っておっしゃっていましたよね。これも実は、今言ったことと同じ意味なんです。つまり、「サウロンが指輪＝自我を作る」ということ。

まき　は〜、なるほど。そういうことか！

星乃　うん、そしてね、そのくらいの年から口唇期〜男根期の乳幼児期の影響が出始めるんです。境界例的な人で言えば「消えてしまう恐怖」が出始める年齢。それが人それぞれ違って、それぞれの性格のもとになるんです。これも、イデアサイコロジーでの考え方なんだけど。

まき　なるほど、それが『エヴァ』でお聞きした「承認欲求」の動機の違いにも影響してくるってことですね。面白〜い。

星乃　うん。そしてこの時期は自我同一性、アイデンティティを確立する時期でもありますね。アイデンティティは※エリクソンという心理学者が有名だけれど、もう一人「アイデンティティの達成には段階がある」って研究をしたマーシャって人がいてね。アイデンティティの確立には「危機と傾倒」の二つの条件が必要と言っているの。

まき　危機と傾倒？

星乃　うん。危機とは、それまで無意識に受けていた親の価値観の影響に気づき、それを持ち続けるのかという迷いが生じること。そして傾倒とは、何か特定の価値観、世界観、考え方を自分で選択し採用して、それに基づき目標等を設定して生きることです。この傾倒に、乳幼児期の固着のタイプの意識化が重要な働きを果たしていると私は考えているの。アイデンティティの確立には、この二つの要素が両方必要なのね。

まき　アイデンティティってよく聞くけど、そういう仕組みになってるんだ。それで、その自我の確立が終わった後の自我を捨てるとはどういうことなんでしょうか？

星乃　うん、その話はもう少し他のことを説明して最後にした方がいいと思うから、ちょっと待ってね。

まき　はい……（笑）。

社会は自我の力で動いている

星乃　じゃあ、映画の話に戻るね。フロドは自分が望んだわけでもなく、たまたま叔父のビルボが指輪を持っていたというだけで指輪を託されるよね。同じように人間もみんな生まれてきたら自然と自我を持たされている。別に望んだわけでもないのにね。ある意味、人間はみんなフロド

郵 便 は が き

切手をお貼りください

106-8790
018

東京都港区西麻布3-24-17
広瀬ビル2F

株式会社
ヴォイス 出版事業部

1 0 6 8 7 9 0 0 1 8 10

情報誌「Innervoice」を1年間無料進呈!

「Innervoice」購読用の会員登録を　□希望する　□希望しない　□登録済み

★「Innervoice」は当社からお客様への商品やセミナーなどの情報提供を目的としています。

お名前	フリガナ	男・女	会員番号
ご住所	〒□□□－□□□□ ※会員登録を希望されない方は、住所欄を空白にしてください。		
TEL		FAX	
携帯等		email	
生年月日(西暦)	年　月　日	年齢	
お買上書籍名			
購入した書店名(○○市△△書店またはインターネットサイト名)			

※ご記入いただいた個人情報はこの他の目的には一切利用しません。

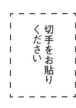

読者アンケート

◆読みたい本のご希望など、皆様の声を「編集部」に届けられます。

①本書をどこで知りましたか?

□書店店頭
□Innervoice
□雑誌の記事など
□友人から聞いて
□インターネット

②本書について

内　　容……	□良い	□普通	□いまひとつ
デザイン……	□良い	□普通	□いまひとつ
本の大きさ……	□大きい	□普通	□小さい
価　　格……	□妥当	□高い	□安い

③今後扱って欲しい本のジャンルはありますか?

④最近読んだ中で印象に残った本は?(他社含む)

⑤本書をお読みになってのご感想は?

※弊社WEBサイトなどでご紹介する場合があります。ペンネームのご記入がない場合は、都道府県と年代、性別を表示します。

ペンネーム[　　　　　　　　]

このハガキで本のご注文ができます。 ※ご注文には表面のご記入が必要です。※別途送料が必要です。

書名		冊
書名		冊
書名		冊

お支払方法:代引　送料:一律648円(税込)※一部、島部·郡部は1944円(税込)
※通常、お届けまで1週間前後かかります。

のようにモルドールに行って指輪を捨てる使命を持っているんですよ。だけれども、映画でも描かれているように指輪＝自我の力は恐ろしく強大なので、ほとんどの人間は自我の不安や欲望に勝てずにコントロールされてしまうんです。『エヴァ』のように自我の確立の手前で反復してしまう場合もあるし、自我を確立したとしてもお金や権力、性的欲求の虜《とりこ》になってしまう人もいますよね。「人間」は権力、「ドワーフ」はお金に固執し、「エルフ」と「魔法使い」は魔法の力を使う。だから、そういう力のある人、欲望、野心の強い人は指輪を持つとすぐにコントロールされてしまうんです。ホビットはそういう欲望のあまりない、日々の生活を大切にする庶民的な種族だからこそ指輪を運べたんですよね。

まき　でもそのホビットのフロドでさえも自我を捨てるのは相当難しいことで、最後はゴラムがいなかったら指輪に魅入られて終わったかもしれないわけですよね。

半田　確かに。ゴラムと奪い合いになったからこそ、指輪も火山の中に落ちていったんだったね。

星乃　うん、今の社会はこの自我の力ですべてが動いていると言っても過言ではないよね。みんなそれで心の病気になったり、いろんな事件、果ては戦争も起きる。お金や権力への欲望によってどんどん格差社会になってきているし、環境破壊も拡大している。

半田　その意味じゃ、『ロード・オブ・ザ・リング』

エリクソン（Erik Homburger Erikson, 1902-1994）アメリカの発達心理学者、精神分析家。人間の一生の発達を八つの段階に分けた心理社会的発達段階の理論を提唱した。その中でも、アイデンティティの概念は有名。

の世界は、やっぱり僕らの心の中の風景でもあるわけだよね。ほとんどの人がこの一神に囚われて、お金や権力に固執し、無意識にその一神に隷属《れいぞく》することに情熱を燃やしている。

まき　そうですね。

星乃　それだけ自我の力は大きいの。カウンセリングをしているといつもそれを実感させられるんです。「指輪＝自我」を「指輪＝自我の中の不安やゆがんだ信念」と置き換えれば、フロドの指輪を捨てる旅はカウンセリングにすごく似ているって思います。カウンセラーはサムでね。一緒に指輪を捨てるために山に登るという感じ。患者さんはみんな血反吐《ちへど》を吐くような思いをしながら、でもやっぱり治りたいという一心でカウンセリングに通ってくるの。私は指輪を持つことはできないけど、一緒に登ることはできる。

まき　そっかあ、サムはカウンセラーなんですね（笑）。

星乃　そう取ることもできますね。カウンセリングも、どんなに絶望的な状態でも諦めず苦しみを共有しながらひたすら進み続ける、その力が私は一番大切な気がします。ガンダルフも言いますね。「つらい目にあうと、人はどうしてこんなことになったんだと悲嘆にくれるけれどもどうにもならない。それより自分が今何をするべきか考えることだ」。そうしていれば運も味方する。ゴラムが指輪を奪って溶岩の中に落ちてくれるんですね。

ゴラムはシンジくんの成れの果て？

半田　ゴラムってのは、星乃さんから見ると、何に見えるんだろ？

星乃　そうですね、ゴラムは、もとはホビットの親戚の小人の一族だったんですよね。それが、サウロンの指輪を見つけた友人を殺して指輪を奪い、指輪に魅入られて長い間地底で暮らす間にあんな妖怪みたいな姿になってしまった。私は、ゴラムはある意味『エヴァ』のシンジくんの成れの果ての姿とも言えると思っています。

まき　え？　シンジくんの成れの果て？

星乃　うん、つまりゴラムもとても境界例的でかつシンジくんよりも退行が激しい。ゴラムは自分で何かを考えるとき、「いいゴラム」と「悪いゴラム」に分かれて一人二役のように会話する場面がありますよね。

まき　はい。昔ホビットだったときの人格「スメアゴル」と「ゴラム」っていう設定ですよね。フロドに忠誠を尽くすのか、逆に策略に嵌《は》めようとするのか、話し合っていましたね。

星乃　そうですね。口唇期の赤ちゃんは、母親を「（欲求を満たしてくれる）いいおっぱい」「（欲求を満たしてくれない）悪いおっぱい」という二極化で判断する傾向があります。その延長で、境界例の患者さんは「いい自分」と「悪い自分」のイメージを統合することができず、それが他人の判断にも使用される傾向があります。これを精神分析の防衛機制の一つ、「分裂（スプリッティング）」と言います。つまり、人間にはいい面も悪い面もあって、その人なりの事情があるということが理解できないのです。なので、自分に都合のいい時は相手を極端に理想化する反面、都合が悪くなると相手が悪の根源であるかのように罵倒したりします。

まき　ゴラムもそんな感じでしたね。

星乃　そうですね。それから、このゴラムの二重人格のような部分を精神医学では「解離」と呼ぶんだけど、この解離も境界例の患者さんに多く見られるといわれています。

まき　なるほど。ゴラムは境界例的な条件に当てはまってるんですね。もしかして、ゴラムが必死になって取り返そうとしている「いとしいしと（指輪）」は、シンジくんにとってのミサトやアスカみたいなものなんでしょうか。

星乃　そうね、自我を維持するための命綱のようなものだもんね。シンジくんもいつまでもミサトやアスカに依存してばかりで、超自我から逃げ続けて、他人の首を絞めたりしていると、そのうちゴラムみたいになっちゃうかも。

まき　あり得そうで怖い（笑）。

『千と千尋の神隠し』の湯婆婆と銭婆はサウロンの二つの側面

星乃　それとね、サウロンは作品中では悪役の中の悪役として描かれているけど、本当は「成長のサウロン」もいるんです。

まき　え？　『エヴァ』で出てきた「成長のタナトス」みたいに？

星乃　うん、『エヴァ』のところでも話したけれど、理想の人格を目指すとか、恥の意識とか男らしさ女らしさとかも「成長のサウロン」に入ります。さっきも言ったけど、**自我の基盤を作るには「成長のサウロン」が必要**なんです。宮崎駿監督の『※千と千尋の神隠し』という作品がありますよね。私はね、『千と千尋』は『エヴァ』のアンチテーゼだと思ってるの。

まき　えー！　『千と千尋』と『エヴァ』も関係あるんですか？

星乃　うん、つまり『千と千尋』は、『エヴァ』でシンジくんが取り込むことを拒絶していた超自我を逆に取り込むことで成長するということがテーマなんだよね。

まき　は～、なるほど。

星乃　半田さんが言ってたように、サウロンは物質主義、科学、資本主義のある意味、象徴よね。『千と千尋の神隠し』ではサウロンは湯婆婆（ゆばーば）として表現されているんじゃないかと思うの。湯婆婆は「銭湯」という資本主義で動く労働の場の支配人だし。それから、千尋の両親は物質主義＝食べ物の魅力に魅入られて豚にされてしまうよね。彼らはサウロンの指輪に支配されちゃったとも言えます。

そして、資本主義のもとで労働するとアイデンティティ＝名前が剥奪《はくだつ》されるんです。組織の歯車の一つになっちゃう。それは境界例的な人が最も嫌うことですね。でも、それに耐えることで成長する。

まき　確かに。宮崎監督は庵野監督とも親しいですけど、エヴァのことを「病気の人が病気の人のために作った映画」みたいなことを言って

『千と千尋の神隠し』　2001年に公開された宮崎駿監督作品。日本歴代興行収入第1位。10歳の少女千尋が神々の世界に迷い込み、両親を救うために奮闘する。

ましたよね（笑）。やっぱりあの時代の人は「そんなこと言っていないで根性見せろ」って感じなのかな（笑）。

星乃　そうかもしれないですね（笑）。そしてね、湯婆婆の双子のお姉さんの銭婆《ぜにーば》っていたでしょ？　田舎の可愛い一軒家に住んでいる。この人が「成長のサウロン」の役回りなの。

まき　そっかあ。なるほどですね。

星乃　それからカオナシっていたでしょ？　私はあれも境界例的なキャラなんじゃないかと思うの。カオナシは自分の言葉を持たず、最初は存在も「消えてしまいそう」なほど希薄でしたよね。そして他者を「飲み込んで」自分に取り込みます。他者の気持ちを引くことで自分を保つというところはやっぱり境界例的ですよね。

まき　そうですね、境界例のことを学んだ今「カオナシ」を見ると、かなり境界例的って思います。

星乃　そして、ここでも『エヴァ』のアスカの首絞めと同じようなパターンの口唇サディズムが出てくるよね。

まき　そうですね、千尋がカオナシが差し出した金を「いらない」と言って去ると、怒ってそばにいた湯屋の番頭を食べてしまいます。さらにもう一度、カオナシに呼ばれ金を差し出されるとまた千尋は「いらない」と言い、神様からもらった苦団子を食べさせます。すると、カオナシは「何を食べさせたんだ！」と怒り千尋を襲おうとしますね！

星乃　そうですね、他者の「愛」を求めるが、それが拒絶されてからの捕食、攻撃というパターン。そして、カオナシは飲み込んだ人たちを吐き出してもとに戻る。その後、千尋について銭婆のところに行き、そこで銭婆から仕事をもらう。これがカオナシには「居場所」「ここにいていい」となるわけです。

まき　本当だ！　シンジくんみたい！　ってシンジくんがいじられすぎてだんだんかわいそうになってきたけど。

星乃　うん、シンジくんにはちょっと我慢してもらおう（笑）。でも『千と千尋』が『エヴァ』と最も違うのは、やはり「労働が自我を育てる」、それが大事なんだってとこですね。きっと銭婆のところでカオナシは超自我を取り込む訓練をするのでしょう。

まき　それが「成長のサウロン」なんですね。千尋が「あの人（カオナシ）は湯屋にいるからよくないの」と言ってるけど、「退行のサウロン」の所にいると自我の悪い面が助長されるってことなのかな。

星乃　そうね、**「退行のサウロン」は規則や階級によって自分や他人を支配、管理し、偽りの自己を作り出すけど、「成長のサウロン」は自我を産み出し育てる役割を持っています。**超自我は自我の基盤として必要なものだし、さっきも話したけど、13〜14歳で「自分を見る自分＝自我」が出てくるにはサウロンの目が必要なんです。そして、超自我を取り込み自我をきちんと確立していくためには「労働」も必要。宮崎監督の作品を「説教くさい」って思う人もいるらしいけど（笑）。

まき　へ〜、まあ、今の若い人にはそういう人もいるかもしれないですね（笑）。

星乃　うん、『千と千尋』は今言ったように、大きなテーマとして「労働」っていうのがあるんだけど、もう一つ『君の名は。』と『エヴァ』とも共通したテーマがあるの。

まき え！　その三つに共通のテーマ？

星乃 うん、今までの半田さんの話の中に出てきた「物質性と霊性」っていうテーマ。

まき 「物質性と霊性」……物質性は、きっと資本主義の象徴の湯婆婆ですよね？　じゃあ、霊性は……あ、そっか、ハクか。

星乃 うん。ハクの本当の名前は「ニギハヤミコハクヌシ」だったよね。この名前は、※神武天皇が大和の地に都を作る前に、すでに大和の国を治めていた※饒速日命《ニギハヤヒノミコト》から取ったといわれているのね。日本神道はたくさんの神様がいますから、多神教です。『千と千尋』でも、いろんな神様が出てきてましたね。でも、その中に一神教的な役割をしている神様がいるよね？

まき それは、やっぱり※天照大神ですよね。日本の神様の頂点といえば、天照大神ですからね。

星乃 そうですね。神武天皇は日の神の御子、つまり天照大神の子孫とされています。その神武天皇の支配の前に栄えていた国の王が饒速日だと考えれば、饒速日は多神教的な意味を持つものと位置づけられます。『君の名は。』で言えば、マルドゥクに分裂させられる前のティアマトですね。

半田 そうだよね、饒速日命から神武への支配の交代劇は大きいよね。もともと※神道というのは、古代の日本人が風や火といった自然の力や、山や、海や、動物、植物など自然の風景の中に「霊性」を感じて、畏敬《いけい》の念を持って擬人化したものだから、多神教的な世界なんだよね。

まき なるほど。多神教・霊性の象徴であるハクが、一神教・物質性の象徴である湯婆婆に捕らわれて、名前と記憶を奪われてしまっている。今の人類も物質主義でしか物を見れずに、自分の霊性を忘れてしまっていますよね。

星乃　そうですね。たくさんの多神教の神様たちでさえ、湯屋という資本主義の枠組みの中に組み込まれてしまっているんですね。宮崎監督の作品では、そういう霊性の象徴、たとえば『ナウシカ』なら腐海の蟲たち、『もののけ姫』で言えば動物たちが、人間や科学などの物質意識によって虐げられているというテーマがよく出てきます。そこに千尋がやってきて、労働によって成長し、ハクに名前を思い出させ、物質性の支配から解放されるという流れですね。

まき　そう考えると、千尋も、フロドや使徒、ゴジラと同じような超自我の破壊をもたらすものということになるのでしょうか？

星乃　うん、大まかにはそう言えるかも。でも、フロドや使徒やゴジラは超自我、物質意識の破壊という方に焦点が当たっているけど、千尋は霊性を取り戻すってことに焦点が当たってるから、瀧くんと三葉の方に近いかな。まあ、結局は同じことなんだけど。

神武天皇　記紀において、日本の初代天皇とされている。神日本磐余彦天皇（カムヤマトイワレビコノスメラミコト）。神武東征で大和国に攻め入り、長脛彦（ナガスネヒコ）を打ち破って、初代天皇に即位した。宮崎駿監督の『もののけ姫』の主人公アシタカ（本名アシタカヒコ）は、この長脛彦がモデルであるという説もある。

饒速日命（ニギハヤヒノミコト）　日本神話に登場する神の一人。十種神宝を持って地上に下り、長脛彦の妹と結婚し大和国を治めていたが、神武東征により神武天皇の配下に下った。物部氏の祖神。

天照大神（アマテラスオオミカミ）　日本神話に登場する女神。イザナギ・イザナミの娘であり、スサノオの姉。皇祖神であり、伊勢神宮の主祭神。天岩戸隠れの説話が有名。

神道　日本において自然信仰・民俗信仰を発祥とし、長い年月をかけて体系化された民俗宗教。神道には教義や教典、教祖が一切無いので、宗教というよりもアニミズム的な霊性思想と言った方がよい。

まき　そういえば、『君の名は。』でも『千と千尋』でも「名前を思い出す」ってことがキーワードになってますね。

半田　そうだね。それについては、また後で話そうよ。どちらにせよ、『千と千尋』は『エヴァ』とは違って、明確に「成長のタナトス」を表現しようとしている作品なんじゃないかな。その点では『君の名は。』と同じ方向性だと思う。宮崎監督は庵野監督と違って、至極健全というか（笑）。

星乃　そうですね。自我の育成が大事だということがはっきりしていますからね。でも、超自我の破壊に焦点が当たっていても、フロドのように自我の誘惑に抗い続けられれば、「成長のタナトス」の方向性ですよね。

まき　そうですね。千尋は労働もきちんと自分のものとし、その上で「金はいらない」と言って自我の誘惑に抗って指輪を捨てていますもんね。『エヴァ』では指輪を捨てる人はいませんよね。みんな指輪に翻弄されている。それが人間らしくてあの雰囲気を作り出してるわけですが。

「指輪＝自我そのものを捨てる」とは？

半田　そうだね、でも千尋の「金はいらない」とかさっき星乃さんが話したカウンセリングの話は、自我の一部を捨てるって意味でね、やっぱりサウロンの背景を考えると「指輪を捨てる」っていうのは自我そのものを別のものへと変えていくという意味もあると思うんだよね。これが『エヴァ』でも説明した「成長のタナトス」ってやつなんだけど。

まき　そっか！「成長のタナトス」とは「指輪＝自我そのものを捨てる」ってことなんですね。そして、それが星乃さんが最初に話した「自我の確立の後の自我を捨てる」ってことですね。

星乃　うん、そうなの。半田さんが話したサウロンの背景を考えれば、そっちが本来の意味ですよね。まきしむは※マズローって知ってる？欲求の5段階説とかの。

まき　もちろんですよ（Googleを開きながら）。一番低次の欲求が生理的欲求、次が安全欲求、所属と愛の欲求、最初のインタビューや『エヴァ』でも話した承認欲求、最後が自己実現欲求の5段階ですね。

星乃　うん、この欲求の5段解説って、低次の欲求が満たされて初めて、その次の欲求が生じるというものなのね。最後の自己実現欲求というのは、さっき話した自我の確立後の段階で、「危機と傾倒」を経て得た価値観や考え方によって定められた目標を具現化したい、自分の才能などを社会で生かしたいという欲求なの。そしてね、マズローは自己実現を十分成し遂げた人は「至高体験」というのをすると言うの。とても強烈な幸福感を感じて、自己意識が失われ、世界との分離感や距離感が消失し、世界と自分が一体であると感じるんだって。

マズロー（Abraham Maslow, 1908-1970）アメリカの心理学者。精神分析、行動主義に次ぐ、第3の心理学として、心の健康について研究する人間性心理学を提唱した。欲求の5段階説が有名。

まき　へ～、マズローってそんな研究もしていたんですね。

星乃　うん、マズローのこの研究の流れは心理学の第3勢力と言われる人間性心理学という潮流を生み出し、その後※トランスパーソナル心理学となっていったのね。トランスパーソナル心理学の※ケン・ウィルバーとかも自我を超えたレベルの研究をしているんだけど……

半田　僕も、ウィルバーの初期とか面白いと思って本を読んだことがあるんだけど、確か、心理学の世界では相手にされていないって話だよね。

星乃　そうなんです。私も大学のときに結構本も読んだりしましたけど、ウィルバーは心理学では研究対象として認められていないんです。教育学では専門に研究されている先生もいらっしゃって、私も同じ大学院や他大学院の教育学部のゼミに行ったりしていました。心理学はやっぱり測定可能なものしか扱えませんから。

●マズローの欲求の5段階説

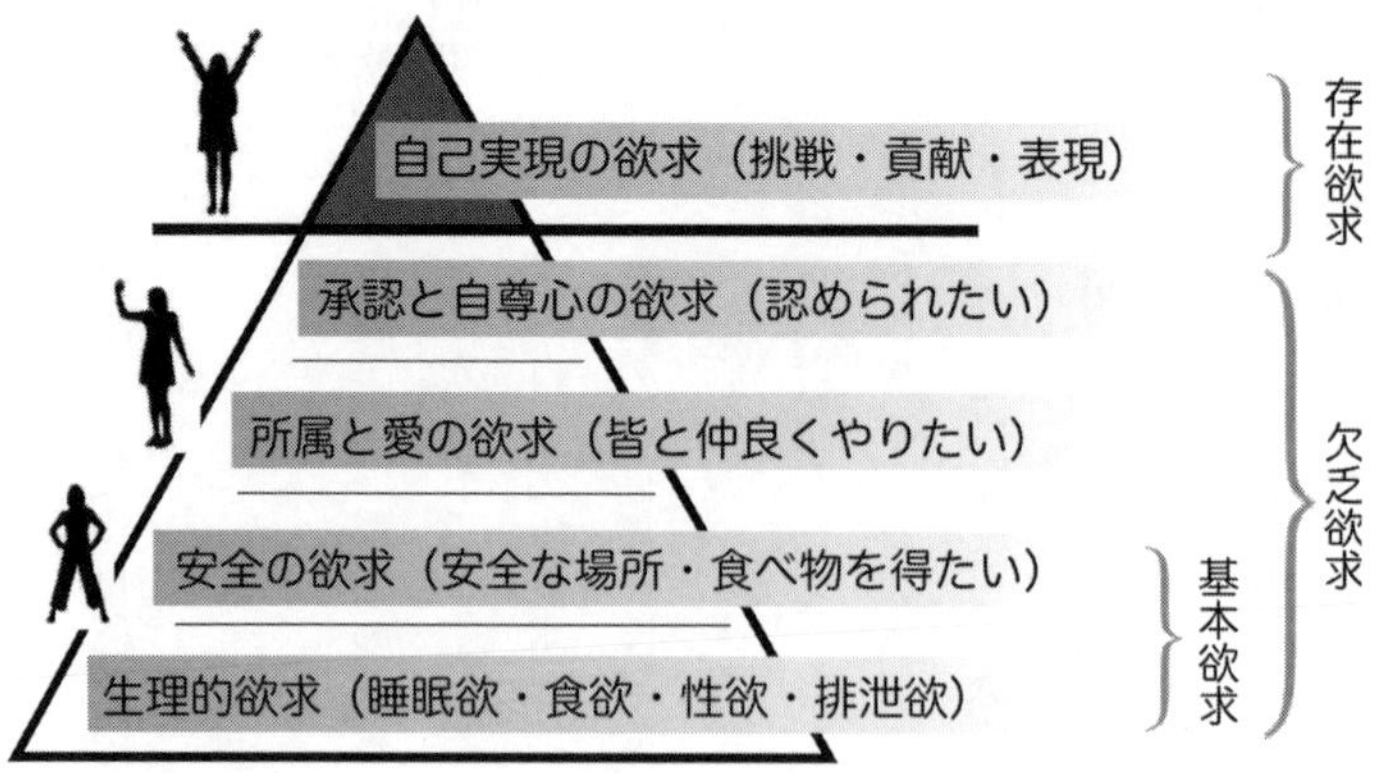

まき　心理学は論文も理系と同じ書き方ですもんね。で、星乃さんは、そのマズローの言う「至高体験」が自我を捨てるって意味になると考えているんですか？

星乃　うん、私はそれが自我を超えた意識の入り口だと思うんだけどね。ほとんどの人はそんなものはないって思っていると思うけど。

個体意識の発達は歴史意識の発達と同じ構造を持っている

半田　現代人は、基本的には科学的世界観が常識となっているからね。人間が肉体を持つ限り、自我を超えることなんてできないと思うのが普通だよ。でも、一時期、流行したポスト構造主義の考え方からすれば、自我意識を超えたところに、自我意識や歴史意識などを発達させてきた無意識の構造が隠されているかもしれないんだよね。

まき　え？　それってどういうことですか？　個人の意識発達と人類の歴史が同じ一つの無意識の構造から生じているってことですか？

半田　そうだよ。つまり、**個人の意識発達も歴史意識**

トランスパーソナル心理学　1960年代に、心理学者アブラハム・マズロー、スタニスラフ・グロフによって始められた、自己超越の意識状態に関する心理学。

ケン・ウィルバー（Ken Wilber, 1949-）アメリカの現代思想家。トランスパーソナル心理学の代表的論客であり、インテグラル思想の提唱者。主著に『意識のスペクトル』『アートマン・プロジェクト』『万物の歴史』等。

の発達も、無意識が持った共通の構造によって促されているんじゃないかってこと。フロイトにしても、初めは精神分析の考え方を歴史に適用することを弟子たちには禁止していたんだけど、途中から、人間の個体意識の発達のメカニズムを、集団としての人間の歴史的意識の発達のメカニズムとパラレルなものと見なすようになったのね。そこから、意識においても個体発生は系統発生を反復するというビジョンを持つようになっていったんだ。

星乃 「個体発生は系統発生を反復する」って、もともとは※ヘッケルが唱えた生物学における反復説のことですよね。

半田 そうだね。フロイトも多分影響を受けたんだと思う。実際、フロイトは晩年『※モーセと一神教』（「モーセ」は「モーゼ」と同じ人物）という著作を書いていて、ユダヤ民族の無意識を分析しているよね。一神教は人類の一人ひとりの自我意識を目覚めさせるために必要なものではあるんだけど、これが行きすぎてしまうと、意識が感性的なものや身体的なものから引き離されてしまって、ひたすら、民族的なものや理性的なものに縛りつけられて、全体化を指向する欲望に陥ってしまうよね。ファシズムなんかも、その一つの症状として生まれてくる。

まき さっきも星乃さんが言っていましたけど、『エヴァ』の話のところで出てきた「ケテルとマルクトが結合したもの」が一神教でもありサウロンでもあり、そしてサウロンが超自我ってことは、一神教とは超自我ってことですよね？「自我を目覚めさせるけど、行き過ぎるとダメ」っていうのも、星乃さんが言ってた超自我の働きととても似ている感じがするし。

半田 その通りだと思うよ。一神教じゃ、神のことを「父」って呼ぶでしょ。今の核家族がどうかは知らないけれど、本来、父と言えば家族の中での超自我的役割を担う存在だから、その意味では、**一神教というのは人類全体の意識発達における超自我の機能を持つもの**と呼んでいいんじゃないかな。このへんは星乃さんの専門だけど。どう？

星乃 そうですね、多神教から一神教への変化は、人間の意識発達で言うと、肛門期から男根期の変化と似ていますね。さっきもお話ししましたけれど、口唇期の世界は「自分と自分じゃないもの」という漠然としたもので、自分は「快不快の感覚と触覚の総合」のようなものです。それが肛門期になると「身体のイメージ」と自分が同一化します。もちろん他者も身体のイメージとして認識されます。そして、男根期になると言葉とともに善悪の概念が生じ、自分は目に見えない「心」となります。言葉によって作られた概念の総合体です。ここで生じてくるのが超自我ですね。

まき なるほど、知覚による「イメージの世界」から、言葉による「概念の世界」への変化ということとかぶりますね。多神教から一神教への変化と肛門期から男根期への変化はそういう意味で似ているんだ。

星乃 これは、さっき出てきたラカンの「想像界（イメージ）」から「象徴界（言葉）」への移行とも対応しているんだけどね。

ヘッケル（Ernst Haeckel 1834 - 1919）ドイツの生物学者、哲学者。ダーウィンの進化論を支持。胚細胞の形態発生において、受精卵から成体のかたちへと成長していくプロセスと、自然史における動物進化のプロセスとの間に、形態的な並行関係を見出した。この説は、生物学では長い間タブー視されてきたが、近年再評価されつつある。

『モーセと一神教』 フロイトの最後の著作。フロイト自身が精神分析の知見から分析した書として有名。「モーセはユダヤ人ではなく、エジプト人だったのではないか」というスキャンダラスな推論で当時の知識人たちの間に反響を呼んだ。

半田　だよね。そのへんは、ユダヤ教が律法を重んじる言語の宗教であるということともマッチする。そう考えると、人間の歴史意識の発達と人間の自我意識の発達というのは、やっぱり同じ元型というか、バックグラウンドを持って構成されているように思えてくるよね。さっきも言ったけど、僕のイメージでは、自我意識も歴史意識も、想像界的なものと象徴界的なものとの間で、互いの間を反復しながら弁証法的に成長していっているんじゃないかと思う。

パラノとスキゾの抗争

まき　その反復というのは、簡単に言うと、どういう感じなんでしょう?

半田　意識の基軸が人間の客観的意識と主観的意識の間を揺れ動いているってイメージかな。意識の重心が外側に向くか、内側に向くか、って感じだね。古い言い回しだけど、僕はそれらをそれぞれ「パラノ的なもの」と「スキゾ的なもの」って呼ぶのが好みなんだけどね。

まき　パラノ的なものとスキゾ的なもの?

星乃　パラノとはパラノイアの略で、偏執病、つまり妄想性パーソナリティ障害の一種で、客観意識が強くなっている状態のことをいうの。その対立概念としてのスキゾは、スキゾフレニアの略で昔は分裂病っていわれていたんだけど、今は統合失調症って呼ばれているよね。統合失調症は、精神医学で「現実見当識」っていわれる客観意識が障害される病気なの。だから、パラノを客観意識の方向性とすると、スキゾというのは主観的意識の方向性のことになると思う。感情や欲求の開放の方向性って感じかな。

半田 パラノイアとスキゾフレニアって言ってしまうと、モロ病気の症状になっちゃうけど、パラノとスキゾっていう言い方をするときは、病気というより、人間の意識が持った二つの性向のようなものだと思うといいよ。パラノとスキゾという、意識におけるこの二つの極性を頭に入れて、さっきの西洋の歴史意識の発達の話と、星乃さんが今話してくれた自我意識の発達の話を擦り合わせると、双方がかなり似かよった秩序で発達していることが分かってくる。

まき へぇ〜面白い。**パラノ極とスキゾ極、二極の間を揺らいでいくようにして、意識が発達していっている**ってことですね。

半田 まさに、その通り。簡単に整理しておこうか。

まき はい、お願いします。

半田 まず、個体の場合には、胎児期の意識というのがあるよね。歴史意識の場合、この胎児期に当たるのは何かって考えると、それは人間の意識が目覚める以前の時代ということになるわけだから、歴史意識では当然、先史世界ということになるよね。人間の文明が始まる以前の超古代の世界ということ。

まき それこそ、縄文時代とか？

半田 日本の歴史で言うとそういう対応になるのかな。ヌーソロジーでは先史世界をおおよそ紀元前四千五百年以前の世界と置くんだけど。人間の歴史的意識の方も同じで、それこそ、新生児のように、突如として、歴史の中に文明を出現させてくる形で始まったんじゃないかと思う。世界史で言うなら、人類最古の文明といわれるシュメールに始まって、古代メソポタミア文明とか世界の四大文明の時代が、この新生児期から幼児期の発達の時代に対応するんじゃないかな。これらの文明は、いずれも多神教的な文明だから、スキゾ的な想像界的文明と言っていいと思う。

星乃　そうですね、人間の個体意識の発達としては、先程お話しした口唇期や肛門期の時期に対応するのではないかと思います。

半田　そこから、無意識は方向性を逆に向け、今度はパラノ的な象徴界の方向へと向かい始める。それが、さっき話した排他的一神教の登場に当たるんじゃなかろうか。モーゼがユダヤ民族を率いてカナンの地に一神教国家を作ろうする時代だね。時期で言うと、B.C.1500年あたりかな。このユダヤ教から、キリスト教→イスラム教というように、父性の時代としての一神教の時代が続き、人間は言語意識を発達させるために民族的な集合魂を経験させられていく。この時代が象徴界的文明の時代と言っていいように思う。

星乃　フロイトの理論で言うなら、一神教の登場が超自我の生じる男根期、そしてキリスト教が広がってくるのが潜在期（学童期）という対応が可能じゃないかと思います。個の意識発達においては、知覚やコミュニケーション能力の育成、社会的規範の学習がテーマになる時期です。さっきもお話ししましたが、ここではリビドー、つまり、欲求や感情の力が潜在化して、精神的には比較的穏やかに過ごせる時期とされています。

半田　確かに、父親＝一神の言う通りにしてればいいんだから、楽と言えば楽。

まき　面白い〜。イメージがぴったり！

半田　そして、さっきも話したように、今度はそこからルネサンスが起こってくる。キリスト教の超越的な神による抑圧から逃れ出るようにして、人間の想像力の中に眠っていた芸術性が芽生え、人間が自己意識のつぼみを開花させていく。つまり、ここで、意識のパラノ領域からスキゾ領域への移行が起こってくるわけだ。

星乃 フロイトだと性器期というものに当たりそうです。思春期ですね。さっきもお話ししましたが、この時期は、性的な欲求とともに、自分の内面を見る方向性が芽生え、自分の中の感情、欲求、不安などと向き合わされる時期になります。先程話したアイデンティティを確立していく時期です。

まき へぇ～そうなんだ。いろいろと、きれいに対応しているんですね。

半田 そして、ルネサンス時代（15～16世紀）から古典主義の時代（17世紀）に当たる時期に意識は自己意識を育て、徐々にカトリック教会のような父性的な精神から離れ、個人が聖書と直接向かい合うプロテスタントのような信仰形態が出てくるわけだね。このプロテスタントの登場あたりで、再び、意識はパラノ的な集団意識の方向性へと入り、市民革命なんかが起こって、今度は社会的個としての意識を成長させていく。

星乃 個人の意識発達で、この市民革命の時代と対応すると考えられるのは、20代前半から30代半ば頃までの時期です。心理学者のエリク・H・エリクソンの発達段階理論では、この時期を「親密性対孤立」の段階といって、友人関係、恋愛、夫婦関係など周囲の人々との親密さを築くことが課題の時期としています。就職して社会に出ていく時期でもありますね。つまり、他者から求められるイメージに自分を合わせていく力が求められ、社会の構成員として社会的個としての自覚が生まれてくるところと言えるのではないでしょうか。社会に対する承認欲求が生まれてくる場でもありますね。

半田　自我が自己のアイデンティティを市民社会への帰属意識の中に確立していくってことだよね。そして、そのあたりから、いよいよ近代の科学的理性の登場ということになり、ガリレオ、ニュートンといった科学の父たちが世界を時間と空間という※延長性の中で見ようとし始めるわけだね。個体意識の発達としては、この近代科学の時代はどういうものに対応できるのかな？

星乃　今お話ししたエリクソンの理論では、その次の30代半ば〜60代半ばまでは生殖性や世話がテーマになるといわれています。結婚して子供を産み、育てていく時期です。職場でも部下を指導する立場になります。そう考えると、ここで人間は超自我と同一化し、他者（子供や部下）にも超自我として認識されるようになるということになりますよね。

半田　なるほど、「超自我との同一化」か。確かに、それって近代っぽいね。まさに哲学が言う※近代理性の出現（17〜18世紀）のイメージにピッタリだと思うよ。自分の中に神を内在化させてくるってことだよね。

まき　なるほど。そうやって人間の理性が神のような役割を果たすようになって、近代科学が出現してくるんだ。

半田　社会史ではそういう流れになるね。近代理性というのは※デカルトが見出したものともいわれているんだけど、デカルトの登場以降、精神と肉体は別物と見なされるようになり、自然は精神と※延長との二つに分断されてしまう。こうなると、さっき言った「自然の物質化」が起こり、その物質もまたバラバラに切り離されて、自然を部品の寄せ集めの機械のように見なす機械論的自然観ってやつが生まれてくる。この考え方が近代科学の性格を決定づけたと言ってもいいんじゃないかな。17～18世紀になると、このデカルトの後を引き継いで、ガリレオやニュートンら、近代科学のビッグネームたちが現れ、今度は、機械論的な思考の力によって自然を操作しようという※科学主義の考え方が生まれてくるわけだね。

まき　そこから、科学テクノロジー全盛の時代へと入っていくわけだ。

パラノ資本主義とスキゾ資本主義

半田　そのテクノロジーの力によって、18世紀半ばから19世紀にかけて産業革命が起こり、資本主義が一気に大規模な経済圏を作り出していくわけだけど、この近代の資本主義の運動もパラノ資本主義とスキゾ資本主義という二つのタイプに分けることができるんじゃないかと思う。

近代理性　デカルトが思考した我「コギト（近代的主体）」の発見に始まり、この「我」に明晰判明な論理と因果律に重きをおいた思考の源泉力のこと。実証的科学を推進させている力と言えば、分かりやすいかもしれない。デカルトの登場によって、人間が完全なものとなるためには、人間が理性的に生きることが必要といわれるようになった。

デカルト（René Descartes, 1596-1650）　フランスの哲学者、数学者。「我思う、ゆえに我在り（コギト＝エルゴ＝スム）」という言葉で有名。近代哲学の祖とされ、真実を探求するための近代の合理哲学の基礎を築いた。主著『方法序説』。

延長　近代の哲学史における基本的な概念。感覚的自明性として物体はタテ・ヨコ・奥行きの三つの方向に広がっているものと見ることができるが，物体のこのような3次元空間方向への広がりのことを「延長」という。

科学主義　科学万能主義。あらゆる物事に科学の手法を適用しようとするあり方。ここでいう科学の手法とは、調査や実験によりデータを収集して主に統計的な分析を行い、数量的、客観的に理論の検証を行うこと。

まき　近代の資本主義を動かしている人間の欲望の働きの方向も、パラノ的とスキゾ的、二つの方向に分かれているということですか？

半田　そういうこと。パラノ方向は産業資本主義って呼ばれているもので、社会に必要な産業施設やインフラ整備の生産に関する経済活動だね。これらの資本主義の欲望に共通しているのは、あくまでも、国家や社会など、集団に重きを置く欲望の在り方だよね。だから、国家資本主義になり、さらには帝国資本主義へと発展していく。でも、第二次世界大戦後になると欲望のスタイルは大きく変わってきて、人々は商品の実質的な利便性よりもファンタズムに価値を置くようになってくる。ここから資本主義はスキゾ方向に方向転換していると思うよ。

まき　ファンタズム？

半田　幻像という意味。たとえば、衣服。パラノ資本主義では、衣服の価値は清潔さを保ったり、寒さを防いだりという、実際的な使用価値にあったわけだよね。でも、スキゾ資本主義になると、他人にカッコよく見られたいという、さっき言ったような「他者の欲望を欲望する」がゆえの価値へと変化してくる。それによって、他者との差別化を図るために多種多様なデザインやモードが衣服にも要求されるようになって過度に多様化していくでしょ。これは完全にスキゾ化の方向だよね。こう考えると、歴史的意識においても、**人間の欲望も超自我的なパラノ的な領域と、エスに方向を持ったスキゾ的な領域との間を反復しながら発達してきている**ってことが分かってくるよね。そして、星乃さんの専門である人間の精神的な病態というのも、多分、この欲望の極性におけるバランスの偏りや停滞が原因となって生じてくるんじゃないのかな。

星乃　そうですね、面白いことに、個人的レベルで

●人類の歴史意識と自我意識の発達プロセス

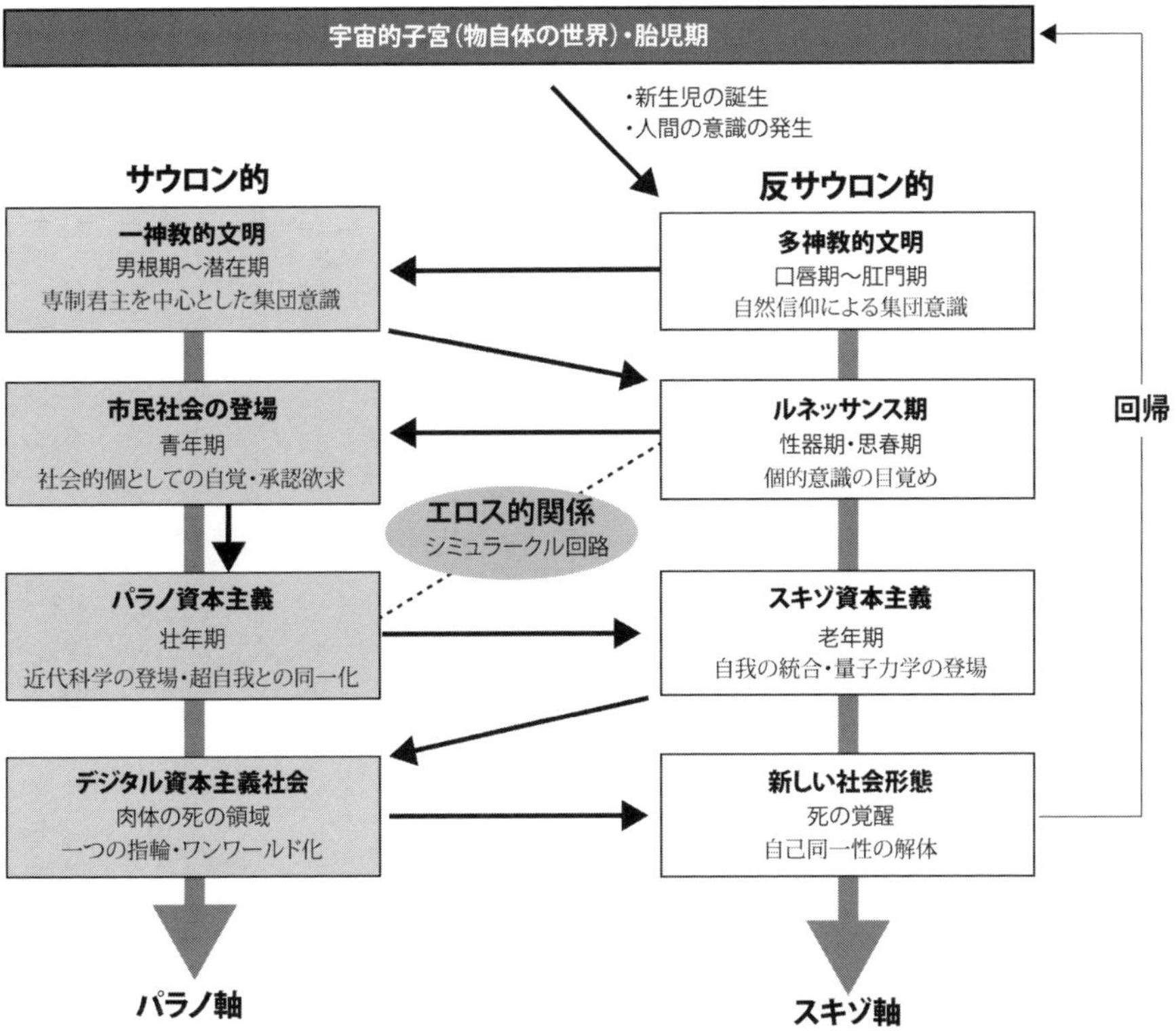

見ても、精神病理の表出の仕方も時代で変化してきているんです。フロイトの時代はまだ神経症が多かったといわれています。神経症はパラノ的ですね。それから、戦後になって統合失調症の患者さんが増えてきて、その傾向は20世紀末ぐらいまで続きます。こちらがスキゾ的です。20世紀末からは境界例の患者さんも増加したんですけど、境界例もどちらかというとスキゾ的な精神病理です。でも、その境界例も統合失調症も最近では減少傾向にあります。私の知人の精神科医の先生もそうおっしゃっていました。

まき　へえ〜、心の病気も時代によって流行りが変わってくるんだ。そうすると、科学が登場してきたパラノ資本主義の時代が神経症の時代で、戦後からのスキゾ資本主義の時代が統合失調症の時代、20世紀末が境界例の時代と言えるってことですか？　『エヴァ』でも星乃さんがおっしゃっていましたけど。

星乃　基本的にはスキゾ資本主義も境界例的時代も同じ意味なんだけど、厳密に言うと、世界の流れを見たときにスキゾ資本主義という言葉を使い、それから少し遅れて始まった日本のスキゾ資本主義の時代を境界例的時代と呼んでいます。

まき　なるほど。じゃあ、そのパラノ資本主義の次に来る、スキゾ資本主義・境界例的時代って、星乃さんの個人の意識発達だと、何に対応するんですか？

星乃　そうですね。エリクソンは、65歳以降の老年期をそれまでの人生を振り返り、受け入れ、統合していく時期としているんだけど、この時期が自己の内面に興味が向かっていったスキゾ資本主義・境界例的時代に対応していると言えるんじゃないかな。学童期で得た社会的規範、思春期で獲得したアイデンティティや青年期における社会的個としての自分を、壮年期での超自我との同一化によって獲得した理性によって冷静に観察分析して、自我を統合していくんですね。でも、**今はスキゾ資本主義・境界例的時代が終わって、新しいパラノ化の段階に入っていますね。**

半田　まったく同意見。どう見ても、そういう雰囲気を漂わせているね。資本主義もあらゆる産業のIT化を図る新産業資本主義的な様相を帯びていて、もはやスキゾ資本主義っていうイメージじゃなくなっている。政治的にも世界中が反グローバル化し始めていて、国家主義や民族主義の台頭とともに再びパラノ極の方へと傾きつつあるしね。そういう意味じゃ、これからは集団的意識の方が俄然《がぜん》優勢になってくるから、それこそ、ファシズムの台頭とか、戦争の勃発なんかには気をつけないといけない。

すでに到来している「一つの指輪」の時代

星乃　私もそう感じます。今の時代は、再びパラノ的、象徴界的な方向に振られているって感じですよね。これって、個人の意識発達に対応させて言うなら、もう「死」の領域に入り込んでいるような気がするんですが、半田さんは、スキゾ資本主義・境界例的時代の後にやってくるものとはどういうものだと考えられているんですか？

半田　今までの話の筋を通すなら、現在、新たにやって来つつある新しいパラノ的な資本主義社会が、多分サウロンが手に入れる「一つの指輪」を具現化する世界ってことになるんじゃないかな。そこで、一神教の精神の最終形態というものが姿を現してくると思っている。これは星乃さんが言うように、まさに歴史意識にとっての「死」の領域に当たるものなんじゃないかと思う。ある意味、「人間は存在しなくなる」ってことだけど。

まき　え〜！　もう私たちは歴史の死の時代を生きているってこと？　本当にサウロンが「一つの指輪」を手に入れちゃうんですか!?

半田　ヌーソロジーから考えると、サウロンが手に入れようとしている**「一つの指輪」と言うの**

は、今のコンピュータ社会と深い関係があると思っているんだ。

星乃 なるほど、コンピュータ文明が「一神教の精神の最終形態」なんですね。ということは、コンピュータが『エヴァ』で話した「消滅のタナトス」をもたらすものってことでしょうか？

半田 そうだね。個人的にはそういう臭いがプンプンしている。資本主義もコンピュータの登場によってまったく違う形態に変質しつつあるよね。僕自身、ヌーソロジーってのは、そういう時代の流れに対するカウンター（補完性）として生まれてきているものなんじゃないかという直感があるのね。

まき 「一神教の精神の最終形態」とはコンピュータ文明のことで、それが「消滅のタナトス」をもたらす……。サウロンの「一つの指輪」とコンピュータ社会。そして、それに対するカウンター（補完）としてのヌーソロジー。まさに人類補完計画！　こりゃ、面白そうだ。

半田 その話についてはかなり長くなっちゃうから、次の機会にでも話すよ。そうだな、その話にピッタリな映画があるので、次回は僕からお題を出させてもらってもいいかな？　『マトリックス』はどう？　多分『マトリックス』が題材なら、「一神教の精神の最終形態」について、ヌーソロジーの視点からいろいろと話せると思う。

まき わぁ〜それは楽しみ。キアヌ・リーブス主演のやつですよね。一回見たけど、もう一度、見直しておきますね。星乃さんもよろしくお願いします。

星乃 分かりました。わたしも一度観ましたが、忘れちゃってるので、レンタル屋さんに借りに行ってみますね。

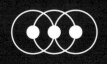

第4章

『マトリックス』

―エージェント・スミスはザイオンの夢を見るか

これは最後のチャンスだ。
この先、もう後戻りはできない。
青い薬を飲めば、話は終わりだ。
君はベッドで目を覚ます。
君が信じたいものを信じるといい。
赤い薬を飲めば、
君はワンダーランドにとどまる。
私がウサギの穴の奥深さを見せてあげよう。

『マトリックス』モーフィアスがネオに
青と赤の薬を差し出したシーンより

1999年、ウォシャウスキー姉妹監督のSF映画『マトリックス』は全世界で大ヒットを飛ばし、2003年には『マトリックス　リローデッド』『マトリックス　レボリューションズ』が続けて公開されました。

この章では、『マトリックス』の哲学的な背景、ザイオンやスミスの意味、AIや量子コンピュータの意味、新反動主義などについてお聞きした上で、いよいよ、ヌーソロジーの核心である素粒子の正体に半田氏が鋭く切り込みます。

『マトリックス』のあらすじ

大手企業のプログラマーであるトーマス・アンダーソンは、ネット世界では天才ハッカーの「ネオ」として知られる存在であった。ある日、トーマスは「起きろ」「マトリックスが見ている」という謎のメールを受け取り、トリニティという女性に出会う。そして、彼女に紹介されたモーフィアスから「この世界はコンピュータによって作られた仮想現実である」と告げられる。このまま仮想現実で生きるのか、現実の世界で目覚めるのかという選択を迫られ、目覚めることを選択したネオは、溶液で満たされたカプセルの中に閉じ込められ、後頭部にコードがつながれている自分に気づく。現実の世界では、コンピュータが人間を電力の代わりの動力源として家畜のように利用し、その人間たちの意識が「マトリックス」の中に閉じ込められているのだった。トリニティとモーフィアスに助けられたネオは、彼らと共に、人間をコンピュータの支配から開放するための戦いに身を投じることになる。章扉ウラへ持っていく。

『マトリックス』は未来の神話

半田 今日は僕からのお題ということで、ウォシャウスキー姉妹が監督した『マトリックス』について語り合いたいと思うんだけど、ちゃんと観てくれたのかな？

まき 観ましたよ～。DVDでだけど。3本あるので、大変でした。

星乃 私もちゃんと観てきました。当時すごく流行りましたよね。あのネオが反り返って銃弾を避けるシーンとかみんな真似していましたね（笑）。

半田 今見ても全然、古い感じがしないよね。ストーリーはもちろんのこと、VFXを駆使した映像のクオリティとか、編集のスピード感とか、SEのつけ方とか、サイバーパンク映画だけじゃなくて、その後のアクション映画に与えた影響もハンパないと思うな。

星乃 そうですね、今じゃコンピュータやAIが敵だったり、ヴァーチャルリアリティ（VR）の世界を描くのはよくあることですが、この映画が公開された1999年は、まだパソコンの普及率も40％以下で現在の約半分くらいだったようですので、当時としてはかなり斬新なテーマだったんじゃないかと。

半田 そうなんだよ。とにかく、先読み感がすごい。コンピュータ社会がこれだけ発達した「今」という時代だからこそ、この『マトリックス』が投げかけているテーマは、当時よりもより一層現実味を帯びてきているんじゃないかな。

まき　この作品も『エヴァ』や『ロード・オブ・ザ・リング』のようにヌーソロジーと心理学で二つの見方ができるんでしょうか？

半田　この作品に関しては、いろいろな分析ができると思うよ。とにかく、単なるSFアクション映画として見るだけじゃもったいない。僕から言わせてもらうなら、これは未来の神話。哲学的な問題意識を通して、今の僕らの文明の在り方に強い警鐘を鳴らしている作品。それも極上のSFエンターテインメントとしてね。

星乃　これは心理学というよりも、どちらかというと哲学寄りのストーリーですよね。半田さんがリクエストされたテーマだし、今日は私も聞き役に回りながら、いろいろ質問しちゃいますね。

人間の住む世界自体が『マトリックス』？

まき　哲学的な問題意識というのは、具体的にどういうものなんですか？

半田　今でも覚えているけど、公開当時は本屋さんの棚にはたくさんの分析本が並んでいてね。そのものズバリ※『マトリックスの哲学』という本まで出ていたくらいなの。それほど知識人たちの間での反響も大きかった。彼らが

『マトリックスの哲学』　アメリカのウィリアム・アーウィン（キングス・カレッジ助教授）が編纂した本。大学教授など20名以上の知識人たちが、実存主義やマルキシズム、フェミニズム等の哲学的、思想的観点から、映画『マトリックス』について考察する論文集。『マトリックス』が公開された当時、日本でも邦訳され話題になった。

共通して語っていたのは「現実とは一体何か」という問題だったんだ。※VR（仮想現実）とか※AR（拡張現実）とか、今ではもう普通に普及してきているでしょ。最近では※MR（複合現実）なんてものまで登場してきている。これから、こうした技術はますます進んでいって、いずれ実際の現実との見分けがつかなくなる日がホントにやってくるかもしれない。となると、当然、僕らが今住んでいるこの現実って何よ？　って話になってくる。**この作品の真のメッセージも、まさに「現実とは何か」という問題をもう一度考えさせるところにあったん**じゃないかと思う。

まき　現実とは何か………?!

半田　そう。「僕らが現実と思っている世界は、ホントに現実なのか?」って話。

星乃　『エヴァ』や『ロード・オブ・ザ・リング』では、この世界が霊的世界の影ではないかということを半田さんはカバラの世界観を通して話されていましたけど、あれって、プラトンの哲学の話とほとんど同じ内容ですよね。『マトリックス』も、そういうことを訴えたかったということなんでしょうか。

半田　そうだね。この間も話したと思うけど、カバラは2〜3世紀の新プラトン主義にもかなり影響を受けているので、カバラ的世界観の全体的な骨格は、※プラトンのイデア論と基本的には同じものと考えて構わないと思う。プロティノスが聞いたら怒るかもしれないけど、結局のところ、グノーシスなんだよ。現象世界の背後に、この世界を作り出したより本質的なイデアの世界というものがあるという考え方だね。『マトリックス』も、西洋哲学のこの伝統的な問いであるイデア界と現象界の関係性を十分に意識した上で、ストーリーが練り上げられている感じがするね。

星乃 今まで宗教や哲学が語ってきたイデア世界と現実世界の関係を、そのまま人間の現実世界とコンピュータが作り出した仮想現実の世界にスライドさせて表現しているってことですね。

半田 うん、その意図が見え見えだよね。実際、話の内容を思い出してみると分かるんじゃない。マトリックスの世界で平凡に暮らしていたネオは、モーフィアスからこの世界が仮想現実だと知らされる。彼らと交流するうちに、ネオは半信半疑のままそこから目覚めることを選択する。すると、カプセルの中でプラグにつながれ、エネルギーを吸い取られている自分を発見する。ネオはそこで初めて今まで自分が現実だと思っていた世界が、実は人工知能が作り出した仮想現実（マトリックス）だったということを理解する。そして、モーフィアスたちにザイオンという地底都市に案内される。第一部から第二部にかけてはそんな話だったよね。これって、プラトンの「洞窟の比喩」の話に雰囲気がそっくりでしょ。

星乃 そうですね。確か、「洞窟の比喩」では、洞窟の中で囚人たちが鎖で縛られ、洞窟の壁に映し出されている影を本物の像と信じ込んで

VR（仮想現実） バーチャル・リアリティ（Virtual Reality）の略。現実的な対象ではないが、知覚上は類似する環境をユーザの五感を含む感覚を人工的に刺激することによりデジタル的に作り出す技術およびその体系。

AR（拡張現実） オーグメンテッド・リアリティ（Augmented Reality）の略。人が知覚する現実の環境をデジタル技術により拡張する技術、およびその拡張された現実の環境を指す名称。

MR（複合現実） ミクスト・リアリティ（Mixed Reality）の略。現実空間と仮想空間をミックスさせ、現実の物と仮想的な物がリアルタイムで関係を持つ新たな空間を作り出す技術全般を指す。VRとARを含む。

プラトンのイデア論 プラトンは、人間の感覚では直接知ることのできない外部の世界にイデアという理想的本質があり、この世界の現象は、そのイデアの不完全な（物質的）反映であると考えた。そして、このイデアこそが実在であり、この世界に存在するものはすべて仮象であるとした。

いるという設定でしたね。あるとき、一人の囚人の鎖が解け、彼は洞窟の出口の上の方から照らす太陽の光を発見するんだけど、洞窟の中に戻って、他の囚人たちにそのことを伝えても、信じてもらえないという話でした。この囚人がネオに当たるわけですね。

半田　そうだね。ただ、プラトンの「洞窟の比喩」の話と違うのは、『マトリックス』では、ネオより先に目覚めていた人たちがすでにたくさんいたってところかな。彼らはザイオンという都市を作って、人間をマトリックスに閉じ込めたマシンシティの機械たちと戦っている設定になっていたよね。

ネオの目覚め

レジスタンス都市ザイオン

まき　ザイオンって、第二部の『リローデッド』に出てきた、テクノトランスっぽい音楽でみんながレイブパーティーやっていた場所ですよね。ザイオンというのは、半田氏的には何を表しているんですか。

半田　まず、ザイオンというネーミング自体はシオン（Zion）から取っている。シオンはユダヤ民族の故国イスラエルの地のことで、モーゼが出エジプトで目指した場所のことだね。安息の地、神の土地、約束の地といったような意味が持たされている。

星乃　「エクソダス（脱出）」を意識したネーミングになっているということですね。

半田　モロ、そうでしょ。『リローデッド』で、ネオがソース（人間の生態コードやマトリクスに必要なコードが保管されている場所のこと）でアーキテクトと会ったシーンは覚えている？

まき　アーキテクトって、あの白いスーツ着て出てきた白ヒゲのおじさんですよね。

半田　うん。あのソースでのシーンで、アーキテクトがマトリックスの由来についてネオにいろいろと説明する場面があったよね。アーキテクトは自分のことを、マトリックスを作ったプログラムだと言い、ザイオンについては、確か「そのプログラムを拒絶した者たち」のことだと話していた。

星乃　ということは、マトリックスを物質宇宙に対応させるなら、アーキテクトっていうのは神のことですね。ただ、神は神でも『ロード・オブ・ザ・リング』で話されていた「デミウルゴス（造物主）」の方に当たるんじゃないでしょうか。もしそうなら、アーキテクトは超自我や言語意識のことと考えることができますね。

半田　アーキテクトはアドミニストレーション（統治・管理）レベルのプログラムとされているから、そういうことになるだろうね。反対に、イデア界を創造した神の方はマシンシティのシステム全体を作り上げた存在に当たるだろうから、映画の中では「デウス・エクス・マキナ」と呼ばれていた方じゃないかな。「デウス・エクス・マキナ」自体が、ラテン語で「機械仕掛けの神」っていう意味だし。

まき　ザイオンが「プログラムを拒絶した者たち」

というのは、アーキテクトが作ったマトリックスの世界に素直に馴染《なじ》めないレジスタンス集団みたいなものだってことですか?

半田 ユダヤ教の歴史に重ね合わせて見るなら、ザイオンは、自分たちを奴隷にした古代エジプト王国と戦っている者たちの居住区のようなものに当たる。その闘争のイメージを、マトリックスからの人間の解放運動に重ね合わせているんだと思う。

まき そっか。さっきのプラトンの話からするなら、この人間世界で物質的な世界を本当の世界とは信じていない人たちがザイオンに喩《たと》えられているんだ。

半田 もちろん、それもダブルミーニングされていると思うよ。それを連想して、この作品をユダヤキリスト教的な救済ストーリーの焼き直しにすぎないっていう人たちもたくさんいるんだけどね。

星乃 実際、ネオは救世主って呼ばれていましたしね。そうか。アーキテクトが父で、オラクルが母。ネオが子。それで三位一体なんだ。『エヴァ』で言うと、父=ゲンドウ(超自我)、母=ユイ(エス)、子=シンジ(自我)ってことですね。

半田 おっと、星乃さん、いきなりポイントをついてきたね。グノーシス的な構図として考えれば、そういう対応をさせてもいいと思う。『君の名は。』や『エヴァ』、『ロード・オブ・ザ・リング』でも話してきたように、物質世界に閉じ込められた魂がいかにして本源の世界へと帰還するか、というのがグノーシス思想の一貫したテーマなわけだから、この『マトリックス』も、物語としては同じような構図になっているってこと。

星乃　登場人物たちのキャラ設定もかなり細かいところまで考え抜かれていますよね。預言者オラクルが黒人のおばさんだったり、その用心棒のブラフや、ネオをソースに案内してくれた「キーメーカー」が東洋人だったりとか、人種的にも気を配ってる。

半田　ハリウッドはキャスティングの人種配分にもうるさいみたいだからね。僕のお気に入りは、『リローデッド』でモニカ・ベルッチが演じたパーセフォーニーかな。マトリックス最古のプログラムとされるメロビンジアンの奥さんね。あれは、プログラムというよりエログラム（笑）。

まき　ネオに、あっつーいキスをせがむ女性ですよね（笑）。

星乃　私はエージェント・スミス役のヒューゴ・ウィービングが『ロード・オブ・ザ・リング』でエルフのエルロンド役だったのがウケた（笑）。

まき　私は、モーフィアスがネオにカンフーを教えるときに言っていた「お前は自分の心の囚人になっている。心を解き放て」って台詞《せりふ》がすっごく印象に残っています。

半田　思い込みに囚われるな、ってことだよね。もちろん、この台詞は僕らの日常生活でのアドバイスにもなっているけど、より深読みするなら、今の物質的な世界観自体が人類の壮大な思い込みにすぎないってことも臭わせている。

まき　この物質世界が思い込み………。

半田　マトリックスの中だってことだよ。人類全員が自らの魂の中の囚人になっている可能性だってあるってこと。

まき　さっきの「洞窟の比喩」の話ですね。でも、物質世界が思い込みかもしれないって、どういうことなんだろう。**仏教でもこの世はマーヤ（幻影）だとか言うけど、どのように幻影なのかって説明はありません**よね。そこを教えてくれないと、「幻影って言われてもね……」って、なっちゃいますよね。

半田　その幻影の仕組みについて、詳しく語っていくのがヌーソロジーだと思うといいよ。今日はその入口のところを少しだけ話してみようかと思っている。

まき　そりゃ、楽しみです。

『マトリックス』と「生命の樹」

星乃　エージェント・スミスって、ある意味、主役のネオよりも存在感があったんですが、この作品も、やっぱり、ネオVSスミスの敵対関係がベースにあると考えると分析がしやすくなるんでしょうか？

半田　そう見ると、確かに分かりやすくなると思う。ただ、ネオとスミス双方がどのようなポジションで敵対しているのかってところが重要なんじゃないかな。単なる善玉と悪玉の戦いなどといった表面的な見方じゃつまら

エージェントスミス

ないし。

まき　ハリウッド映画定番の「最後に愛は勝つ。ジ・エンド」的なノリじゃないってことですよね。

半田　ネオもトリニティも、最後はどちらも死んじゃうわけだから、そんな話じゃないことは明らかだよね。まず、あの「メン・イン・ブラック」風の出で立ちで登場するエージェントたちはアーキテクトが作り出したマトリックスの監視プログラムのようなものだと思うといいよ。分かりやすく言うなら、ウイルス撃退ソフト。主にザイオンから※ジャックインしてきた連中が対象なんだろうけど、マトリックスの中でプログラム通りに動いていない者が出てきたら捕まえて、矯正するなり、削除するなり、駆除の役割を担っている。スミスはそのエージェントの中のリーダー的存在だね。他のエージェントたちに比べてやたら人間臭かったでしょ。表情を見ていると分かるんだけど、スミスだけがあたかも感情を持っているかのように振る舞っている。その意味で、スミスはバグっているんだよね。もっとも、スミスがぶっ壊れたのは、ネオのバグが感染してしまったからでもあるんだけど。

まき　へっ？　スミスもネオもプログラムのバグなんですか？

半田　まきしむは、ソース（人間の生態コードやマトリックスに必要なコードが保管されている場所のこと）でのアーキテクトとネオの会話の中で、アーキテクトがネオにこんなことを言っていたのを覚

ジャックイン　「没入」の意。ドラッグによって変性意識状態に入ったり、VRで作られた仮想空間の世界の中に入ることを意味する俗語。

えてないかな。

「君は、マトリックスをプログラミングする過程で解かれなかった等式の剰余の総和によって生み出された。君は私の真摯な努力によってさえ排除することができなかった※アノマリーの結末なのであって、そうでなければ数学的に精緻な調和が保たれていたのだよ。」

まき あっ、それ、「アノマリー」の意味がよく分からなかったから、逆によく覚えていたりして（笑）。

半田 「アノマリー」というのは変則性や例外といった意味だけど、分かりやすく言うと、今言ったプログラム上のバグのことだね。でも、このアノマリーの発生は、実はアーキテクトには計算済みだったのね。あのソースでのシーンで、アーキテクトがマトリックスの歴史について、いろいろと説明していたよね。ネオのようなアノマリーの発生はマトリックスの歴史の中で今までに6回あったとか、その度にマトリックスはリブート（再起動）されてきたのだとか。そして、さっき、星乃さんが「母」に対応させていたけど、ネオのようなアノマリーを生み出すために設けられたプログラムがあって、それがオラクル（預言者）だとも言っている。多分、このへんの話はそのままカバラが下敷きになっていると思う。

アーキテクト

星乃 また、カバラなんですか？

半田　そう、またカバラ。西洋人は好きだからね（笑）。『エヴァンゲリオン』の話でも紹介したルーリアカバラの基本的な教説にもなっている※『ゾハール』という聖典があってね、「生命の樹」における霊的上昇と下降の運動は、全部で7回繰り返して原初の場所へと戻ると説かれているのね。そして、今までにすでに6回の往復運動が終わっていて、今度起こる上昇と下降が最後の7回目に当たる、という話になっているんだ。この7回目の霊的上昇のときに例の有名な「最後の審判」というのが起こって、歴史上存在したすべての霊魂が神の御前に引き出され、存在世界のために生きたかどうかの裁きを受けるともいわれている。

まき　へぇー、最後の審判ってそういう話だったんだ。

星乃　「今までに6回」というのが、アーキテクトの話とそっくりですね（笑）。

半田　ウォシャウスキー姉妹って確かユダヤ人だよね。だから、カバラにも関心があったのかもしれないね。プログラムのキャラクターなんかも、ひょっとすると、「生命の樹」の中のそれぞれのセフィラーをイメージして作っている可能性もある。

アノマリー　どのような理論もあらかじめ準拠枠があり、その準拠枠を超えた事象は理論からみて異常であったり、説明できない事象となる。そのような異物のこと。科学的常識、原則からは説明できない逸脱、偏差を起こした現象という意味もある。物理学で現れるアノマリーとしては、場の量子論でのスケール変換の不変則をやぶる「トレース・アノマリー」などが有名。

『ゾハールの書』　13世紀末、スペインのカタロニア地方でラビ・モーシェ・デ・レオンによって書かれた書。カバラをユダヤ教唯一絶対の神秘主義としてまとめあげたともいわれている。その影響の大きさから『ゾハールの書』は『旧約聖書』『タルムード』に続くユダヤ教の第三の聖典ともいわれる。

星乃　父がアーキテクトで、母がオラクルだとしたら、この二人は「生命の樹」では何に対応させることができるんでしょうか？

半田　おそらく、至高の父と母とされているコクマーとビナーのセフィラーあたりじゃないかな。カバラ的には、コクマーは男性原理を象徴していて、原初のときに放たれたロゴスの力を意味している。一方、ビナーの方は女性原理の象徴とされ、世界霊魂が宿る領域で、無意識の元型のようなものとして働いているとされている。まさにアーキテクトとオラクルのイメージにピッタリだよね。ちなみに、ルーリアカバラでは、この二人は「アッバー」と「インマー」とも呼ばれていて、今は、天上で互いにそっぽを向いて仲違いしているって話になっているんだけどね（笑）。

まき　天上の世界でも夫婦喧嘩が起こっているんだ。どこも大変ですね。

半田　地上世界で男と女がなかなか理解し合えないのも、この※アッバーとインマーという存在が互いにちゃんと向かい合っていないからだね。根は深いんだよ（笑）。

オラクルの謎

星乃　ユングでいうと、オラクルって無意識の元型の「太母《たいぼ》」みたいなイメージですよね。

半田　そうだね。占星術的には海王星のイメージに当たるんじゃないかと思うよ。オラクルはマトリックスの中では「選択」を司《つかさど》るプログラムとされている。人間の持つ直感や曖昧さを追求するためにアーキテクトが作ったプログラム。最初のマトリックス世界はアーキテクト自体のプログラムしかなくて、それこそロゴス的、理性的なもので、完全な合理性に基づいた矛盾のない世界だったらしい。でも、人間はコンピュータのように全面、論理的にはできちゃいないでしょ。感情もあるし、論理を無視して直観で動くことだってある。だから、アーキテクトはカプセルの中で眠らされている人間たちに、自分の作ったプログラムをより受け入れられやすくするために、こうした予測不能な要素を生み出すプログラムをシステムの中に組み込む必要があった。そのプログラムがオラクルなわけ。

まき　アーキテクトは、自分と正反対の要素をプログラムの中に付け加える必要があった、みたいな。

半田　そうだね。人間で言うなら、論理的なものに対して直観的なものとでも言うのかな。※悟性《ごせい》や理性に対して、感性の中に潜む奥深い霊感の働きなんかも含んでいると思うよ。

星乃　「論理よりも直観」「感性の中に潜む奥深い霊感」とか、まさにオラクルは女性原理の象徴と言ってもよさそうですね。そう言えば、確かにアーキテクトとネオの会話の中で、

アッパーとインマー　『生命の樹』における第2と第3のセフィラーに当たる。コクマーとビナーがアツィルト界からベリアー界での働きを持ったときの「顔（パルツーフィーム）」といわれている。器の破壊によって、アッパーとインマーの性愛的結合は中断させられているという。

悟性　カント哲学で用いられるドイツ語「Verstand（フェアシュタント）」の訳語。英語ではUnderstanding。読んで字のごとく理解力の意だが、カント哲学では知覚されるものを総合的に統一して概念を構成し、対象を認識する能力のことをいう。反対語は「感性（Sinnlichkeit、ズィンリヒカイト）」。

ソースはマトリックスを完全化させていくためにオラクルをプログラムしたとか何とか言ってましたね。

半田　うん。ソースはマトリックスをより本物の人間の世界に近づけることによって、とにかくマトリックスの安定化を図りたかったんだと思う。でも、それによって、マトリックスの世界にどうしても計算不能要素というものが生まれてきてしまう。こうしたエラーがどんどん積み重なっていくことによって、マトリックスの人間たちの中に現実世界に目覚める者たちが出てくることになってしまった。それが、「ザイオン」ってわけ。

まき　ザイオンはオラクルが生みの親なんだ。

半田　そういうことになるね。マトリックスを現実の今の僕らの世界に対応させるなら、さっき星乃さんも言っていたけど、オラクルは人間の無意識の中に潜む霊性が象徴化されたものなんじゃないかな。霊性は論理のように単に YES・NOの二者択一で物事を割り切らない。常に曖昧さや偶然性が働く余地を残しておく。こうした霊性の働きは、当然のことながら、ビルで埋め尽くされたオフィス街のような場所に宿ることはないよね。むしろ、森や野原といった自然や、料理とか編み物といった家事仕事の場の中に息づいている。僕はこういう場所のことを「女の風景」って呼んでいるんだけど、オラクルが普通のそのへんのおばちゃんのような姿で登場してくるのも、ウォシャウスキーがこの女の風景を十分に意識して演出していたからだと思うよ。

まき　なるほど。そう言えば、ネオが会いに行ったオラクルの部屋の雰囲気もそんな感じでした。

半田　モーフィアスに案内されて、ネオが初めてオラクルに会った場所のことだよね。安アパートの台所みたいなところだったよね。あのときのオラクルの瞳の輝きが結構、印象的だった。オラクルは自分が今度はどんな突然変異体を生み出したのか、見てみたかったんだろうと思う。

まき　そういえば、確かにお母さんのような目でネオを見てましたね。

星乃　オラクルが霊性の象徴と考えると、「霊性（エス）＝オラクル＝ユイ＝ガンダルフ」、「超自我＝アーキテクト＝ゲンドウ＝サウロン」という対応ができそうですね。ネオが突然変異体で、人間の物質意識を解体する存在と考えると、「ネオ＝使徒＝フロド」みたいな感じになるのでしょうか。

まき　お〜、なるほど！

半田　かなり強引だけど（笑）、大まかにはそういう対応もアリかもしれない。

まき　じゃあ、スミスっていうのは何に対応するでしょう。物質意識そのものかな？

半田　うん。物質意識と言えば物質意識なんだけど、従来の物質意識とはかなり違うものなんじゃないかな。

まき　へ〜、どう違うんでしょうか。

オラクル

『マトリックス』の世界設定のフレーム

半田　さっきも言ったけど、第三部の『レボリューション』のラストあたりで、マシンシティのシステム全体を統括する最高位のプログラムでもあるデウス・エクス・マキナってのが出てきたよね。盲目になって、トリニティを失ったネオが、ザイオンとマシンシティとの休戦を直談判に行くシーン。あそこで、ネオはデウス・エクス・マキナに対して、こういうことを言っている。

「あのスミスというプログラムは、あなたのコントロールできない存在になってしまった。マトリックスを汚染したように、彼はこのマシンシティにも蔓延していくだろう。あなたには彼を止めることはできない。だが、僕にはそれができる。」

つまり、スミスは、もともとはマトリックスを監視する役割として作られたプログラムだったんだけど、ネオのプログラムの変異の影響を受けて自らも変異を起こし、あの時点でアーキテクトをも乗っ取れるぐらいの力を持つ存在になっていたわけだね。だから、デウス・エクス・マキナもスミスを脅威に感じ始めていた。

星乃　それって、マトリックスをこの人間の世界に対応させるとすれば、人間の世界の中に、宇宙全体を破壊するぐらいの力を持った脅威が現れ

デウス・エクス・マキナとネオ

たってことの比喩ですよね。そっか、**スミスこそが『エヴァ』で出てきた「消滅のタナトス」をもたらすもの**ってことなんじゃ……。

半田 お〜、さすが星乃さん。僕もそう感じている。それぐらいスミスって存在は、今までの物質性とは性質の違う、異次元的な力を持った存在を象徴しているってことだね。

まき え〜！　スミスが「消滅のタナトス」って？

半田 うん、そのことについては、これから詳しく説明するつもりだから、ちょっと待ってね。ここで、話を分かりやすくするために、今まで話してきた『マトリックス』の世界設定のフレームを簡単に整理しておこうか（256頁の図参照）。とりあえずは、マトリックスとザイオンの関係を水平軸にとり、次にエージェント・スミスとネオの関係を垂直軸にとって、これら四者の関係を十字の関係で見ると分かりやすくなるんじゃないかと思う。マトリックスの中でプログラムに従順に受動的に生きる人たちと、マトリックスが幻想であることに気づいて現実世界に目覚めた人たち。そして、そこに出現してくる二種類の特殊なアノマリー（バグ）としてのネオとエージェント・スミス、そういう構図だね。

星乃 なるほど、マトリックスVSザイオンという横軸の関係にプラスして、スミスVSネオという縦軸がもう一つ重なって二重構造になっているわけですね。そうすると……今、半田さんが言われた構図を私たちの世界に置き換えるなら、**マトリックスというのは私たちが生きている物質世界そのものであり、その住人たちは、そこに閉じ込められ、物質的世界観で生きている現在の私たち自身。一方、アーキテクトは私たちを物質世界に閉じ込めている力そのものであり、これは精神分析的にいうなら、人類の超自我的な力と言うこと**

『マトリックス』における主相関図

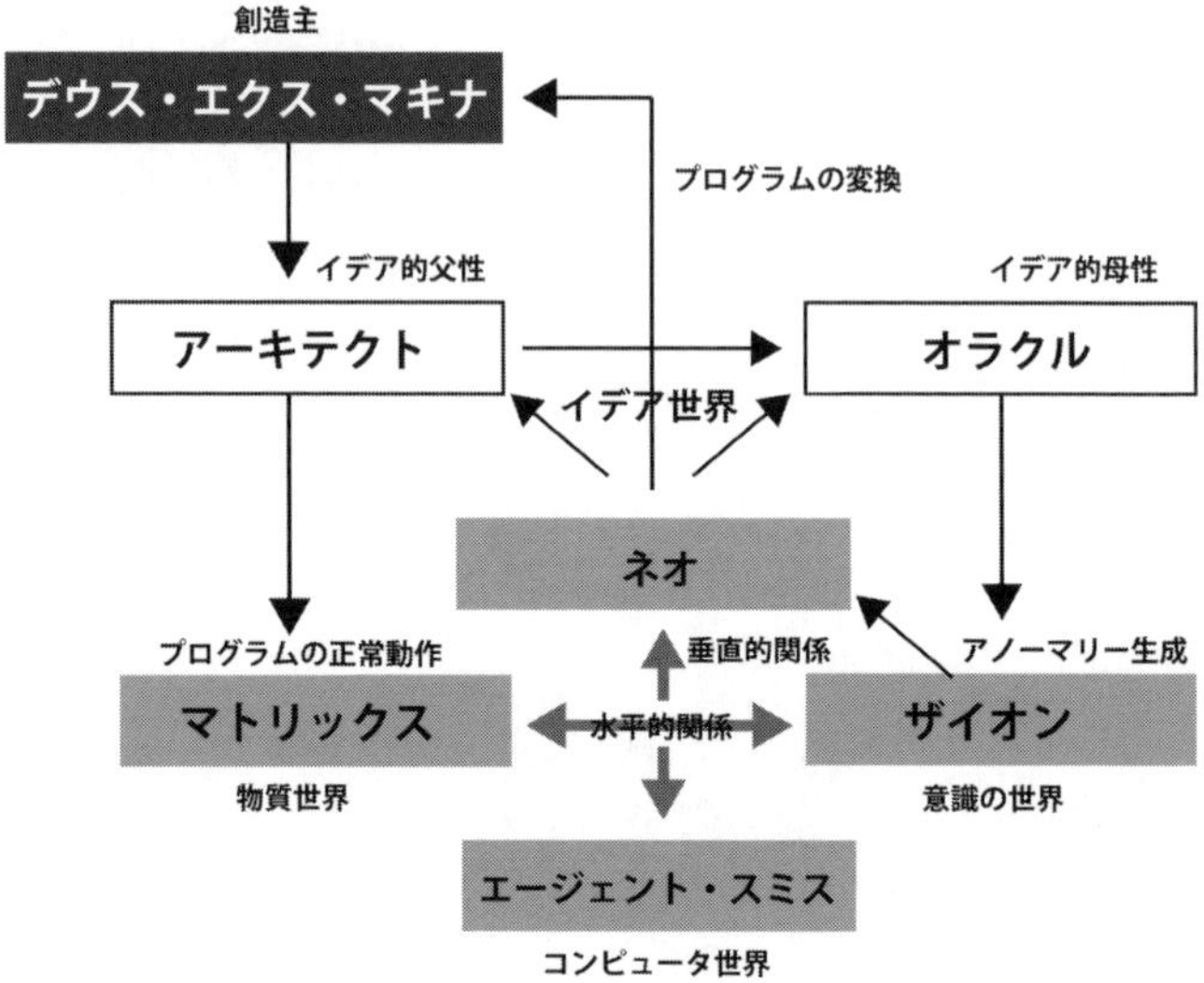

になりますね。**ザイオンは心やエス＝無意識の世界の方に実在を感じている人たちの世界。オラクルはその直感を与えている宇宙的霊性。そして、エージェント・スミスは物質世界の中に出現してきたＡＩ化やデジタル化を進めるコンピュータの世界そのもの。ネオはコンピュータとはまったく反対の方向を持つ何者か、つまり、エス＝無意識を目覚めさせるイデア的存在のようなもの**……かな。つまり、今まで、**人間の世界は物質対霊性という対立軸で動いていたのだけど、そこに新たに、コンピュータ対イデアという対立軸が加わった**という感じでしょうか。それだけ人類にとって、コンピュータの出現は大きな出来事になってきているということなんですね。

半田　うん、そういうことになるね。コンピュータ技術というのは、今までの科学技術とは何かまったく違うもの。ネオとスミスを垂直軸に置いた真意もまさにそこにある。

まき　え〜!!　二人で何言っているの？　訳分かんないです。

AIはもはや機械ではない

半田　ＯＫ、まきしむ。ここは、もう少し噛み砕いて分かりやすく話してみるね。これは、あくまでもヌーソロジー的な読みなんだけど、すでに、今の時代は、マシンシティＶＳザイオンという対立軸の時代ではなくなっていて、エージェント・スミスＶＳネオのレベルに一段階上がった時代にあるんじゃないかってことなんだ。

まき　それって、どういうことですか？

半田　今までも、自然破壊や現代のコミュニケーション不全を憂いて、猛烈な勢いで進んでいく社会のハイテク化に対する批判の声はいろいろとあったよね。中には※ユナ・ボマーのように、爆弾テロまで起こす連中もいたわけだけど、そういう批判も含めて、あくまで今までの自然ＶＳ文明という対立軸の中で括《くく》ることができる。でも、今の時代は、問題の位相自体が大きく変わってきていて、もはや、その枠組みでは世界の在り方を括れなくなってきているってことなんだよね。

まき　自然ＶＳ文明という枠組みで問題を括れないってところが、よく分からないんですが……。

半田　うん、つまり、テクノロジーの驚異的な進歩のことを言っている。ＡＩの登場なんかは決定的

ユナ・ボマー　１９７８年から１９９５年にかけて、全米各地の大学と航空業界および金融関係者に爆発物を送りつけ、３人が死亡、29人以上が重軽傷を負った事件の犯人の呼称。本名はセオドア・ジョン・カジンスキー。カリフォルニア大学の数学科の助教授だった。96年に逮捕される。現在、コロラド州にあるフローレンス刑務所で服役中。

じゃないかな。今まではテクノロジーというのは主体である人間が操作して利用するものっていうイメージだったけど、ＡＩが人間に成り代わって新しい主体になる可能性だってあるってこと。いや、もうなり始めているのかもしれないよ。実際、人間が今行っている労働の7〜8割をＡＩが賄《まかな》う時代が数十年後にはやってくるともいわれているでしょ。金融、生産、流通、医療、教育ｅｔｃ…。ホワイトカラー、ブルーカラーを問わず、人間が文明の構築の中でこれまでに果たしてきた役割のほとんどをＡＩが代行するようになれば、現在の人間の当の主体意識そのものを失わせてしまう可能性だってないとは言えない。

星乃 そもそも人間が存在する意味自体が失われていく。主体性の消滅。それが「消滅のタナトス」ってことですね。もはや世界は、人間がリードしていく場所ではなくなってくるかもしれない……。

まき なるほど。でも、ＡＩは人間のようには思考していないともいわれていますよね。

半田 確かに、クリエイティビティや直観力の部分では、ＡＩは思考しているとは言い難いと思う。でも、それは問題じゃない。実際、自分が人間だって思っている人だって、ちゃんと人間らしい思考しているかどうかは疑わしいよ（笑）。対象化の思考というか、人間の理性的な思考、いわゆる物事を定式化して、形式的に分析、判断するような処理能力のことを思考と呼ぶなら、今後、そういった思考は、すべてコンピュータによって代替させられていく。これは間違いないと思う。

まき 確かに、クリエイティブに思考している人って少ないですよね。

星乃 実際、ネットなんか見ていても、最近はＡＩ関連の新しいニュースが毎日のように流れていて、ＡＩが人間の知能を超える「２０４５年問題」とかも騒がれていますよね。このまま行くと世界は本当に『マトリックス』のようにコンピュータに支配されてしまうんじゃないかなんて、ふと思ったりします。

まき　※シンギュラリティ仮説ってやつですよね。

半田　うん、「技術的特異点」ってやつだよね。シンギュラリティってのは、もともとは※ヴァーナー・ヴィンジという人のＳＦ小説から出てきた言葉なんだけど、人工知能の研究者である※レイ・カーツワイルが『ポストヒューマンの誕生』という本を書いて、一般でも騒がれ出したんだ。どういう意味かというと、今、星乃さんが言ったように、ＡＩが人間の知能を上回るようになって自分自身で次世代のＡＩを作り、そのＡＩがまた次世代のＡＩを、というように、それが延々と続いて知能が爆発的発展を遂げ、人間のコントロールを離れて予想外の事態をもたらしてくることを言うのね。

まき　何か※『ターミネーター』の話みたいですね。ＡＩが反乱を起こして人間を支配するってことですか。

シンギュラリティ仮説　詳細は本文に記載。シンギュラリティという言葉自体は本来、数学における特異点理論やカタストロフィー理論において用いられる概念。関数のグラフの形状が切断点や尖点、分岐点を持ち、突然変化することを意味している。

ヴァーナー・ヴィンジ（Vernor Steffen Vinge 1944-）　アメリカ合衆国の数学者、ＳＦ作家。シンギュラリティについて初めて公の場ではっきりと論じた人物。１９８３年に発表した論稿で、コンピュータのハードウェアの発達により、遅くとも２０３０年には人間を超える人工知能が誕生し、ほどなく知能爆発が起きるだろうと予言している。

レイ・カーツワイル（Ray Kurzweil,1948-）　アメリカの発明家、実業家。人工知能研究の世界的権威とされる。現在はグーグルのエンジニアリング・ディレクターの一人として活躍している。著書に『シンギュラリティは近い』等がある。

『ターミネーター』　１９８４年に制作されたアメリカ映画。主演はアーノルド・シュワルツェネッガー、ジェームズ・キャメロンがメガホンを取った。未来で繰り広げられている人類ＶＳ機械の果てしない闘いを描く。

半田　『ターミネーター』の世界は、『マトリックス』にたとえるなら、ザイオンとマシンシティ間の戦いのレベルだから、まだ全然マシ。人間が主体の尊厳を持ってちゃんと戦っているでしょ。シンギュラリティ仮説の場合は、人間が自ら進んでコンピュータ支配を受け入れていこうとしているようなものなのね。だから、当然、それに対する抵抗運動なんてものも起きることはない。今の資本主義の経済はコンピュータさまさまで維持出来ているから、コンピュータと戦おうなんて馬鹿なことを言う人なんて、ほとんどいないでしょ。それどころか、コンピュータを人類の希望と考えている人たちも多いし、コンピュータによって人間を進化させようと考える人たちだっている。

星乃　※新反動主義の人たちとかそうですよね。

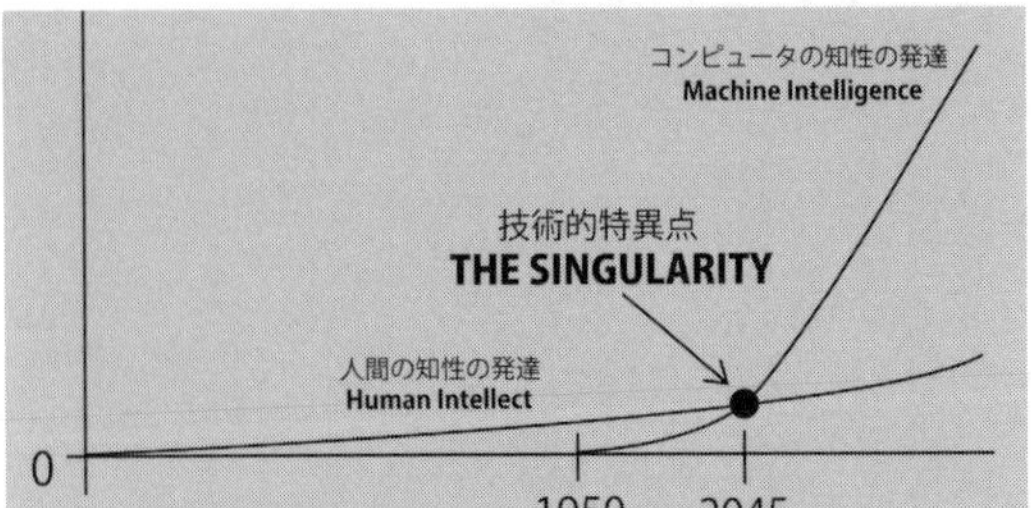

シンギュラリティー図

新反動主義とトランスヒューマニズムの台頭

まき　新反動主義？

星乃　うん。新しい反動主義って意味。反動主義とて言うのは、過去の「よかった」時代に戻るべきだと考える政治的立場のことを言うの。弱肉強食的な封建主義的なものを目指すのね。

で、「新」反動主義というのは、主に戦後国際社会で主流だったリベラルを否定して、知性の強者が世界を支配すべきだと考える政治的立場のこと。科学の力を重要視するので、AIなどのIT技術を駆使して人類を進歩させていこうという考え方になってくる。だから、シリコンバレーのIT技術者や起業家に多いっていわれているの。

半田 反動主義そのものは、日本で言うなら、戦後を否定して戦前に戻そうとするような考え方なんだけど、新反動主義ってのは、※衆愚政治《しゅうぐせいじ》で行う嘘っぱちの民主主義なんか早くやめて、社会的に成功した優秀なエリートたちで政治を主導していくべきだっていう考え方と言っていいかもしれない。新反動主義の人たちに共通する特徴は、星乃さんが言うように、技術信仰なんだよね。人間なんてもともと信用できないんだから、いっそのことAIにすべてを任せたらどうなのよって考えちゃう。だから、ITビジネスで成功した若い人たちなんかが集まってくる。実際、海外では、ほぼすべての有名IT企業がシンギュラリティに関する研究を支援しているし、※シンギュラリティ大学というのも創設されて、NASAやグーグルなんかは巨額の資金を提供している。

まき はあ〜、そんなこと考えている人たちが本当にいるんですね。彼らはどんなことをしようとしているんですか。

新反動主義 新反動主義者たちは、民主主義や現代の国民国家を批判し、君主制や絶対王政などの過去の政体や制度を、理論的な観点から再評価しているといわれる。

衆愚政治 自覚のない無知な民衆による政治。紀元前5世紀末ペリクレス死後のアテネの民衆政治の堕落を批判して使われた。

シンギュラリティ大学 レイ・カーツワイルとXプライ財団のピーター・ディアマンディスが共同発起人となり、シリコンバレーを拠点に作った教育機関。ユニバーシティ（大学）と名が付いてはいるものの、校舎や学位があるわけではない。最先端テクノロジーと、それを活用したビジネスの創出法などを教えているといわれる。

半田　日本だったら、たとえば、サイバークラシーと言って、従来の官僚システムをすべてコンピュータにやらせてしまうとかね。ＡＩが発達してくれれば、それは可能になるんじゃないかな。まぁ、日本の行政システム自体が旧態依然《きゅうたいいぜん》としていて、まったく合理的な組織になっていないから、行政に関する事務処理系の仕事なんてものは、すべてＡＩにやらせた方がはるかに効率よくこなせることは確かだろうね。

まき　あ、それいい。ついでに議員さんなんかの仕事もコンピュータにしてもらった方がいいんじゃないですか。

半田　いや、日本人はまだのんびりしているけど、欧米の新反動主義者たちの中には、冗談抜きで、国民国家に代わってグローバルＩＴ企業による統治システムを作ろうと考えている人たちもいるって聞くよ。あと、最近話題になっている仮想通貨なんかもそうだよね。※ブロックチェーンの技術がこれからもっと発達していけば、現在、世界中で流通している貨幣をすべて一つの仮想通貨に統一することだって可能になる。ビットコインなんかが投機対象になって騒がれているのも、この可能性を夢見ている人たちがたくさんいるからだよね。こうした政治や経済、産業分野のＡＩ化は大いに歓迎していいものだと思うんだけど、怖いのは、※メンタルマニュピレーションとか、※サイバーインターフェイスとか、人間の身体とコンピュータとをダイレクトに合体させようとする技術がすごい勢いで進んでいること。ホント怖い話なんだけど、神経細胞に似せて作ったナノコンピュータデバイスを利用して、人間の脳と接続させるニューロコンピュータの技術なんかも出てきているしね。あと、これにサイボーグ化した身体をつないで、人間を不老不死にしようとする研究なんかもある。『マトリックス』では、人間たちは後頭部にプラグを突っ込まれて、そこからの電気信号で作り出された仮想現実の中で生かされていたけど、人間をまるごとサイバー化させようと本気で考えている人たちがたくさん出てきているってこと。

まき　完全に『※攻殻機動隊』の世界ですね。

星乃　うん、そういう動きは「※トランスヒューマニズム」と呼ばれていますね。

半田　そうだね。さっき言ったカーツワイルなんかは、その筆頭だよね。

星乃　まさに、エージェント・スミス化ですよね。私なんか、コンピュータが生きるためにすでに人間を利用しているとさえ感じます。

攻殻機動隊

ブロックチェーン　「ビットコイン」の取引を成立させるために開発された分散型台帳技術。金融取引の記録をコンピュータのネットワーク上で管理する技術の一つ。インターネット上の複数のコンピュータで取引の記録を互いに共有し、検証し合いながら正しい記録を鎖（チェーン）のようにつないで蓄積する仕組みを持つのでこの名がつけられた。記録を共有し、検証し合うので、記録改ざんや不正取引が防げる。現在、さまざまな分野での応用が模索されている。

メンタルマニュピレーション　ＩＣチップなどを脳に埋め込み、コンピュータを通して人間の精神をコントロールする技術。

サイバーインターフェイス　人の動作意思を生体電位信号として検出し、身体をまったく動かせない状態でも機器の操作や意思伝達を可能にするシステム。

攻殻機動隊　士郎正宗による漫画作品。近未来に高度化したサイバー犯罪に立ち向かうためにつくられた特殊部隊の戦いを描くＳＦ作品。押井守監督が１９９５年に『GHOST IN THE SHELL/攻殻機動隊』というタイトルでアニメ化し反響を呼んだ。２０１７年にはハリウッドで実写映画化された。

トランスヒューマニズム　科学技術を積極的に活用することで（人間の）生物学的限界を超越しようとする思想および運動、そして哲学。２０１４年、作家・哲学者のゾルタン・イシュトヴァンがトランスヒューマニスト党を結成し、２０１６年にはアメリカ大統領選にトランスヒューマニスト党候補として立候補している。

AIは希望の光なのか、それとも破局の使者なのか

半田　そこなんだよ。多くの人がAI、AIって騒いでいるけど、今の時代のこうした危うさに、一体どれだけの人たちが問題意識を持っているんだろうか。僕自身は、『マトリックス』という作品から読み取るべき一番のメッセージもそこにあると思ってるのね。この作品が作られた頃はまだSFで済んだ話だったけど、今はもうそれじゃ済まされない。**本当にテクノロジーの進化が、人間という存在の形態を変えてしまうぐらいの臨界点に差し掛かっている。**歴史の終焉、人間の終焉って言葉は今まで何度も繰り返されてきた※クリシェではあるんだけど、今度こそ本番が来たなって感じがするよ。コンピュータって、普及し始めてまだ20年そこそこだよ。でも、今じゃコンピュータなしの社会なんてもう考えられないでしょ。異常なくらいの増殖力だよね。この方向はもう誰にも止められないし、これからも、どんどん革新的な技術が出てきては、それがあっという間に日常の風景になっていくことは間違いない。

星乃　本当に、そうですよね。スマホなんか10年前はほとんど誰も持っていなかったし。

半田　〈いい～わるい〉の価値判断は別にして、この方向性がこのまま進んでいくと、どういう世界が待ち受けているのか、それをしっかりとイメージできる想像力だけは持っておかないといけないね。

まき　それこそ、どこもかしこもコンピュータで埋め尽くされてしまいますね。

半田　参考までに、今、開発が進んでいる次世代テクノロジーを挙げてみようか。ざっと、思いつくだけでも、これだけある。

※クラウド化によるビッグデータの集積
※センシング技術による五感拡張
※VR革命
※AR革命
※ブロックチェーン革命
※ゲノム編集
※量子コンピュータ

クリシェ　常套句、決まり文句

クラウド化によるビッグデータの集積　ビッグデータとは、単に巨大なデータ群というだけではなく、多様な種類や形式が含まれる散財したデータ群のことをいう。クラウド化とは、ソフトウェアやデータ、サーバなどをインターネットなどのネットワークを通じてプロバイダなど外部の事業者のシステムの中に構築すること。これら二つの実現化によって、今までは管理しきれなかったデータ群を記録、保管、解析できるようになり、新たな仕組みやシステムの生産性が飛躍的に向上すると言われている。

センシング技術による五感拡張　さまざまなセンサーを使って人間の感覚能力を拡張すること。現在では、味覚や触覚などもセンサーを使ってデータ化が可能になっている。

VR革命　VR技術は五感を人工的に作り出す技術と言い換えてもいいが、最近では「クロスモーダル」と呼ばれる、人間が自然に持つ諸感覚の相互作用を利用することにより、従来よりもはるかに洗練されたVRのシステムを作る研究が進んでいる。

AR革命　ARの身近な例は2016年に大ヒットした「ポケモンGO」。スマホから得られる位置情報と連動して、現実世界にポケモンを出現させる仕組みになっていた。このブームによってポケストップでもあったマクドナルドが大幅の黒字になったこともあり、現在、さまざまな企業が集客用ツールとしてARの利用法を開発している。

ブロックチェーン革命　ブロックチェーン技術では中心がないことが信用と結びつく。従来の情報システムではシステムの中枢に置いた一つの台帳に決済を記録され（中央集中型台帳）、その信用はシステムを運用する組織（役所、銀行等）が担保していた。ブロックチェーンでは対等な多数のコンピュータの上に、同一の情報を記録した台帳が保持されていく（分散型台帳）。

ゲノム編集　生物のDNAを自由自在に操作する技術。2012年ぐらいに開発された「クリスパー・キャス9」という最新のゲノム編集技術は、DNA上の狙った箇所をピンポイントで切断したり、改変したりすることができる。2018年には中国の研究者がこの技術を使たゲノム編集によって、HIV免疫を持った双子の女児を誕生させたと報告した。

量子コンピュータ　従来のコンピュータは「0」と「1」で表現するビットを使って演算処理を行うが、量子コンピュータは「0」と「1」の重ね合わせ状態を利用することによって、量子ビットを使って演算処理を行うことができる。理論的には両者の能力の差は、1次元と3次元の差になる。

でも、これって、言い換えると、こういうことでもあるんじゃないかな？

1　クラウド化によるビッグデータの集積――人間の記憶力の外部への移設

2　センシング技術による五感拡張――人間の五感力の軽視

3　VR（仮想現実）革命――人間の物質感覚の消滅

4　AR（拡張現実）革命――人間の物質感覚の撹乱

5　ブロックチェーン革命――人間間における信用・信頼関係の除去

6　クローン技術およびゲノム編集――人間の個体性の無意味化

7　量子コンピュータによるAI（汎用人工知能）の進化――人間の論理的思考力の無力化

まき　わぁ〜、人間がいなくなっちゃう。

半田　ちょっとオーバーな表現に聞こえるかもしれないけど、**コンピュータテクノロジーってのは、従来の人間を解体しにかかってきている技術って言ってもいいんじゃないかと思う。**

ここにリストアップした技術だけでも、もし実現して、それが当たり前の世界になったら、ほとんどの人間が、何のために生きているのかマジで分からなくなってしまうじゃなかろうか。というか、「人間」という概念すら消えちゃうんじゃないかな。そうなると、人間はもうコンピュータに飼育されている家畜同然だね。そのくらいの劇的な文明の変化が、今、すごいスピードで進行していってるってことなんだよね。

まき　冷静に考えると、結構怖い話だわ〜。半田氏は『ロード・オブ・ザ・リング』で、コンピュータが「一神教の精神の最終形態」っておっしゃっていましたけど、このスミス的なものが「一神教の精神の最終形態」ってことなんですね！　そして、これが「消滅のタナトス」をもたらす……。

半田　そう！　その通り。ヌーソロジーから見ると、スミス的なもの、ＡＩが作り出してくる**コンピュータ社会こそが「一つの指輪、一神教の精神の最終形態」**のように見えてくるんだよね。今、まきしむが言ったように、無意識の進展は、人間という意識の次元を消滅させたいという次元にまで、その歩みを進めてきているんじゃないかと思うんだ。

まき　てことは、今の人類は、完全にエージェント・スミスに乗っ取られそうになっているということ？

半田　実際に、時代は急激にスミス化していっていると思わないかい？　第三部の『レボリューション』のラストシーンを思い出すといいよ。マトリックスの街の中がすべてスミスのコピーで埋め尽くされていただろ。今の世の中は、あの風景に近づきつつあるってことだよ。後でまた話すと思うけど、最近研究が進んでいる量子コンピュータなんかはまさにマトリックスにとってのスミス的存在そのものじゃないかって感じがする。つまり、突然変異体だってこと。量子コンピュータがもたらしてくるコンピュータ技術の進歩は、いずれ、人間にとって手に負えない存在になってくると思う。

スミスのコピー

星乃　でも、その危険性に気づけている人がどれだけいるのかな。そうとは知らずに興味本位で近づいて、気づいたら「人間」じゃなくなっていた……なんてことになってしまう人が増えそうで怖いですね。さっきも言ったけど、逆にそれが人間の進化だと考える人も多いでしょうし。

半田　そうだね、さっき星乃さんも言ってたけど、新反動主義にコミットしている人たちの中にはコンピュータと人間の合体を「トランスヒューマン」と呼んで、人間が進むべき進化の方向だと思っている人たちがたくさんいる。中には、テクノロジーの力によって人間の身体や精神の能力を増強することがなぜ人間の尊厳を侵害することになるのか、と逆に情熱的に訴えかける※ＡＩ派の哲学者もいるくらいだから、びっくりだよ。でも、無理もないよね。物質オンリーで世界や人間を見てしまうと、文明の成長、発展のイメージをその方向性にしか持てなくなるから。でも、それってまったくの本末転倒じゃないだろうか。ヌーソロジーの世界ビジョンからすると、こうしたＡＩが支配する未来観は、どうしても、人間が本来向かうべき世界とはまったく逆方向のビジョンに見えてしまうんだ。

まき　なるほど。このままだと「私の半身はＶＲの中にいる」なんてことになってしまいかねませんね。それじゃ、つまんないです。

トランスヒューマニズムは逆グノーシス

星乃　そうよね。そういえば、投資銀行メリルリンチのシンクタンクが、２０１６年に顧客に向けて配布した経済レポートの中に、「われわれはすでに20％～50％の確率でヴァーチャルワールドに住んでいる」という記述があるんだって。宇宙船・ロケットの開発などを行っているアメリカの起業家※イーロン・マスクも「われわれが天然の世界に生きている可能性は数十億分の一」だと言っているみたい。半田さんはどう思いますか？

まき　え〜！　話はすでにそんなにところまで行ってるんですか〜！

半田　はは、論理的にはそう考えてもおかしくはないって話だよね。オックスフォード大学の※ニック・ボストロムって教授が「この世は技術的にとても進んだ文明によって創られたシミュレーションソフトウェアである」みたいな説を唱えたんだよ。今のコンピュータ技術がこのまま進めば、いずれ未来の人類が過去の人類、つまり現在の僕らの世界をシミュレーションすることだって可能になるってね。で、実は、もうそうなっていたりして、っていうお話。

まき　信じられな〜い。

半田　信じるか信じないかと言うより、はっきり言って、狂っていると思うよ。ただ、別の意味では、ボストロムの言っていることは当たっている部分もあるけど。

星乃　ボストロムはイデア世界と物質世界の関係を、

AI派の哲学者　ニック・ボストロム、デイヴィッド・ピアース、マックス・モアなど。

イーロン・マスク（Elon Reeve Musk 1971-）　アメリカの実業家、投資家。電気自動車メーカー「テスラ」の設立者およびCEOで有名。

ニック・ボストロム（Nick Bostrom 1973-）　オックスフォード大学教授。人工知能が自己改造を始めれば、人間によるコントロールが利かなくなり、それによって人間をはるかに上回る超知能（スーパーインテリジェンス）が誕生する、と予想した。ボストロムは、人間の能力をマシンによって増強することが人間が目指すべき方向ではないかと主張し、１９９８年に世界トランスヒューマニスト協会を設立している。著書に『スーパーインテリジェンス 超絶AIと人類の命運』などがある。

そのまま、進んだ文明とそれが作ったコンピュータシミュレーションの世界として考えてるってことですよね。

半田　そうだね。**トランスヒューマニズムというのは、ある意味では、今まで何度も触れてきたグノーシス主義の範疇《はんちゅう》なんだよ。**イデア世界をコンピュータテクノロジーの進化形態の中に見ているわけだね。さっき言ったカーツワイルの「シンギュラリティ仮説」なんかも同類だよ。**こういうグノーシスを、方向性がまったく反対を向いたグノーシス、逆グノーシスって呼んでいいんじゃない？**

まき　方向性がまったく逆のグノーシス主義……それって、どういうことですか？

半田　シンギュラリティ仮説というのは、もともとは「収穫加速の法則」という科学技術が指数関数的に進化するという経験則から立てられたものなのね。たとえば「ムーアの法則」とか聞いたことないかな。コンピュータのCPUの集積率が1年半で2倍になるとか、そういうやつ。カーツワイルはこの法則を情報技術だけじゃなく、宇宙の歴史全体にあてはめ、コンピュータを地球の進化の最先端にあるものと見なしているわけ。つまり、第一段階は物質世界の進化。第二段階は生命世界の進化。第三段階は動物世界の進化。第四段階は人類の歴史の進化、そして、第五段階で生命とテクノロジーが結合して、最終的にはテクノロジーが自律的に進化して人間を支配し、精神自体がテクノロジーの中へと丸々移行していく。そういう唯物史観の中の進化論的ストーリーになっているわけだよ。

まき　ついていけまへん。

星乃　まさに、「一つの指輪の最終形態」ですよね。

半田 だよね。ヘーゲルの進歩史観で言うなら「世界精神とは実はＡＩだった」みたいなオチになっている（笑）。もともと、グノーシス思想ではデミウルゴスの世界から逃れるためには、精神が物質から自由になる必要があるわけだけど、トランスヒューマニズムは本来のグノーシス思想が完全に反転してしまって、その鏡像みたいなものになっているんだ。

星乃 物質意識からの乗り越えを人間自身の意識ではなく、物質の延長であるテクノロジーの力を使ってやろうとしているってことですよね。

半田 その通り。※マインドアップローディングなんかがその典型だよね。人間の意識自体をコンピュータにアップロードして、精神を肉体から解放して自律的な存在にしようと考えているわけだから。「肉体からの精神の分離を目指す」という意味では確かにグノーシス思想にそっくりなんだけど、これってどう考えても転倒しているよね。逆グノーシスだよ。

まき 意識をコンピュータにアップロードするなんて、狂気の沙汰としか思えないです……。

半田 そう思うのが正常。でも、今の世の中の動向を見ていると、本当に世界を脳内の電気信号でできたデータの集積だと思っている人たちが結構増えてきているから、それが本当に怖いんだよ。

マインドアップローディング 精神転送と訳される。人の意識をデジタルデータに変え、コンピュータにアップロード、保存する技術。現時点では、脳の活動をどのくらい詳細にモデル化して、シミュレーションすれば意識や知能が生じるかはまったく不明であり、実現化は難しいと考えられている。

コンピュータとは反対のものの出現

星乃 でも、その「逆グノーシス」の方向への欲望って、今のように唯物論的世界観が優勢な世の中だと、とても止まりそうにないですよね。

半田 多分、宗教家や人文系の学者たちがいくら警告しても止めることはできないと思うよ。※ＳＴＥＭ、つまり、科学とテクノロジーと工学と数学を最重要視するデジタル資本主義がこの世界を先導していく限り、人類の未来の方向性はこうしたトランスヒューマニズム的な方向性にしかないと思える。なんせ、世界経済をリードしている巨大ハイテクＩＴ企業のほとんどがシンギュラリティ仮説を支持して応援しているわけだからね。この動きが正気を取り戻すためには、コンピュータとは反対のものが出てくるしかない。『マトリックス』で言うなら、ネオに当たる何らかの存在がね。

まき そのネオ的なものって、具体的には何なのでしょうか？

半田 確か第二部の『リローデッド』の中のシーンだったと思うけど、スミスがネオに向かってこう言っていたのを覚えているかい？「アンダーソン君、われわれは似た者同士なのだよ」って。第一部『マトリックス』の最後で、スミスはパワーアップしたネオに一度破壊されるよね。でも、そのときにネオの持つプログラムコードの一部が間違ってスミスに転写されてしまう。その後、スミスはそのまま再起動されちゃったもんだから、第二部『リローデッド』では、ネオと同等の力を持ったスーパーエージェントとしてよみがえってくる。

星乃 突然変異のプログラムがスミスに伝染したんでしたよね。

半田 だから、言ってみれば、スミスとネオは互いに鏡像のような関係にある存在なんだ。所持している能力が互いに陰と陽のような反転関係になっている。第三部の『レボリューション』のラストで、そのスミスとネオがマトリックスの中で最終決戦を行うよね。あのシーンで、スミスがネオを乗っ取って、ネオの身体をコールタールのように真っ黒にして自分と同化させようとしたでしょ。でも、そこからエネルギーの逆流が始まり、今度はネオがスミスの中へと侵入し、強烈な発光のエネルギーとなってスミスを内部から破壊する。一度はスミスに同化するんだけど、最終的にはスミスのはらわたをえぐるようにして反転し、その反転力によってスミスを解体する。さっき言った「コンピュータとは反対のもの」の出現は、この描写の中に象徴化されているんじゃないかと思う。

星乃 つまり、一度、人間の世界はＡＩによって完全に支配されてしまって、人間は人間であることの存在理由を失いかけるけど、ギリギリのところで、ＡＩを超えるものが出現してくるってことですよね。

まき コンピュータの中から人間を救

STEM “Science, Technology, Engineering and Mathematics” の略。科学・技術・工学・数学の教育分野を総称する語。

ネオとスミスの最終決戦

い出す救世主、ネオみたいな存在が現れるってことですか？

星乃 コンピュータの中ってことではなくて、半田さんはもっと人間の意識内の問題として言っているんだと思うよ。『ロード・オブ・ザ・リング』で、人類の歴史意識と自我の発達の対応の話をしたでしょ？

まき はい。

星乃 あそこで、現在はスキゾ資本主義から新たなパラノ的社会に入っていると言ったでしょ。コンピュータの登場によって、人類はまったく新しい歴史段階に入ったとヌーソロジーでは考えているのね。

まき 『ロード・オブ・ザ・リング』でも話していた、人類全体のパラノ的な「死の時代」ってことですよね？

半田 うん、人間の歴史自体がもう「死の意識の時代」の境域に侵入しているってことだね。ネオとは、その「死の意識の時代」の到来に対して、その反動として次に出現してくる宇宙的な生命力そのものの象徴なんじゃないかと思う。それが何かについて説明するためには、本格的にヌーソロジーの話をしなくちゃいけなくなるけど、このへんで少しだけ話してみようか。まきしむの「ネオとは何か」という質問も、それを話すことでイメージできてくると思うから。

まき はい！　いよいよ核心に近づいてくるのか?!

半田 はは、そうだね（笑）。今の時代というものが一体どういう時代なのか、ヌーソロジー的な視点が入ると、そのパースペクティブ（観点・展望）が少しはクリアになってくると思うよ。

反・新反動主義の世界へ

半田　じゃあ、ここからは『マトリックス』の話からは少し離れて、ヌーソロジーそのものについての話に入ろうね。**ヌーソロジーは、ある意味、※反・新反動主義の世界とも呼べるもの**なので、そのイメージを持って聞いてほしい。

まき　それが、「歴史の死の時代」の次に現れてくる世界ってことですか？

半田　うん、僕はそう考えている。コンピュータ文明に対する対立軸を作るということだね。対立軸というよりも、補完軸と言った方がいいかもしれない。僕自身、決してコンピュータは嫌いじゃないし、コンピュータがここまで発達してきたからこそ、ヌーソロジーのような考え方が生まれてきたんだとも思っているのね。その意味では、コンピュータは歓迎されてしかるべきもの、という言い方もできるんじゃないかと。決して否定すべきものじゃない。だから、ヌーソロジー自体はコンピュータ文明の時代に人間が持つべき新しい世界観って言った方がいいかもしれない。

まき　そう聞いただけで、何かワクワクします。

半田　これまで、『君の名は。』『エヴァ』『ロー

反・新反動主義　デジタル技術を基礎におく新反動主義に対抗する考え方といった程度の意味。人間の意識の中に根付いている共同体の倫理の原型を、複素空間認識を通じて即自的に素粒子構造の中に見るヌーソロジーにとっては、量子コンピュータ等の最先端のデジタル技術は物質世界を挟んで正反対の位置に見える。

ド・オブ・ザ・リング』や、『マトリックス』といった作品を通して、いろいろなことを話してきたよね。量子論の観測問題に始まって、カバラの話や、一神教の精神の話、さらに、星乃さんからは自我意識の発達について紹介してもらって、それが人類の歴史意識の発達とも深く関係しているといったような内容にも触れてきた。あと、ＡＩのもたらすものの意味なんかについてもね。こういう話をした狙いは、人類の意識の登場以来、そのベクトルがどのような変遷《へんせん》をたどって、現代人の自我意識のようなものへと成長してきたのかをアバウトな形でもいいからイメージしてもらうことにあったんだけど、こうした意識の在り方の先に、果たして僕たちは人間の生に対して夢や希望を感じることができるだろうか？

まき　正直、感じられませんよね。やっぱり。

半田　僕もそう。何か一番重要なものが欠けていて、完全に行き詰まっているようにしか思えないのね。で、僕自身はこの欠けているものが、今までも何度も触れてきた「霊性」のことだと思っているわけ。でも、科学的世界観がここまで常識化した世界で、「霊性」について考える人なんて日ごとに減ってきている。そもそも「霊性って何よ」って話じゃない？

まき　確かに。ほとんどの人は、「霊」という言葉を出すだけで、オカルト＝トンデモって感じで引いちゃいますよね。

半田　でも、ヌーソロジーでは、逆に、**今まで積み重ねられてきた科学的な知識の中にこそ、人間が霊的な存在へと変わっていくための突破口が隠されている**と考えるのね。と同時に、その突破口さえ見出すことができれば、人間は、トランスヒューマニズムの連中が考えているのとは真逆の方向で、物質から精神を離脱させ、人間の理性をあっという間に宇宙的な知性、霊的な知性へとメタモルフォーゼ（変身・変容）させることができるんじゃないかと思ってるわけ。

星乃　科学的な知識の中に、人類を霊的な存在へと変えていくための糸口があるってことですね。

半田　そういうこと。また、そうじゃないと話にならない。今までしてきた話は、すべてその世界をイメージに上げるための伏線のようなものだと思っていいよ。

まき　普通、霊的な知識って、瞑想とか修行とか霊能とか、そういうものからしか得られないってイメージですよね。でも、そういうものって何の根拠も証拠もない。だから、霊性を追求しようとすると、どうしても自分だけの思い込みというか、「なんでもアリ」になってアヤシくなってしまうんですよ。その人の嘘でも妄想でも、「真実」として通ってしまうから。そういう意味で、人類の共通認識の基盤でもある科学を霊性の根拠にできれば、アヤシくなくて面白いオカルトが実現できると思うんです。それが、わたしの大きなモチベーションになっているんですよ。だから、今の半田氏のお話にはとってもテンションが上がります。で、その科学的な知識の中に隠されたヒントって何なのでしょう？

半田　うん。『君の名は。』でのインタビューのとき、素粒子の話をしたよね。現代科学はようやく物質の根底が素粒子というもので成り立っていることを発見したんだけど、困ったことに、素粒子を今までの「物質」という概念で捉えようとすると、素粒子の挙動自体がうまく理解できない。そんな話をした。

まき　はい、物理学者たちも素粒子の正体についてはまったく分かっていないという話でしたよね。

半田　そう。だから、ヌーソロジーでは、いっそのこと素粒子を物質として考えるのを止めたらどうか、と提案しているわけ。もっと言うなら、**物質という概念自体、現在の宇宙のリアルを考えるにあたっては、もう通用しない古臭い概念**じゃないのかってね。

まき　物質概念はもう古すぎる。つまり、宇宙は物質で出来ているわけではないと。

半田　物質なんてものは、実はハナから存在していないんじゃないかってこと。

まき　『君の名は。』では、素粒子＝純粋持続で、それが自己と他者のつながりの仕組みになっているって話をされていましたよね。

半田　そうだね。**素粒子というのは、実は人間の精神そのもので、素粒子によって人間の意識が支えられている**と考えたらどうかってね。

まき　……。何か、すごい話になってきたぞ。素粒子によって人間の意識が支えられている

君もネオになれ！

半田　近代になって、それこそデカルト的理性が猛威をふるって、人間は主客二元論をもとに精神と物質を別のものとして考えてきたわけだよね。現代の哲学はイデアの世界なんて、もう存在しないものと考えているし、宗教だって相変わらず旧態依然とした霊魂の話を延々

と繰り返すだけで、物質については何一つツッコミを入れてくれない。もちろん、伝統的なオカルティズムは物質と精神の一致を常に説いてはきたんだけど、それだって、どう一致しているのかっていう具体的な考え方を示してくれたことはない。だから、**そろそろこのへんで、最先端の現代物理学の知見を通して、物質と精神が一体となって脈動している宇宙生命のリアルがありありと見えてくるような新しい思考様式を作ってはどうか**、ということなの。そうすれば、今までのように、科学的世界観や物質的なテクノロジーに全面的に依存した文明ではなくて、霊的存在としての人間がより一層深く自覚され、自然と人間が一体となって溶け合ったまったく新しい文明の在り方というものが少しは見えてくるんじゃないかって。

まき それが、科学的な知識の中に、人類を霊的な存在に変えていくための突破口を探し出すってことなんですね。

半田 うん、もちろん、今の段階では仮説でしかないんだけど、ヌーソロジーはそういう理念のもとに、まずは物理学と哲学をつなぎ、伝統的な宗教や神秘学が語ってきたことをそこに取り込み、そこから心理学や歴史学、さらには化学や生物学など、今まで人類が積み上げてきたさまざまな分野の知識を、物質と精神が一致した世界観のもとに統一的に再構成することができるんじゃないかと考えているんだ。

まき なるほど、**バラバラになっている学問の垣根を取り払って、すべての関係性のつながりが見える新しい生きた学問の体系を作ろう**ってことですね。ヌーソロジーってそういうことをしているんですね。やっと、ちゃんと分かった気がします。じゃあ、そのきっかけとなるのが、素粒子と意識のつながりの構造を人類が見出すことで、それが「救世主―ネオの出現を意味するってことなんでしょうか？

半田　そうなんだけど、「救世主」などといった表現も、もう気持ち悪いから止めにしよう（笑）。「救われる」とか、「救われない」とか、そういう受動的な態度がそれこそサウロンの世界に隷属した奴隷的意識の発想なわけ。どっかの教団の教祖が世界を救うとか、UFOに乗って来た宇宙人が人類を救うとかももちろんナシね（笑）。あと、使徒やゴジラ的な「破壊の享楽」も要らない。そういったものは、あくまで、人間が受動的な存在として生きているから求めちゃうわけで、僕らの意識を「能動的なもの」へと反転させることができればもう必要ない。

まき　「能動的なもの」への反転？

半田　**宇宙を創造する側の意識に転回を起こす**ってことだよ。**創造的感情にアクセスする**、とでも言うのかな。もともと、キリスト教でも「救世主キリスト」という存在は「事物の始源を明らかにして、自然を完成へと導く存在」とされていたんだよね。現代科学は事物の始源が素粒子の世界にあることを突き止めた。一方、宗教やオカルティズムは、始源は永遠なるイデア世界にあると言い続けてきた。だから、もし素粒子と僕らの意識の世界をダイレクトに結びつけるような新しい思考を作り出すことができれば、人間は宇宙の始源を自分自身の意識の有り様として発見することになる。この発見は宇宙の始源が明らかになるということでもあるのだから、そこに生まれてくるものこそが、当然、キリスト存在ってことにならないかい？

まき　ってことは、自分自身がキリスト、つまり「救世主」だってことですか？　となると、ヌーソロジーの考え方では人間全員が「救世主キリスト」ってこと？……

半田　当たり前だよ。人間全員がキリストでなくて一体誰がキリストなのよって聞き返したいくらいだよ。マトリックスの権力機構が捏造《ねつぞう》してきた古いキリスト像なんてものはそろそろ払拭しないとダメだと思うよ。

まき　すごいですね。みんながネオなんだ。

半田　そう、全員ネオになろうって言っているわけ（笑）。

星乃　そういえば、『エヴァ』の劇場版でも、地球上に無数の光の十字架が立ち上がっていきましたよね。そのとき、冬月が「世界の始まりと終局の扉が、ついに開いてしまう」とか言ってた。

半田　それって「※ガフの部屋」のことだよね。ガフの部屋の扉が開くことによって、全員のATフィールドが消えて自我が解体され、肉体を構成していた物質は原始地球の海のような生命のスープ状態になって溶けていった。あそこで、冬月は「始まりと終わりは同じところにある」とも言っていたよね。ヨハネの黙示録にも「事は成就した。わたしはアルファであり、オメガである」っていう一節があるけど、それも始源としてのキリストを意味する言葉だよね。宇宙的時間の流れを一つの円環として考えれば、終わりと始まりはつながっていて、キリストという存在はその結節点にいるわけだよ。

ガフの部屋　ヘブライ人の伝説にある、神の館にある魂の住む部屋のこと。魂の始まりの場所でもあるとされる。

まき　「始まりと終わりはつながっている」って、よく耳にはしますけど、そういう意味なんですか……。でも、どうして、ヌーソロジーでは、人間の意識が素粒子であると言えるんですか？　その根拠が科学的知識の中にあるってことなんですよね？

ロンギヌスの槍とカシウスの槍、再び

半田　うん、そのことについてちゃんと説明するためには、ヌーソロジーの空間認識の話をしないといけなくなる。

星乃　人間を人間たらしめているのは生物学的特徴などではなく、空間認識の在り方だってヌーソロジーでは考えるんですよね。

半田　そうだね。人間を生物学的な分類の中で規定する見方も人間の空間認識の中でのことだからね。とにかく、空間に対する※ゲシュタルトをまったく違うものへと再構成して、人間の存在する意味を根底から考え直そうというのがヌーソロジーの問題意識と言っていいと思う。哲学や精神分析のみならず、物理学をひっくるめた議論になってくるので、ちょっと面倒なんだけど……。

まき　なるべく分かりやすくお願いします！　ワクワク。

半田　ヌーソロジーは純粋に空間の反転認識の形態だけを追求していく思想なので、最初は馴染むのが大変かもしれないけど、今日は基本的

なことだけを話しておくね。まずは、以前、『エヴァ』のところでも話した「カシウスの槍」の話を思い出してほしいんだ。確か、あのとき、物質意識というのは空間を「幅」で覆い尽くしたところに生まれているものだと話したよね。

まき　はい、「カシウスの槍」とは「奥行きの幅化」のことだと言われてましたよね。「奥行きの幅化」によって、そこに主客分離の世界が生まれ、人間にとって外と思われる3次元世界の認識が生まれているというお話でした。

半田　そうだね。今日は少し丁寧にいきたいから、とりあえず、その様子を図示してみよう（下図参照）。僕らが「空間は3次元だ」と判断している状況というのは、この図に描かれているような状況のことを言うわけだよね。今、まきしむが言ったように、「奥行きの幅化」がカシウスの槍の意味なわけだから、この図だと「カシウスの槍」はz軸として、観測者で

ゲシュタルト　ドイツ語で「形」「形態」「形姿」などを意味する。ここでは認識の形態の意。

● 3次元の空間認識

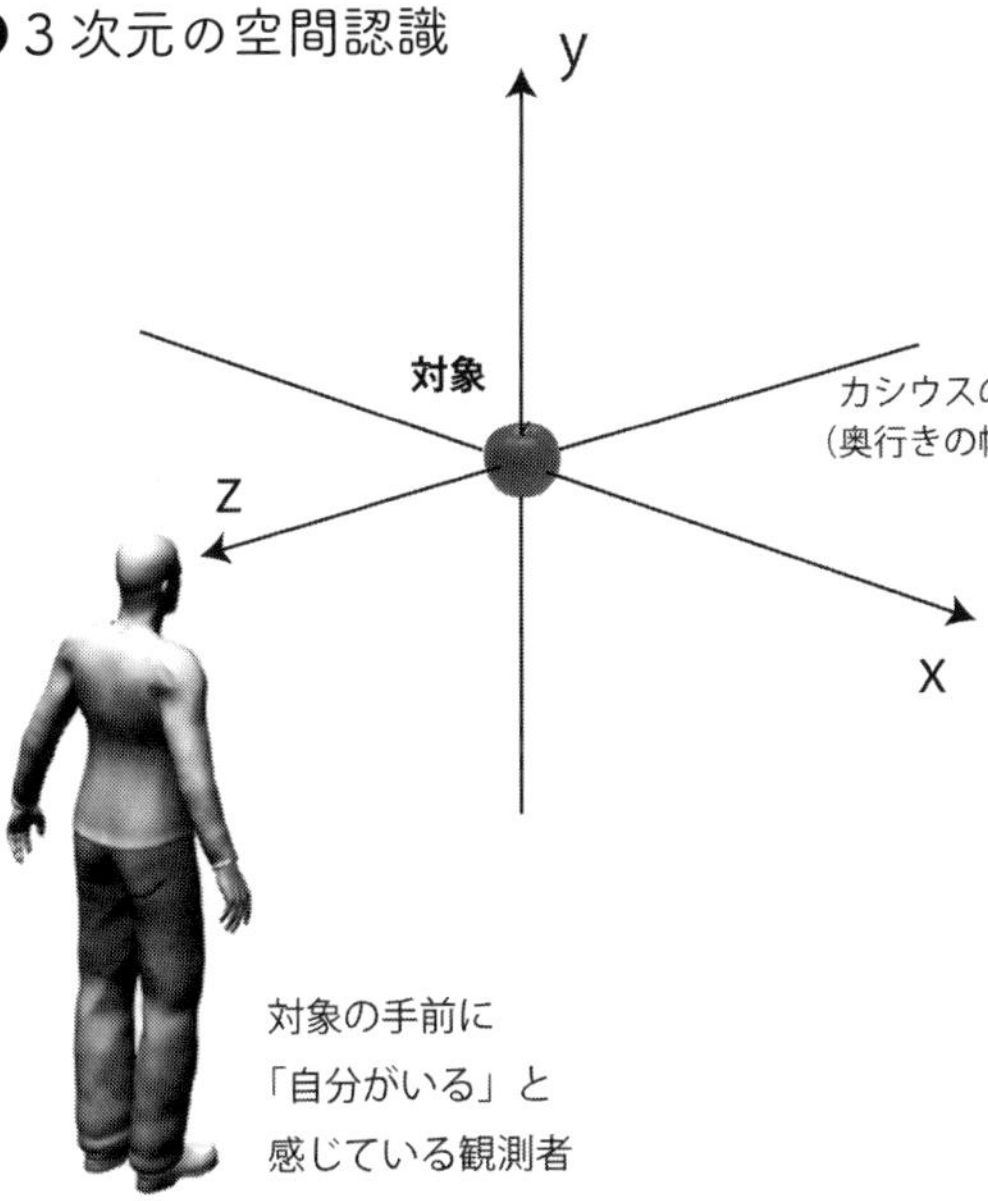

ある自分自身に突き刺さっている。こうした3次元認識は、他者から見た空間に自己が入り込んで、そこに見える「幅」のイメージを自分の奥行きの空間に重ね合わせることによって生まれている。つまり、自分を外から見たところに空間のイメージを作っているわけだ。

星乃　そうですね。自分の奥行きを、他者から見た幅と同じものと思い込んでしまっているということですね。まきしむ、奥行きと幅の違いはなんだっけ?

まき　えっと、確か奥行きは自分の視線で、そこは純粋持続が働いている場所で、幅は物と物の間をつなぐ3次元空間の中の単なる距離。

星乃　そうだよね。ってことは、奥行きを幅と思い込むというのは、自分の持続の働きをないものとして、世界を見ている自分を3次元空間の中の単なる物体として見てしまうってことになるでしょ。

半田　そう。身体が単なる物体として意識化されてしまうところに、3次元空間という概念が生まれているということなんだよね。

まき　そっか。「カシウスの槍」＝「奥行きの幅化」って、そういうことだったんだ。

半田　うん。よ〜く考えてごらん。自分自身が実際に見ている世界には、この図が示しているような空間は存在していないよね。こういう3次元空間のイメージは、自分を外から見る視点がないと作れない。もっと言うなら、「自分」というイメージだって同じ。自分じゃ自分の頭も背中も見えないわけだから、自己の外的イメージというものも、他者が見ている世界を通して生み出されているってことになる。

星乃　それって、私が『ロード・オブ・ザ・リング』で話した肛門期（1歳半～3歳）の意識に似ていますよね。その時期の子どもが、お母さんに見られている自分をイメージして、自分＝身体イメージと考えるようになるという。これは、フロイトの弟子のラカンが言っている※鏡像段階の理論のことなんですけど。正確には、ラカンの鏡像段階は6カ月～1歳半と幅があって口唇期とかぶるんですが、私は口唇期と肛門期のちょうど間の1歳半くらいと考えています。つまり、鏡像段階が生じることで肛門期に移行するということです。

半田　当然、個人差もあるだろうし、そこは学問的には意見が分かれるところだろうけど、いずれにせよ、星乃さんの言う通り、**人間は他者の視野空間に映る自己像を想像して、その中に自分の自我意識の拠点を作り出す**ってことだね。文字通り、自分が3次元空間の中で生きているという認識の土台はこの鏡像段階の時期に作り出されてくる。まずは、「人間」を作り出してくるこの「鏡の原理」をしっかりと頭に入れることが大事。

まき　いきなり、頭が沸騰しそうです……。えっと……それっていうのは、私が認識している「私」、つまり自我は、他者に見られることによって、3次元空間内の身体として認識されているってことでいいんですかね？

半田　うん、自我の基盤がそうやって作られるってこと。自分が3次元空間内の身体としてはっ

鏡像段階　ラカン心理学の概念の一つ。6カ月から1歳半の子供が、鏡に映った自分の像に同一化して自己の身体的統一感を感じ、そこに自我の拠点を作るという説。

きり意識されてくるのは、意識の視点が完全に他者側の視点と合流したときだけど、「見られている自分」という原初的なイメージが生まれてくるのが、星乃さんの言う肛門期あたりからだと思う。肛門期って1歳半から3歳ぐらいということでいいのかな？

星乃　そうですね。諸説あるのですが、私はそう考えています。

まき　ってことは、私たちが外の世界と思って見ているものは自分も含めて、他者の視野空間に映された鏡像でしかない……つまり、3次元の世界自体が鏡の中の世界になっているということなんですね。

半田　最初は、なかなかピンと来ないかもしれないけど、そういうことになる。一言でいうと、3次元空間という場所は実在の空間じゃないってことだよ。**僕らが、客体=物質と呼んでいるものはすべて、他者が見ている世界を自己が想像することによって作られた幻想の世界と言っていい**かもしれない。単なる概念にすぎないってこと。**この幻想には自分が日頃イメージしている自分の肉体も含まれているわけだから、つまり、そこには、本当の自分なんてものはいない**ってことでもある。

まき　それこそ、本当に「マトリックス」だ。3次元世界の中には、本当の自分はいない。じゃあ、本当の自分ってどこにいるんでしょうか。

半田　当然、自分が知覚している空間側にいるってことにある。それってどこにある？

星乃　主観的空間ってことですよね。

まき　え～……あ、そっか、主観的空間というのは、自分が見ている空間そのもののことを言うわけだから、自分の視線の方向。つまり、奥行きの方向ですね。

半田 その通り。念のために、その空間の様子も図で表現してみようね。すると、こんな感じになるよね（下図参照）。さっきの図と様子がまるっきり違うのが分かるだろ。この場所では、自分の頭や顔や目は見えず、ただ、視野空間にリンゴの像がポツンと浮かんでいるだけの世界になる。そして、ここが一番重要な点なんだけど、このとき、奥行きのz軸方向にあった幅＝距離は消えているよね。真の奥行きの世界においては、空間は3次元ではなく、2次元の平面のようにしか見えない。奥行き方向はつぶれて点になっている。つまり、ここでは、「カシウスの槍」は引き抜かれていて、存在していない。

まき 確かに奥行き方向に距離は見えません。奥行き方向が点につぶれているっていうのは『エヴァ』で星乃さんも言ってましたよね。

半田 うん、視線の方向がz軸とまったく同じ方向になっているので、自分からはz軸の長さがまったく見えなくなるってこと。

まき そうか、やっと分かってきました。奥行き方向に距離や長さを感じているのは、他者が見

●観測者から見た空間

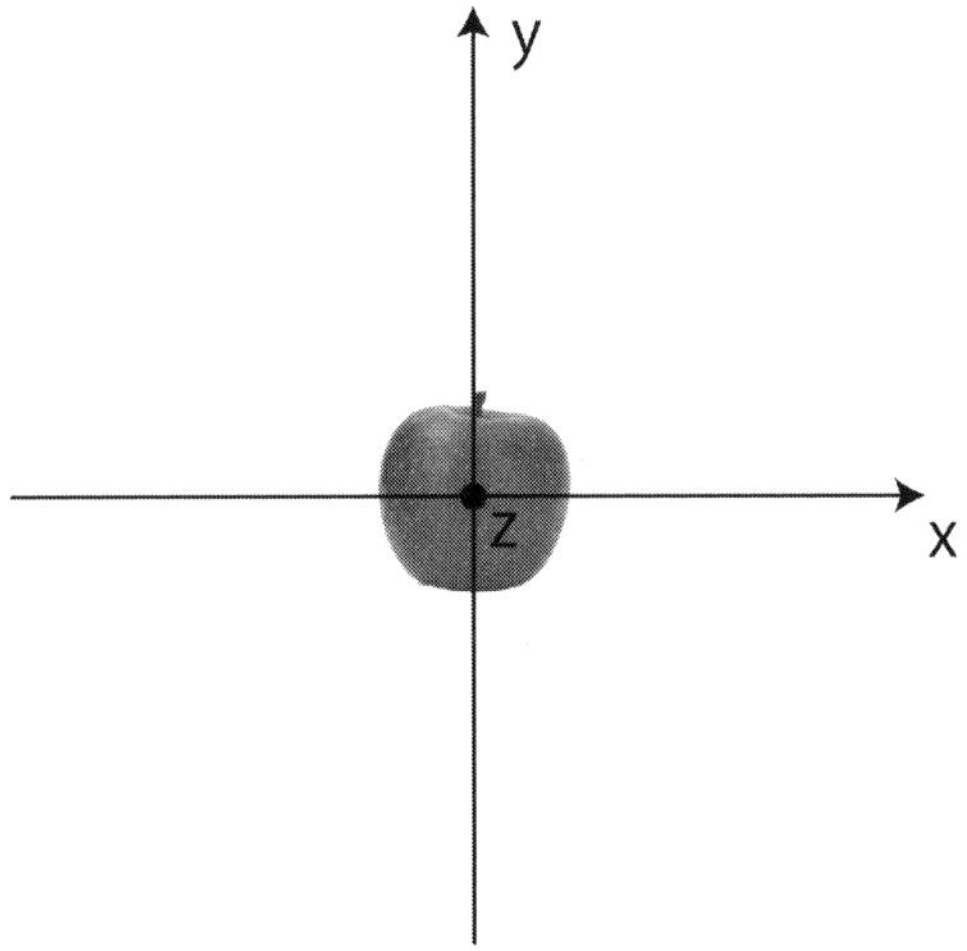

奥行き（z軸のマイナス）方向は点にしか見えない

ている幅の空間を自分が見ている奥行きの空間の上にコピーしているからで、もともと奥行きには距離なんてものは存在していないってことなんですね。

半田 奥行きはあくまでも「見る」空間であって、「見られる」空間ではないってことでもあるね。つまり、見えている世界そのものが本当は主体＝自分だってことだよ。

まき ……んっ、ちょっと待てよ。でも、リンゴを触れれば、奥行きに距離があって、3次元の物体のように感じるんじゃないですか？

半田 いや、それは、空間を3次元として概念化した後に、リンゴに触覚の感覚をあてがっているだけ。触覚だけじゃ空間が3次元なんて決して分からないと思うよ。

まき え？　なんで？

半田 うん。だって、そうだよね。赤ん坊のときに物を触って、あっ、空間は3次元だ！　なんて感じた経験があるかい。触覚だけじゃ、空間の3次元どころか、物の外部さえはっきりとは意識できないと思うよ。目をつぶって実験してみれば、それはすぐに分かると思うけど。

まき どれどれ。あっ、ホントですね。距離という概念がなければ、互いに離れている物を触っても、その間に空間があるってこともよく分からなくなっちゃいます。

意識は脳で生まれているわけじゃない

半田　とにかく、現在の僕らの意識は「カシウスの槍」でグサグサに刺されて、3次元の空間感覚で意識がガチガチに固められているから、ここは、ゆっくりと丁寧に説明していくよ。さっきも言ったように、視野空間として出現している主観的空間は2次元の平面にしか見えていないわけだから、ヌーソロジーでは、この空間を客観的な時空の中にあるものとしては考えず、まったく異次元の空間として考えるんだ。

まき　えっ、どうして異次元なんですか？　2次元は3次元の中に含まれたものですよね。

半田　それも、すでに3次元の客観空間を前提にして考えているよね。客観的な空間と主観的な空間、どちらが先に僕らの意識に現れたものか、じっくりと考えてみるといいよ。『エヴァ』で星乃さんも言っていたよね。主観的な空間は、おそらく誰もが赤ちゃんのときに経験した空間だと思うんだけど、そのときは、まだ空間が3次元だなんてことは分からなかったでしょ。おそらく、その時期は、意識は奥行き方向にある自分の視野空間そのものの中で活動していたんじゃないかと思う。極端に言えば、視野として開かれた平面のスクリーン上をお母さんの顔らしきものとか、オモチャらしきものとか、風景らしきものとか、いろいろなものが動いていただけで、自分の体が3次元空間の中で動いているなんて感覚はなかったんじゃないかな。

まき　そっか。主観空間の方が先だから、より根本的で、本質的なものってことなんだ。

半田　そうだね。つまり、乳幼児期の意識の在り方としては、動いているのは自分じゃなく、周りの空間や物の方だったということだよ。分かりやすく言うと、視野空間がそのままPCのモニターの画面のような世界になっていたんじゃないかってこと。※ＦＰＶで世界を見ていた。時間の感覚にしてもそうだよね。小学校に入る前は、過去とか未来とか、よく分からなかったでしょ。ある意味、乳幼児期は誰もがタイムレスな感覚を持っていた。

まき そう言われてみれば、確かに………。

星乃 ※ピアジェの知覚心理学でも、そう言いますね。フロイトもそこが「エスのあるところ」って言います。

半田 そうだよね。しかも、フロイトは「幼年時代は、もう無い」とも言っていた。一度、3次元認識が出来上がってしまうと、さっき言ったような乳幼児期の空間感覚は失われて、二度とそこには戻れないってことだね。ヌーソロジーは、こういった空間知覚の履歴をしっかりと自覚している心理学や精神分析の考え方の方が、3次元認識を基盤にしている脳科学よりも、意識について正しい捉え方をしているると考えるんだ。

星乃 科学は時間と空間の世界が大前提ですから、仕方ないですね。

半田 そうなんだよね。科学的宇宙観のアヤしさもまさにそこにある。科学が思考の土台にしている時間と空間という世界は、さっきも言ったように、自己が他者サイドからの視線に自分の視線を重ね合わせて世界を見ることができるようになって初めて意識に生じてくるものなんだよね。**本来、先手側として生まれているのは主観的な「絶対不動の空間」の方なわけだよ。この空間は、自己の身体に直接根付いている根源的な空間であり、本当は世界を内側から見ているような空間なんだ。そして、この空間は「絶対不動」なわけだから、それは3次元や時間の中には含まれているものじゃなくて、本当は時空の外部にあるものと考えないといけない。**

まき　そっか、視野空間の中で3次元世界が動いているってことは、視野空間自体は3次元の外にあるってことなんだ。だから、異次元なんだ。

半田　おっ、ようやく感応してきたね。自分の身体があたかも一つの物体のようにして、空間の中を動き回っているような感覚を与えている**客観的な3次元の空間認識は、こうした主観的空間の後に生まれてきたものなのに、科学的常識は客観的空間の方が先にあるものとして考えてしまう**でしょ。はっきり言えば、そこで、原因と結果が逆転した世界に入り込んじゃっているわけ。

星乃　そうですね。個人の意識発達を見ても、『エヴァ』でも話したように、口唇期の赤ちゃんには主観的な意識しかないと考えられます。それから、肛門期直前に「身体イメージ」が生じ、男根期から超自我が生じて、客観的な意識が出来てくる。

半田　心理学的に言うと、男根期というのが、まさに他者視点に自己の視点が同一化して世界を見るようになり始める時期と言えるだろうね。客観的な時間と空間の世界がそこから意識に立ち上がってくる。同時に、この時期から、言葉や概念で世界を見るようになって、言葉が作っている世界＝象徴界の中に意識が組み込まれていくわけだよ。

FPV　First Person View の頭字語。一人称視点を意味する。反対語はＴＰＶ（Third Person View）。

ピアジェ（Jean Piaget, 1896-1980）スイスの心理学者。子供の認知発達に関する研究は、心理学の他にも教育学など様々な分野に大きな影響を与えている。ピアジェの研究の中でも有名な認知発達段階説では、子供の認知発達は、感覚運動期、前操作期、具体的操作期、形式的操作期の４つの段階を経るとされている。主著に、『子供の言語と思考』『発生的認識論序説』『発生的認識論』などがある。

まき　そっか。ということは、超自我の時期にマトリックスが本格的に出来上がるんですね。

半田　ご名答。まさに、時間と空間の世界はマトリックスを作り出すための基本プログラムになっているということだね。**この「客観が先」という人間が持った空間に対する先入観が、この前『ロード・オブ・ザ・リング』で話した一神教の精神と深く関係している。**「外の世界の方が先に存在している」と思ってしまうと、当然、物質世界の方が精神より先行してあるって思ってしまうよね。そうなると、世界がどこからやってきたのかがまるっきり分からなくなるから、そこに「神＝創造主」という超越的な存在を仮定して、その存在がわれわれに世界を与えてくれたのだ、という話を作り上げてしまう。そういったプログラムが無意識の中に前もってセットされているわけだよ。それが、星乃さんが言う超自我のことだと考えるといいよ。ヌーソロジーではf-others-operation＝「父なる他者の作用」って呼んでるけどね。

まき　父なる他者か……それが、アーキテクトだ!!

半田　まさに、その通り。僕らが「他者」と呼んでいる存在の中に、このマトリックスプログラムのコア部分が仕込まれているってことだね。ただ、ここで言っている「他者」というのは、僕らが日頃、経験している通常の他者とは別物だと思ってね。哲学で言うところの※超越論的な意味での「他者」のことで、自己意識の発達に絡む他者の役割のことを言ってる。要は、**自分の意識が生まれてくる以前に、既に前提とされていなければならないような他者のこと。そういう存在がいるからこそ、客観世界というものが意識に生み出されてくる**わけだよね。

星乃　そうですね、でも科学は、主観的な空間も客観的な空間の中にあるものとして考えていますよね。この図で言うなら、リンゴに当たった光が目の中に入ってきて、それが、脳の中で像を結んで、リンゴが意識に見えている……みたいな感じで。

半田　そうだね。それが科学的な思考における知覚空間の捉え方になってる。でも、それは間違っていると思うよ。知覚が降り立っている主観的空間の方が先にあるわけだから。その事実を無視して、科学は客観的な外界を前提にして意識について考えようとするものだから、※意識が「ハードプロブレム」化してしまうわけ。

まき　「ハードプロブレム」って？

半田　たとえば、科学は外界から網膜、視神経を通して脳に入ってくる単なる化学的、物理的な電気信号が、どのようにして赤いリンゴなら赤いリンゴの像として意識に現れるのかがまったく分からない。だから、この手の問題はハードプロブレム（困難な問題）って呼ばれている。でも、ハードプロブレムになるのは当たり前だよね。問題の立て方自体がおかしいんだよ。観測者と対象の間に距離を設定していること自体が誤りなの。客観世界優位の考え方のままで、そこに観測される物質からどのようにして意識経験が生まれてくるのかという偽の問題を立てて、それで悩んじゃう。

超越論的　人間の先天的な認識の経験がいかにして可能になるのかということの、その条件について思考する思考の在り方。哲学における無意識に対する思考態度と考えてもよい。

意識のハードプロブレム　オーストラリアの哲学者デイヴィッド・チャーマーズによって提起された哲学上の問題。物質および電気的・化学的反応の集合体である脳から、どのようにして主観的な意識体験（現象意識、クオリア）というものが生まれるのかという問題のこと。

ヌーソロジーから言わせてもらうなら、もともと、観測者は3次元空間の中なんかにはいないわけだから、外部から脳の中に情報が入ってきているわけじゃないんだよ。

まき　意識は脳で生まれているわけじゃないと？

半田　意識の結果として脳が存在しているのであって、脳が意識の原因じゃないというのは、誰だって冷静に考えればすぐに分かることだと思うけど。

星乃　でも、そういった「物質が先か、精神が先か」という議論を延々とやってきて、結局、今は「物質が先」という物の見方に軍配が上がっているわけですよね。

半田　そうだね。脳科学がもたらしている圧倒的な情報量に従来の哲学は対抗できなくなっている。形勢はまったく不利な状態にあることは確かだけど。

星乃　ヌーソロジーはその不利な形勢を逆転できると考えているわけですよね。

半田　今はまだヒヨッ子だから難しいかもしれないけど、いずれは逆転できると思ってる。**問題は精神の「場所」を見出すこと**なんだよ。人間は一体どこにいるのかってこと。今までの哲学が精神の優位性を勝ち取れなかったのも、精神が息づいている場所について明確な空間概念を作ることができなかったからだと思う。精神が息づいている場所について考えるためには、知覚そのものは客観的な3次元空間の中で起こっているのではなく、まったく別の次元の空間で起こっていると考えなくちゃいけない。そして、その別の空間で、主体のアイデンティティを保証する精神が、純粋持続として働いていると考える必要がある。

まき　ふむ、ふむ、『君の名は。』のところで話していただいたベルクソンの概念ですね。意識の一番根底にある一番純粋なもの。それがある場所を見出す……。

半田　ベルクソンの言葉で言うなら、「※意識に直接与えられたもの」ってやつだね。タイムレスな流れない時間、根源的時間って言ってもいい。それがどこにあるかってこと。

人間の精神は「奥行き」として存在している

半田　ベルクソンが純粋持続の概念を通して、一番言いたかったことは、科学は外部に時間と空間の世界があると考えるけれど、そういう外部というのは一瞬でしかないってことなんだよね。

まき　外部の世界は一瞬の世界？　どゆこと？

半田　僕らは「外に世界がある」ということを当たり前のように受け入れているけど、「世界がある」ということは、「世界があり続けている」ってことだよね。今、世界がある、1秒前もあった。1分前も、1時間前も、そして1年前もあった……。そうやって、僕らは外に世界が存在していることを疑わない。だけ

意識に直接与えられたもの　ベルクソンの著書『意識に直接与えられたものについての試論』からの援用。ベルクソンは時間の本質（純粋持続）を意識に直接与えられたものとした。

ど、結局、そういうことが言えるのは、人間に記憶があるからだろって言うのがベルクソンの主張なんだ。『君の名は。』でも話したよね。記憶は外にあるものではなくて、人間の内に備わっているものだから、**本当に存在しているものは外の世界ではなくて、記憶という能力を持つ内なる精神の方**じゃないのかって。そして、その精神の根底的な在り方を純粋持続と呼び、ベルクソンはそれが実在ではないかと考えたんだ。外の世界というのは、その意味で言うなら、パラパラ漫画の瞬間、瞬間の画《え》のようなものにすぎず、それらを連続的につないで存在として見せているのは、精神が持った純粋持続の力なんだよ。

まき　なるほど、持続による記憶の力がなければ、外の世界は一瞬一瞬の点滅のようなものにすぎなくなりますよね。

半田　現在という瞬間の前と後ろに何の脈絡もなくなるわけだからそうならざるを得ないよね。そういう考え方から、ベルクソンは純粋持続の世界と瞬間としての外がどういう関係にあるかを※記憶の円錐《えんすい》モデルなんかを使って論じたんだけど、その理論を具体的に科学と結びつけるところまでは行けなかったんだ。それで半ば※心霊主義者のように見なされてしまったんだ。

星乃　ヌーソロジーはそれをより具体的なモデルで科学と結びつけようとしているわけですね。さっきおっしゃった「精神が活動する場所」についての明確な空間概念というのもその意味ですよね。

半田　そうだね。まずは、その場所を数学的な形式として見出して、幾何学的なトポロジーを組み立て、持続空間の空間認識を作り上げていくってことかな。いずれにしろ、哲学のような言語的観念だけでは3次元の空間概念を解体させることはできないと思うから、純粋持続が活動する空間をより具体的な構造として削り出していく必要があるね。まきしむは、純粋持続の空間はどこにあるかもう見当がつくよね？

まき　さっき話していた主観的空間のこと、つまり「奥行き」ってことですよね？

半田　素晴らしい！　その通り。**精神とは、奥行きとして息づく純粋持続そのものの力。その考え方がヌーソロジーの思考の入口になる。**

「奥行き」といっても、さっき話したように、3次元空間とはまったく別のところにある「奥行き」のことだよ。そして、ここからが一番大事なところなんだけど、**この純粋持続が息づく奥行きの空間をヌーソロジーでは「※虚の空間」と見なして、数学的には虚軸に対応させて考える。**つまり、奥行きは見えないので、文字通り「虚」の軸に対応させ、幅の方は見えるので「実」の軸に対応させる。

まき　虚軸と実軸って？

ベルクソンの円錐モデル

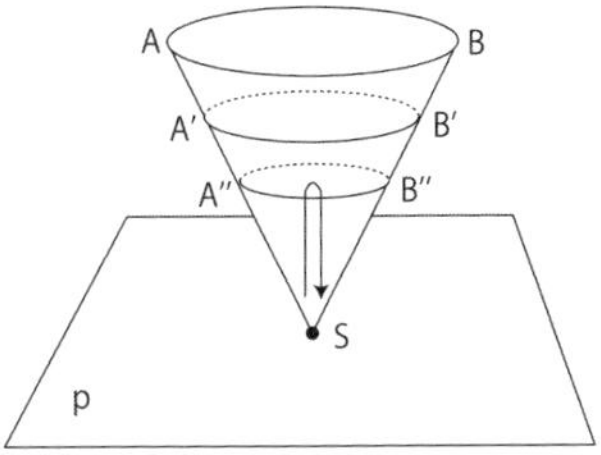

記憶の円錐モデル　上図のようなモデル。Sは現在。A～Bで表される円が1つの記憶。通常の記憶の場所は円錐SABのさまざまな断面として表される。時間の流れは頂点Sが平面Pと常に接しながら、平面Pを押すように円錐自体を成長させてくのに対応し、新たな過去をA' B' ，A" B" というように生産し続けていく。ベルクソンによれば、意識は常にこの円錐内部を反復しており、その反復によって記憶が現在にもたらされるとしている。

心霊主義者　非物質的な霊の世界の存在を主張する立場の人。

虚の空間　数学的には複素平面上の虚軸で表現される空間のこと。ドイツの神秘思想家シュタイナーがいうエーテル空間に対応づけて考えることもできる。ヌーソロジーでは純粋持続の場として働く空間の名称として使用することが多い。

星乃　虚数は『君の名は。』で少し出てきたけど、2乗したらマイナスになる数のことだよね。そんな数は実際には存在しないけれど、それを使わないと素粒子を数学的に表せないから、虚数という概念が必要になってくるの。虚数を表すときには「i」という記号が使われるのね。その虚数を表す座標軸のことを虚軸、通常の1、2、3、4、5とか、小数、分数、無理数などの実数を表す軸を実軸と言うの。そして、奥行きがその虚軸、幅が実軸に対応すると仮定すると、人間が経験している目の前の水平な面は虚数と実数を合わせた複素数が作る複素平面と言うことになるんです。

まき　複素平面?

半田　うん、虚数と実数で表される2次元の平面のことだよ。奥行きと幅は、さっきも言ったように、「見るもの」と「見られるもの」の関係として直交関係にあるので、奥行きを虚軸、

●複素平面と持続空間

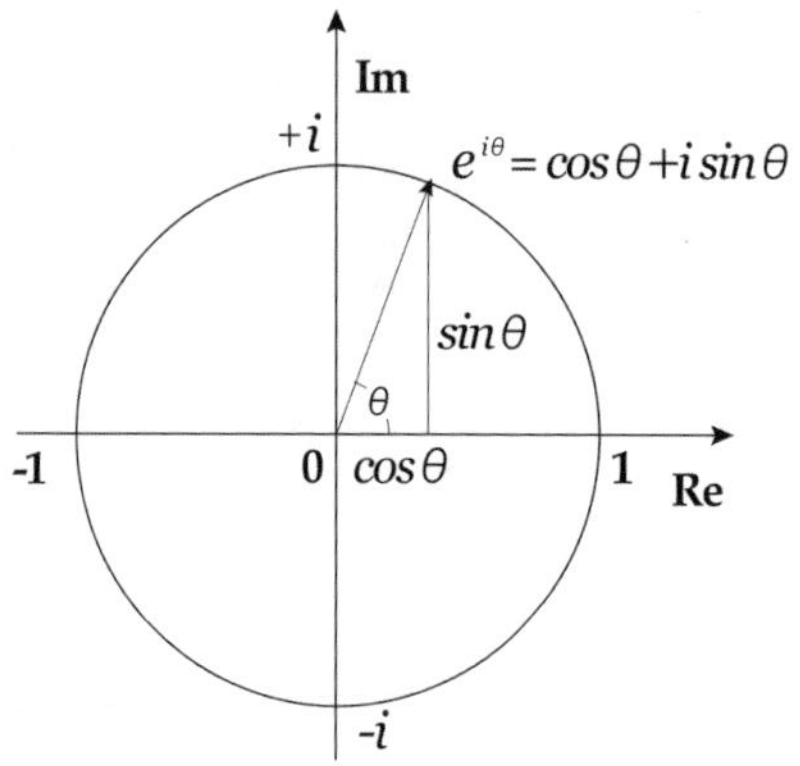

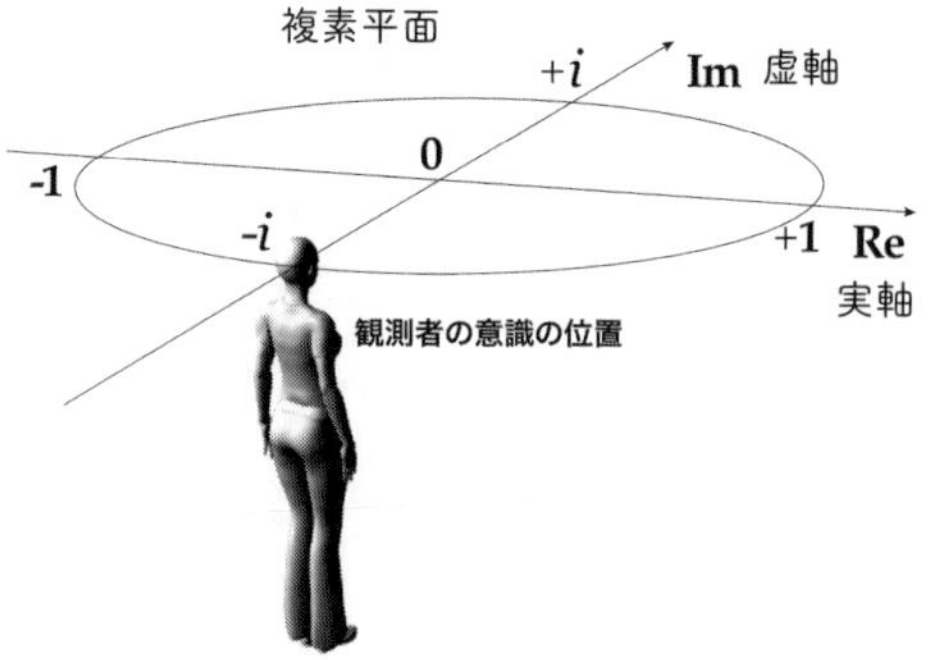

幅を実軸とすれば、数学的には複素平面を構成することになるんだよね。一応、複素平面を図で表すとこういう感じ（298頁の図参照）。右側が奥行きを虚軸に対応させたときの図だね。

星乃 このとき観測者は「$-i$」の位置に置いて考えていいんですか？

半田 基本的にはそう考えていいよ。座標で言うと（$0,-i$）の位置ってことだね。図では、分かりやすくするために、観測者の位置を肉体で表しているけど、実際は意識の位置のことだから、この肉体は観測者の意識の位置のたとえとして考えてね。複素平面は物質の空間じゃないので。

まき じゃあ、反対側にある「$+i$」の位置の方は何を意味するんですか？

半田 それを「他者側の意識の位置」として考えるといいと思う。

まき 実軸を挟んで、自己と他者を正反対の位置にいるものとして考えるってことですね。

半田 他者も観測者の次元にいるわけだから、実数空間に対して両者とも逆方向から直交しているわけだね。そして、その直交性が観察の意味でもある。

まき 『君の名は。』のインタビューのとき、素粒子は複素数でしか表せないと言われていましたが、このような形で主観的空間に複素平面の概念を取り込めば、素粒子と主観的空間の関係を数学的に説明できるようになるということですか？

半田 いい質問だね。量子力学では、素粒子はすべて波動関数という複素数の関数で記述されるんだけど、その波動関数を複素平面上の半径1の円における回転として表すことができるんだ。つまり、この図の円の上での回転運動自体を、素粒子に対応させてみることができるようになるということだね。

まき　なるほど〜！　さっきの図の$-i$から$+i$の軸が奥行きで、-1から1が幅で、その平面上の回転が素粒子ってことから、奥行き、つまり意識と素粒子が結びついてくるんですね！

主観的空間と知覚球体

半田　うん。そのように仮定すると、結果的に、一つの対象を見ているときの主観的な空間は、自分の正面にある奥行きとしての1本の虚軸と、左右、上下方向にある2本の実軸で構成された3次元の球空間として形式化することができてくる。この球空間は複素平面を含んだ球体だから、とりあえずは「※複素球体」と呼んでみよう。

まき　複素球体？………。

半田　複素平面にもう一本上下の実軸を加えて3次元にしたものということだよ。奥行きだけが虚軸になっている3次元の球体ってこと。さっきの図に、この複素球体を書き加えると、こんな感じかな（301頁図参照）。

まき　ふむふむ。目の前の2次元が実軸（Re）で、奥行きだけが虚軸（Im）になっているということですね。このときの虚軸が「ロンギヌスの槍」ってことだ。

半田　そういうことだね。奥行きから幅（距離）のイメージを取り去って、純粋な奥行きに戻しているってこと。そこに『エヴァ』のところでも話した「ロンギヌスの槍」の寓意があると考えていいと思う。そして、ここからが大事なところなんだけど、この球体を純粋持続が働いている持続空間として仮定すると、量子力学が説明している素粒子のさまざまな構造を、人間の無意識の構造へと読み替えていくことができるようになってくるんだ。

まき　お〜、量子論と無意識の合体！　それは具体的にどういう仕組みになっているんですか？

半田　たとえば、この複素球体が地球のようにグルグルと回っている様子をイメージしてごらん。

複素球体　複素平面に実軸を加え、実数2次元、虚数1次元で表現した3次元空間上の球体のこと。位置表示の波動関数Ψ（x,y,z）が活動する空間と見なせる。

●複素平面と複素球体

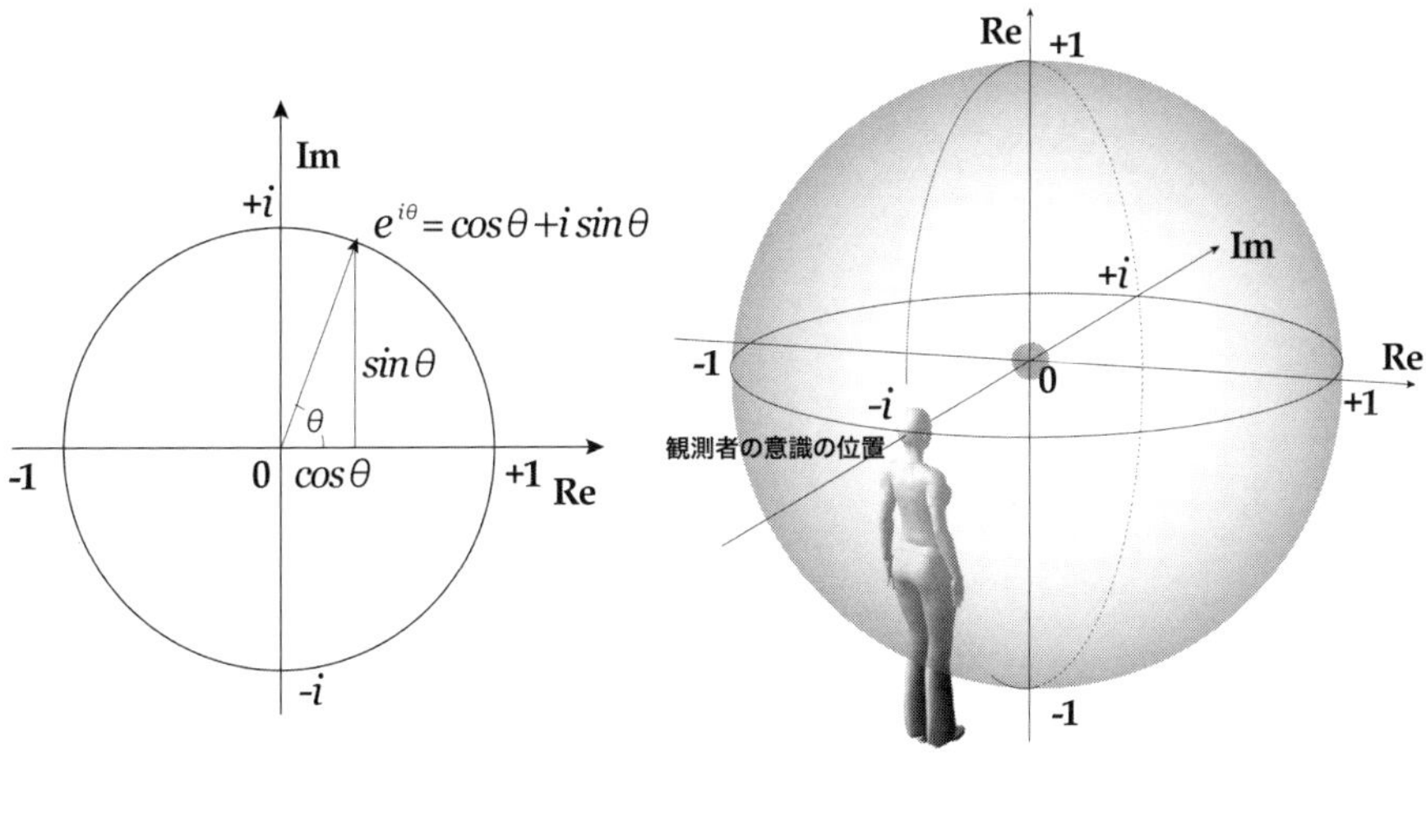

回転はどの方向でも構わない。とにかく、目の前にあるリンゴを包み込むようにして、グルグルと回っているような状態をイメージする。そうすると、その様子を、物理学でいう位置表示の波動関数 $\psi(r,t)$ に対応させて考えることができるようになる。

まき　位置表示の波動関数？

半田　素粒子が時間 t とともに位置的にどういう変化をしているかっていうこと。これは、意識がリンゴの周囲をグルグルと回っている様子として解釈することができる。

まき　意識がリンゴの周りを回っているってことですか？

半田　さっき、持続空間とは記憶の場所と言ったよね。記憶の中には、リンゴをあらゆる角度から見たときのイメージが含まれている。だから、虚軸をその持続軸として定義するってことは、想像上、リンゴの周りをグルっと回って、どの角度からも見ることができるということだから、意識がリンゴの3次元の全体像をイメージしているって感じかな。それを時間と空間で表現すると意識がりんごの周りをグルグルと回っている様子になって、その運動を波動関数 $\psi(r,t)$ で表せるってこと。

星乃　つまり、虚軸っていうのは視線だから、それが回るということは、見えているリンゴの全体像を想像しているってことになりますよね。その想像の様子を複素球体の回転として表すことができるってことですね。

まき　そっか、その回転の状態が素粒子ってことなんですね！

半田　その通り。僕らがリンゴを知覚している状態をそのように考えてみてはどうかってこと。

実際、リンゴをいろいろな角度から見た記憶がなければ、リンゴを3次元の物体として認識することなんてできないよね。

まき なるほど、意識はリンゴの周囲のイメージの記憶からリンゴ全体をイメージしているんだ。確かに言われてみればその通りですね。

半田 別にリンゴのような「物体」じゃなくても構わないよ。空間上に「点」をイメージするときだって、この複素球体の回転が働いていると考えないといけない。そのときは、点の周りを意識がグルグルと回っているわけだね。逆に、そう考えないと、空間に点のイメージなんてものを固定することなんてできないよね。別の言い方をするなら、**この複素球体の回転は、空間上に「点」や「リンゴ」といった対象を「認識させているもの」として働いているの**と言ってもいいかな。

まき ふむふむ。その複素空間の回転、つまり、素粒子が点やリンゴといった対象を観測者に「認識させている」ってことですね。

半田 そうだね。そうやって「認識させているもの」があるから、僕らは対象を認識することが出来ている。そう考えるわけ。人間の認識を受動的なものと考えるなら、この「認識させている」ものの方は、さっき言った「能動的なもの」ってことになるよね。つまり、この複素球体の回転が素粒子だとするなら、**素粒子とは、人間に点や物体を認識させるために働いている純粋持続の力だということなんだ。**だから、『君の名は。』のインタビューのときにも話したように、物理学者たちは、素粒子を普通の物体のように単なる対象として認識できないわけだよ。素粒子は認識されるものではなく、対象を認識させているものだから。

まき　そっか。素粒子を見ようとすることは、ある意味、認識している自分の意識を見ているのと同じようなことになっちゃうんだ。

半田　そういうこと。素粒子の観察とは、「観察しているもの」が「観察させているもの」を観察する、という、一種の自己言及になっているわけだね。

まき　**「素粒子を見る」ってことは、ある意味、自分自身を見ている**ってことなのか……。

半田　そうなんだよね。物理学者たちも、量子の状態というものが物理的実体ではないということにはもう気づいている。だけど、「観測させているもの」という発想がないんだよね。人間の身体であれ、脳であれ、それらは観測されるものだよね。観測させているものは一体どこにいるのか？　それはミクロにいる。そういう発想がないんだ。つまり、量子の謎がいつまで経っても解けないのは、物理学者たちが最初からミクロ系（量子）を「観察されるもの」と決め込んで、対象化してしまっているからなんだ。その先入観自体が、彼らをミクロ系に対する真の理解から遠ざけてしまっているように思える。

まき　つまり、**素粒子とは、観察されるものではなくて、人間の観察自体を成り立たせているものの世界**ってことなんだ。

複素ヒルベルト空間のヌーソロジー的解釈

半田　おお、ナイスな表現だ。それがヌーソロジーの考え方だね。この考え方を通して量子力学の数学的構造を見ていくと、あとは、芋づる式に無意識の構造とつながってくる。たとえば、量子力学の数学的基礎を作っているといわれている※複素ヒルベルト空間ってやつなんかもそう。聞いたことあるかな、複素ヒルベルト空間って？

まき　複素…ヒルベルト…空間……初めて聞きました（汗）。

星乃　普通は、名前を聞いただけで引きますよね。

まき　ですよね。ちょっとググってみます……あれ？　ヒルベルト空間としか出てこない……。あ、ありました。ありました。ヒルベルト空間の中に「実ヒルベルト空間」と「複素ヒルベルト」空間があるってことですね。ええと、Wikiによると、ヒルベルト空間とは「ユークリッド空間の概念を一般化したもので、これにより、ユークリッド平面や3次元のユークリッド空間における線形代数学や微分積分学の方法論を、任意の有限または無次元空間へ拡張して持ち込むことができる」そうです。まったく分からん（笑）。

半田　はは、いきなり、数学的に理解しようとしても無理。かなり、ややこしく定義されているからね。簡単に言うとね、ヒルベルト空間というの

複素ヒルベルト空間　ベクトル空間で内積を持ち、その内積から導かれる距離に関して完備な空間であると定義される。量子力学では状態は複素ヒルベルト空間のベクトルに対応し，そこでは物理量は、ベクトルを他のベクトルへと移す線形変換（作用素）として表現される。主にスピン1／2の系の表現として使われることが多い。系の状態はブロッホ球という3次元空間の表現で表されることがほとんどである。ブロッホ球の表現だと、状態ベクトルΨの位置をブロッホ球の中心点とその球面上の一点を結ぶベクトルの位置として平易に表すことが可能になる。

は3次元のベクトル空間と似ているんだけど、今、まきしむが調べてくれたように、無限次元のベクトル空間とされていて、その構造は3次元のベクトル空間とはまったく異なるものになっているのね。そして、この複素ヒルベルト空間は、量子力学では、素粒子の数学的構造の基礎を成しているものとされていて、とても重要な空間なんだ。すべての素粒子の母体のようなものと言ってもいいかな。

まき **複素ヒルベルト空間が素粒子の母体……。**

半田 素粒子を数学的に記述するときの、その数学的構造の基礎を担っているってこと。

まき でも、その無限次元のベクトル空間って一体何なんですか？

半田 それが何なのか、その具体的な正体について知っている物理学者なんて、世界に一人もい

●三次元空間とヒルベルト空間

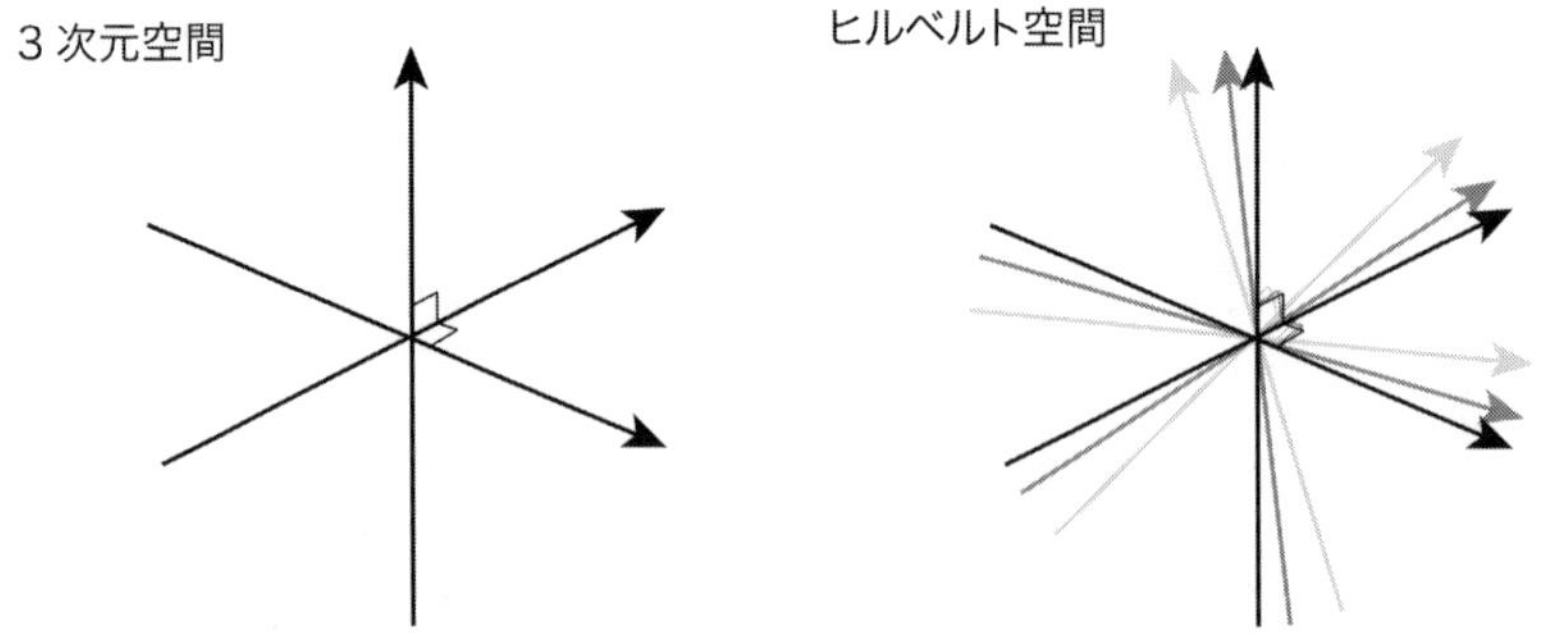

ヒルベルト空間のイメージをあえて図示すると上図右のようになる。3次元の座標軸が回転によってズレていくイメージだ。しかし、ここでずらされたように見える座標軸はもとの座標軸が回転したものではなく、全く別の3次元の座標軸であり、さらに、直交関係にある3本の座標軸は、それぞれ位置、運動量、角運動量の固有ベクトルを指定する座標となる。結果的にヒルベルト空間は無限に連続的に並ぶ直交座標軸で埋め尽くされるような抽象的空間となる。

ないと思うよ。ただ、物理学的には量子のさまざまな※固有関数の状態を表すベクトルの空間として定義されている。普通の3次元のベクトル空間とヒルベルト空間の違いを、あえて図で表現するとしたら、こんな感じかな。ちょっと、ここに描いてみるね。（右図参照）

半田 左が普通の3次元のベクトル空間。右側がヒルベルト空間。ヒルベルト空間の方は3次元ベクトルの座標軸が少しずつズレて、無限に重なり合うようなイメージになっているのが分かるよね。座標軸がウニみたいにトゲトゲになって、無限個集まっているような状態だね。このトゲトゲの数が無限個になれば球体になって、そのとき次元も無限になって、無限次元のヒルベルト空間になる。

星乃 この座標軸の集まりのようなものは、3次元の座標軸を回転させたものの集まりということではないんですよね。

半田 うん、普通の回転とはまったく違うものだね。それだと単なる3次元ベクトル空間の座標軸の回転でしかなくなっちゃうから。ヒルベルト空間の方は、数学的には*直交規格性 $\langle e_i | e_j \rangle = \delta_{ij}$ という条件によってすべてのベクトルが直交している（δはクロネッカーのデルタ）。さらには、$\sum_i^n |e_i\rangle\langle e_i| = \hat{I}$ という*完全性と呼

固有関数 物理量が確定した値をもつような状態のことを固有状態といい、この状態における波動関数のことを固有関数という。波動関数Ψ、演算子 $\hat{A}$ に対して $\hat{A}\Psi = a\Psi$ が成立する時、Ψは $\hat{A}$ の固有関数となる。複素ヒルベルト空間の座標軸が決定されるような意味を持つ。ここで、aは固有値と呼ばれ、一般に複素数であるが、演算子のエルミート性（複素共役）によって実数化される。

規格直交性 $\langle e_i | e_j \rangle = \delta_{ij}$ $\delta_{ij} = \begin{cases} 1 & (i=j) \\ 0 & (i \neq j) \end{cases}$ （クロネッカーのδ）

完全性 $\sum_i^n |e_i\rangle\langle e_i| = \hat{I}$ 基底 $\{|e_i\rangle\}$ が、規格直行性と完全性の二つの条件を満たせば、任意のベクトルは $|\Phi\rangle = \sum_i^n c_i |e_i\rangle,\ c_i = \langle e_i | \Phi \rangle$ 任意のオペレータは $\sum_{ij}^{nm} P_{ij} |e_i\rangle\langle e_j|,\ P_{ij} = \langle e_i | \hat{P} | e_j \rangle$ の様に、基底を使って展開できる。

ばれる条件も要請されてくる。だから、この図もあくまでも比喩でしかなくて、3次元空間では絶対に表現できないものになる。だから、それが何かなんて誰も分からないわけだね。

まき うわっ……また数式のお出ましだ。まったく分からんけど、物理学者も数学的定義だけで、その本質的な意味については分かってないということだけは分かりました。ヌーソロジーでは、複素ヒルベルト空間が何を意味すると考えているんですか？

半田 うん、さっきの複素球体の考え方の延長で、それなりに説明がついてくる。結論から言えば、僕ら一人ひとりが持っている持続空間の形だと思うよ。人間の心の基盤のようなものだね。

星乃 自我も含めた心の基盤ですよね？

半田 ヌーソロジーでは、自我は複素空間が作る次元構造によって生まれているものと考えるので、さまざまな種類の粒子による複合的な構造として解釈されてくる。ここで示した複素ヒルベルト空間はあくまでも、電子なら電子という一種類の物質粒子の状態を記述するものだから、持続空間の最も基本的な形式と考えた方がいいと思う。そういう意味で、人間の個体の「心の基盤」という言い方をしたのね。

まき **素粒子と意識のつながりの最も基本的なところにあるものが複素ヒルベルト空間であり、それは人間の心の基盤**ってことですね。マジか。

半田 正当な物理学からすれば、もちろん、トンデモに聞こえるかもしれないけど、ヌーソロジーからすればちょーマジだよ。そんなに難しいイメージじゃないので、なぜそういうことが言えるのか、簡単に説明しておこうか。

まき はい、お願いします。

複素ヒルベルト空間は人間の魂の数学的表現

半田 さっきは、目の前にリンゴを置いて、それを複素球体で包むイメージを作ってもらったよね。今度は、まきしむの後ろ側にもオレンジが置いてあるとしよう。すると、まきしむがそのオレンジを見ようとするとき、当然、リンゴを見ていたときの複素球体も後ろに移動して、今度はそのオレンジを包み込むことになるよね。

まき はい、分かります。今度は、その複素球体の働きによって、オレンジの全体像が私の意識に認識されてくるということですよね。

半田 うん、そうだね。ということはだよ……奥行きは純粋持続として定義されているんだから、まきしむが次にまた前を振り返ってリンゴを見たとしても、後ろで見たオレンジの認識は

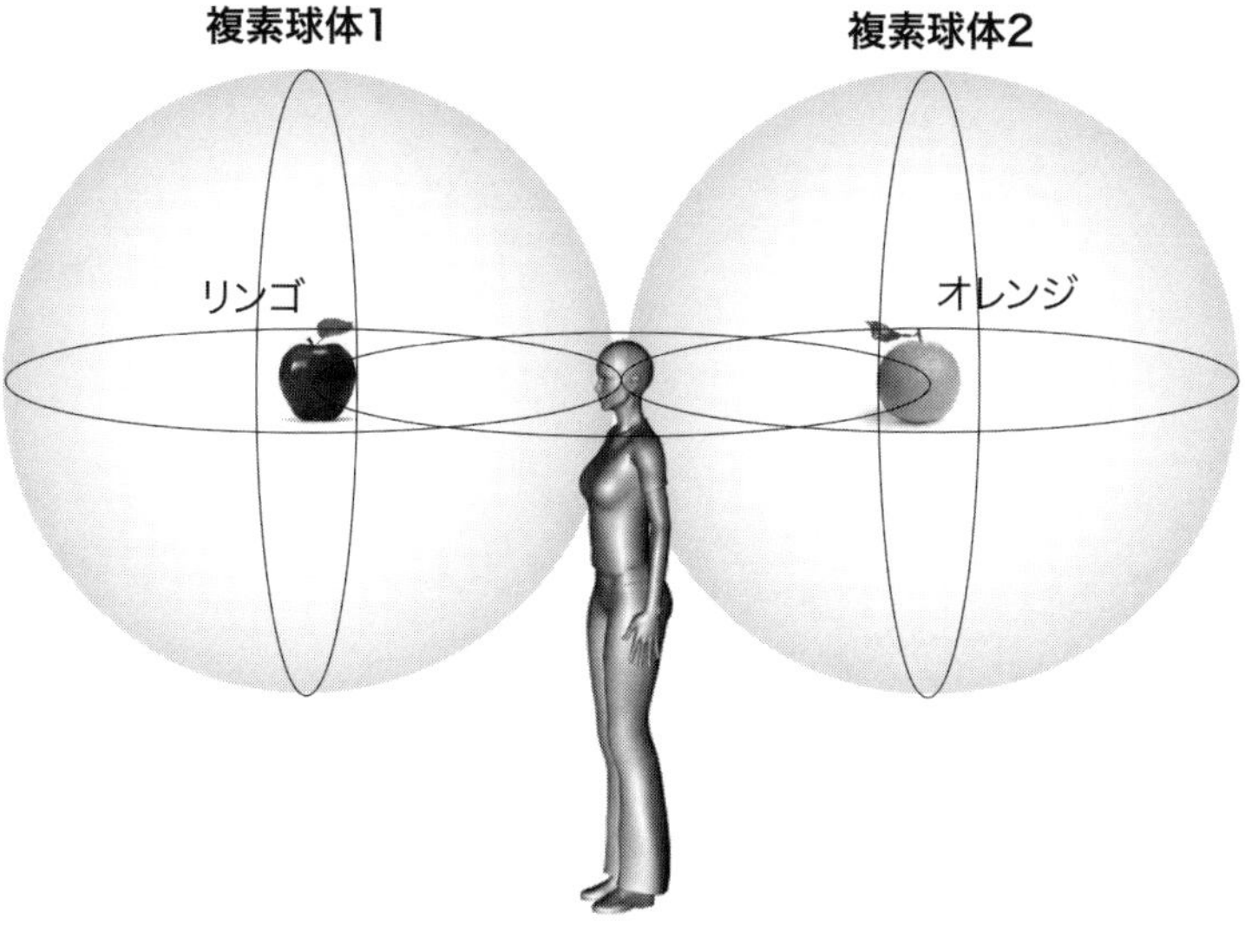

●前にリンゴ、後ろにオレンジ

複素球体の中に記憶として残っていないとおかしい。

まき 持続しているわけですから、もちろん、そうなりますね。

半田 じゃあ、その記憶を思い出すとき、後ろにあるオレンジの像はどこに浮かんでくる？

まき 目の前の空間にぼんやりと……。

半田 それなら、そのとき、リンゴとオレンジは目の前で重なっていなくちゃいけない。どう？実際、重なって存在していないかい？

まき それって、前にあるリンゴを見ながら、後ろのオレンジの記憶を思い出すってことですよね。はい、確かに重なっています。

半田 そのような状態を量子力学に当てはめると、

●複素ヒルベルト空間は持続空間の数学的表現

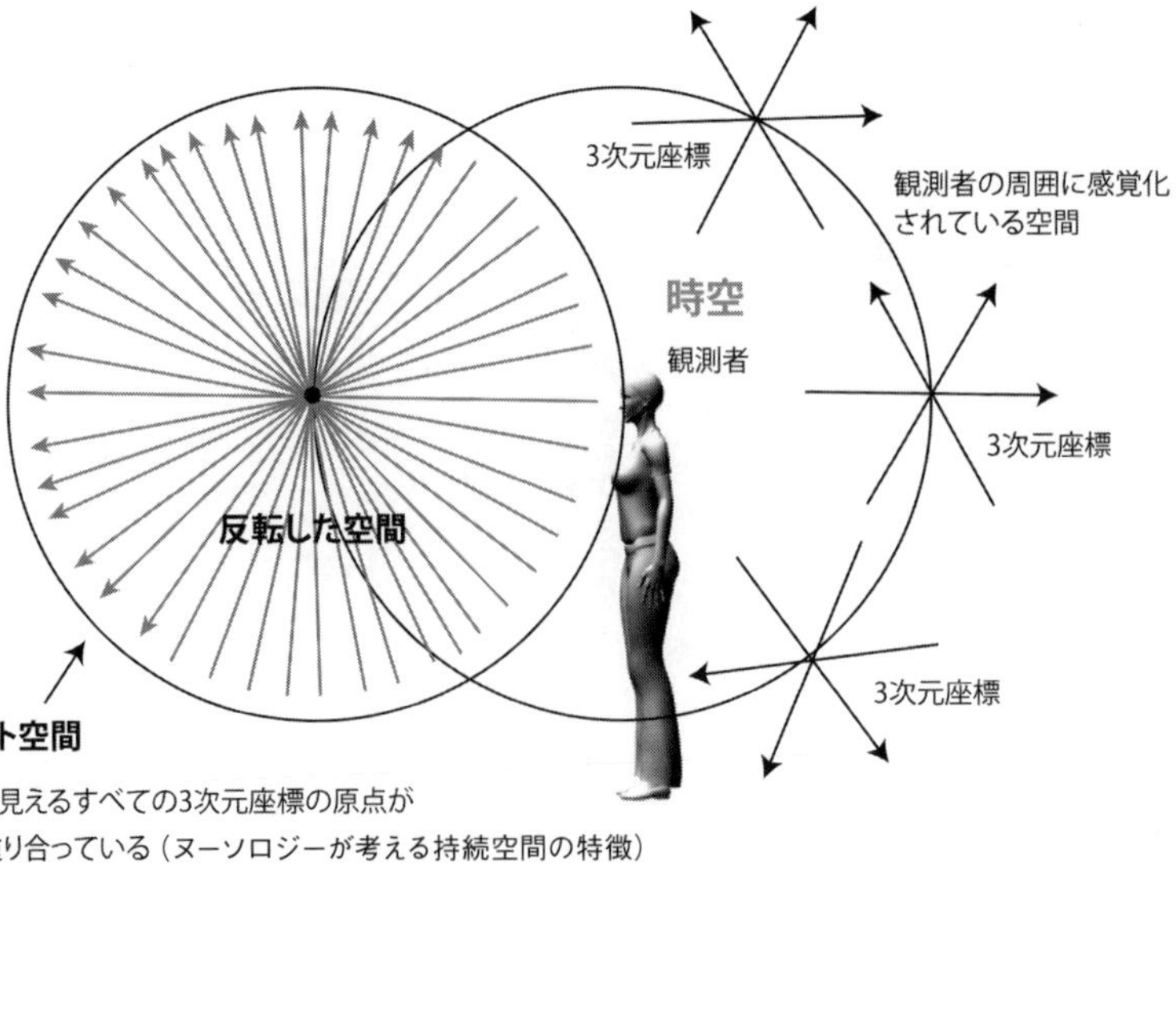

観測者の周りに見えるすべての3次元座標の原点が
一つの原点で重り合っている（ヌーソロジーが考える持続空間の特徴）

「波動関数の重ね合わせ」というものに関係してくるんだけど、それを作り出しているのが「複素ヒルベルト空間」だと考えるといいよ。

まき　？？？？

半田　別に、後ろ側のオレンジだけじゃなく、左側にイチゴ、右側にメロン、上側にぶどう、下側にキウイがあってもいいんだよ。それらの記憶はすべて前の一点で重なってくるよね。つまり、**複素ヒルベルト空間というのは、まきしむの周囲の空間上に見えるすべての位置が、持続空間の中で同じ原点を持って一点で重なり合うようにして表現されている空間**として考えられるってことだよ。端的に言うなら、まきしむを中心とした球体状の空間が反転して、対象側の空間に出現しているわけ。図にするとこんな感じ。（310頁の図参照）

星乃　ちょっと難しいよね。もうちょっと説明すると、この図の、まきしむを中心点とした右側の円の円周上のまきしむの背後側にある座標を、さっき話した後ろのオレンジのある場所と考えてみて。そして、まきしむが正面を向いたら、そのオレンジを見た記憶は、まきしむの正面にある円周上の一点に重なってくるよね。そこには、オレンジの他にも、まきし

状態の重ね合わせ　ある系の状態Ψは二つ以上の別の状態（$\Psi_1, \Psi_2, \ldots\ldots \Psi_n$）の重ね合わせとして表すことができる。これを状態の重ね合わせという。この状態の重ね合わせの仕方は無数存在していて一義的ではない。たとえば、$\{C_n,\ n=1,2\ldots\}$,$\{C'_n,\ n=1,2\ldots\}$をそれぞれ一組の複素数とするなら、

$$\Psi=c_1\Psi_1+c_2\Psi_2+\cdots=\sum_n c_n\Psi_n,$$
$$=c'_1\Psi'_1+c'_2\Psi'_2+\cdots=\sum_n c'_n\Psi'_n$$

となる。ヌーソロジーでは、このような状態の重ね合わせは、反転した空間に無数のさまざまな複素球体が重なり合って存在している状態を表していると考える。持続空間において無数の記憶イメージが作り出されている状態を意味する。

むが今まで経験してきたすべての記憶が重なっているの。それが**無限次元のベクトル空間ってこと。**

まき ………ほ〜、そういうことか！

星乃 うん、そしてね、半田さんの言う反転っていうのは、まきしむの正面のすべての記憶が重なった一点を中心点にした円（310頁図左側の円）を作ったときに、まきしむの位置は、右側の円の中心点から、左側の円の円周上に変わるってこと。つまり、自分が自転して周囲の複数の物を見るか、複数のモノが重なり合っている点の周りを自分の位置が円になって取り囲んでいるかの違い。そして、自分が自転して周囲の複数の物を見るときには幅の世界で見ていることになるんだけど、複数の物が一点に重なり合っているところというのは、今まで半田さんがお話ししてくれたように、奥行きが持った純粋持続の世界ってことになるの。

まき なるほど……それが意識の反転ってことなんだ。

半田 そうだね。まきしむを原点とした右側の円は、他者に見られることによってイメージされている空間で、左側の円はまきしむの純粋持続が作られている主観的空間の本質と考えるといいと思う。さっき、主観空間は不動で、周囲の方が動いているように見えると言ったよね。そういう見方をしたときの空間の形のことと言ってもいい。だから、この左側の球空間には、まきしむが人生で見たものすべての記憶が無数重なって存在していることになる。

まき すべての記憶が一点で無限に重なっているから、無限次元……そして、その重なりの場所が複素ヒルベルト空間ってことなんですね！

複素ヒルベルト空間というのは、自分の記憶を入れた器のようなものなんだ。

半田　おっと、いい表現だね。ヌーソロジーではそう考える。主体のアイデンティティを担保にしている空間という言い方もできるかな。だから、「人間の心の基礎」っていう言い方をしたんだけどね。**要は「魂《たましい》」**のことだ。

星乃　複素ヒルベルト空間の意味について、そういう説明をする人はいるんですか？

半田　いないと思うよ。本を調べても、ネットを調べても、さっき、まきしむが紹介したような難しい数学的な説明がズラズラと並べて書いてあるだけだよ。このヌーソロジーからの説明を物理学者が聞いたら、中には、デタラメ言うな！　って怒り出す人がいるかもしれないね。物理学に意識が介入することを嫌う人もいるから。でも、まんざらデタラメでもないって感じがしない？

まき　はい！　難しいことは分かりませんが、そう考えると、何だかワクワクしてきますね。

星乃　大事なのは意味のつながりですよね。複素ヒルベルト空間に対して半田さんのおっしゃるような見方をすると、量子力学の他の理論についてもいろいろな説明ができるようになるんでしょうか？

半田　複素ヒルベルト空間が云々よりも、最もベースとなるのは、さっき言った「奥行きを虚軸と見なす」という考え方の方だね。そして、「虚軸に純粋持続の働きの意味を持たせる」という考え方。このたった二つの仮定だけで、※不確定性原理の意味やら、波動関数の崩壊の意味、量子もつれなどの非局的相関の意味、さらには素粒子構造全体を貫いている※ゲージ対称性の意味など、素粒子構造がなぜ今あるような構造をしているのか、その理由について、人間の無意識構造と対応させながら、かなり系統立った説明ができてくるようになる。もちろん、まだ予想の範囲を出てはいないけどね。今、ヌーソロジーが立てたこうした予想のもとに、より細かな部分の整合性の研究を進めている専門の研究者もいるよ。

星乃 すでにヌーソロジーを理解する物理の専門家が出てきているってことですね。

半田 ヌーソロジーの素粒子解釈に強い関心を持ってくれて、より精緻《せいち》に発展させていってくれている。僕は物理の専門家というわけでもないので、大枠の予想で精いっぱい。この予想について詳しく知りたければ、『シュタイナー思想とヌーソロジー』（ヒカルランド刊）って本に書いたから、興味があれば読んでみてほしい。素粒子世界の全体像と人間の無意識構造の関係性について、かなり詳しく書いている。

星乃 最近は、世界的に著名な物理学者の中にも、素粒子を意識として考える人たちが出てきてますよね。

半田 1980年代に※ニューサイエンスブームというのが起こって、その頃からそういうことを言う人たちが少しずつだけど出てきている。※D・ボームなんかが有名だよね。車椅子の物理学者で有名なホーキング博士の師匠だった※R・ペンローズなんかも麻酔科医の※S・ハメロフと共同して量子と意識の関係を研究している。真新しいところでは「※量子ベイズ主義」っていうのも出てきているね。量子ベイズ主義は、素粒子を記述する波動関数を物理的な実在としては見ずに、個人の主観的な心の状態を表しているものと見るんだよね。素粒子のシステムを主体の無意識構造と見ているヌーソロジーにとって、これはとても歓迎すべき傾向だね。

まき　物理学者でも、素粒子を心の状態として見る人たちがいるんだ。でも、私たちパンピーが理解するのはまだまだ難しそうですね。

半田　数学的に正確に理解するとなると大変だけど、ヌーソロジーの場合は描像の方が重要だと考えるのでそんなに難しくはないと思う。今までは、素粒子を物質と考え、コンピュータや原子力の技術なんかに利用していたわけで

不確定性原理　ハイゼンベルクによって提唱された量子力学を貫く原理。粒子の位置と運動量は同時に測定できないとされる。

ゲージ対称性　素粒子物理学に登場する内部対称性のこと。時空に対する対称性は、3次元空間＋時間の4次元空間における座標変換に対して物理法則が変わらないことを言う。粒子はスピンなど、4次元時空以外の座標空間（内部空間と呼ばれる）を持つ。こうした内部空間において粒子を回転させても、素粒子の物理法則には変わりがないということを意味する。

ニューサイエンスブーム　要素還元主義や機会主義を基盤とする西欧近代科学の方法論（デカルト-ニュートンパラダイム）を批判し、ZENやタオイズムなどの東洋思想に立脚した新たな科学観・人間観を追究する文化運動。1970年代にアメリカを中心に展開され、日本でもフィリッチョフ・カプラの『タオ自然学』（工作舎）やアーサー・ケストラーの『ホロン革命』（工作舎）、デビッド・ボーム『断片と全体』（工作舎）などが出版され、一時期ブームになった。

D・ボーム（David Bohm, 1917-1992）アメリカの物理学者。マンハッタン計画で重要な役割を果たした。プリンストン大学時代はアインシュタインと共同研究を行う。神秘家クリシユナムルティに影響を受け、量子論と意識の関係を独自のに哲学した。主著に『断片と全体』『全体性と内蔵秩序』などがある。

R・ペンローズ（Roger Penrose, 1931-）オクスフォード大学教授。イギリスの数学者、宇宙物理学者、理論物理学者。弟子であったホーキングと共に、一般相対性理論が破綻する特異点の存在を証明した。さらに、脳内で人間の意識機能を担っている非アルゴリズム的な過程を、量子力学的な現象である波動関数の収縮過程であるという量子脳理論を提唱した。ツイスター理論など、物理学・数学の多くの業績がある。主著に『皇帝の新しい心』。

S・ハメロフ（Stuart Hameroff, 1947-）アメリカの麻酔科医、アリゾナ大学教授。ロジャー・ペンローズが出版した『皇帝の新しい心』に興味を持ち、自分の専門から「マイクロチューブルが脳内で量子力学的な過程を担っているのではないか」というアイデアを出し、二人で量子脳理論の共同研究を始める。

量子ベイズ主義　波動関数を物理的実在としては見ず、個人の主観的な心の状態と見る考え方。キュビズムとかけて「Qビズム」とも呼ばれる。「Qビズム」によれば，波動関数は，対象の量子系がある特定の性質を示すはずだとの個人的な「信念の度合い」を観測者が割り当てるために用いる数学的な道具にすぎないと考える。この考え方では，波動関数は実在ではなく，個人の主観的な心の状態の反映物ということになる。

しょ。そうすると、操作や制御が必要だから、微分方程式や行列なんかの面倒な数式を使っていろいろな物理計算をする必要がある。でも、それが自分たちの無意識の構造だと分かれば、これはもう操作の対象でも、計算する対象でもないよね。何せもとは自分自身の持続空間なんだから。だから、むしろ、その空間がどのような形を持って、どのような意識の状態として活動しているのか、その風景をイメージしていくことの方が重要になってくる。

星乃 それが、半田さんがいつも言われている「素粒子の描像」ということなんですね。普通、素粒子の描像というと、素粒子を対象として外から見るようなイメージを持ってしまいますが、ヌーソロジーの場合は、むしろ素粒子と一体となって、それを内側から感じ取るといったような、そういうイメージなんでしょうか。

半田 まったく、その通り。ヌーソロジーの場合は、素粒子が持った空間構造を自分の持続感覚の中に当てはめながら、そこに自分自身の意識の在り方を重ね合わせていくような作業になってくる。自分自身が素粒子になるわけだから。

まき それって、自分の無意識の構造が見えてくるということですよね？

半田 物質みたいな形で見えてくるわけじゃないけど、目の前の空間が幾重にも多重化しているような感覚になってくる。

まき へぇー、面白そう〜。

星乃 そして、それが、フロイトやラカンが考えていた自我構造になっていると考えているんですよね。

半田　そうだね。おそらく、そこに見えてくる**空間の構造体が、人間の自我を作り出している構造と一致してくる**んじゃないかと予想している。

まき　わぁ〜、精神分析と現代物理学の統合だぁ。

半田　物質と精神を統合していく思考様式を作り出すためのプラットフォーム作りといったところだね。

なぜ、主観空間がミクロに現れるのか

まき　えっと、根本のところがまだハッキリと分かっていないので質問なんですが……なんで目の前の奥行きの空間が、素粒子になるんでしょうか。素粒子ってミクロの世界にあるとされるものですよね。目の前の世界がミクロの世界になっているってことなんでしょうか？　そのへんがまだどうもピンと来なくて……。

半田　今の僕らはカシウスの槍にやられていて、それこそ3次元空間にピン止めされているから、最初は理解しづらいかもしれない（笑）。でも、じっくりと考えると徐々に分かってくると思うよ。**ロンギヌスの槍として奥行きを見るなら、視野空間上の奥行きは、無限小にまで縮んでいる。たとえ、宇宙の果てを見たって、自分から見た奥行きは点にしか見えず、そこには距離なんてものは存在していない**んだよ。でも、他者が見ている空間側からは、自己側の奥行きは無

限の長さを持った線分のように見えてしまう。3次元世界というのは、その他者が見ている空間を自己が自分の認識の中に取り込むことによって概念化されているわけだから、目の前には他者本位の空間と自己本位の空間の二つが重なって存在させられているんだよね。そのときの二つの空間の違いをイメージすれば、奥行きの空間側がミクロに反映されているってことの意味が分かってくると思うよ。

まき つまり、自己と他者の間で幅と奥行きの関係が入れ替わっていて、その入れ替わりに気づいてないってこと……？

星乃 普通、私たちは他者が見ている空間を自分の意識に取り込んで、その認識で世界を見てしまっているよね。幅の世界、客観的、科学的視点でね。でも、自分のもともとの奥行きの空間は潰れていて、そもそも客観的空間の中にはなかったよね。それなのに「奥行きの幅化」をして、無理やり客観空間を重ねて見てしまうと？

まき あ、そっか！ 幅で支配された空間の中で本来の奥行きを見ると、奥行きが無限小の中にあるかのように見えてしまうってことか！

半田 その通り！ 早い話が、**空間を幅で覆ってしまうと、物質空間としてのマクロの系の宇宙が現れ、反対に奥行きで覆うとミクロの系で活動する複素空間が現れてくるってこと**だね。この「点に縮んでしまう空間」を幅空間が作り出している科学の目で見ると、ミクロの世界に見えるということなんだ。この「点に縮んでしまう空間」のことを数学では※射影《しゃえい》空間と呼ぶんだけど、さっき説明した「複素ヒルベルト空間」も、実際、双対の射影空間として構造化されているんだ。**素粒子というのは粒子として小さいんじゃなくて、奥行き方向に空間自体が射影されているから小さく見**

えるだけ。本当は、そういう考え方をしないといけない。

まき　双対の射影空間？

半田　さっきも言ったように、自己側と他者側では、幅と奥行きの関係が逆になっているでしょ。だから、奥行きの空間も、自己側と他者側を合わせて二つあるんだ。その二つが複素ヒルベルト空間では※向き付けが逆の重なり合った空間となって現れる。分かりやすく図にするとこんな感じかな。（下図参照）

射影空間　数学的には、n次元射影空間は「(n+1)次元空間の原点を通る直線全体」として定義される。

向き付けが逆　たとえば3次元ユークリッド空間の場合、右手系と左手系の向き付けがある。右手系、左手系それぞれの座標xyzは、ちょうど右手と左手の関係のように、3次元空間の中では相互に鏡映反転していて、決して重ね合わせることができない。

●自己と他者の間で射影されて、収縮する双対複素ヒルベルト空間

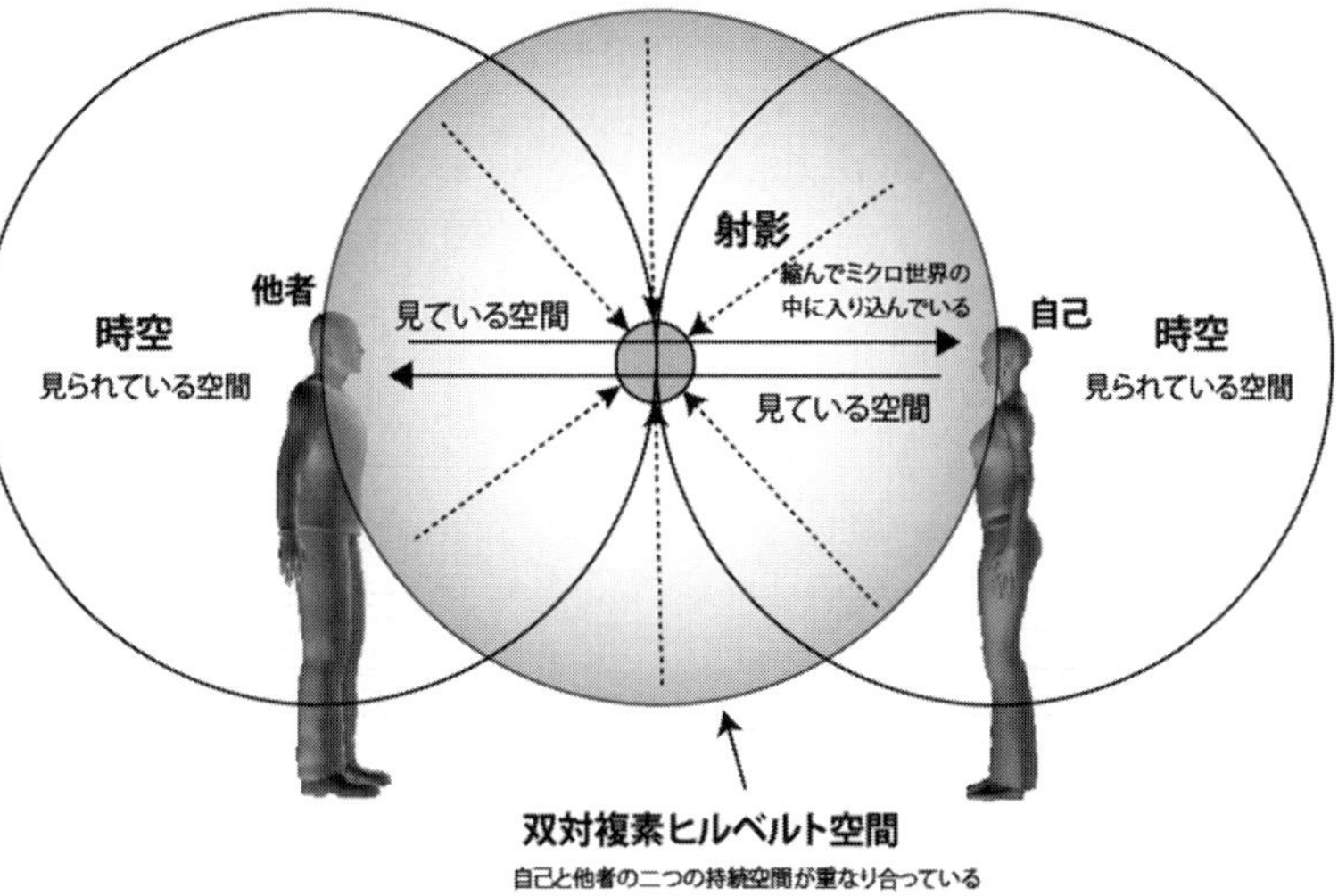

星乃　自己と他者の間で、持続空間が互いに反対側から結合しているイメージですね。『君の名は。』で出てきた自己と他者のつながりの仕組みというのは、このことなんですよね。そして、実際、**数学的にも、複素ヒルベルト空間は双子の構造を持っているので、自己と他者の持続空間を表していると考えることができる**ってことですね。

半田　そうなんだ。複素ヒルベルト空間を自己と他者の持続空間として考えていくと、奥行きの空間はモロに射影空間になっているので、客観的空間の中では、自他の精神が活動しているこの双対空間が必然的に無限に小さく縮んだものとして見えてしまうということが分かってくる。『エヴァ』のところでも話したように、まさに素粒子というのは「ツィムツーム（収縮）」した空間になっているわけだよ。物理学者たちは客観的な時空だけを見ていて、こうした自他相互の持続空間の在り方をまったく考慮していないから、それを客観的時空の中で、あたかも物質であるかのように、「素粒子」という名称で呼んでしまっている。そのように考えないといけない。

まき　何だか、頭がクラクラしてきたぞ。

半田　いい兆候なんじゃない。「カシウスの槍」が引っこ抜かれようとしている証拠だよ（笑）。

まき　でも、『君の名は。』での話が、より具体的に分かってきた感じがします。

ビッグバン理論はマトリックス内部での架空の歴史にすぎない

まき　ということは、ですよ、『君の名は。』ともつながってきますが、自然を作っている鉱物とか、植物とか、動物とか、人間の肉体など、物質はすべて素粒子で出来ているわけだから、自然界も、本当はすべて持続空間で出来ているってことになりますよね。

半田　もちろんだよ。**持続空間というのは精神のことだけど、伝統的な言い方をするなら、これは「霊」と呼んでもいいものなんだ。**だから、世界というのは実はすべてが霊で出来ているってことになる。要は、**幅で作られた時空の中に、奥行きで作られた霊の世界が映し出されている状態を、僕らは物質と呼んでいる**ってことだね。

まき　ゲゲゲ！　まさに時空はマトリックスだったってことになりますね！　そうすると、科学は宇宙が137億年前にビッグバンで始まったって考えていますけど、ヌーソロジーではそうは考えないってことですよね。

半田　ヌーソロジーから見ると、そんな考え方はトンデモになる（笑）。それって、マトリックスの中から見たマトリックスの歴史にすぎないよね。世界をすべて架空の他者視点から見てしまったところにある、それこそサウロンの目に支配された幻想の世界だと言っていいと思うよ。

まき　ということは、この自然世界はどうやって生まれてきたってことになるんでしょうか？　原子だとか、鉱物だとか、植物とか、動物や人間の肉体とかって、人間よりももっと高次元で働いている意識が作っているってこと？

半田　おそらく、そういう考え方をしないといけなくなってくるだろうね。カバラの「生命の樹」を思い出すといいよ。マルクトというセフィラーの上位にいろいろなセフィラーが描いてあっ

『君の名は。』のなかで一葉おばあちゃんが話していた「時間」の結びの世界のことって言ったら、分かるかな。一葉おばあちゃんが話していた「時間」というのは、まさに根源的時間として存在する純粋持続の空間のことじゃないかと思う。それがいろいろな結び目を作ったり、ほどいたりしながら、「永遠の今」の中で流動している。『マトリックス』なら、その流動の構造がアーキテクトの作っているプログラムになっているということだろうね。**古代の人たちはその世界のことを、それこそ潜象界とか、霊界とか呼んで、そこに自分たち固有の民族性や文化を反映させて、さまざまなイメージや言葉で表現してきた。それが、「神話」の正体であり、宗教やオカルティズムの起源にもなっているんだ**と思う。まさに、さっき言ったカバラの「生命の樹」におけるアイオーンのイデアの世界だよ。僕ら人間の意識は、サウロンが「一つの指輪」を求める方向によって生まれてきたたよね。僕らの意識の奥に、より高次元のアイオーンの活動の場所がいろいろとあるんだと思う。スピリチュアル系の人たちだったら、その存在をそれこそ天使世界とか精霊世界と呼ぶんだろうけど、そういうファンタジックな表現も、そろそろ卒業しないといけない。この前『ロード・オブ・ザ・リング』のところでも話したよね。**本当の宇宙的な経済活動が行われている場所があって、そこでは、自己と他者の間で精神の等価交換が絶えず行われていて、交換するたびにその姿を変えていくって。持続空間の中にはそのような宇宙的倫理で満たされたエシカルな生成の世界が存在している。そして、その中を人間の自己側と他者側から始まる高次元知性の力が縦横無尽に流動していて、その流れのさまざまな様子を、人間は、外に現れた「瞬間」の世界の中にさまざまな自然現象として見ている**んだと思う。

まき その宇宙的な経済活動ってなんですか？

めに、その反対方向にあるイデア的世界への方向性を忘却させせられてしまっているんだよ。だから、サウロンの「一つの指輪」を捨てて、その重力圏から逃れることさえできれば、フロドのようにエルフの故郷である西方世界へと船出することができるんじゃないかな。その水平線の彼方に向かって、空間を開拓し、そこを未来の記憶として想起していくことが、これからの時代が進むべき方向だと僕なんかは思っているんだけど。

星乃 つまり、イデア世界である持続空間の広大な構造が、世界を作っているということですね。もっと言えば、その持続空間の構造の母胎となっているのが、人間の自我の構造であり、同時に素粒子の構造となっていて、それがイデア世界の根底を支えている。

半田 ヌーソロジーの世界観からすれば、そういうことになる。何度も言うようだけど、**ヌーソロジーの考え方からすると、人間の意識というのは、万物の根底で、始源として活動しているものなんだよ。そして、人間自身がいずれはそのことに気づくように宇宙は出来ている。人間という概念の終わりが、本当の宇宙の始まりでもある**ってことだけどね。

まき おぉ、「終わりは始まり」というガフの部屋の意味が少し分かってきたような……。

半田 『エヴァ』で話した言い方をするなら、破壊された容器の修復がそろそろ始まりつつあるってことだろうと思うよ。ヌーソロジーの世界観は、今までの世界観とは世界の見方がまったく逆になってくるから、最初は理解するのが大変だろうと思うけど、徐々に分かってくる。

星乃 存在の歴史意識自体の「成長のタナトス」が目覚め始めるんですね。

半田　いい表現だね。その通りだと思う。同時に、これは、物質の目覚めと言ってもいいんじゃないかな。女神が目を覚ましつつあるんだよ。綾波が巨大化して女神になるシーンがあったでしょ。あれだね。ゲンドウ＝父なる他者のもとに生気ない時空という場所に閉じ込められていた綾波＝物質が、生命の樹＝イデアに触れることによって、自分の本性に気づくって意味なんだけど。エス方向の綾波だね。ただ、『エヴァ』の場合は、結果的に退行のタナトスの方に向かってしまったので、結局、綾波は覚醒できずに崩れ落ちちゃったんだけどね。でも、ヌーソロジーが提供してくる目覚めは大丈夫。おそらく、すごく美しい女神となって現れてくる（笑）。

ヴァーチャル空間の危うさ

まき　おぉ、何か、感動的。

半田　でね、すごく長い前フリになっちゃったけど、こういう一連の空間概念が生まれてくると、コンピュータが作り出しているヴァーチャル空間がヌーソロジーとは正反対の方向の空間だということがハッキリと分かってくる。

まき　VR、今、流行ってきていますけどね。

半田　もう、今までの話で分かると思うけど、僕らが何らかの物質的対象を見るとき、奥行きは見ているその物質の内部で持続空間である精神と直接つながっているんだよね。主観的な空間の下に潜む奥行きにおいては、本当は主体と客体は分離していないってこと。

星乃　素粒子と意識は同じもので、イデアの構造の裏表と考えるならば、当然そうなりますね。

半田　そうだね。たとえ、通常の3次元認識で奥行きに幅のイメージを重ね、そこに対象との距離が出来ていても、その認識を持続させている僕らの無意識の方はしっかりと物質の中にいて、素粒子として物質の根底として働いているんだ。
　でも、ヴァーチャル空間での奥行きはそうはなってないよね。というのも、ヴァーチャル空間上に現れてくる視像は物質の表面的な見えだけを真似た単なるデジタル映像でしょ。そこには物質としての中身がない。

星乃　データだけの存在ってことですよね。本来、奥行きがつながるべき肝心の物質の中身がそこには存在していないというか。

半田　奥行きが、原子や分子という物質を作っているより上位の精神と何の関係も持ってはいないわけだね。だから、ヌーソロジーの考え方からすると、**ヴァーチャル空間での持続意識というのは、宇宙本体であるイデア世界との命綱が切られて、虚無を彷徨《さまよ》っている**も同然の状態に見える。

まき　なるほど！　物質のもととなるイデアの世界とのつながりがあるかないか、それがネオ的なものとスミス的なものの違いということでもあるということなんですね！

半田　そういうこと。ヴァーチャル空間には奥行きがアクセスしていくべき高次の精神領域が存在していないんだよ。

まき　そっか。ネオVSスミスが作っている垂直軸の対立関係というのも、その高次元との接続のあるなしを示しているんですね。でも、さっき言われていたと思いますが、何で、量子コンピュータの登場がスミスそのものということになるんでしょうか？

半田　量子コンピュータは今までのコンピュータと違って、さっきも出てきた波動関数の「状態の重ね合わせ」を利用するのね。この重ね合わせのユニットは※量子ビットと呼ばれているんだけど、この**量子ビットの空間が、さっき説明した素粒子の母体的な場である複素ヒルベルト空間と同じもの**だからだよ。

まき　え〜?!　どういうことですか？　さっき、複素ヒルベルト空間は人間の心の基盤になっているものって言われていましたけど。

半田　そうだよ。だから、量子コンピュータというのは、人間の心の基盤を人間が物質空間側で利用しているものってことになる。

まき　え〜！　マジか！

星乃　素粒子構造＝自我の基盤の構造を裏から見て、物質的に操作しているってことですね。もし、その話が本当だとすると量子コンピュータって何か怖いですね。直感的に。

半田　そうだね。ヌーソロジーの見方からすると、この量子コンピュータの**量子ビットこそが、サウロンが探していた「一つの指輪」**のように思えてならないのね。一神教の精神が、物質意識の進化、発展の中で、ようやく自分の精神の住処を発見した、その様子とでも言うのかな。本当は、人間自身が自己自身の内在性の場として見出さなくてはならないものを、外的空間の中に見い出して、それを技術として利用し始めている。そんなイメージなんだ。

星乃　半田さんが先ほど話されていたグノーシスの鏡像というイメージからすると、量子コンピュータとヌーソロジーは無意識の覚醒がまったく異なった二つの方向に分かれて現れてきている様子のようにも見えますね。

半田　まさに、そういうことだと思う。僕がヌーソロジーとトランスヒューマニズムの関係をグノーシスと逆グノーシスという対比で見ている理由もそこにある。**自己が無意識の覚醒を自己空間側に見るか、他者空間側に見るか、その違いのようなもの**だよ。だから、この対時関係を十分に自覚した上で量子テクノロジーと付き合っていかないと大変なことになるかもしれない。これからの時代は、今までの人間の主体性なんてものは簡単に吹き飛ばされていく時代になってくるから。

まき　ネオの位置に出ないとスミスは使いこなせない。でなければ、逆に使いこなされて、コンピュータの奴隷のようになって、人類は滅亡してしまうってことですね。

半田　今のコンピュータ社会が量子の存在理由に対して無自覚のまま進んでいけば、いずれそういう状況になっていくと思うよ。今までの話で、もう分かると思うけど、**ヌーソロジーから見ると、量子というのは**単なる物質じゃないんだよ。**人間の精神のこと**なの。それに気づくことなく、そのまま道具としてそれを利用する方向に向かってしまうと、意識の位置がどこにあるか分からない人間は、必ずこの影の精神としての量子の力に乗っ取られてしまうと思う。あまりいいたとえじゃないかもしれないけど、**量子コンピュータというのは、転倒した霊の人間世界への憑依《ひょうい》のようなもの**なんだよ。

量子ビット　量子情報の最小単位のこと。Qビットともいう。量子情報では、従来の情報の取扱量の最小単位であるビットの代わりに、量子ビットでは重ね合わせの原理を利用するため、量子力学的2準位系の状態ベクトルで表現される。この状態空間が複素ヒルベルト空間に対応している。

まき　なるほど……、エージェント・スミスがマトリックスから離れて人間世界（ザイオン）にも入ってきたみたいな。

星乃　そう考えると、私たちは今まさに「赤いカプセル」と「青いカプセル」、どちらを飲むのかという究極の選択を迫られているのかもしれませんね。スミス&量子コンピュータ&新反動主義の方向を選ぶのか、ネオ&成長のタナトス&素粒子と意識のつながりを見出す方向を選ぶのか。

まき　『エヴァ』で言えば、綾波＝物質意識の二面性のことですよね。

星乃　そうですね。物質を幅の世界で見るか、奥行きの世界で見るかということですもんね。最初に、半田さんが『マトリックス』は未来の神話だとおっしゃっていましたが、ひょっとすると、この映画の中自体に、今後の私たちの世界がどうなっていくかというヒントが示されていたりするのかも。

まき　なんか、鳥肌ものです。わたしも『マトリックス』の話がやたらリアルに感じてきました。

ネオとマトリックスは一体どうなったのか

まき　そう言えば、第三部の『レボリューション』のラストの方がちょっと分からなかったのですが、結局、ネオってどうなっちゃったんでしょうか。

星乃　私もよく分からなかった。スミスとネオの最終決戦が終わって、ザイオンとマシンシティの戦いも終わり、最後、オラクルがベンチに座ってアーキテクトと仲良さそうに何か話していましたよね。あと、そこに、スミスに破壊されたはずのサティーなんかも出てきたりして。ハッピーエンドみたいな雰囲気ではあったけど、何だか余韻を残したような終わり方でした。

半田　最後の方は、かなりテンポが早くて畳み掛けるようにして終わったので、確かに分かりづらかったよね。ネオはデウス・エクス・マキナの中に回収されていった時点で肉体は消滅しているはずだから、多分、デウス・エクス・マキナがネオの生み出した新しいアノマリーを次のマトリックスをプログラムするために取り込んだんじゃないかな。その意味では、ネオはデウス・エクス・マキナのシステムと一体化したとも言えるんじゃないかと思う。

星乃　ネオとスミスの最終決戦のとき、マトリックスの中は、通りもオフィスビルの中もスミスだらけになっていましたよね。あれって、スミスにマトリックスが乗っ取られた様子を表しているんでしょうか。

半田　そうだと思うよ。さっきも言ったけど、僕らの世界に重ね合わせて言うなら、それこそ量子コンピュータが開発されて、すべてをＡＩが仕切るようになったような世界を表しているとも解釈できるよね。

まき　ネオはスミスに一回乗っ取られ

マトリックスを乗っ取ったスミス

たのだけど、その内部からネオはスミスを破壊したって言われましたが、力は互角のはずなのに、どうして、ネオにそんなことができたんですか。

半田 多分、ネオを通して、デウス・エクス・マキナがスミスを破壊したのかもしれない。実際、マトリックスの中でスミスが破壊されるシーンは、ネオがデウス・エクス・マキナに回収された後だったよね。そのとき、ザイオンで肉体として存在していたリアルなネオはもういないはずだから、マトリックスでスミスと戦っていたネオはデウス・エクス・マキナと合体したネオだったんじゃないかと思う。

星乃 だとしたら、面白いですね。それって、これまでの半田さんの話の流れから考えると、神はコンピュータの世界を自分では直接的に停止させることができないってことを意味しているってことなんでしょうか。意識と素粒子のつながりを見い出して、持続空間を覚醒した人間を通してでないとコンピュータの増殖を止められないとか。

半田 そういう解釈もありだよね。でも、コンピュータの増殖を止める云々というよりも、コンピュータが何者なのかをしっかりと理解した上で利用するってことが重要なんじゃないかな。いずれにしろ、従来の道徳観や、宗教的な倫理観なんかで、いくら人間の尊厳などを訴えても、さっき言っていたようなトランスヒューマニストたちによる人間のサイバー化は止めることはできないという意味に解釈できるかもしれないね。何度でも言うけど、今の人類の大方は、その方向にしか文明の進化はないって思っているから。

まき 最後、アーキテクトとオラクルが新しい子供を生み出すような目で、マトリックスを眺めながら話していましたが、結局、マトリックスというのはプログラムが書き換えられるだけで、消滅してしまうことはないんですね。

半田 多分、ネオのデータを回収して7回目のリブートを行ったってことだろうね。ラストのあの太陽が昇るシーンなんかは、それを表していたんだと思うよ。ただ、アーキテクトとオラクルが最後に交わしていた会話から考えると、マトリックスは、今までのマトリックスとはまったく違う何かに変わっていく可能性もあるかもしれない。

まき えっ、それって、どんな会話でしたっけ?

半田 ちゃんと、メモってきたよ。

オラクル:「他の人はどうするの?」
アーキテクト:「他の人?」
オラクル:「(マトリックスから) 出たがってる人たちのこと。」
アーキテクト:「もちろん、彼らは解放するさ。」
オラクル:「信じていいの?」
アーキテクト:「私を何だと思ってる、人間か?」

——(終)

アーキテクトのラストシーン

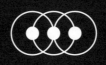

第5章

『2001年宇宙の旅』
―スターチャイルドの世紀はやってくるのか

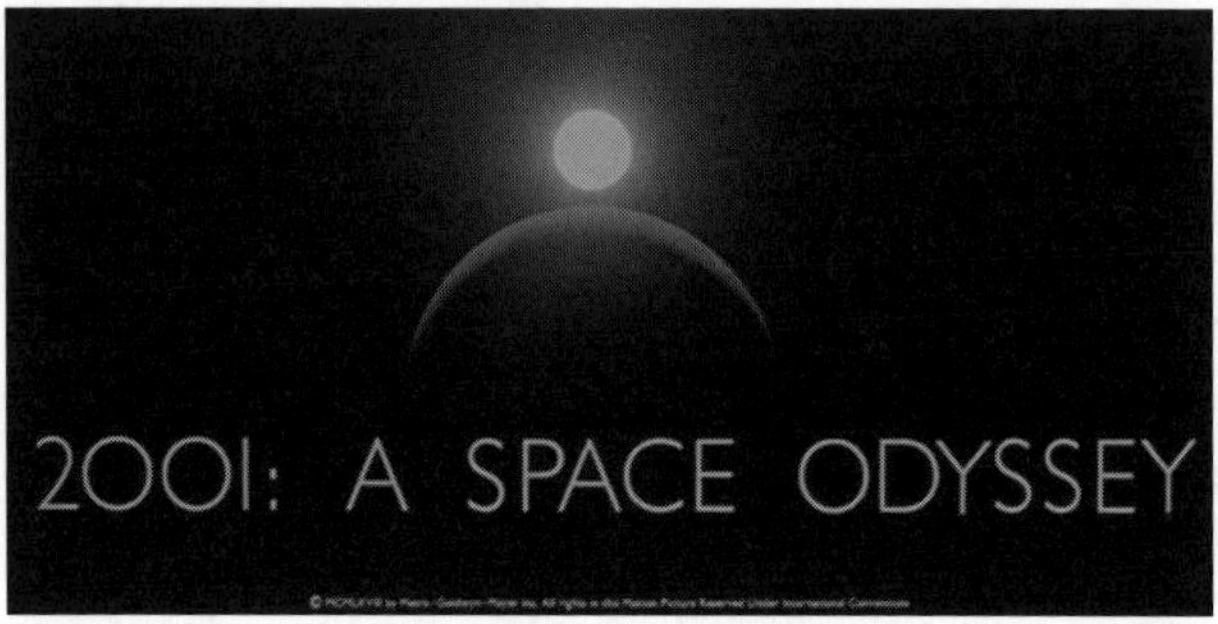

超人は大地の意義である。
君達の意志は、こう言うべきである、
超人が大地の意義であれ、と。
兄弟たちよ、私は君達に切望する、
大地に忠実であれと。
君達は地上を超えた希望を説く人々を
信じてはならない。
彼等こそ毒の調合者である。

ニーチェ『ツァラトゥストラはかく語りき』より

新しい世界観と半身の謎を探求する旅もいよいよゴールが見えてきました。

最終章では、スタンリー・キューブリック監督の『2001年宇宙の旅』を取り上げます。制作は1968年なので、もう半世紀ほど前の作品です。しかし、この作品は、SF映画のさまざまな人気投票で今でもベスト1の座に君臨し、映画史に残る傑作とされています。

ここではこの作品を軸にしながら、これまで話してきた四つの作品の解釈を踏まえて、モノリスやコンピューターHAL、木星の意味、現在までの日本人や世界の人々の意識の流れ、「私の半身」とは何なのか、そして人類はこれからどこへ向かおうとしているのか、すべての答えが見えてきます。

『2001年宇宙の旅』のあらすじ

約400万年前、人類の祖先である猿人たちの前に、謎の黒い石版「モノリス」が現れる。ある1匹の猿人が「モノリス」の力に影響を受けて骨を武器として使用することを覚え、他の猿人たちとの水場争いに勝利する。その後、人類が月に居住可能となった時代、月で発見された「モノリス」の調査のため、アメリカのフロイド博士が月に向かう。調査中、太陽と月が重なろうとした時、モノリスは太陽光を浴びると、強烈な音とともにビームを発した。それは木星へと向かっていた。それを受けて、デヴィッド・ボーマン、フランク・プール他数名が調査団として、宇宙船ディスカバリー号で木星に向かうこととなった。ディスカバリー号は人工知能HALによって制御されていたが、HALは旅の途中から、偽の情報を与えてボーマンとプールを騙し、プールは宇宙に放り出されて消息不明となってしまう。他の乗組員たちも殺され、ボーマンも殺されそうになるが、なんとかHALを完全にシャットダウンさせることができた。そして、ボーマンはとうとう木星に辿り着き、「モノリス」と対面する。

モノリスって何よ？

まき　いや〜、『2001年宇宙の旅』、むっちゃ難解な作品でした。途中で意識がフリーズ状態。心地よい眠気が……。

半田　テンポの速い今のハリウッド映画を観て育った若い世代の人たちには、こういうタイプの作品はちょっと退屈に感じちゃうかもしれないね。

まき　それにしても、あの「モノリス」って何よって感じで……。

半田　だよね。この作品の難解さは、何と言ってもあの「モノリス」のあまりの意味の分からなさにあるね。シーンの要所要所に出てきては、観客に次々と謎を投げかけてくる感じだったでしょ。第一部では、類人猿たちを見守るようにして岩山の上に立っていたよね。第二部では、月の地中で発見されて、木星に向かって強力な電波を発信し始める。第三部では、ボーマン船長を木星の衛星軌道付近で出迎えて、未知の無限空間の中へと導いていく。とにかく、どのシーンを見ても「？」だらけで、この作品は「モノリス」抜きには語れない作品になっている。

星乃　モノリスが登場するシーンでは、必ず※不気味なコーラスのような音楽がバックに流れていましたね。私には、モノリスが生物の進化を背後で促してきた宇宙的意思の象徴のように感じられました。

まき　「宇宙的意思の象徴」ってどういう意味ですか？

半田　一言で言えば「神」のことだろうね。人間に知性を与えた存在。人間を生物世界の中に登場させ、ここまで文明が進化するようにさせてきた存在。それを何とか映像化したくて「モノリス」として表現したんだと思う。

星乃　第一部「人類の夜明け」の終わりの方だったと思うんですが、モノリスが与えたと思われるインスピレーションによって、一匹の類人猿が獣の骨を武器として使用するシーンがありましたよね。骨を武器にして、敵対するグループを自分たちの縄張りから追い払って、勝利の雄叫びとともにその骨を空中高く放り投げたら、それがパッと宇宙空間に漂う人工衛星のシーンに切り替わって……。あのカットのつなぎ方がとても素晴らしかった。

半田　映画を見ただけじゃ分からないと思うけど、実は、あの人工衛星は、Ａ・Ｃ・クラークの原作の方では核兵器搭載の軍事衛星という設

不気味なコーラスのような音楽　ハンガリー出身の現代音楽家ジェルジ・リゲティ（1923～2006）の「レクイエム」の中の「キリエ」という曲。ボーマンが最後にたどり着いた白いネオクラシカルな部屋の中で話し声のような効果音が流れるが、こちらは同じくリゲティの「アヴァンチュール」という曲がキューブリックの手によって加工されて使用されている。

類人猿とモノリス

類人猿と骨

定になっていたのね。多分、科学技術の軍事利用に対する、クラークなりの辛辣《しんらつ》なブラックユーモアだと思う。

まき　へぇ～、そんな意図があったんだ。

半田　ただ、映画の方では、露骨な政治的メッセージは全部カットされてたね。制作段階の初めは、科学者へのインタビュー映像やストーリーの進行を解説するナレーションなんかを入れる予定だったらしいんだけど、キューブリックがそれを嫌って、全部、カットしちゃったという話だよ。

ディスカバリー号による木星への旅

まき　あと、ちょっと気になっている部分があるんですが、聞いてもいいですか？

半田　もちろん。

まき　前半から中盤にかけての部分なんですが、月で発見されたモノリスが木星に向かって電波を発信していることが分かりますよね。それで、モノリスの謎を解く鍵はきっと木星にあるのでは、ということで、探査船が木星へと出発します。なんかこのへん、オカルト的寓意が含まれているように感じるんですが。半田氏的には、どうなんでしょ？

半田　お～、まきしむも直感が働くようになってきたね。実は僕もそれを強く感じたのね。たとえば、「月でモノリスが発見される」という件《くだり》だけど、月は占星術的には人間の無意識の象徴とされている。だから、月で発見されたモノリスとは、人間の無意識の中に潜んでいるイデア的な力としても解釈できるよね。で、映画の中では、そのモノリスが太陽の光を浴びたことによって木星に電波を発信し始めるという設定になってた。太陽はギリシア神話ではアポロン神で、これは理性の象徴とされるものだよね。だから、月でモノリスが発見され、それが太陽の光を浴びたってことは、長い間人類の無意識の中で眠っていたイデアの力に人間の理性の光が当たり始めたっていう解釈が成り立つ。そして、それがきっかけとなって、モノリスは木星に対して何かしらかのシグナルを送り始める。木星は同じく占星術では集合意識の拡大や拡張といった意味を持たされているから、この木星へのシグナルには、人間の理性がイデアに触れ、無意識の覚醒準備に入るという意味が重ね合わされているんじゃないかと思う。

まき　お〜、緻密な読みだ。さすが、オカルト半田（笑）。

半田　キューブリックが意図していたかどうか分からないんだけど、木星探査のシークエンスでのオカルティックな記号の畳み込みはそれだけじゃないんだよね。まだまだある。まきしむは、木星に向かった探査船の形は覚えているかい？

まき　ディスカバリー号ですよね。丸い頭に長ヒョロの棒みたいのが

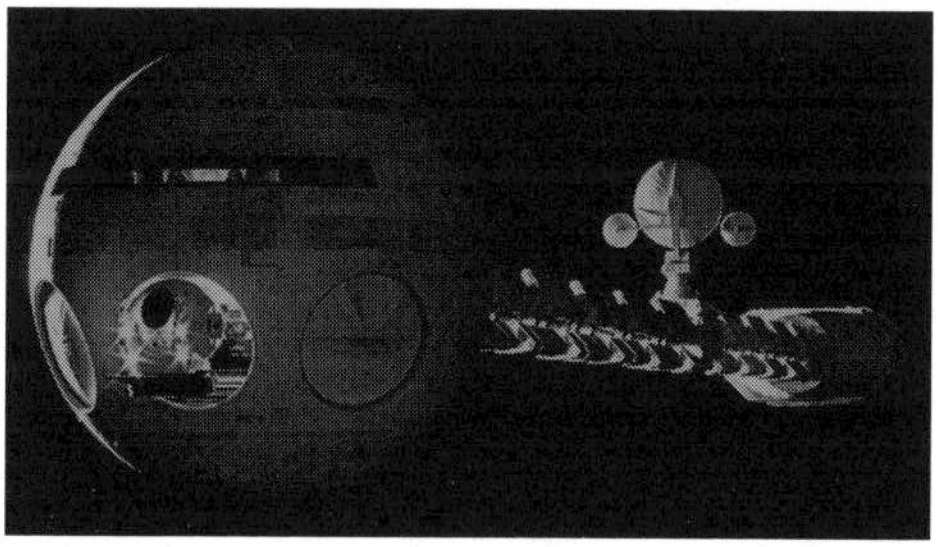

ディスカバリー号

ついたやつ。

半田 そう、あのディスカバリー号の造形は、実はキューブリックが「精子」をモチーフにしてデザインさせたものって言われているんだ。もし、そうだとすると、木星は卵子としてイメージされていたかもしれない。

まき ひぇ〜、精子と卵子？　ということは、ディカバリー号は、木星を妊娠させるために射精された精子だってこと？

半田 神秘学には「霊的受胎」という言葉があってね、これは人間が霊的な覚醒を起こすことを意味する言葉なんだけど、前回まで話してきたルーリアカバラで言うなら、これは「器の修復（ティックーン）」の開始のことを意味すると言っていいと思う。実際、占星術師たちはイエッツエラー界の中枢を担う「ケセド」というセフィラーに木星の霊を当てはめたりもしているのね。キューブリックは、そのへんの神秘学的内容も十分に意識した上で、木星を霊的受精卵のメタファーとして表現した可能性がある。

星乃 それって原作者のクラークじゃなくて、キューブリックの意図なんですか？

半田 クラークの原作では、ディスカバリー号が向かうのは木星じゃなくて土星の設定になっているんだ。土星と木星じゃ、さっき言った占星術上の意味が正反対になってくるので、ちょっと話の辻褄が合わなくなる。あくまでも、舞台が木星に変わったことで、この作品の神秘学的な意味合いが一貫した整合性を持つようになったって感じなんだよね。

まき それって、かなり思い切った設定変更ですよね。キューブリックは何で変えちゃったんでしょう？

半田　何でも、当時の特撮技術ではキューブリックが満足できるレベルでの土星の輪の表現が難しかったらしい。でも、この変更によって、象徴的な意味でも、サブリミナルな効果がかなり増したことは否定できないよね。

星乃　面白いですね。いろいろな偶然が重なって、作品の持つメッセージ性がより強化された可能性もあるってことですね。

半田　そうなんだよね。どこまでが意図されたもので、どこまでが偶然のなせるわざなのかがよく分からない。そのへんが、この作品が神懸かっているところでもあるんだけどね。で、さっきの霊的受胎の話なんだけど、新約聖書にマリアがイエスを孕《はら》んだことを大天使ガブリエルが知らせにくる話があるよね。

星乃　「受胎告知」ですね。ダ・ヴィンチなんかが絵に描いてますよね。

半田　それ、それ。とても有名な話なんだけど、神秘学では、あの話も本当は「霊的受胎」の意味で、人間の霊的な覚醒の比喩だと言われている。キリスト教は、それを聖母マリアにおけるイエス・キリストの受胎として擬人化して説いたんだと考えるといいよ。木星はギリシア神話ではゼウスだし、ローマ神話ではジュピターと呼ばれて最高神とされているでしょ。マリアを宇宙的な母性の意味で月と見なせば、さっきと同じような意味が読み取れるよね。つまり、月で育まれた人間の無意識が成長して、それが太陽のロゴス的な力に触れ、そこで何らかの突発的な変

受胎告知

異を生み出し、創造的な力を生み出してくるということの隠喩《いんゆ》になる。

まき　わぁ〜、突発的な変異ってところ、なんか『マトリックス』のネオの話を連想させますね。

半田　はは、もしそうだとすると、この『2001年宇宙の旅』では、ディスカバリー号で木星へと向かったボーマン船長がネオの役割を演じているってことになるね。

まき　そっか！　だから、コンピュータと戦うんだ！

半田　おっと、まきしむ、冴《さ》えてるねぇ〜。とてもいい線ついてると思うよ。HAL（ハル）のことだね。

コンピュータHALの反乱

半田　HALとボーマン船長の攻防もこの作品の見所の一つだったよね。前回、『マトリックス』の話をしたときに、コンピュータが孕《はら》む脅威についてはいろんな話をしたけれど、クラークとキューブリックは、すでに50年も前に似たような問題を予見していたんだろうね。

ホント、すごい洞察力と言わざるを得ない。

星乃　そうですよね。それに描写の仕方もとても面白かった。ボーマン船長とプール飛行士が、HALに内緒でポッドの中で話をするシーンなんかとても緊迫感がありましたよね。HA

Lが読唇術を使って二人の会話を読み取るところなんか、すっごく怖かったし。

まき　確か、二人がHALの故障を疑い始めるんでしたよね？

半田　そうだね。あのシーンも音声がほとんど無かっただけに、HALの不気味さがより際立っていたと思わない？　それに、撮影の仕方もうまかったでしょ。HALの最初の登場の仕方って、どんな感じだったか覚えてる？

星乃　木星に向かうディスカバリー号の船内が一通り映し出された後に、出てきましたよね。「わたしは決してミスを犯さない」って感じで、何か、すごいプライドの高さを感じました。いかにも、自分は人間よりも優れていると言いたげで。

半田　ヴィジュアル的にはどう感じた？

まき　え〜と、あっ！　一つ目だ。真っ赤な一つ目。ひょっとして、サウロン……（笑）？

半田　この作品の邦題は『2001年宇宙の旅』ってなっているんだけど、もともとの英語のタイトルは『2001：Space Odyssey』というんだよね。だから、当然、ギリシア神話の『オデュッセイア』の物語を意識している。『オデュッセイア』の中にキュクロプスという一つ目の巨人が出てくるんだけど。多分、HALにはそのイメージも重ね合わされている。

まき　キュクロプスってどういう存在なんですか。

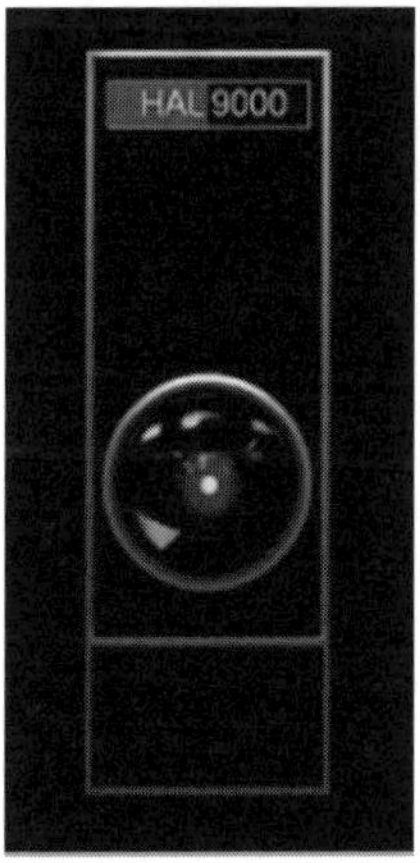

一つ目が特徴の HAL（ハル）

半田　人間を食らう怪物。

まき　まんま、じゃないですか（笑）。

星乃　ＨＡＬの名称って、当時、コンピュータのトップ企業だったＩＢＭの一歩先を行くという意味で「Ｈ」「Ａ」「Ｌ」と名付けられたと聞いたことがあるんですけど、それって本当なんですか？

半田　さぁ、どうだろうね。原作者のクラーク自身はＨＡＬの意味は「Heuristic Algorithmic（発見的、アルゴリズム的）」を略したものだって言っている。ＩＢＭのもじりは特に意識はしてなかったみたいだね。ただ、このＩＢＭ云々に関しては笑える話があって、はじめはＩＢＭが自社の宣伝に使えると思って映画のスポンサーを引き受けたらしいんだけど、途中でストーリーを知って、スポンサーを降りてしまったらしい。ＨＡＬが暴走してしまっては、それこそコンピュータのイメージダウンは必至だろうからね（笑）。

まき　殺人マシンになっちゃいましたからね。

星乃　ＨＡＬが機能停止に追い込まれていくところもすごく怖かったですよね。どんどん記憶が消去されていって、幼児に退行していく感じで、最後には喋《しゃべ》ることすらできなくなる。

半田　ボーマン船長がＨＡＬのモジュールをシャットダウンさせていくシーンだね。あそこのシーンも、音はボーマン船長の呼吸音とＨＡＬの命乞いのような機械的音声だけだったよね。おまけに、ＨＡＬのモジュールブースが真っ赤なライティングで染められていたから、まるで、血の海の中で人が殺されていくかのような緊迫感があった。

この作品が作られた60年代という時代性

星乃　でも、こうした作品が全世界にロードショー公開され、しかも映画雑誌の人気投票でベスト1の作品に選ばれるなんて、今じゃ考えられないですよね。とても一般の人たちに向けたエンタメ作品には思えません。

半田　映画会社がこれだけの製作費（当時のレートで約38億円といわれている）をかけて、この作品を商業映画として配給したということ自体、今の時代ではありえないね。それこそ、月に埋まってるモノリスから「こういう映画を作れ～」って、誘導電波でも出ていたんじゃないのかな（笑）。ただ、星乃さんの言うように、当時は、今とは時代性がまったく違っていたのね。公開が1968年でしょ。60年代後半というのは、政治的にも、文化的にもかなりアバンギャルドな時代だった。日本の若者たちも、日本という国の在り方について真剣に考えていたし、思想や哲学に対しても強い関心があった。大学は全共闘のネットワークで結ばれ、キャンパスではサルトルやマルクスの本を小脇に抱えて歩くことが一種のファッションにもなっていたくらいだから。

まき　サルトルやマルクスがファッション？　すげぇ～。

星乃　当時は、学生たちの間で左翼思想が流行していたんですよね。

半田　左翼思想が流行したというよりも、「反権力」の時代だったと言った方がいいかもしれない。日本だけじゃないよ。世界的に見ても、フランスでは五月革命が起こったし、アメリカはベトナム戦争の真っ最中で、全米各地で反戦運動の嵐が吹き荒れていた。若者たちは、物質最優先の文明の在り方を嫌って、大学をドロップアウトしてヒッピーカルチャーに走ったり、とにかく、資本主義の価値観や政治体制を何とか覆そうと、世界全体の革命を夢見ていた時代でもあったんだ。そうなると、当然、精神の自由や魂の解放のビジョンを求めるようになるよね。だから、文学にしろ、音楽にしろ、絵画にしろ、映画にしろ、カルチャー全般が哲学や宗教の影響を受けて思想性を帯びてたわけ。『2001年宇宙の旅』も、そういう時代性を背景に持って登場してきた作品だったんだ。

まき　これって、まさに半田氏がこの間言っていた「スキゾ資本主義」の時代ってことですよね。だから、こんな訳の分からない作品が出てきても、みんな自然に受け入れられたんだ。

半田　ただ、作品自体は自然に受け入れられたという感じでもなかったみたいだよ。難解な作品であることは確かだから、最初は客の入りも悪く、評論家たちが酷評したせいもあって、配給元のMGMも大失敗だと思ったらしい。でも、徐々に話題になり始め、そのうちリピーターが続出してきて、作品の評価もどんどん上がっていった。

星乃　女性にも、この作品の映像や音楽のセンスの良さは分かると思うんですが、やっぱり、どちらかというと、男性が好む映画って感じはしますね。男性の心には何がそんなに響くんでしょう？

半田　評論家たちも映像センスと音響の群を抜いた一体感を挙げる人が多いね。もちろん、それもあるとは思うんだけど、僕は、本質は違うところにあると思ってる。それこそ、『君の名は。』の正体不明の大ヒットと同じだよ。「人類はどこから来て、どこへ行くのか」という普遍的なテーマに対する回答のようなものが、作家側の思惑のいかんにかかわらず、作品の中に強烈な強度で表現されてしまったからじゃないかな。観客たちの無意識がそこにダイレクトに反応したんだと思う。

まき 確かに、『君の名は。』も何であんなに爆発的ヒットになったかは謎ですよね。半田氏の解説を聞いて、かなりサブリミナルなものが働いているというのは、何となくですが、分かるようになってきました。

半田 『2001年宇宙の旅』の場合は、そういった普遍的なテーマを当時の最先端の映像技術の中で、この上なく上質な映像叙事詩として表現することに成功してるよね。宇宙空間に浮かぶ宇宙船や木星のシーンとか、50年前の作品だというのにCGを駆使した今のSF作品だって及ばないようなクオリティの高さを持っている。もちろん、完全主義者キューブリックならではの細部へのこだわりや、撮影上の工夫なんかもあるからなんだけど、単にそれだけじゃなく、何か神懸かり的なオーラがこの作品には漂っているんだ。

星乃 確かに古さを感じさせませんよね。音楽も全面クラッシックを使ったのが良かったんでしょうね。すごく気品があるというか。

半田 そうだね。初めはオリジナルのサウンドトラックを作らせたみたいなんだけど、キューブリックがそれを気に入らなくて全部ボツにしたらしい。※依頼された作曲家は怒り狂ったという話だ

依頼された作曲家 当初、キューブリックは過去に自分の作品「スパルタカス」で音楽を担当したアレックス・ノースにオリジナルの音楽を依頼していた。依頼を受けたノースはタイトな日程の中で体調を崩しながらも、精力的に曲を書き上げたのだが、結局、キューブリックは気に入らず、ノースの音楽を使用しなかった。

よ（笑）。でも、それで大正解だったんじゃないかと思う。特にオープニングとエンディングで、テーマ曲として使われているR（リヒャルト）・シュトラウスの『ツァラトゥストラはかく語りき』なんかは、ちょっと聴いただけで、この映画のタイトルバックが条件反射的に浮かんでくるくらい、恐ろしいほどのマッチングを見せているからね。

ニーチェの超人思想と能動的な宇宙力

まき 『ツァラトゥストラはかく語りき』って、ニーチェの本のタイトルにもありますよね。R・シュトラウスとニーチェって何か関係あるんですか。

半田 うん、大いに関係がある。R・シュトラウスは大学では哲学を学んでいて、ニーチェの大ファンだったのね。この曲は、まさに『ツァラトゥストラはかく語りき』で語られたニーチェの超人思想を曲に表現したものだってシュトラウス自身が語っている。だから、キューブリックも、ニーチェの思想にかなり入れ込んでいたのかもしれない。

まき ニーチェの超人思想ってよく聞きますけど、どんなことを言っているんですか？

半田 ニーチェは、人類の歴史の終わりに「最後の人間」というのが出現してくると言うのね。「最後の人間」というのは、自らの創造性を失って、ただ消費だけを盲目的に繰り返すだけの受動的人間、つまり今の僕らのような生き方をしている人間のことを指して言っていると思っていい。安楽と健康のみを求めて、ただ家畜のように生きているだけの人間とでも言うのかな。ニーチェは口が悪いから、そういった集団のことを畜群《ちくぐん》とか言ったりもするんだけど（笑）。「超人」というのは、その反動として登場してくる人間のこと。ニーチェが言うところの「力への意志」によって、自らの生を創造していく存在とでも言うのかな。ニーチェ自身は「超人は大地の意義である」とか、かなり抽象的な言い回しで説明しているんだけど、超人が一体どういう存在なのかということについては具体的には語っていない。そのため、ニーチェの「超人」の意味合いについては、研究者の間でもいろいろな解釈があって明確じゃないんだけど、ドゥルーズのニーチェ解釈からすれば、**人類に宿命づけられた受動性を克服して、能動的な宇宙力に参画していく者たち**のことと言っていいんじゃないかと思う。

まき　能動的な宇宙力ってなんですか？

半田　宇宙を創造している側の力のことと考えるといい。

まき　創造している側の力……つまり、『エヴァ』でも話されていた、あの生命の樹の中のイデア界の力のようなもの？

半田　ニーチェ自身はプラトン的なイデアの形而上《けいじじょう》学は否定したんだけど、それがもし、人間の意識に本当に「能動的なもの」として生まれてくるのであれば、そういう言い方をしてもいいと思うよ。ドゥルーズのいう「能動的」という言葉の意味は、「能動的に行動する」などといった、僕らが普通に使っている「能動的」という意味じゃないので、確かに分かりにくいかもしれない。前回も説明したと思うけど、宇宙を創造する側に回るってことだね。僕的には、**「〈なるもの〉への変身」**っていう言い方が気に入っているんだけど。

まき　〈なるもの〉への変身？

半田　〈なるもの〉の「なる」とは、〈生成〉という意味での「成る」のこと。「創造」とほぼ同じような意味だね。「創造」の場合はまったくの無から何かを生み出すことを意味しているけど、〈生成〉の方は、〈あるもの〉からまた新たに〈なるもの〉を生み出すといったような意味を含み持っている。

まき　〈あるもの〉っていうのは何ですか？

半田　人間の世界は〈あるもの〉の世界として成り立っているよね。人間が生まれてきたときにはすでに、大地や空や海があって、大地には山や川があり、植物や動物たちの姿もあった。こうした中に、人間は訳も分からないまま生み出されてきて、世界をあくまでも受動的に〈あるもの〉として受け取り、そこで生きることを余儀なくされているでしょ。こうした〈あるもの〉の世界のことを、とりあえずは受動的な世界として考えてみようってこと。

星乃　〈あるもの〉とは、幅の世界、客観世界にモノとして「ある」ってことですよね。そして、人間はその〈あるもの〉がどこからやって来たのかをまるっきり知らない。ただ、それらを受け取っては、寿命が来れば死んでいく。だから、人間は宇宙においては受動的な存在だと考えるということですね。

半田　そういうこと。人間は〈あるもの〉をただ一方的に受け取らされている存在だってこと。じゃあ、人間も〈あるもの〉なのか、というと、そうじゃないよね。確かに人間の肉体は〈あるもの〉だけど、人間の精神は〈あるもの〉という言葉だけでは括ることができない。その証拠に、僕らは、人間を〈あるもの〉とは呼ばないでしょ。

星乃　はい、人間は〈いるもの〉ですね。生命・意識を持つもの。

だよね。〈あるもの〉ではなくて〈いるもの〉。つまり、〈あるもの〉と〈いるもの〉の関係は、創造物として受け取られるものと、それを受け取るものの関係になっている。

「ある・いる・なる」のトリニティ構造

星乃　『ロード・オブ・ザ・リング』で話されていた、神とユダヤ民族の契約の話に何だか似ていますね。一神教の神が世界を人間に与え、「産めよ、増えよ、地に満ちよ」と言って、人間に仮の主体性を与えたという話をされていましたよね。〈あるもの〉と〈いるもの〉の関係とは、神によって与えられた客体の世界と、それを治める仮の主体である人間の関係性に当たるわけですね。

半田　その置き換えでいいと思うよ。ヨハネの福音書の冒頭に「はじめに言葉（ロゴス）ありき。ロゴスは神とともにあり、ロゴスは神であった」という有名なフレーズがあるでしょ。〈あるもの〉は神の精神である言葉（ロゴス）によって与えられ、〈いるもの〉はその言葉を通して世界を〈あるもの〉として受け取る。そうやって人間は、〈いるもの〉として、〈あるもの〉の世界を言葉によって経験させられ、またそれらを自分たちの生きる目的に沿ってリフォームしながら、ここまで文明の歴史を進めてきた。ただ、〈あるもの〉がどうやって生まれてきたのかに関しては、僕ら人間は、せいぜい科学が語る物質進化のストーリーぐらいしか知らない。でも、科学のストーリー展開は、どう考えても〈あるもの〉の世界だけに限定された話だよね。科学は〈いるもの〉も〈あるもの〉から生まれてきたと考えているわけだから。

星乃 なるほど。物質から精神が生まれてきたと考えているということですね。でも、それはあり得ないって半田さんは話されていましたね。

半田 そう、絶対にあり得ない。前にも話した「意識のハードプロブレム」に象徴されるように、科学的思考では、〈あるもの〉から〈いるもの〉のことを説明することは絶対にできないと思うよ。意識を物理的に説明するというのは原理的に不可能なんだよ。〈あるもの〉と〈いるもの〉の間には絶対的な差異があるんだ。だから、〈あるもの〉は、本当は〈いるもの〉から根拠づけられないといけない。

まき 〈いるもの〉から〈あるもの〉を根拠づけする?

星乃 つまり、精神から物質が生まれたという考え方に変えないといけないってことですね。

半田 そういうこと。〈いるもの〉から〈あるもの〉を根拠づけることができれば、僕らは〈あるもの〉の由来を正しく論じることができてくるってこと。そのためには、まずは〈いるもの〉から〈あるもの〉がどうやって生まれたのか、この双方をつなぐ概念が必要になるよね。ベルクソンの純粋持続なんかも、その意図で考えられたものなんだけど、ただ、ベルクソンの理論は〈いるもの〉一元論的なところがあって、〈いるもの〉から〈あるもの〉がどのようにして生まれてくるのか、その仕組みについてはほとんど説明することができなかったんだ。

星乃 純粋持続の世界から、今度は、時間と空間や物質の多様性がどのようにして作られてくるのか、そのメカニズムを説明する必要があるということなんですね。

半田 うん。そのプロセスというのが、さっき言った〈なるもの〉の世界のことだと考えるといい。要は「生成」のことだね。そして、この問題を哲学として最初に提起したのがハイデガーだったのね。それまでの哲学は※カント哲学に代表されるように、〈あるもの〉と〈いるもの〉相互の関係性だけについて考える、いわゆる「※認識論」の哲学だったんだけど、ハイデガーは〈あるもの〉がどうして〈ある〉のか、その謎に挑もうとして、※〈あるもの〉と〈あること〉の違いについて思考し、それまでの哲学とはまったく違った新しい哲学の領野を切り開いていったんだ。〈あるもの＝存在者〉ではなく、〈あること＝存在〉について考えるという意味で、それが「※存在論」と呼ばれているわけだね。

まき 〈あるもの〉と〈いるもの〉の相互関係について考えるのが認識論で、〈あるもの〉と〈ある

カント哲学　デカルトに代表される大陸合理論とヒューム、バークリーらのイギリス経験論を超越論的哲学によって統合したところにある哲学ともいわれている。デカルトは自我の基盤に神がいると考えた。一方、経験論は自我とは知覚の束として生まれるものであると考えた。しかし、単なる知覚の束から自我意識がいかにして統一的なものとして生まれるのかが分からないため、カントはそこに意識の統覚が起こる原因となるアプリオリ（超越論的）な機構があるとした。カントによれば、時間や空間もこのアプリオリな機構によって意識に生じるもので、人間はこの時間と空間を通してしか物を経験することができず、物自体の世界については思考することができない。

認識論　認識する主観（主体）の存在と対象（客体）の存在を前提にし、それら思考と対象の一致を保証している構造について考える哲学的立場のこと。

〈あるもの〉と〈あること〉の違い　ハイデガー哲学ではこの違いのことを「存在論的差異」という。

存在論　主体と客体との関係ではなく、それらを存在させている普遍的な存在を問う哲学的立場のこと。その意味で、存在論は主体と客体の二元論自体を問題にする。ハイデガーは主客を分離させた思考が古代ギリシャのプラトンとアリストテレスに始まったとして、西洋哲学の歴史を「存在忘却」とし、それ以前の古代ギリシアの思想をもとに存在論を復興しようとした。

こと〉の違いについて考えるのが存在論か……。初めて、知りました。哲学者ってそんなことを考えているんだ。でも、※〈あるもの〉と〈あること〉の違いとか、頭がこんがらがって何が何だか分からなくなりますね。

半田　確かに、ややこしい。ハイデガーは、〈あること＝存在〉というのはEs gibt（エス ギープト：ドイツ語で「それが与える」という意味）でもあると言っているから、簡単に言うと、〈あらしめるもの〉と考えるといいかもしれないね。〈あるもの〉を〈あらしめる〉わけだから、つまり、これはハイデガーが考えるところの「神」ってことだね。

まき　えっ、哲学に神を復活させたってこと？

半田　そういう言い方をしてもいいと思うよ。だから、哲学者たちの中には、ハイデガー哲学は神学だって批判する人たちもたくさんいる。存在論の哲学者たちは、まずは、〈いるもの〉が〈なるもの〉へと変身して、その〈なるもの〉が〈あらしめるもの〉と〈いらしめるもの〉を生み出し、そこから〈あるもの〉と〈いるもの〉が生まれ、そこで〈あるもの〉が〈いるもの〉へと方向性を持つことによって、初めて〈あること〉が成り立つ、といったような理路を考えるわけ。

まき　？　ちょっと待ってください……分かんないこと多すぎ。まず、〈いるもの〉が〈なるもの〉へと変身するって、さっきは「能動的」っておっしゃっていましたが、具体的にはどういうことなんですか？

半田　人間の思考が自然を新しく作り出すということだよ。前回少し話したよね。ヌーソロジーの文脈から言えば、人間が自らの意識と素粒子とのつながりを発見し、同時にそこに自己と他者の意識の関係を見出し、その思考そのものが物質を根底から編成し直すってことなんだけどね。

まき ふむふむ、そっか。それが生成＝〈なるもの〉ってことか。それはイデアの顕在化でもあるわけですね。次の「〈なるもの〉が〈あらしめるもの〉と〈いらしめるもの〉を生み出し」っていうのはどういうことでしょうか？　それから「〈あるもの〉が〈いるもの〉へと方向性を持つことによって、初めて〈あること〉が成り立つ」っていうのも分からないんですが。

半田 〈あらしめるもの〉とは物質のもとになるもの、〈いらしめるもの〉とは意識のもとになるもののことだよ。〈なるもの＝イデア〉からこの二つが生まれるということだね。そして、「〈あるもの〉が〈いるもの〉へと方向性を持つ」というのは、〈あるもの〉として生み出された物質が、〈いるもの〉によって言葉で概念化されるということで、それによって〈あること〉の認識が生まれるんだ。人間が世界の存在を感じ取っている状態のことだね。つまり、「いるもの＝人間の意識」から「なるもの＝イデア」が生まれ、今度は「なるもの＝イデア」から「あらしめるもの＝物質のもと」と「いらしめるもの＝意識のもと」が生まれ、それによって、ようやく、「あるもの＝物質」と「いるもの＝人間の意識」の関係が現れ、そこで「あること＝存在」が生起するってこと。

星乃 存在論では、世界はそういうサイクルで成り立っていると考えるわけですね。

半田 ちょっとヌーソロジー的にアレンジはしているけど、おおまかにはそういうイメージでいいと思う。ハイデガーの言い方を借りるなら、「それをそれ自身の方から現れてくる通りに、それ自身の方から見えるようにする」ってことだね。

まき　なるほど。確かに、そういう哲学が生まれて、そのプロセスがはっきりすれば、完璧な感じがしますね。宗教もいらなくなるし、神という概念もいらなくなるんじゃ？

半田　うん、この〈いるもの〉から〈なるもの〉への変身のプロセスが、実はドゥルーズが「能動的なもの」と呼んでいるもののことなんだよね。ドゥルーズの哲学というのは、今話したハイデガーの存在論をより現代的に一つの自然哲学として進化させようとしたものだと考えるといいよ。ドゥルーズはニーチェの「超人」のことを、その達成へと向かう者たちとして解釈している。

まき　〈いるもの〉から〈なるもの〉への変身を達成する者たちが超人………。

星乃　ヌーソロジー的に言うなら、意識と素粒子のつながりの構造を見出した者たちってことですよね。半田さんがさっき言っていた「人類に宿命づけられた受動性を克服して、〈能動的な宇宙力〉に参画していく者」。つまり、**イデアを忘れ、ただ与えられた物質世界のみで生きるのではなく、物質世界を創造した起源としてのイデア世界を見出し、それと共に生きる者**というようなイメージでしょうか。

半田　そうだね、ヌーソロジー的に言うなら、確かにそういうことになる。ヌーソロジーの思考作業もこうしたハイデガーやドゥルーズの存在論をベースにして進めているんだ。この間も言ったけど、**人間が持続空間（根源的時間）の中で自分の精神と素粒子のつながりを見出すことができてくれば、素粒子はもはや〈あるもの＝物質〉ではなくて、〈いるもの＝精神〉として解釈されてくるようになるよね。そして、それは同時に主体と客体が一致した世界でもあるわけだから、〈いるもの〉が〈なるもの〉の世界の中へと侵入していくことを意味する**わけだよ。

星乃　なるほど、それがさっきの霊的受胎の話とつながっているんだ。ディスカバリー号が木星に侵入していくっていう。つまり、イデア＝純粋持続＝素粒子の世界への侵入。

まき　そうか……そうすると、ニーチェの言う「最後の人間」と「超人」の関係というのは、『マトリックス』のところで話していた「ＡＩによって人間の主体性を奪われた者たち」と「意識と素粒子の一致を見出した者たち」って対比になりますね。半田氏が「スミスＶＳネオ」という高次の対立軸で示した関係もそのことなんだ。

半田　創造的な空間側へと意識が反転した者たちのことをネオと呼ぶなら、そういう対応が可能だね。まぁ、他にもいろいろな表現ができるとは思うけど。

まき　人間の在り方自体が変わってくるというのは、そういうことなんですね。何か少しずつ、分かってきたぞ。

半田　ついでに、今話してきた〈ある―いる―なる〉のトリニティ関係を『エヴァ』で紹介した「生命の樹」に対応させて、図で示しておこうね。プラスして「マトリックス」の構図とも重ね合わせておこうかな。「生命の樹」って漠然としていて、何を表現しているのかイメージがしにくいと思うけど、この〈ある―いる―なる〉のトリニティ関係が理解できてくると、カバラの「生命の樹」自体が何を言わんとしているかがより分かってくると思うよ。ヌーソロジーもルーリアカバラとまったく同じ論理構造を持っているので、ヌーソロジーの詳細に興味が出てきたときの参考にするといいと思う。もちろん、ここに示した対応はあくまでもヌーソロジーから見た対応ということになるけどね。通常のカバラ解釈にはあまり見られないものだと思う。

まき　なるほど…（図を眺めながら）、今は「なるもの」の世界が壊れているんだ。

半田　そうなんだよね。例のケテル-マルクト結合によってね。ハイデガーはそれを「存在忘却」って言っている。

まき　こういう図を見ちゃうと、何かカバラとかハイデガーも勉強したくなっちゃいますね。

半田　好奇心が出てきたのなら、なんでもチャレンジしてみるのが一番だね。でも、ヌーソロジーの方が分かりやすいと思うよ（笑）。

まき　お、宣伝キタ（笑）。で、結局、半田氏が『エヴァ』の解説で話されていた、ルーリアカバラの「容器の破壊」というのは、今の話でいうと、〈なるもの〉を作り出しているイデア世界が見えなくなっている状態のことを意味しているんですね。

半田　その通り。一神教的精神の介入によって、物質がどのようにして創造されたのかが、人間にはまったく分からなくさせられているってことだね。例の〈父なる他者の作用：f-other-operation〉によって、本来の空間が大きく歪《ゆが》められているんだよ。

まき　奥行きに突き刺されたカシウスの槍を引っこ抜いて、代わりにロンギヌスの槍を装着する。それによって、宇宙本来の正常な「なる」空間に戻るってことなんだ。

半田　まさに、そういうこと。〈なるもの＝生成〉のときに使用するのがロンギヌスの槍で、そこで生成されたものを〈あるもの〉として表現するときに使用するのがカシウスの槍だと考えるといい。奥行き（持続空間）で構成された精神の活動が、幅の世界（時空）では物質として構成されて見えるということだね。「ロンギヌスとカシウス、二本の槍があれば

●〈あるーいるーなる〉のトリニティと
「生命の樹」の対応図

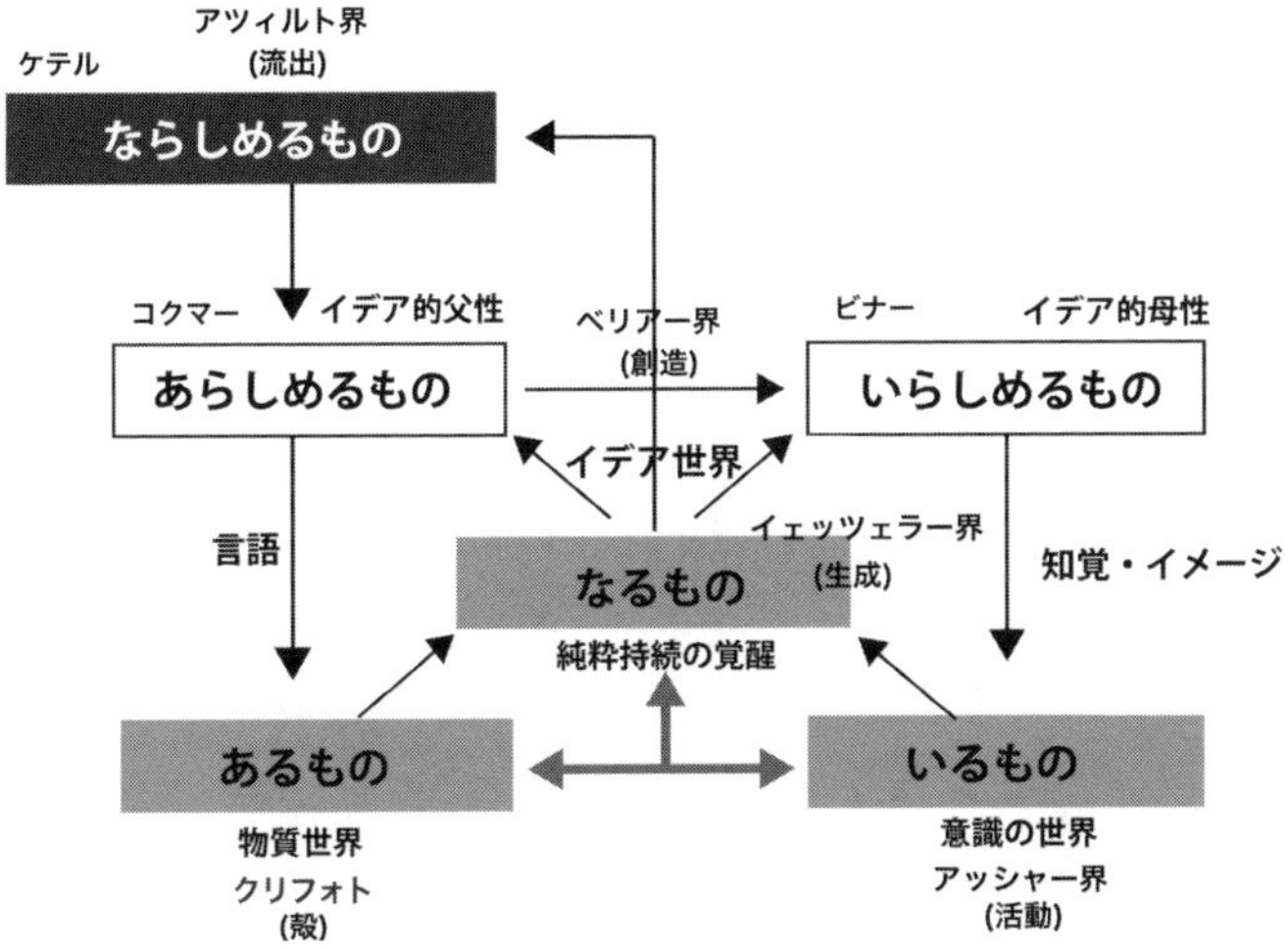

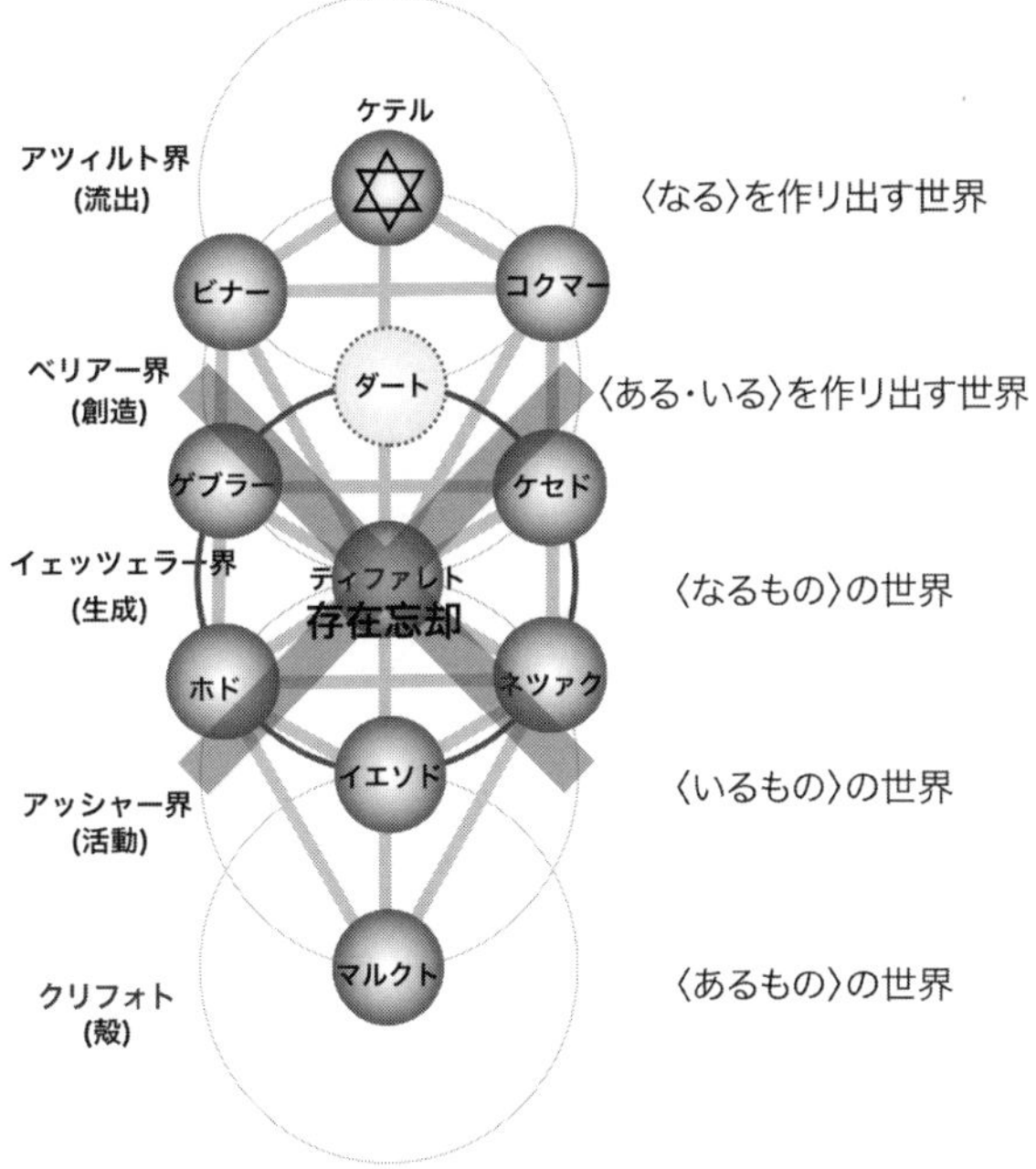

世界を作れる」ってカオルが言っていたのも、そういう意味だと解釈すると面白いよね。

まき　この『エヴァ』の懐の広さよ……。

ニーチェが敵にまわしたもの

星乃 さっき半田さんがおっしゃっていた、ニーチェの「ツァラトゥストラ」って、※ゾロアスターのことですよね。ゾロアスターと「超人」というのは、何か関係があるんですか。

半田 直接は関係していないと思う。ニーチェが敵視していたものって、一言で言うと、それこそ一神教の歴史が作り上げてきた西洋文明全体の歴史なんだよね。『ロード・オブ・ザ・リング』のところでも話したよね。人類を物質世界の中へ閉じ込めようとして勢力を延ばしてきたサウロンが「一つの指輪」を求めていく経路、そこでの歩みが人間を卑屈で、ルサンチマンに満たされた存在にしてしまったのだとニーチェは考えていた。ゾロアスターというのは、その意味で、こうしたユダヤ＝キリスト教的な一神教に支配される以前の古代宗教の神々の総称のイメージで使ったんじゃないかな。排他的一神教に対する古代の神々の象徴ってところかな。実際、ニーチェは※ディオニソスというローマの豊穣と酩酊の神を、アポロンと対比させて、破壊と創造の神として賛美していたしね。

まき そのディオニソスって、ひょっとして『君の名は。』に出てきた二つに分かれる前のティアマトって感じでしょうか。もしそうなら、ニーチェが敵視していたのはマルドゥクやサウロンってことになりますよね。ニーチェの有名な※「神は死んだ」という言葉も、本当はキリスト教の神じゃなくて、そうした古代の多神教の神々を指して言ったんでしょうか。

半田 「神は死んだ」という言葉の解釈はいろいろ

あっていいんじゃないかと思う。それこそ、「キリスト教以前の神が死んだ」でもいいし、「キリスト教の神が死んだ」でもいい。「科学や理性の神が死んだ」でもいい。ニーチェが言いたかったのは、とにかく、人間が生きていく上での価値の指標がすべて失われてしまったということだよ。つまり、「すべては無意味。人間の生に意味などない」ってこと。そのような無意味の闇がこれからお前たちの世界を覆い始めていくことになるが、そのとき、お前たちは一体どうするのだ？　と問いかけているんだと思う。

まき　いゃ～、それって、何か響くわぁ～。まさに、今の私たち自身ですよね。何か背景を知れば知るほど『2001年宇宙の旅』って深い映画なんですね。こんな難解な映画が多くの人に支持されたってのは、今の時代じゃ絶対にあり得ないです。でも、なぜなんでしょう？　本当は、今の時代に生きる私たちこそ、こうした作品のメッセージ性を汲み取れなくてはいけないはずなのに、そういう感性をまったく失っているような感じがします。ひょっとして、人間ってどんどん劣化していっているんじゃないですか。ホント、「最後の人間」

ゾロアスター　ゾロアスター教の開祖。ゾロアスター教は古代ペルシア（現イラン）発祥の宗教で、世界最古の一神教ともいわれている（ユダヤ教のような排他的一神教ではない）。善悪二元論を特徴とし、宇宙の歴史は善神アフラ・マズダと暗黒神アンラ・マンユとの闘争の中で展開されているとされる。また、祭壇に祀られた火を崇めることから「拝火教」とも呼ばれる。聖典は『アヴェスター』。

ディオニソス　ギリシア神話に登場する豊穣と酩酊の神。ニーチェは『悲劇の誕生』で、理性の神アポロンに対して、このデュオニソスを陶酔的、創造的、激情的などの特徴をもつ芸術の精神の象徴と見なした。

「神は死んだ」　ニーチェが著作『喜ばしき知識』の中で狂人に語らせた言葉。「神は死んだ！　神は死んだままだ！　それも、おれたちが神を殺したのだ！　殺害者中の殺害者であるおれたちは、どうやって自分を慰めたらいいのだ？　世界がこれまでに所有していた最も神聖なもの最も強力なもの、それがおれたちの刃で血まみれになって死んだのだ、——おれたちが浴びたこの血を誰が拭いとってくれるのだ？」（ちくま学芸文庫）

に向かってまっしぐらって感じになっている気がしないでもない……。

半田　その意味じゃ、キューブリックも『2001年宇宙の旅』を、半世紀ぐらいずらして、『2051年宇宙の旅』にしていた方がよかったかもしれないね（笑）。何せ、2001年に僕らが経験したのは「宇宙への旅」どころか、「ニューヨーク同時多発テロ」だったわけでしょ。この事件を皮切りにして、21世紀になって、ますます、時代がますます希望を持てない方向へと突き進んでいる感じがするよね。こう言っちゃなんだけど、『2001年奈落への旅』が始まっているって感じ。

増殖する権威主義的パーソナリティー

まき　『2001年奈落への旅』かぁ。冗談に聞こえないところがつらいです。ちょうどいいタイミングなので、このへんで半田氏の言う、その「奈落の旅」の真っ最中にいる今の私たち自身のことに、少し話題を変えてみませんか。半田氏にも、今の若い世代の人たちの意識の現状というものも知ってもらいたいんですよね。それを十分に確認してから、また、

「宇宙の旅」の話へと戻るというのはどうでしょう。

半田　うん。いいかもしれない。今一度、現実をしっかりと再確認しておくということだよね。星乃さんによる、今の若い人たちの心理分析ももっと聞いておきたいし。

まき　私たちの世代はオカルト＝トンデモという図式が無条件に成り立っていて、この映画の背景に半田氏が言われたような世界観が隠されていることなんか、多分まったく気づかないというか、意味を読み取ることに対する関心すらないと思います。ただ、単に「訳が分からない」の一言で片付けてしまう人がほとんどじゃないかな。そういうことって、他にもたくさんあるんじゃないかと。何か見えないものを感じたり、見えないものについて考えたりする力自体が弱まってきていると言うか。どうして、こうなっちゃったんでしょう。星乃さん、このへん、心理学的側面から何か分かりませんか？

星乃　えっ、いきなり（笑）？　う〜ん、そうね、何から話そうか……そうだ、お二人は「権威主義的パーソナリティ」って知っていますか？※エーリッヒ・フロムの提出した概念なんですけど。私は、この概念が今の若者というか、現在の人々の意識状態について理解する上で結構大事なキーワードだと思っているんです。

半田　「権威主義的パーソナリティ」は知らないなぁ。フロムって『自由からの逃走』を書いた人だよね。

星乃　そうです。ドイツの心理学者なんですけど。1930年当時のナチスのファシズム台頭をドイツの国民が受け入れた理由について分析して、この「権威主義的パーソナリティ」と

エーリッヒ・フロム　（Erich Fromm. 1900-1980）ドイツの精神分析家、社会心理学者、哲学者。フロイトの精神分析を社会情勢の分析にまで適用した。『自由からの逃走』『愛するということ』など著書多数。

いう概念を提唱したんです。その中でフロムは、人間は自分の社会的立場の低下を感じると、その不安を埋め合わせるために権威に同一化し、無批判に権威を受け入れ、絶対的に服従し、弱者に対して攻撃的になる傾向があると言っているんですね。そうなると、※歴史修正主義のように、真実よりも感情を優先するようになりますよね。

まき　それって……今流行りの※ネトウヨですね。

星乃　そうですね。だから、ネトウヨさんたちはまさに人間に備わった自動プログラムに動かされているだけだと思うのね。つまり、自分の不安と向き合わず、自我の確立も目指さないまま「退行の超自我（サウロン）」に同一化して自分を守ろうとしているというのが、「権威主義的パーソナリティ」と言えるんじゃないかなと思います。

半田　自分の本質がどうかというのは二の次で、とにかく自分を相手より高い位置に置いて安心したいというのが最優先されているってことなのかな。確かにナチズムなんかは分かりやすいよね。農村出身の貧しい若者が、ナチスの党員になって突撃隊に入り、裕福だったユダヤ人の資本家を銃で小突き回すといったような。ニーチェで言うなら※ルサンチマンそのものの塊だね。

星乃　はい、自分を守りたい一心から無意識にそういう力が働くということです。「一億総中流社会」といわれていた日本社会が、今では「格差社会」といわれ、子供の貧困などが問題になってきています。今までは「みんな一緒」だったのが、いつの間にか生活が苦しくなったり、自分の人生が上手く行ってないのではないかという不安を持ち始めたりすると、人間はそういうふうになってしまう傾向があるんです、悲しいことに。でも、これって世界的な傾向かもしれません。イギリスのEU離脱やアメリカのトランプ大統領の誕生も「成長の超自我」の減退からくる「自分さえ良ければ」という精神が関係している気がしますし。戦後からのリベラル的な人類共通の理想を追いかけても、結局自分には何にもいいことないし、何にも変わりゃしないという事実を見せつけられているということもありますよね。もう目指すべき価値がまったく見えない時代になってきているんですね。だから、自分さえよければ、気分さえよければという考えになってしまう。アメリカにもオルタナ右翼というネトウヨと同じような人たちがいるようですし。「※ポスト・トゥルース」という真実よりも感情を優先する考え方も出てきています。

半田 確かに、感情を優先してしまうと、人間は損得か、優劣かでしか物事を判断しなくなってくるよね。そうなると、人間の思考も感情も劣化していくしかなくなってしまう。

歴史修正主義
歴史学において客観的に確立している歴史認識を、自分のイデオロギーに合うように誇張、捏造、抹消して、過去を修正し、それを歴史として主張すること。

ネトウヨ
「ネット右翼」の意味。インターネット上の掲示板等で、右翼的、国粋主義的な発言をする人々のこと。排外的で権威主義的な傾向を持つことも多い。

ルサンチマン
キェルケゴールが想定した哲学上の概念。弱者が強者に対して持つ「恨み」「妬み」「嫉み」といったネガティブな感情の総称。『道徳の系譜』でニーチェが再定義した。

ポスト・トゥルース 客観的な事実よりも、個人の信念に合致し、よい感情を湧き上がらせるものの方が世論形成において強い影響力を持つという状況。

ポストモダンによる「主体の幻想化」と「相対主義の蔓延」

まき　ということは、世界中で**「成長の超自我」**の**減退と「退行の超自我」への同一化**が起こっているんですね。

星乃　そうですね。それから、今お話しした「目指すべき価値がまったく見えない時代」っていうのは、『エヴァ』でちょっとお話ししたポストモダンが大きく影響していますよね。

まき　ポストモダンってまだよく分かってないので、半田氏にもう一度お聞きしてもいいですか？

半田　うん、前も言ったと思うけど、文字通り、「近代の後」って意味だよ。普通は、人々が共通して持てる大きな価値観がなくなった時代という意味で使われている。人類共通の理想のもとに社会をより良いものにしていくなんて考えは幻想にすぎないって考えちゃう風潮とでも言うのかな。主体自身が幻想だと考えちゃう。そうなると、当然、人々の価値観もバラバラになってしまい、結果、相対主義が蔓延化してしまうよね。

まき　「主体が幻想」ってのは、人間にはそもそも意志などない、という考え方なんですか。

半田　僕らが意志と呼んでいるもの自体が無意識のシステムによって自動機械化されている、って感じかな。実際、そこで働いている意志は社会全体をいい方向には向かわせていないでしょ。今の世界を見れば、それは一目瞭然だよね。僕らはただ企業のCMや流行に踊らされて、たいして欲しくもない商品を消費し続けることぐらいしかやることがなく、その上、貧富の差は拡大するばかり。自然はというと、今現在も容赦なく破壊され続けている。こんな状況で、人間に意志があるなんて誰が言えるの？　って話。こんな状態の人類に意志があるとすれば、それはもう世界を破壊する意志としか呼べないよね。

まき　なるほど。主体が幻想で、相対主義しかないってなったら、何か生きていく価値が分からなくなりますね。

星乃　そうなんだよね。でも最近、そのポストモダン的相対主義を批判的に乗り越えようとする※新しい実在論の運動出てきていますよね。フランスの哲学者カンタン・メイヤスーの「思弁的実在論」とか、ドイツのマルクス・ガブリエルの「※新実在論」とか。

まき　何ですか、それ？　「実在論」という言葉の意味自体がよく分からないです。

半田　最近の哲学界は確かに「実在論」ブームだね。実在論というのは、人間の意識と離れて、世界が実在するという考え方のことだよ。「物自体の世界がある」って考える。普通の人にとっては「当たり前だろ、そんなこと」って思っちゃうかもしれないけど、哲学では、カント以降、人間がいるから物の世界があるの

新しい実在論　カント以降の近現代の哲学全般を人間の精神と世界の相関からなる「相関主義」と見なし、相関性の外部にある実在をいかに捉えるか、という課題に取り組む21世紀の思想動向。主要なメンバーには、カンタン・メイヤスー、グレアム・ハーマン、レイ・ブラシエ、イアン・ハミルトン・グラントの四人らがおり、その中でも、メイヤスーが展開する思弁的唯物論は、フランスの現代思想の潮流を受け継ぐ新しい差異の哲学として注目を浴びている。

新実在論　実在論とは通常、物理的な対象だけを存在すると見なす科学的実在論が趨勢を占めているが、ガブリエルの場合は、それに関する思考や感情や信念、さらには一角獣のような空想さえも、「意味の場に実在しているもの」と考える。物理的な存在だけではなく、精神固有の働きをも実在として肯定する考え方のことである。

であって、物自体の世界なんてものは存在しないってことになっちゃったんだ。だけど、科学技術がどんどん発達してきたでしょ。科学は世界が物質だけで成り立っていると考えているわけだから、時代に見合った新しい哲学を作らなきゃいけないということで、ここに来て、また実在論を唱える若い世代の哲学者たちが登場してきているのね。その代表格が、今、星乃さんが言ったメイヤスーやガブリエルって人たちなの。

まき へぇ〜。ということは、メイヤスーやガブリエルもヌーソロジーと同じようなことを言っているんですか？

半田 そうだといいんだけど、残念ながら、全然違う（笑）。ガブリエルの「新実在論」の方は存在を「意味の場」として考え、科学主義の方へと行きすぎた世界をまた人間の実存のもとに引き戻そうとする考え方だから、ヌーソロジーと被《かぶ》るところがあるかもしれないけど、メイヤスーの「思弁的実在論」はイデア的世界の存在を認めはするんだけど、それを人間の精神とはまったく関係がないところに置いちゃうのね。それに科学主義的傾向が強くて、一体どこが実在論なのかが分からない。僕からしてみれば、ハイデガーやドゥルーズの存在論の哲学の方が断然、物の実在に迫っているような感じがする。個人的には、哲学も21世紀になって、どんどん劣化してきているように感じている。

星乃 そうなんですね。なんか、やっぱり確固とした価値というか、自己の核みたいなものが消滅してしまっている感じがしますね。まさに、『ロード・オブ・ザ・リング』でも話した「死の時代」への突入って感じなんでしょうか。

半田 そうだね。80年代にポストモダンが騒がれていた頃は、『ロード・オブ・ザ・リング』でも話した「スキゾ資本主義」の時代真っ盛りだったけど、今は、あっという間にパラノ的なものへの強烈な引き戻しが来ていて、時代の空気感がまるっきり変わってきている。

星乃 本当に。改めて振り返ってみると、この変化って恐ろしいくらいです。ところで、『ロード・オブ・ザ・リング』の話で出てきたスキゾとパラノなんですが、半田さんがこの二つを意識の対立軸として考えるのは、ドゥルーズの思想から来ているんでしょうか？

半田 ドゥルーズがガタリと共同で書いた『※アンチオイディプス』という本からだね。批評家の※浅田彰という人が、その内容をポップなイメージで紹介して、日本でもスキゾやパラノって言葉が一気に広がったんだ。だから、1980年代の半ばから後半にかけては、バブル景気のイケイケドンドンとも重なってスキゾカルチャー全盛って感じだったの。そこから、バブルの崩壊なんかがあって、一転してパラノへの揺り戻しがやってくるわけだけど、日本の場合、95年に起きたオウム事件がデカいと思うよ。あと、追い打ちをかけたのが2001年のニューヨークのテロ事件。マクロな視点で見るなら、あの事件以来、※ネ

『アンチオイディプス』 ドゥルーズとフランスの精神科医ガタリによる共著。1972年に出版された。ポストモダン哲学の代表的著作として知られている。内容はフロイト・ラカン派の精神分析批判と資本主義批判。

浅田彰（1957-） 日本の評論家。デリダやフーコー、ドゥルーズといった1960～70年代に流行したフランスの思想を日本にいち早く紹介し、日本におけるポストモダン思想の旗手となった。主著に『構造と力』『逃走論―スキゾ・キッズの冒険』等がある。現在、京都造形芸術大学大学院芸術研究科教授。

オリベラリズムがどんどん台頭してきて、猫も杓子もグローバル、グローバルで、その結果、国際格差や階級格差が激化して、今は世界のあちこちでグローバリズムとナショナリズムの衝突が起こってる。

まき 何で、グローバル化がナショナリズムを台頭させてくるんでしょ？

半田 グローバル化のもとに多様性が重要だとか言ったところで、所詮、多様な集団同士になるとうまく調和が保てない。そこで、また国家や民族といった集団を志向する父性的なパラノの欲望が全体を統制しようとして働いてくるってことじゃないかな。世界全体に見られるネトウヨ現象なんかもそういった無意識の欲望が生み出している現象のようにも感じるけど。

星乃 そういう要素もありますよね。歴史意識の流れは確かにそういった方向に働いているように見えます。評論家の※宇野常寛さんなんかは、90年代を代表するのが『エヴァ』なら、ゼロ年代を代表するのが※『デスノート』だとおっしゃっているんです。

まき へ〜、『デスノート』……何で？

星乃 うん。宇野さんは、『エヴァ』では、若者たちは社会に不信感を持って「引きこもった」けれども、ニューヨークのテロや格差社会の影響などからそれでは生き残れないと思い、たとえ他人を傷つけても自分で考え行動し、ある特定の価値を選択するようになった、とおっしゃるのね。社会への不信感とは、おそらく私の言う「超自我への反発」とほぼ同じ意味だと思います。それで超自我を破壊し、新しい価値を選択するようになったということなんだと思うのですが、その選択した価値が「退行の超自我」なんじゃないかなと思う。

さっき半田さんが言っていた「父性的なパラノの欲望」ですね。宇野さんは「自分で考え行動し選択した」と捉えているけど、私は自己を防衛し維持するための退行だと思うんだよね。その方向にしか逃げ場がなかっただけじゃないかと。自我を確立させないまま超自我を破壊して、自分とも向き合わないで自己肯定感を持つには、その方向性しかなくなるんですよね。これが、ネトウヨさんや、さっき話した「権威主義的パーソナリティ」につながってくるんじゃないかな。

半田　宮台さんだっけ、ちょうど、当時流行った議論に「現実の虚構化＝※バトルロワイヤル系、虚構の現実化＝※セカイ系」というのがあったよね。どちらも社会を虚構として見なすのだけど、バトルロワイヤル系は現実を虚構化してゲーム感覚で生き抜き、セカイ系は虚構

ネオリベラリズム　政府の積極的な民間介入に反対するとともに、資本主義下の自由競争を重んじる考え方。それゆえ、企業による弱肉強食の論理を是とする思想と言える。市場中心的で極端な個人主義の追求、小さい政府、能力主義を目指す。２００８年に起こったリーマンショックで、アメリカの大銀行・大証券・大保険会社が危機に陥ったが、政府の支援によって救済されたことは記憶に新しい。これによって市場原理主義を否定して自己保存に走ったことからネオリベラリズムの論理は破綻した。

宇野常寛　(1978-)日本の評論家。批評誌『PLANETS』編集長。『ゼロ年代の想像力』『リトル・ピープルの時代』『母性のディストピア』などを上梓。

『デスノート』　２００３年から２００６年まで『週刊少年ジャンプ』に連載されていた漫画作品。２００６年には、２部作の劇場版が公開。名前を書くとその相手を死なせることができるというノートを手に入れた少年夜神月（やがみライト）と、探偵L（エル）との心理的攻防戦を描く。

『バトルロワイヤル』　２０００年に深作欣二監督により公開された日本映画のタイトル。キャッチコピーは『ねえ、友達殺したことある？』というもの。コンピュータ管理によって管理された無人島で、中学生同士が誰か一人生き残るまで殺し合いをするという内容。原作は高見広春。

セカイ系　アニメ・漫画・ゲーム・ライトノベルなど、日本のサブカルチャー諸分野における物語の類型の一つ。『新世紀エヴァンゲリオン』が走りともいわれ、一言で言うなら、世界が想像界（君と僕の世界）だけで完結している物語のことである。そのため、人類を救う話と言っても、主人公のごく身の回りだけで話が完結する。セカイ系の作品は概して現実世界に対する感受性に欠けるといわれている。

を現実化して自分本意の世界に閉じこもり、母性的な世界の中へと逃げ込むって感じの話だったよね。権威主義的パーソナリティーの出処は、星乃さん的にはバトルロワイヤル系ってことなのかな？

星乃　出処というか、同じ時代の流れから出てきているという感じでしょうか。でも、セカイ系もバトルロワイヤル系も、現実の、真実の自分の感情と向き合うことができないという意味では同じだと思うんですが。

まき　そうですよね。その逃避というか防衛の方向性の違いってだけで。

2000年代初頭からは「他者軸の時代」に入っている

星乃　うん、それから、精神科医の斎藤環さんは、ゼロ年代は表面的な、視覚的なものを重要視するコミュニケーション偏重主義の時代になっているとおっしゃっているんです。どういうことかと言うと、若い人たちのコミュニケーションで、「キャラ」というものが重要になっているとおっしゃるんですね。

半田　「キャラ」？

星乃　自分の人格そのままではなく、演技上の「役」のような「仮面」のような自分の特徴というものを作って、それをその集団での共通認識とした上でコミュニケーションを行うということです。さっき話した「権威主義的パーソナリティ」も「キャラ」の一種と言えるかもしれないですね。

半田　つまり、自分の自然な姿じゃないってことだよね。それも「現実の虚構化」と関係しているね。

星乃　そうですね。そして、その集団で「承認されること」が最大の価値を持つようになった。まきしむが知りたがっていた承認欲求ですね。自分と向き合って自己理解を進めることよりも、「キャラ」を保って周囲の承認を得ること、つまり自分が他者にどう見られるかの方が大事になったんです。持って生まれた気質や乳幼児期の経験、その後の経験がどうとかは関係なく、他者から見られている自分、『キャラ』がしっかりとしていればいいという。特にネットでは『キャラ』を自由に作れますからね。でも、これは若者限定というより、現在の全体的な風潮かもしれません。

半田　そうだね。そういう風潮って、さっきの〈あるもの〉と〈いるもの〉の対比で言うなら、〈いるもの〉の基盤を放棄して、その場その場の刹那《せつな》的な気分で、〈あるもの〉に化けて戯れているって感じじゃないかな。もちろん、キャラをスキゾモードで使っていることを自覚して、人生を楽しんでいるというのなら〈いるもの〉としての充実感もあるんだろうけど、どうもそんな印象は受けない。スピリチュアルなんかでも「今しかない」とか言って、「瞬間、瞬間に生きろ」なんて無責任なこと言う人がよくいるんだけど、そういう人たちって「今」の意味を履き違えているんじゃなかろうか。「今」というのは、「いつでも今」なわけだから、本当はタイムレスの自己＝「いるもの」のことだよね。だから、「今」を生きるんだったら、誰もがそこで、現在までの自分の経験と向き合わなくちゃいけない。なのに、「今」を単なる瞬間や一刹那と勘違いしちゃうと、〈あるもの〉として物質的にしか生きられなくなってしまう。結果、自分と世界の関係は引き裂かれ、現実はより一層希薄化して、空虚な孤独感と不安感が増していくだけだよね。

まき　あ！　それ、最初のインタビューで星乃さんも言っていましたね。

星乃　そうですね。よく言われている**「〈今ここ〉が大事」というのは、奥行き＝純粋持続で生きるという意味**ですから、これはヌーソロジーで言えば、まさに前回の『マトリックス』のところで半田さんがお話しされていた「複素ヒルベルト空間」のことですよね。ということは、そこは人生のすべての記憶が重なっている無限次元なわけです。それなのに、「過去を見るな」「今だけを見ろ」と言うのは矛盾しているし、そもそも意識、自我とは記憶を基盤にしているのだから、**記憶を無視しては自我の成長はあり得ない**っていうことになるんです。

半田　そうだね。**「今に生きる」と言うのは、そうした自分の中のタイムレスな世界を意識化して孤高性を持つことであって、星乃さんの言い方を借りるなら経験的自我を確立させ、一つの人格としてしっかりと立つこと**だと思うよ。その意味で言うなら、今の僕らは、若い人たちに限らず、セルフ（無時間的自己）→ペルソナ（時間的自我）→キャラ（仮想的自我）というように、自分を下の次元へとどんどん劣化させていってるんじゃないかな。

まき　ですよね。それと関係あるか分かりませんが、今アニメ界ではチート系というのが流行ってまして。主人公が自分と向き合わず努力せずに、成り行きですごい活躍したり、めちゃくちゃ強くなって敵を倒したり、とにかくお手軽に自尊心を上げることができる作品が人気なんですよ。

星乃　そうみたいですね。そういう若者がすべてなわけじゃないと思うけど。それって、やっぱり自分と向き合うのがイヤだし、「成長の超自我」の声に従って努力するのもカッコ悪い、でも「オレってすげぇ」と思いたいって感じなのかな。

半田　あと、もう一つ思うのは、最近は「見た目がすべて」という価値観がより強くなってきていないかね。自分のルックスでもライフスタイルでも、とにかく人の目に触れる部分だけを重要視する。さっき言った幅意識の世界に自意識が完全にフィックスされちゃっているわけだよ。そうなると、奥行きへの視線は消えて、自己の内面を見る力が脆弱になる。いや、そこに、蓋をすると言った方がいいのかな。そうやって自己意識の成長の契機を失っていく。

星乃　インスタとかも、モロそういう世界ですしね。私は1990年代までが「境界例的な時代」なら、**2000年代初頭からは「他者軸の時代」に入っている**んじゃないかと思っています。

まき　「他者軸の時代」って？

星乃　自我を維持するためには、自分を見つめて境界例的時代のように「自分探し」をしても意味がなく、それよりも他者に認められなくてはならない、となったということです。つまり、徹底的に自己の価値が低くなると同時に他者の価値が上がって、何でも他者主体の考え方になった。だから、他者の視線や見た目ばかり気にして、中身は伴ってなくても別にいいとなる。

まき　なるほど、特に今の若い人はどこか根本的に自尊心が低い気がする。それを、周囲の人やネットの中の他者に認めてもらうことで回復させようとするということでしょうか。

星乃　そうですね、自分の中を追求しても意味ないし、成長しよう、理想の人格を目指そうという気持ちもないなら、そうならざるを得ないですよね。でも、さっきも言ったけど、これは若者だけじゃなくて、今の時代の全体的な傾向ですよね。若者や現代人がみんなそうなっているってわけじゃなく、時代の流れがそうなっているっていう話なんだけど。

まき　ですよね。でも、特にネット社会では、そういう個人同士がお互いを認め合って、何とか生きているという傾向はありますよね。最近はリアルでも、「ただひたすら褒《ほ》め合う会」というのがあって、先日それについてのネット上の記事がかなりアクセス数を伸ばしていたんです。ただ集まって「その服似合うね！」とか「その注文（飲食店での）のセンスいいね！」とかたわいもないことをお互い褒め合うんですが、「そういう会をしてみたい」という声が非常に多かったです。それに、今は自分の内面を追求したり、感情的に熱くなったり、自分を押し出すとカッコ悪いということになりますからね。どうしてそうなっちゃったんでしょうかね。

1970年代から2000年代の総評
――超自我の減退と二度の「自己の価値の低下」――

星乃　じゃあ、ちょっと日本社会の、境界例的時代からもう一度整理してみますね（377頁の図参照）。まず70年代半ば~90年代が境界例的な時代となったのは、『エヴァ』のところでお話したように、科学や未来、宇宙への夢が力を失ったこと、つまり、さっき半田さんが言われたポストモダンの影響が大きいですね。そして、60～70年代の産業の発達によって地域から労働者が駆り出されて核家族化が進んだために、その地域で共有していた価値観が失われてしまったということも挙げられると思います。

半田　帰属すべき中間集団がなくなったってことだね。

星乃　はい、そうです。また、80年代には「詰め込み教育」が問題になって、その後もっと個性を大切にしよう

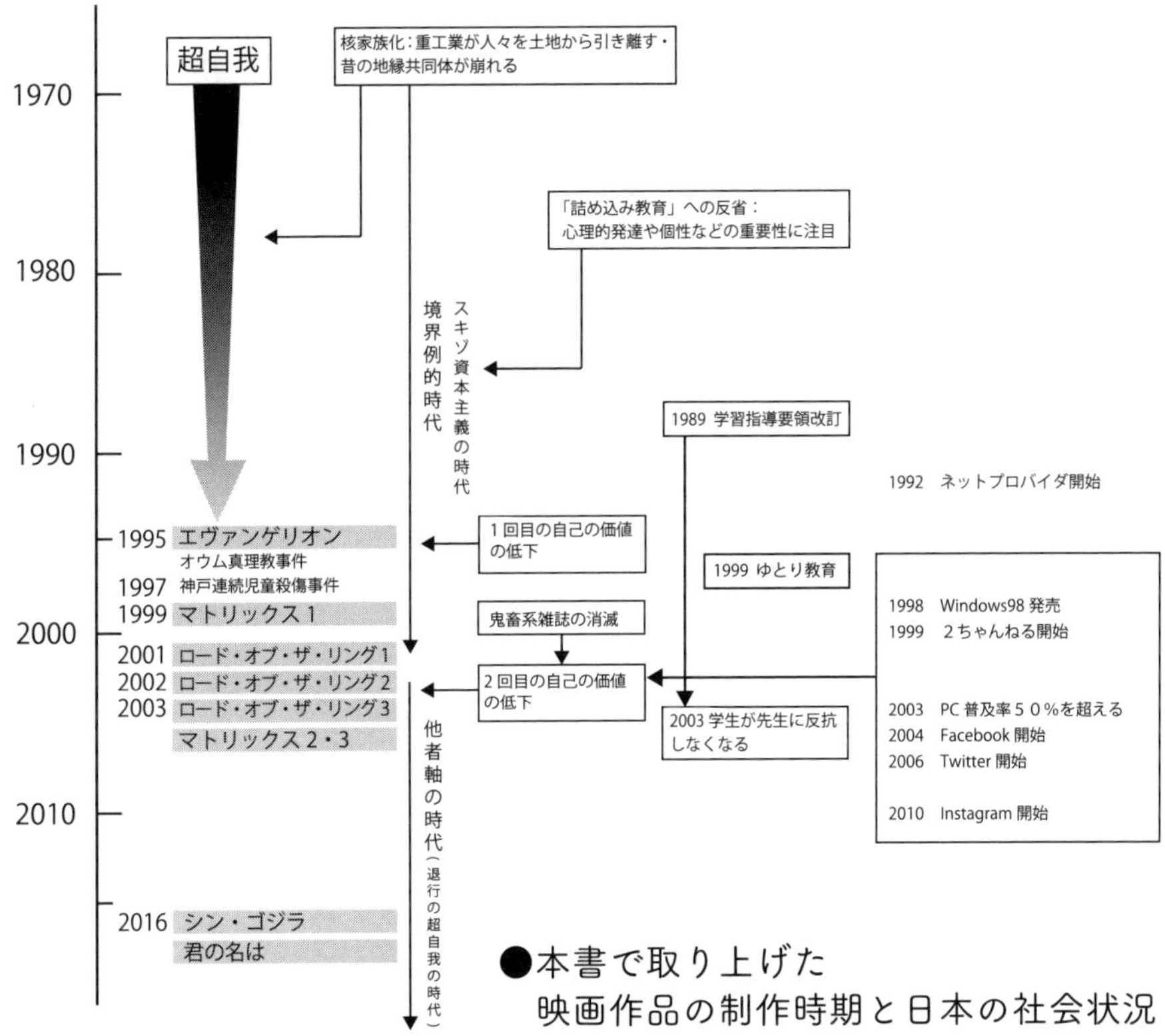

●本書で取り上げた映画作品の制作時期と日本の社会状況

という風潮が出始めました。もちろん、世界的な『スキゾ的資本主義』の流れの影響もあります。このようなことが日本社会の境界例的時代に関与していそうです。そして、70年代半ば〜90年代半ばの境界例的時代の前半、『エヴァ』のところでお話しした宮台さんの区分で言えば「自己の時代前半」というのに相当しますが、この時代は個人の力、生きる意味の追求が大きな価値を持っていました。宮台さんによると、その中でもナンパ系は恋愛（性愛）に、オタク系は恋愛から逃れて自己防衛的に漫画・アニメに傾倒していきました。

半田　「自己の時代前半」では、自我を維持するために、現実の虚構化がナンパ系を生み出し、虚構の現実化がオタク系を生み出したってことだね。

星乃　はい。そして、そこに「虚構の現実化」を地で行く地下鉄サリン事件が起きてくるんですね。超自我は60年以降、さっきお話しした中間集団の消滅によって徐々に減退していきましたが、90年代半ばには地下鉄サリン事件やポストモダンの影響から「現実＝超自我」の重みがはっきりと減退していきました。そして、**「成長の超自我」の部分が社会的にはほとんど機能しなくなってしまったために、本来の意味の超自我は消えてしまって、「退行の超自我」だけが残った**んじゃないかと。これを象徴していたのが『エヴァ』なのではと思います。そして、ここから「自己の時代後半」が始まります。地下鉄サリン事件以前は「個人が社会さえ変えられるかも」という自信に満ちていたのが、この事件やバブルの崩壊によって、自己の力に対してあきらめが出てくるんです。

まき　それは、リスクを負って現実に反抗しても失敗するだけ、今までのようにはお金が稼げなくなったという挫折感みたいなことですかね？

半田 そうだね。それと、オウム事件の反動で、「自己の内面側に入り込んでいくのは危ない」ってなったのもあるんじゃないかな。

星乃 そうですね。自己が信頼できる価値がなくなったんです。これが、**一度目の自己の価値の低下**です。

半田 じゃあ、その次の「自己の時代後半」っていうのは何になるの？

星乃 私は1996〜2000年代初頭はまだ境界例的な時代ではあるけれども、他者軸の時代への過渡期だと思っています。ナンパ系でも恋愛、性愛の価値が下がり、恋愛にのめり込むのはカッコ悪いこととなったんです。現実の価値が低下したことや、自己の力の限界を思い知らされて、冷静に自分の状態を他者視線で見るという意識に変化したということもあるのではないかと思っています。

まき そうですね、バブル世代の方たちと比べれば、今は草食系男子とか言って恋愛に対するモチベ（motivation：動機付けや目的意識）は下がっている気がしますね。そうすると、**「自己の時代後半」は自己の価値が低下し、他者の視線を気にし始めた**と言うことでしょうか。

星乃 そうですね。そして、オタク系はどうかと言うと、恋愛の価値が下がったことで、逆にそこまで「キモイ」存在とは思われなくなるんです。わたしは、オタク系にも、自己防衛のために自分以外のものに逃避するのではなく、自己と向き合っていた分野があると思ってるんですよね。

まき え〜、それって何ですか？

星乃　それこそ境界例的なんですけども、『完全自殺マニュアル』など自殺やリストカットに関する本、死体写真や殺人事件などをテーマにする鬼畜系といわれる雑誌などです。オタク系というより、今で言うメンヘラに近いかもしれませんが。今でこそメンヘラってすごく見下されて地位が低くなっていますが、当時はそれがカッコイイという風潮がありました。彼らはリストカットや「死」を直視することを通して、生きている実感を得ようとしていたんじゃないでしょうか。境界例的な「消えてしまう恐怖」を何とか打ち消すために。オウム事件で宗教という選択肢が否定されたので、それ以外で自己を維持する道として、「死」そのものが選ばれたということなのかなと。90年代後半には、リストカットや精神科の薬のことなどを書いた日記をネット上で公開したことがきっかけで、若い人たちにカリスマ的な人気があった女子高生の※南条あやさんという方もいました。

まき　へー、そんな人がいたんだ。メンヘラがカッコイイ時代があったなんて……今じゃ考えられませんね。そう言えば、90年代後半から2000年代初頭って浜崎あゆみとか椎名林檎、鬼束ちひろとか、ちょっとネガティブで自己の内面にフォーカスしたような曲が流行ってましたね。確か、浜崎あゆみと鬼束ちひろの曲にも「居場所がない」って歌詞があった気が……。

星乃　うん、私は彼女たちも境界例的なタイプだと思うんですよね。でも、2000年代に入ると、さっきあげた鬼畜系といわれる雑誌がみんな突如として消えてしまうんです。

まき　え〜！　何でまた。

星乃　多分、もう自己を追求しても何も出てこないという雰囲気になってきたんじゃないかな。やっぱり自我の壁は厚かったということかも。

それで、自己を追求しても無駄となって、さらに自己の価値が低下した。これが**二度目の自己の価値の低下**です。それと、教育の問題とネットの普及も大きかったですね。

半田　教育の問題ってどういうことなの？

星乃　教育評論家の尾木直樹先生が、２００３年頃から大学生が教師に反抗しなくなったと言うんです。で、それは１９８９年の教育指導要領の改訂が原因だと。

まき　教育指導要領の改訂って、どんな改訂をやったんでしょうか？

星乃　うん、それまではぶっちゃけ成績がよければ通信簿はよかったんだけど、１９８９年から授業態度や生活態度も教師の主観で評価するようになったの。そうすると、生徒は常に先生の目を気にするようになっちゃうでしょ。先生に反抗することが自分にとって損なことになる。その上、先生に評価されようとすると、他の生徒から「アイツ、先生によく思われようとしてるぜ」って言われちゃう。すると、ますます他者の目を気にしないといけなくなるよね。そして、この１９８９年に小学校に入った子供たちが大学生になるのが、ちょうど２０００年代初頭になるわけ。その子たちの思春期を考慮すると、90年代半ばからの恋愛の価値の低下にもこの出来事が影響していそうですよね。自分の感情よりも、他者目線での判断を優先しないと「イタイ奴」

南条あや（1980-1999）　ネットアイドル、フリーライター。１９９８～９９年にかけて、自身のリストカットや精神科処方薬のことなどを書いたネット上の日記がきっかけで、精神的な悩みを抱える若い人たちにカリスマ的な人気があった女子高生。テレビや雑誌にも取り上げられ、本も出版している。99年、大量服薬で18歳で亡くなる。著書に『卒業式まで死にません』がある。

と思われてしまう不安が出てきたのかもしれません。

まき うわ〜。それ、マジ私の世代です。

半田 そんな改訂があったんだ。そりゃ、ひどいね。権威に逆らえないようにするための刷り込みと同じじゃないか。

星乃 そうなんです。権威に反抗しないというのは、地下鉄サリン事件で生じた「リスクを取ってまで現実に抗っても損するだけ」という風潮からも来ていると思いますが、この改訂も大きな要因の一つではないかなと思っています。

まき 確かに、自分の中にも権威に反抗するのはカッコ悪いって感じが無意識にあるのが怖いです……。

星乃 やっぱりそうなんだ。私はそういうのはまったくないんだよね。私の世代は権威に歯向かう不良がカッコイイって時代だったから。そして、98年にWindows98が発売され、99年には2ちゃんねるが始まり、インターネットが一気に広まっていくわけですね。2000年代初頭にはコンピュータの普及率が50％を超えてきます。ネットの世界は、それこそ他者の視線が大きな力を持ってくる世界ですからね。

まき なるほど、**ゼロ年代にかけて、自己の価値が徹底的に低下し、日本人が他者の視線を重視するように持っていくいろんな要素が働いていたんですね。**

星乃 そうなの、もう八方塞がりでそこに追い込まれたという感じ。だから、2000年代初頭からは「他者軸の時代」に変わっていて、さらにそこからの逃避の方向である「退行の超自我の時代」になっているとも言えると思っています。『ロード・オブ・ザ・リング』でお話しした、パラノ的デジタル資本主義の時代、一神教の最終形態の時代のことです。

まき なるほど……、そっか、承認欲求も「他者軸の時代」だから流行ってるのかな。

星乃 うん、私はそう思っているんだよね。承認欲求って、まさに自分より価値の高い他者に認められることによって自己の価値を感じようとすることですから。

まき なるほど、そのまんまですね。そっか、綾波から派生した「無感情キャラ」が流行ってるのも、自己の価値が下がってるからなんですね。さっきお二人もおっしゃってましたが、インスタとかも、まさに見た目だけの、他者の視線の世界ですもんね。自己の世界が消えちゃってる。

星乃 そうですね。だから、今の時代のいろいろな現象が**「自己の価値の低下」「他者の価値の増大」「成長の超自我の減退」「退行の超自我への同一化」**ということで説明ができる気がします。『ロード・オブ・ザ・リング』のところで話したスキゾとパラノで言えば、スキゾの力が減退して、パラノの力が増大しているということです。そして、これと同時に、トランスヒューマニズム、量子コンピュータなどが「消滅のタナトス」の力として、裏で動いているんじゃないでしょうか。そのうち、「他者軸の時代」「退行の超自我の時代」にさらに「消滅のタナトスの時代」が加わるかもしれませんね。

半田 そうだね。でも、どうして権威には従順なのに、超自我に対しては反発するんだろうか？　普通は、権威は超自我に含まれているものとして考えるよね。

星乃　そうなんですよね、そこが矛盾しているように感じるんだけど、これって親子関係で考えると分かりやすいんじゃないかと思います。『ロード・オブ・ザ・リング』のところでマーシャの自我同一性地位っていう、アイデンティティ達成には段階があるっていう学説に触れましたよね。その中の「早期完了」という段階が、今の時代の意識と共通点があるんじゃないかと思います。

半田　「早期完了」……？

星乃　はい、親の価値観を取り入れて、それを自分として、本当の自分と向き合わずにそのまま生きるっていうタイプです。つまり、自分と向き合う「危機」を経験しないということ。現状の自分の維持が最大の目的になるわけ。すると、親っていうのはその自分の基盤であり、自分が同一化しているものなわけだから、それが否定されると非常にマズイことになる。自分が否定されちゃうってことですから。そうなると、そこから成長しろ、変わるんだということを言ってくる超自我も「今の自分」を否定するものになっちゃうでしょ。特に「成長の超自我」ね。これを社会的なレベルで考えると、そのまま親＝権威ということになる。だから、権威には従順だけど、成長の超自我には反発する。結局、とにかく本当の自分、親の影響や奥深くに溜《た》まった感情、自信のなさ、未熟さと向き合うことが怖いんですよね。

まき　なるほど、そう考えると納得です。でも、それじゃ、これから人類はどういう方向に進めばいいんでしょう？　星乃さんの言う「成長のタナトス」に向かうことなんてできるんですか？　なんか無理な気が……（泣）。

半田　まきしむと星乃さんの話を聞いていると、本当に2001年以降って「奈落への旅」がずっと続いてる感じだよね。でも、この状況は必然なのかもしれないよ。**「成長のタナトス」の目覚めが起こるためには、おそらく「退行のタナトス」「消滅のタナトス」の勢力が全開になるまで待たないといけない**ってことなんだと思う。『マトリックス』のところでも話したよね。まずはスミスがネオを吸収して黒いコールタールのような闇で包み込む。つまり、一度、お先真っ暗の状態まで行く必要があるってことなんだよ。植物と同じだよ。果実が成熟しすぎると黒ずんで腐っていくでしょ。そして、大地に落ちて死ぬ。だけど、その中からこぼれ落ちた種子が、今度は新しい芽を吹き出して新しい生命をよみがえらせる。それと同じじゃないかな。こうした魂の浄化のプロセスのことを、錬金術的ではブラック・オプス（黒の作業）と呼ぶんだけど、そこから、ホワイト・オプス（白の作業＝浄化）が始まり、やがては赤の作業＝賢者の石（ヘルマフロディートス＝生成）というものが生まれてくる。

まき　おお、『鋼の錬金術師的』なワードが（笑）。でも、人間の精神が腐敗する方向に世の中が進んでいるって思うと、誰でも気分が重くなりますよね。半田氏の言う「白の作業」というのは、具体的にはどのような形で始まると言うんだろ……。それがまったく見えてこないですね。

新反動主義が人類を救う？

星乃　宮台さんなんかは、新反動主義が「白の作業」とおっしゃるのかもしれないですね。そこだけは、私は宮台さんの考え方には共感できないんだけど。

まき　新反動主義か……。『マトリックス』のところでも出てきましたね。

星乃　確か宮台さんは、ヴァーチャルリアリティによって資源的経済的な限界を超えて、すべての人が「なんでもあり」の世界で生きられるようにするのがいい、とおっしゃってました。たとえば、差別主義者は差別主義者だけが集まって好きに差別をするヴァーチャル世界を作るとか。

まき　え？　新反動主義も差別はＯＫってことなんですか？　新反動主義とネトウヨはどう違うんですか？

星乃　うん、基本、新反動主義はエロスの解放で何でもありだから、差別もＯＫなの。ただ、ネトウヨと違うのは、人間の言語的自動機械から自由になることが目的であるところ。ネトウヨは自動機械で動かされているだけだからね。新反動主義は、リベラル的なもの、権威主義的、全体主義的なものへの反発から生じたものなんだって。

まき　ということは、それって超自我への反発ってことですか？

星乃　そうですね。そう考えると『エヴァ』と同じものから生じてきているんだけど、宮台さんは『エヴァ』のことも引き合いに出して、その違いを「動物化」と「ハイパー人間化」の違いと言うの。『エヴァ』の「人類補完計画」は「子宮回帰」であって「動物化」にすぎない、新反動主義は※多形倒錯《たけいとうさく》的な「ハイパー人間化」だって。スキゾ的な世界のことかなと私は思ったのだけど。

まき　『エヴァ』は子宮回帰って星乃さんも言ってましたが、「退行のタナトス」ってことですよね。でも、新反動主義のタケイトウサク的な「ハイパー人間化」って何ですか？「成長のタナトス」とは違いますよね？

半田　うん、まったく違うと思うよ。おそらく、宮台さんの言う「多形倒錯」っていうのはドゥルーズ＝ガタリあたりをイメージして言っているんじゃないのかな。多形倒錯って、もともとはフロイトの言葉だよね。要は人間、もとを正せば、みんな「変態」だってこと。幼児には母親の乳房へのフェティシズムがあるし、オシメの中のウンチに対するスカトロ嗜好もある。お尻をぶたれて喜ぶマゾヒズムだってね。しかし、そうしたスキゾな欲望も男根期までにはしつけられて、そこから超自我の現実原則に則《のっと》って意識は成長し、幼児期のスキゾな欲望はどんどん抑圧される側に回っていく。でも、人間は本来、スキゾ的な生き物であり、また、そのスキゾ的なものの方向性の中に、人間をいい意味での非人間的なものへと変形していく力が眠っているっていうのがドゥルーズ＝ガタリの考え方。言ってみれば、言語的なものによる抑圧からの解放だね。

多形倒錯　精神分析の概念。性的嗜好が一定していない状態。フロイトはそれを幼児性欲でのみ用いた。

まき なるほど、わたしは「武井東作さん」かと思いました（笑）。

半田 タケイトウサクさん？　……まきしむは、人の話をちゃんと聞いてないだろ（笑）。

星乃 アハハハ、それ面白い（笑）。半田さんの言う言語的なものによる抑圧って、超自我による抑圧ってことですよね。それを取っ払って欲動に身を任せるのが「多形倒錯」ってことなんですね。やはり、いろんなところで**超自我の破壊、解体**がキーワードになってますね。科学的世界観ではそれ以上は進めませんからね。あっ、そっか、だから庵野監督も「統合失調症」と言われて喜んだんでしょうか。スキゾ的っていうのが、当時の思想界の進歩的な人たちには一番の褒め言葉ってことですかね。

半田 80年代のポストモダン思想の洗礼を受けた人たちにはそうなるだろうね。

星乃 でも、「超自我を解体せよ」と言っておきながら、科学も超自我のうちなのに、科学的世界観だけは死守するって、さっき話した親の影響でできた自我を守ろうとする「早期完了」の意識と同じですね。つまり、科学＝親という等式がなりたっているんじゃないでしょうか。そこが、私が宮台さんやその他現在の論客の方たちとは一線を画すところなんですが。私たちは、やはり自分たちの基盤となっている科学的世界観こそ一度見直して、新しい世界観を作るべきときに来ているのかもしれません。

半田 おっと、星乃さん、鋭いところついてきたね。ヌーソロジーの問題意識もまさにそこにあるんだよね。今の科学的世界観というのは、精神分析的に言うなら、未だにパラノイアだよ。せっかく、量子論というスキゾな物質論が現れてきたんだから、その流れの中で世界観を一気に変えていくべきところなんだけど、世界観自体はニュートン的パラダイムが持つパラノ的な方向からなかなか出られないままでいる。まだまだ人間は、カシウスの槍で磔《はりつけ》にされたままなんだよね。

まき　そういえば、今の若い人たちも科学ネタ好きなんですよ。やっぱり、**親＝権威＝科学**というところで結びついているのかもしれないですね。

星乃　そうね。そう考えると、私たちは個人の意識発達でも、人類史的にも「早期完了」の状態に陥っているとも言えるのかも。変わるための準備はもう整っているのに、「変わりたくないよ〜」と必死にもがいてる。で、その親の価値観＝科学的世界観の範囲内での最先端であるテクノロジーを使った「多形倒錯」は、やっぱりネオ的な「成長のタナトス」じゃないわけですよね？

半田　どう考えてもスミス的でしょ。確かにネオとスミスは似ていて、どちらも今までのプログラムとは異質なものという意味では、マトリックスからの解放を匂わせてはいるよね。でも、何度も言うようだけど、無意識が開く方向としてはスミスとネオは方向性が真反対なんだよね。新反動主義の人たちは自分たちがネオの役割を果たせるものと考えているのかもしれないけど、そこにスミスとネオが作る高次の鏡像関係がセットされていることまでは想像していないんじゃないかな。前回話したグノーシスと逆グノーシスの関係だよ。僕なんか、新反動主義はその双方向が自覚されていないから、本当にヤバイと思ってるわけ。それが見える位置に出ないと、ＡＩは必ず暴走して、人類にとって手に負えない存在になると思う。逆に、それが意識化されたときは、ＡＩは人間を〈いるもの〉から〈なるもの〉へと変身させるための強力なパートナーになる。そう思うよ。

「わたしの半身」はどこに？

星乃　『君の名は。』で言えば、新反動主義者たちは、三葉のことを忘れたまま、トランスヒューマニズムに夢中になっている瀧くんって感じなのかな。でも、彼らはそれを三葉だと勘違いしている……。

まき　なるほど！　じゃあですよ、いよいよ本題に迫りますが、三葉とは……私が見出すべき「わたしの半身」とは一体何なんでしょうか？

半田　前回と今回した話で、その答えはほとんど出てるようなものなんだけどね。それは目の前にいるんじゃない？　ってことなんだけど。

まき　え?!　目の前？……あ、そっか……目の前ってことは、「奥行き」か！

半田　うん、**純粋持続としての「奥行き」こそが、人間が見出すべき人間自身の半身。ヌーソロジーから考えるとそういうことになるね。**純粋持続っていうのは、記憶の場所のことでもあるわけだから、言い換えれば、自分の人生をずっと見つめ続けているもののことでもあるわけだよね。これって、本当の自分と言ってもいい存在じゃないかな。**幅化した世界に現れるのが「あるもの」としての自分で、その幅化した奥行きの下で純粋持続として働いている真の奥行きが「いるもの」としての自分を作っている**と考えれば、話の辻褄はピッタリ合ってくるだろ。そして、**そのことに幅化した奥行きが気づいたときに、この真の奥行きは「なるもの」としての自分を自覚し、そこで、めでたくイデア世界へのアクセスを果たしていく。**

まき　なるほど、前回、時空と複素空間の話をされていましたけど、その対応ですね。時空に肉体として現れているものが「あるもの」としての私で、複素空間で精神として活動しているのが「いるもの」の本質としてのわたし。「失われた半身」って、スピ系の人たちなんかはソウルメイトとか、ツインソウルとか呼んで、あたかも赤い糸で結ばれた運命の異性のようにしてイメージされているけど、そんな話じゃないってことですね。

半田　スピ系の人には申し訳ないけど、残念ながら、そういったロマンチックな話じゃないと思うよ（笑）。あくまでも、自分の中に住んでいる意識と無意識、自我と純粋持続との関係のことだと思う。もっと、宇宙的な恋人たちの話なんだよね。

星乃　そうですね。**本当の「半身」は、すでに自分の前にいる**んですね。**でも、他者によって作られた自分イメージで生き、他者の視線ばかりを気にしている限り、その存在に気づけない**んですよね。

まき　え……じゃあ、どうすれば私たちはその「失われたわたしの半身」に出会うことができるんですか!?

半田　もし、今の時代が、星乃さんが言うように「他者軸の時代」になっているとしたら、まずは、本来の自我軸をしっかりと奪回するところから始めなくちゃいけないよね。**つまり、大本の今ある半身自体をしっかりと取り戻す必要がある**ってこと。

星乃　そうですよね。今までお話ししてきたように、自分の感覚や感情とダイレクトに向き合い、自分の実存を取り戻すことで、自我を確立することが大事だと思います。それが第一条件。

まき　でも今の若い人たちは、それに対してでさえ、とても恐怖心を持っているように思えますけど。

半田　それは、若い人に限らない。オジサン、オバサンだって同じ。誰も、自分の深層心理とは真正面から向き合いたくはないからね。

星乃　本当にそうですね。それは今の人類全体の傾向かもしれません。でも、人間が生きる上でそれはとても大事なことですよね。多分みんな、大事だからこそ、自分の根本だからこそ、怖いんだと思います。なぜ大事かというと、人間というのは知らず知らずのうちに他者の視線によって作られたイメージを生きているからです。『エヴァ』で話した境界例的な世界観も、実は乳幼児期の親の視線によって作られたものです。境界例的ではなくても、人間はみな乳幼児期に親の視線を取り込んで自我の基盤を作っています。『マトリックス』のところでもお話ししましたよね。そして、その後も親子関係や学校での人間関係などによって、さっき話した「キャラ」も含めて、さまざまな自己イメージを作ってしまいます。それらも他者の視線の影響が入っていますよね。だから、これら自分の中にある他者の視線を意識化し、コントロール可能な状態にしていかないといけません。これは、『ロード・オブ・ザ・リング』でもお話ししましたが、親子関係、友人関係、恋愛、仕事、結婚、子育てなどで生じる問題を解決していくことで、人生を通して達成するべき課題です。乳幼児期も含めた深い記憶と向き合わなければ、自分では主体的に生きているつもりでも、実は無意識のうちに他者の視線でものを見ているということになってしまうんです。

まき　なるほど、**乳幼児期とその後に、他者によって作られた自分イメージを意識化し、コントロール可能にしないと、他者の視線＝幅の世**

界から自由になることはできないということなんですね。半田氏が言っている「奥行きから幅を取り除く」ってことを心理学的に解釈すると、こういうことなんでしょうか?

半田　そうだね。「奥行きから幅を取り除く」というのは自分の純粋持続の位置に立ち戻ることを言うわけだから、心理学的に言うならそういうことになると思うよ。

星乃　そうですね。それをクリアしたところに本当に純粋な持続意識が現れてくるんじゃないかと思います。これが、瀧くんが三葉と出会うことって言えるんじゃないかな。つまり、自我の確立、自我同一性の達成、マズローで言えば「自己実現」ですね。日常生活での充実感や幸福感だけなら、ここまでで得られるんです。でも、本当の「半身」を見つけるためには、つまり「自我を超える」にはもう一段階必要になります。

まき　そっか、**「半身を見つける」ってことは「自我を超える」ってこと**なんだ。そりゃあ、大変だ。

星乃　うん、そうなの。「成長のタナトス」も同じ意味。そして、その次のもう一段階というのが、ヌーソロジーがやっていることなんじゃないかと私は思っているの。つまり、現在の物質的世界観から脱していくこと。今度は、空間的に「奥行きから幅を取り除く」ってことですね。これは、瀧くんと三葉がお互いの名前を思い出すことと言えるんじゃないでしょうか。

まき　なるほど、**自我を超えるには二つの段階が必要**なんだ。で、その二段階目が、星乃さんが『ロード・オブ・ザ・リング』で話していた、『君の名は。』と『千と千尋の神隠し』の名前を思い出すという意味ってことなのか。

星乃　うん、そう考えることもできるよね。『君の名は。』では、瀧くんが三葉、つまり奥行き・純粋持続を見つけ、名前を思い出す＝自己他者の仕組み、意識と素粒子の仕組みを見出して自我を超える、つまり、自己他者の融合、「成長のタナトス」が達成される。『千と千尋』では、千尋が労働によって自我を完成させ、ハク＝霊性を湯婆婆＝超自我・物質性から救い出し、名前を思い出すことによって自我を超える。そういう流れになっているよね。

まき　なるほど……でも、この「半身を見つける」「自我を超える」って、口で言うのは簡単ですが、今の私たちの常識とはかなりかけ離れているので、実際は相当大変な作業のような気が……。

半田　そうだね。ヌーソロジーの場合は、人間という存在を作っているゲシュタルト自体を全面的に変えていくということを意味するわけだから、かなり大変な作業になると思う。でも、奥行きの空間＝複素空間という考え方が普通になって、一度その感覚が開いてくれれば、思っているよりも早いスピードで変化していくことが可能なのかもしれない。心理学的には、これはある意味、個的意識と集合意識を自分の中で統合させていく作業と言えるのかもしれないね。

星乃　そうですね、つまり、自分の意識を発達させることで、個人は人類の種的な意識発達も同時に経験して、それらを自分の中で統合しているということですよね。そして、現在は個人的にも人類としても、今まで築き上げてきたものを見直し、超えることで、新しい人間の在り方を作っていかなければならない時期に来ているということなんだろうと思います。

半田　うん、やはり、今の**「コンピュータの時代」**

方向に進んでいるわけではないということですよね。今の世の中を見ると、取り返しがつかない状態になっているんじゃないかって、たまに不安になりますけど。

星乃 というか、半田さんもおっしゃっていたけど、やっぱり、奥行き・純粋持続を見つけて自己他者が調和的に融合するには、まずいったん自己から出て、他者軸の時代を経験する必要があったとも言えますよね。自己の世界からいきなり自己他者融合の世界には行かれないから。

半田 僕もその通りだと思うよ。でも、いずれにしろ、どこかで気づかなければならないよね。星乃さんが言うところの三葉としての奥行きの存在に。そのイメージを探るためも、このへんでもう一度、映画の話に戻ろうか。

や「他者軸の時代」は歴史の必然として用意されてきたもので、この危機的な状況をバネにして、やがては「自我を超える」時代がやって来るというシナリオになっているんじゃないかと思う。今は確かに、「最後の人間」の時代に入って、人間の進むべき方向が見えなくなっているのかもしれないけど、これは、今までの主体や理性、歴史といった人間化されてしまった内なる異物を、意識が排除していくために最終的な葛藤をしている状態だと解釈したいところだね。

星乃 そうですね、個人的なレベルで言えば、さっき私がお話しした自我の中の他者の視線を意識化し、コントロール可能にしていくことと同じですね。

まき ということは、21世紀の人類は別に間違った

木星、そして無限の彼方へ

まき　『2001年宇宙の旅』にも、そのへんのヒントが描かれているんですか？

半田　ヒントというわけじゃないけど、人類がこれから進むべき方向がしっかりと暗示されていると僕なんかは感じている。

半田　まきしむは第三部の「木星、そして無限の彼方へ」のシーンは覚えているかい？　ボーマン船長がHALの機能を完全にシャットダウンさせて、一人ポッドに乗って木星周辺の空間に出て行くシーンがあったでしょ。

まき　モノリスに案内されて、何か訳の分からない空間に入って行くところですよね。あのへんから、もう話がチンプンカンプンになって、頭がボッ〜としていたんですけど。

半田　さっきまでの話の流れで考えるなら、あそこでボーマン船長が体験した空間が、人類がコンピュータの時代を経験した後に入っていくことになる空間を表現しているんじゃないかと思うよ。さっきの言い方をするなら、霊的受胎を起こす空間ってことになるんだけど。

星乃　霊的受胎というのは、今まで話してきた「自我を超える」や「成長のタナトス」の目覚めのことと考えていいんでしょうか？

半田　うん、人間の知性が「エス」を覚醒していくということだから、そういうことになる。これは「無意識の中に本当の自分を見出す」ってことを意味してる。『エヴァ』のところでも星乃さんが話したよね。最初、フロイトは現実原則と快感原則という二つの原則のもとに無意識が反復して活動していると考えていた。でも、晩年、快感原則を涅槃原則と言い換えたんだ。涅槃何だから、これは死の世界のことなわけ。そこからタナトスという概念も出てきた。じゃあ、死の世界でもあるこの涅槃に一体何があるのか。フロイトはそれを「大文字の物（das Ding）」とだけ言い残してこの世を去ったんだけど、ラカンは言語の無意識的な活動の中にその涅槃を追いかけて、それを「※現実界」という言葉で言い換えたんだ。

まき　現実界？

半田　ラカンの象徴界と想像界という概念については前に説明したよね。想像界は知覚イメージの世界で、象徴界は言葉の世界だって簡単に話したけど、もう少し詳しく言うと、想像界では自他の分離がはっきりしていなくて、ちょうど幼児期の母子関係のように自己と他者が互いのイメージを通じて癒着しているのね。一方、象徴界では言葉の力によって自己と他者がはっきりと区別されちゃう。分かりやすく言うなら、家族や恋人、友人との関係は想像界的だけど、見知らぬ他人との関係は象徴界的。そんな感じかな。感覚的にまったく違うでしょ。

まき　なるほど、知らない他人だと、礼儀や、言葉遣いなんかも気にしないといけませんよね。空気感がまるで違う。

現実界　ラカンの精神分析に登場する用語。想像界・象徴界と共に三つ巴（ボロメオの輪）の関係を作るとされている。人間の認識では到達不可能な、理解することも触れることもできない、端的に「もの」だけが存在する世界のことを指す。カントの言う「物自体」の世界や、ハイデガーの言う「存在」の概念に近い。

半田 感覚的には、そういう理解でいいと思うよ。で、ラカンは、そこにもう一つ、イメージでも言葉でも触れることのできない現実界というものを想定した。そして、人間の無意識は象徴界と想像界と現実界という三位一体の構造を持っているとして、それを「ボロメオの輪」を使ったモデルで※トポロジー的に表現したんだ。

まき ボロメオの輪？

半田 ボロメオの輪ってのは、図で描くとこういうもの。（上図参照）三つの輪では互いにしっかりとつながっているんだけど、二つの輪だけではつながっていなくて、一つでも欠けるとバラバラになってしまうような奇妙な輪なのね。

まき つまり、言葉の世界とイメージの世界は現実界を通してつながっているということですか。

半田 そう、現実界があって初めて二つは関係を持つことができる。逆に言うなら、言葉とイメージの間には直接的なつながりはなくて、双方の間には深いクレバス（割れ目）があるってことだね。そのクレバスの間に沈んでいるのが、ラカンのいう「現実界」ってことになる。

●「ボロメオの輪」と
想像界と象徴界と現実界

星乃　今、直感で思ったんですけど、象徴界と想像界と現実界が作っている関係って、半田さんがさっき言われた「ある・いる・なる」のトリニティと対応しているんじゃないですか？

半田　おぉ、星乃さん、ナイス直感！　僕もほとんど同じものと考えていいんじゃないかと思っている。**〈あるもの〉の世界が象徴界で、〈いるもの〉の世界が想像界、〈なるもの〉の世界が現実界**という対応が可能だと思う。

星乃　ですよね。だから、現実界って言うのは『ロード・オブ・ザ・リング』で出てきた「物自体」の世界でもあるし、イデアの世界とも言えますよね。

まき　うん？……現実界が「物自体」？……で、象徴界は他者、想像界は自己と対応するって半田氏が前に言っていましたよね？　だとすると、『君の名は。』で出てきた、自己と他者を組紐の両端にして、それを結んで出来た結び目が「物」なんだって話を思い出しますね。

半田　うん、それも、まったく同じことを言っていると考えていい。**現実界は「物自体」が活動する「なるもの」の世界なわけだから、そこで奥行きとして働いている自他の精神が結び目を作り、その結び目によって「物」が創造されている**って感じかな。多分、言葉の本質もそこで生まれている……。

星乃　私たちが客観世界と主観世界と思っている二

トポロジー　トポロジーとは位相幾何学の意。物や空間の形を連続的に変形しても保たれる図形的性質（位相的性質）を研究する幾何学。たとえば、トポロジーではコーヒーカップとドーナツは同じ形と見なされる。

つの世界の間に、本当は「物自体」や「言葉自体」が活動している現実界があるってことなんですね。さっき、半田さんは「現実界が涅槃、つまり、死の世界」っておっしゃっていましたが、だとすると「物自体」の世界＝イデアとは死の世界だってことですか?

まき げっ、**物自体が死の世界!**

半田 どう考えても、そういう結論になるね。ラカンはひねくれた言い回しをする人だから、おそらく、死の世界こそが本当の現実だと言いたかったのかもしれない。でも、ラカンは、同時にそれは「不可能なもの」だとも言っている。当たり前だよね。人間の意識では死の世界に触れるのは「不可能」だから。

まき 普通は、あり得ないことですよね。

半田 でも、精神分析の考え方からすれば、人間の欲望自体が、なぜかその死の方向に向かって動いていることは否定できない。

まき 人間は、本当は死にたがっているということなんでしょうか?

半田 いや、そういうことじゃない。それだと、星乃さんの言う「退行のタナトス」になってしまうよね。人間の意識は、自らの「生」において、その「死」の場所に向かって、自分の半身を一生懸命つかまえようとしてもがいているとイメージした方がいいと思う。

星乃 その「死」の場所っていうのは、「成長のタナトス」ってことですよね?

半田 そうだね。そして、前も話したように、その**「死」の場所のつかみ損ねが、資本主義の欲望の原動力にもなっている。**

現実界によって引き裂かれた自己と他者

まき　「死」の場所のつかみ損ねが、資本主義の欲望の原動力……？

星乃　ちょっと難しいよね。個人の意識発達で説明すると、口唇期で、赤ちゃんは「すべて」と一体化していた意識から、自分と自分じゃないものに分かれると話したでしょ。その「すべて」というのの基盤になっているのが実は現実界なのね。『エヴァ』で話したエスは、人間から見た現実界と言うような意味なの。赤ちゃんは身体として生まれ出ると、そこからの分離が始まってしまうよね。だからこそ、人間は大きくなっても、その失った「すべて」の痕跡を求め続けるの。これが、前にも出てきた対象aなのね。この対象aは、成長すると自我の欲望として姿を現します。庵野監督が、口唇期の「自分じゃないもの＝失われた母」を求め、それがミサトやアスカに代理されたように。乳幼児期のどの世界観に固着しているかで、それは人によって異なる現れ方をするんだけど、自我の欲望の種類は違っても、本当は皆同じ「すべて」＝現実界を求めているんですよね。でも、人間は自分が求めているものが実は現実界なんだということは忘れてしまって、現実界が形を変えた自我の欲望を満たすことだけを求めてしまう。これが、半田さんの言う「死の場所＝現実界のつかみ損ね」ってことですよね。でも、実際は自我の欲望を追求することで、逆に自我はさらに強力になってしまって、現実界への道を閉ざす壁になってしまう。そういう皮肉なパラドックスが存在しているんですよね。

まき　なるほど……**「死」の場所＝現実界が人間の欲望の源になってる**ってことなんですね。

半田　そうだね。別の言い方をすれば、この現実界によって自己と他者が二つに引き裂かれているとも言える。その引裂きによってできた亀裂を何とか埋めようとして、人間は言葉や貨幣を通して意味のコミュニケーションを行っているんだけど、僕らは他者に見られる位置側に自分の存在を感じとってしまっているので、コミュニケーションの方向が空回りしてしまって、どうしても、その亀裂を埋めることができないでいる。

まき　ちょっと、待ってください。でも、その亀裂を作っている現実界というのは「死」の世界でもあるわけですよね。ということは、自己と他者を二つに分断しているのは、「死」の世界だということですか？

半田　ボロメオの輪の構造から見るなら、当然、そういうことになる。**死の世界は、本当は自己意識と他者意識の間に挟まれた場所に存在しているっ**てことだよ。

まき　でも、現実界が死の世界と聞いても、漠然として何も具体的なイメージが浮かびませんよね。

半田　それは、僕らが物質的なイメージでしか「死」を想像していないからじゃないかな。あと、今の宗教があまりにも形骸《けいがい》化していて、因襲的なイメージでしか「死」を見ていないせいもある。科学的世界観だと人間は死んだら終わりだよね。幅の空間だけで世界を見て、奥行きの空間を忘れているんだよ。奥行きの空間は、本当はどういう場所だって言った？　この間、話したよね。

まき　素粒子＝純粋持続ですよね。そこには時間がなく、私自身の記憶の場所で、自己と他者の無意識構造の組み合わせで出来ている……げっ！　ひょっとして、**私たちの奥行きである純粋持続の世界が「死」の世界**だってこと？

半田　哲学や精神分析で言われていることを、ヌーソロジーを通して考えると、どうしてもそういう結論にならざるを得ない。もう分かると思うけど、僕らが「死」としてイメージしている「すべてが終わる状態」なんて、本当は存在してないんだよ。それどころか、僕らが「死」と呼んでいるものの方が僕らの本当の主体と言っていいのかもしれない。そう考えると、死のイメージが大きく変わってくるだろ。

まき　人間は死なない……。

半田　**そう、人間は死なない。**『※死ぬのは法律違反です』なの（笑）。確かに、肉体の「死」によって時空や物質の世界の方は消え去ってしまうだろうけど、反転した純粋持続の空間の方は永遠の世界だから消え去ることはない。**「あるもの」と「いるもの」の世界はなくなるけど、「いるもの」の母胎である「なるもの」の世界がなくなることはないんだよ。**そういうイメージで、すべての人が自分の「生」を捉え直し始めたら、世界は少しは良い方向に変わっていかないかな。仏教にも「生死不二《しょうじふに》」っていう言葉があるよね。死は生と共にあるって考え方。おそらく、生と死は、僕らの経験の中で幅意識と奥行き意識という関係で、本当は重なり合って存在している。ただ、人間の意識は幅意識に

『死ぬのは法律違反です』　日本の建築家、荒川修作とマドリン・ギンズの共著名。荒川修作は新進気鋭の現代美術家としてスタートし、瀧口修造のススメで1960年代にアメリカに渡り、生涯、ニューヨークを拠点に活動を続けた。出世作は『意味のメカニズム』。デュシャンやハイゼンベルクに認められ、「世界のアラカワ」となる。荒川は生涯「反転」をテーマにした作品を作り続け、遠近法的、俯瞰的視線からは逃れた、人間の意識が言語や既成概念に汚される以前の主客未分離状態における純粋経験場の表現を追求し続けた。ヌーソロジーが提唱する世界観と極めて関係の深いアーティストである。

よって作り出された物質世界の方に一方的に傾いているものだから、奥行きに潜んでいるタイムレスな自分の存在に気づけないでいる。ラカンのいう「現実界」というのは、まさに、このタイムレスとなった自己と、同じくタイムレスとなった他者の出会いが起こっている場所のことを言っているんじゃないかと思うんだ。

星乃 この前、末期がんのインド人女性の臨死体験の本を読んだんですけど、彼女は、臨死体験で「自分はすべてとつながっていて、ありのままで完全」という圧倒的な至福感を感じて、その後がんが綺麗さっぱり消えてしまったんですって。「人間は身体に入ることによって、本来の感覚が制限されてしまう」「時間とは直線的なものではなく、本当はあらゆる瞬間が同時に存在している」って書いてありました。これって純粋持続そのものですよね。臨死体験っていうのが本当は何なのかは分からないですけど、今までのお話で考えると、身体とはやはり幅＝3次元空間を形作るものであって、死によってそこから解放されると、本来の純粋持続の世界に触れることができる。そして、その純粋持続の感覚を維持したまま生きるということが「生きながらにして死ぬ」、つまり「自我を超える」ってことなのかな、なんて思ってしまいました。

半田 そうだね。最近は物理学者の中にも素粒子の世界が死後の世界だと言う人たちが出てきている。たとえば、R・ペンローズが提唱している量子脳理論では、肉体が死ぬと意識が「量子」として飛び出し、宇宙または高次元につながると説明している。人間が死の世界の実態を知るまで、おそらく、もう一息なんだと思うよ。それを単なる言葉上の理解以上のものにするためにも、素粒子のゲシュタルトを作って、僕たちは自分自身の持続空間の形が見えるようにしていかないといけない。それがヌーソロジーがやっていることなんだ。

まき　そっか、じゃあ、**ヌーソロジーっていうのは、ある意味「生きながらにして死ぬための知識」**ってことなんですね！

半田　うん、そう言えるかもしれないね。「死」の世界には、人間の意識が生まれる以前の「物自体」の世界があるってことなんだよ。素粒子は物を作っている母体なわけだから、その場所が主客の一致した「物自体」の世界の入り口になっているってこと。

星乃　それって、『マトリックス』で話していただいた、時空の反転によって自分の「前に」現れてくる不動の空間ってことですよね。本当は、その「前」同士の持続空間の中で、自己と他者のつながりが生まれているということなんですね。それが、幅意識の世界の中では小さく縮んで、素粒子のシステムとして見えている。実際、自己と他者の間に物の世界があるわけだし、逆に、物がなければ自己と他者の関係もあり得ない。つまり、**自己と他者をあらしめている大本のシステムそのものが「物自体」としての現実界＝イデアにあり、精神分析や従来の哲学が追求してきたものも、その世界のこと**なんですね。

半田　まぁ、大ざっぱに言えば、そういうストーリーになるよね。でも、精神分析や哲学からの推理だけじゃ、今の科学を説得することはできないよね。だから、ここに素粒子の構造をも重ね合わせて思考することが可能になれば、科学もそれを無視することはできなくなってくるんじゃないかと思っているのね。そして、たとえ少数であれ、科学者たちの中に、そういう考え方で素粒子の世界や物質世界全体のことを思考する人たちが出てくれば、そこに、哲学も精神分析も科学も一体となった、まったく新しい物心一体の学問というものが立ち上がってくる可能性が出てくるだろ。その可能性の扉をヌーソロジーは開きたいんだ。

宇宙的恋人たちの共同体の時代へ

まき　はい、今までのインタビューでよ～く分かってきました。ということは、ラカンがボロメオの輪で示した「象徴界・想像界・現実界」の構造に、素粒子の構造が重なり合ってくるってことですね？

半田　前回、量子力学の母体とも言える複素ヒルベルト空間の話（309頁参照）をしたよね。あのときに紹介した図を、ここに重ね合わせてみるとそのイメージが少しは出てくるんじゃないかな。試しに、ちょっと、やってみようか。物を挟んで両側に「自己」と「他者」がいるのが分かるね。この「自己」の方は見られたところに生まれている自我の位置でもあるから、想像界を表している。自分からは決してみることのできない自分の顔や自分の後ろが想像されることによって、自分の周囲の空間が想像されているわけだね。（407頁の下図）

まき　両端二つの円は、それぞれが自己と他者を中心として広がっている空間と見ていいわけですね。

半田　うん、それで構わない。ただし、他者の周囲には広がった空間が確認できるけど、自分の周りの方はあくまでも想像的なものにすぎないということを忘れないようにしないといけない。

まき　自己を取り囲んだ空間イメージは他者から見られることによって生まれているということですよね。他者を中心とした空間が「あるものの世界」というのは、実際、見たまんまなので分かるのですが、それが「象徴界」でもあるというのは、どういうことなのでしょう。象徴界というのは言葉の世界のことだと言われていましたよね。

半田　〈あるもの〉というのは、言葉が生み出してくるということだよ。言葉の世界が生まれてくるためには、以前も話したと思うけど、自己の視点が他者の視点と同一化しないといけないのね。それによって、自分が知覚出来ていないものでも「あるもの」として言語化して、概念として認識することができるようになるでしょ。

まき　なるほど、だから、〈あるもの〉の世界が客観的世界になるんだ。

半田　そうだね。客観世界というのは、あくまでも言葉で概念化された世界だからね。でね、この図に描いた真ん中の円の領域は、自己と他者が共にそれぞれ純粋な奥行きとして経験し

●象徴界・創造界・現実界の空間的位置

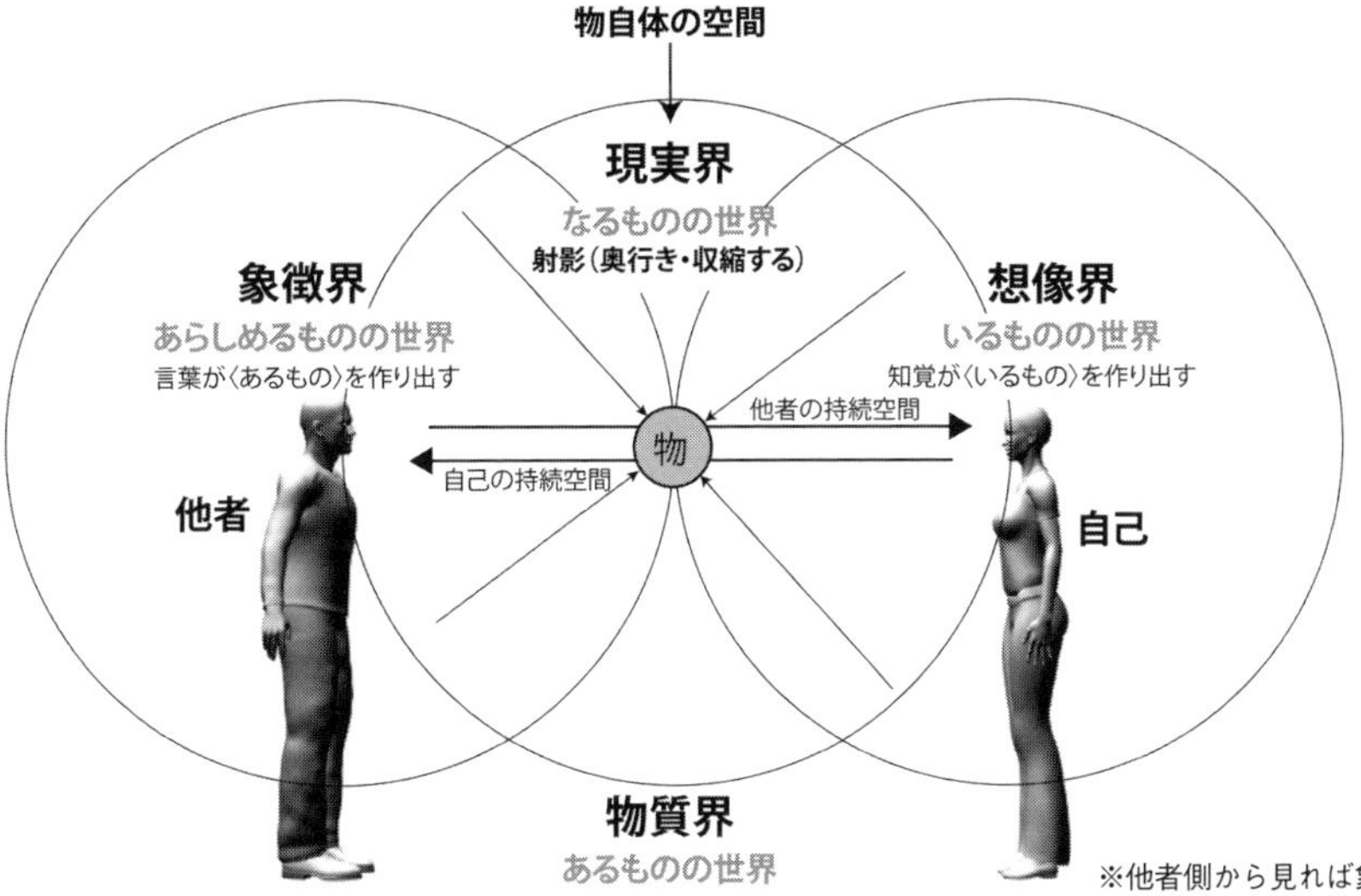

※他者側から見れば象徴界と想像界の関係は逆になる。

ている空間で、この領域は、前回も話したように、自他双方の純粋持続が働く不動の複素空間で構成された世界になっていて、これは射影空間でもあるから、両側にある空間の方から見れば、その場所はそのままミクロに縮んでいるように見えてしまうわけ。

星乃 ここでの複素空間の構造がフロイト＝ラカンの精神分析や、ドゥルーズ＝ガタリの哲学理論とも深く関係してくるということなんですね。

半田 うん。そのへんがヌーソロジーのまさにキモとなる部分になっている。精神分析と20世紀の大陸哲学が合体して出てきた構造主義やポスト構造主義っていうのは、そのほとんどが、こうした自他相互の持続空間のシステムの構造に思考が侵入するために用意されてきたものじゃないかと思う。同時に、現在、物理学者たちが研究している大統一理論や超ひも理論、M理論といった素粒子構造の研究も、またこのシステムと深く関係しているような気がして仕方ない。言ってみれば、**20世紀の哲学と物理学は、人間の無意識の構造を内側から外側からという形で、それぞれが互いに逆方向から一生懸命、探索を続けているんだよ。そして、21世紀を迎えた今、その二つの出会いが始まろうとしている。**

星乃 そうですね。今までのインタビューでは、その無意識構造、つまりイデアのことをいろんな分野の概念を使って説明してきたんですよね。まきしむももう分かってきていると思うけど、このインタビューでは一つの概念をいろいろな分野の他の言葉で表すことが多かったでしょ。ちょっとここで、今までの話を整理するために、同義語・関連語の表を作ったので見てみて（409頁参照）。

まき なるほど。精神分析やカバラ、神話、哲学、

●本書の文脈における同義語・関連語の一覧表

	同義語・関連語
イデア	純粋持続・意識と素粒子のつながり・自己他者構造・無意識構造・「僕一君」・奥行き・複素ヒルベルト空間・「なるもの」・現実界・物自体・死の世界
超自我	言葉の力・男根期・一神教の精神・ケテルとマルクトの結合・容器の破壊・奥行きの幅化・マルドゥク・ルシファー・サウロン・ゲンドウ・カシウスの槍・「父」・「あらしめるもの」→象徴界・自我・物質性を生み出す
エ　ス	霊性・ティアマト・イエソド・対象a・ユイ・「母」・「いらしめるもの」
自　我	マルクト・指輪・シンジ・「子」
想像界	イメージの世界・肛門期・自己・主観・「いるもの」・スキゾ
象徴界	言葉の世界・男根期・他者・客観・「あるもの」・パラノ
物質性	幅・3次元空間・「僕－それ」・綾波（リリス）・八岐大蛇・「あるもの」
破壊の享楽	超自我の破壊＆解体・ゴジラ・使徒・多形倒錯・スキゾ
成長のタナトス	自我を超える・半身を見つける・指輪を捨てる・イデア世界を見出す・奥行きから幅を取り除く・容器の修復・ツィムツーム・ロンギヌスの槍・天羽々斬・超人・霊的受胎
消滅のタナトス	一神教の精神の最終形態・スミス・AI・VR・トランスヒューマニズム・量子コンピュータ・最後の人間

量子論などいろいろな分野でそれぞれの専門用語があるけど、結局同じことを言っているってことですね。

星乃 そうなの。**その奥に同じ一つのイデアの構造が存在しているってことが**分かってもらえると嬉しいかな。

半田 そうだね。おそらく、僕らが想像だにしていなかった※大きな物語が存在しているってことだと思うよ。

モノリスの内部世界へ

まき ということは……ボーマン船長が最後のシーンで突入していった謎の空間スターゲートって、本当の自己と他者が出会う、その「現実界」、つまりお二人が言うイデアの世界のことを表しているって解釈できるのかな?

半田 おっと。やっと、イメージがつながってきたみたいだね。キューブリックはあるインタビューに答えて、次のように言っている。

わたしは言葉でメッセージを伝えるつもりはありません。「2001年」は非言語的な体験です。2時間19分のうち台詞があるのはわずか40分たらずです。わたしが創造したかったのは視覚的体験、言葉では説明せず、情緒的、哲学的な内容を直接潜在意識にうったえるものです。マクルーハン風にいえば、「2001年」においてメッセージはメディアです。この映画をごく主観的にしようと努め、ちょうど音楽のように見る人の意識の奥まで届けようとしました。

（メイキング・オブ・キューブリック『2001年宇宙の旅』：『プレイボーイ』インタビューより）

キューブリックが言っている、この「ごく主観的にしようと努め」というところがミソだよ。実は、イデアの世界への接触は人それぞれの主観的空間の中でしか起こりえない。つまり、内なる自己を作っている内在的な空間の奥底に、「なるもの」としての広大な創造空間が広がっているということなんだ。そして、それは、僕らが「死後の世界」と呼んでいるもののことでもあるということだよ。

そして、**その内なる永遠とも呼べる世界は、『マトリックス』のところでも話したように、実は、目の前の持続空間としての「奥行き」がポータル（入口）になっている。**最後のあの未知の高次元空間への突入のシーンは、その奥行きが孕む無限空間の深みへと、ボーマン船長が引っ張り込まれていく様子を表現したものだと解釈すると面白いんじゃないかな。

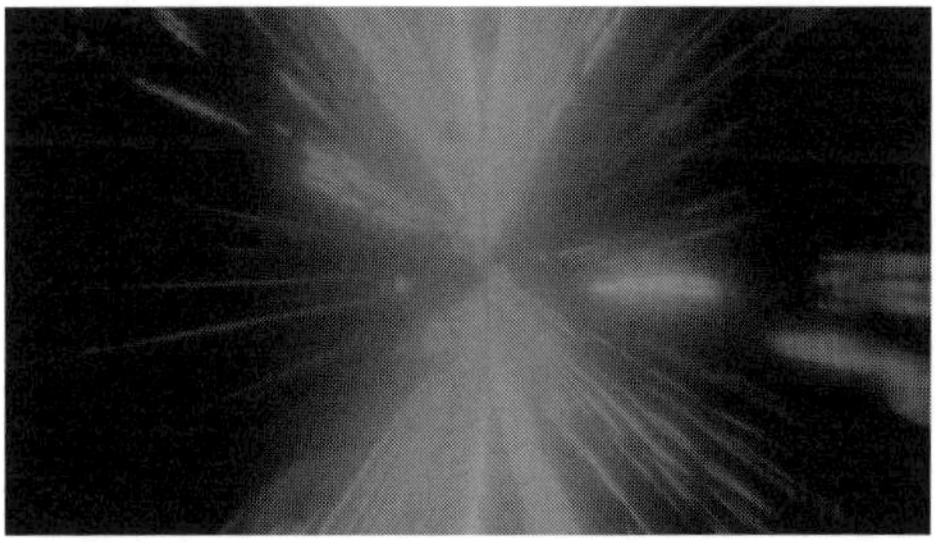

スターゲート

大きな物語　本来は、科学が自らの依拠する規則を正当化する際に用いる物語のことを意味し、文化がそれを共有すること。フランスの哲学者ジャン＝フランソワ・リオタール（1924-98）が『ポストモダンの条件』（1979）において提唱した。「大きな物語」の時代とは、分かりやすく言うなら、たとえば、科学技術の進歩によって人類の苦悩が解消され、幸福な社会がやってくるといった物語が社会全体で共有され、価値観の拠り所となった時代のことを言う。

星乃　なるほど、じゃあ、やっぱりあれは、物の内部に息づくイデア世界の風景なんですね。わたしたちが「あるもの」の世界で、外側からしか見られていない原子や分子やＤＮＡ、そして細胞や微生物も、本当は物の中で活動している、まだ私たちが知らない高次元の自己と他者の純粋持続の力が協働して作り出しているものとして見なければならないということなんですね。

半田　もっと言うなら、植物や動物、そして、人間の肉体に至るまで、その空間は続いていると思う。目に見えている自然が、目に見えない自然として活動している世界が存在してるんだよ。

まき　ひぇ〜、またまた頭がクラクラしてきたぞ。そっか、そっか、そういえば、ボーマン船長が侵入していった空間も最初は何か幾何学的な模様がたくさん出てきましたよね。クルクルと八面体みたいものも回っていたし。それに、生命のスープから細胞が誕生するようなシーンもあったなあ。あっ、一葉おばあちゃんが組紐の話をしているシーンも同じような映像だった。そう言われると、すべて意味がつながってきますね。

半田　無理に意味をつなげることはないよ。キューブリックが言っているように、感じたままを感じればいいんだと思う。ただ、さっきも言ったけど、この作品には何か神懸かり的なところがあるということは、多くの人たちが共通して感じていることだね。作った

モノリスとネオクラシカルの部屋

当人は意識してなくても、偶然が偶然を呼んで、それこそ、作品自体がサムシング・グレートからのメッセージになっているということだって十分にあり得る。

まき 分かった！　だから、最後にたどり着いたあのネオクラシカルな雰囲気の白い部屋につながってくるんだ。あそこで、ボーマン船長は

奥行きの子供たち

年老いた未来の自分自身と会うでしょ。そして、死に際の自分自身を目撃する。そこにも、例のモノリスが立っていて、最後は、それを指差して、死んでいく。あそこでボーマン船長が指差していたモノリスの内部というのは、死の世界としての「なるもの」の世界のことなんだ。

半田 **人類が「自我を超える」というのは、きっと、死を思考の力によって乗り越えるということと同じ意味がある**んだと思う。それを乗り越えたときに、人間は「なるもの」として、今度は物質を生み出す側の存在へと変身し、本当の生の現実を生きるようになるんじゃないだろうか。そこでは、宇宙を生み出す側と生み出される側の力の流れの循環がすべて見えるようになって、人間はまったく別の存在形態へと変わっていく…。破壊されていた「生命の樹」のセフィロトが再生されて、「生命の木」と「智恵の木」との調和が取り戻されるんだよ。

星乃　その意識の在り方が、そのまま新しい宇宙の創造につながっていくということなんですね。『マトリックス』で、ネオがデウス・エクス・マキナと一体化していったのと同じイメージですね。

半田　存在の歴史というのは、おそらく、そういうシナリオで動いているんだと思う。ラストシーンで、胎児が宇宙空間に浮かんで地球を眺めていたよね。「※スターチャイルド」って呼ばれているやつ。このスターチャイルドは仏教の※輪廻思想を表現したものだとか、生命の永遠性を表現したものだとか、いろいろな解釈があるんだけど、ヌーソロジーから見ると、どうもありきたりでつまらない。僕は、これは人間が生きながらにして人間を超えて、不可能とされたその現実界への侵入を果たした意識の象徴のように見えるんだよね。死そのものが方向転換を起こして、今までの死に対抗するようになった姿とでも言うのかな。

まき　なるほど、それって、さっき星乃さんが言っていた「生きながらにして死ぬ」ってことですよね。そして、それが「死に対抗する死」ということ……つまり、無意識と素粒子が一致する空間構造を見出して、その感覚のもとに自我を超えて、人間がまったく別の存在に生まれ変わっていくってこと。ニーチェの言う「超人」ですね。それが、あの胎児の意味なんだ！

星乃　うん、「奥行き」に永遠を見出し、創造のイデア空間で生きるようになった者たちのことですよね。そう考えると、スターチャイルドというのは、自分の半身を見出したときに誕生してくる「奥行きの子供たち」とも言えるかもしれませんね。

半田　おぉ、星乃さん、ナイスネーミング！　「奥行きの子供たち」か。いい表現だねぇ～。精

神の力が死の壁を乗り越えたときに起こる月

＝物質と太陽＝精神との聖婚。そして、そこに生まれる新生児としての地球。さらには、そこで、新しい生活を始めるポストヒューマンとしての「奥行きの子供たち」。

星乃 それは、今までずっと話してきた物質性と霊性、エロスとタナトス、素粒子と意識、そして自己と他者の結婚とも関連していますよね。

半田 もちろん。あらゆる二元性がそこでは対立ではなく、創造的な調和として働いているんじゃないかと思うよ。

まき 月、太陽、地球……それって、ひょっとして、オープニングのシーンじゃないですか〜！ で、それが、物質性と霊性、素粒子と意識、自己と他者の結婚っていう意味ってことは……つながった……全部の謎がつながりました……太陽と月の結婚によって受胎される「奥行きの子供たち」。ひょっとしてこれから、この地球上にどんどん生まれてくるのかも！

星乃 うん、2001年よりだいぶ遅れちゃいましたけど、少しでも多くの人が、一つの指輪を捨て、マトリックスから目覚め、自分だけの三葉を見つけられるようになるといいですね。

半田 そうだね。今までは、人間は他者に自分の自我の基盤を与えてもらい、そこに「僕」を感

スターチャイルド 人類が進化の果てに生命を超越した存在にまでいたったときの神秘的な存在。新しく生まれる神。

輪廻思想 霊魂が、人間、動物あるいは場合によっては植物などと、一つもしくはそれ以上の存在に次々に生まれ代わっていくとする思想、信仰。普通アジアの宗教や哲学に顕著であるが、原始宗教、古代オリエントの宗教、マニ教、グノーシス主義、さらには神智学など現代の宗教運動にも輪廻の思想が見い出される。

じ取って生きてきた。でも、その「僕」の時代がまもなく終わろうとしているのかもしれないね。人間が自分自身の奥行きの中に自身の永遠の生命を感じ始めれば、それは、もう「僕」ではなく、「君」と呼べる存在になるだろ。というのも、その奥行きの方向は今まで「僕」が「君」と声を投げかけていた方向でもあるわけだから。だから、奥行きの覚醒というのは、初めて世界に「君」が現れてくることでもあるんだと思う。瀧くんは三葉の中に「君」を発見し、三葉は瀧くんの中にもう一人の「君」を発見する。そして、それは、瀧くんにとっては「君の君」とも呼べるような存在となる。そうやって、**世界は二人の「僕」から、二人の「君」の世界へと変わり、今まで、孤独の中で生きてきた二人の「僕」という存在の裏側の世界を補完するようにして、世界を完全なものへと変えていく。**

星乃　それが、本当の「人類補完計画」ですね！

まき　なるほど！……そうか、だから「僕」は「君」を探し求め、出会い、「君の名は。」と問いかける……そして、そのとき「僕」は「君」になり、「君」と「君の君」の世界がやってくる……

半田　うん、まだまだ先のことだろうけど、そうやって、「君」と「君の君」の世界が到来した暁には、人間は存在世界のすべてを生成させている地球の歌声を聞き取ることができるようになるかもしれない――おそらく、人間の本来性というのは、この地球自身のことなんだよ。ニーチェも言っているだろ。「超人とは、大地の意義である」って。

星乃　映画のラストシーンが浮かんでくるようですね。

半田　ほ〜ら、「ツァラトゥストラはかく語りき」の音楽が、どこからともなく聞こえてきそうな雰囲気になってきたぞ。

——(終)

スターチャイルド

新しいタイプの民衆の到来を夢見て――あとがきにかえて

ヌーソロジーという宇宙論を構想し始めて、もう30年ほどになる。ヌーソロジーとは何かと一言で言うなら、素粒子を人間の精神的実体と見なすことによって、物質と精神の垣根を取り払おうとする思想と言っていい。ヌーソロジーという名称自体は「ヌース（noos）」の「学（logy）」という意味合いを持つ僕の造語で、「ヌース」には、古代ギリシア語で「神の知性」という意味がある。

遠い昔、人はおそらく〈我－汝〉が表裏一体でつながり合う世界の中で生きていた。そして、そこで活動するエシカル（倫理的）な関係性が宇宙を律動させていることをも知っていた。もはや、〈我－それ〉の関係の中でしか自然を見ることができなくなった私たち現代人は、その場所の記憶を完全に忘れ去ってしまっている。私たちがその遠い記憶を取り戻すことができるなら、目の前には、再び、「わたし」と「あなた」との語らいに満たされた地球本来の大地が出現してくることになるだろう。

こうした見果てぬ夢を追いながら、ヌーソロジーはその〈聖－場所〉へのポータルを量子論と哲学の結節点の中に求め、今なお、思索の旅を続けている。すでに何冊かの本も上梓してはいるが、量子論にしろ、哲学にしろ、いかんせん一般にはとっつきにくいジャンルなだけに、マニア受けはするものの、まだまだメジャーな広がりには至っていない。ヌーソロジーが見ている新しい空間ヴィジョンを何とか多くの人に伝える術はないものか――そこで立ち上がったのが本書の企画だった。

本書で題材にした映画作品はいずれも大ヒットした作品ばかりで、それぞれの作品の熱心なファンの方もいらっしゃることだろう。作品に関する鋭い分析を期待した読者もおられるはずだ。そういう方々には、正直、幾分肩透かしを食らわせてしまった部分があるかもしれない。しかし、本書は、ヌーソロジー本として見るなら、十分に興味を引く入門書の役割を果たしてくれているのではないかと思っている。何と言っても、まきしむさんと星乃さんの参加によって、日常的な話題を通して、自我に関する問題にスポットが当てられたことが大きい。プラスして、現代の私たちが置かれた意識状態も心理学や精神分析といった観点から具体的に示されており、それらとのコントラストを通じて、ヌーソロジーが持った世界ヴィジョンの方向性を読者にも多少は伝えることができたのではないかと感じている。

本書でも少し触れたように、21世紀に入ってからというもの、世界は急激に反グローバル化の方向へと舵を切り、あらゆる地域でナショナリズムの風が吹き始めている。周知の通り、日本も例外ではない。情報やモノが軽々と国境を越えていく時代に、人間だけがなぜにこうも民族や国境にこだわるのだろうか。おそらく、こうした問題は社会だけで解決することはできない。そこに、どのような制度やテクノロジーが生まれてこようとも、人間の内的なものが変化しなければ、調和に満ちた社会というものはやってこないだろう。

おそらく、私たちには何かまったく新しいタイプのフィクションが必要なのだ。そして、そのフィクションを通して、今までの歴史には存在したことのない新しいタイプの民衆を、私たち一人ひとりが自らの想像力の中に召喚するように努めなければならない。本書がそのフィクションの一つとして、読者にわずかながらでものインスピレーションを与えるきっかけになれば、著者の一人として、これほど喜ばしいことはない。

最後になったが、本書の企画を立ち上げてくれた江口勝敏氏に感謝の念を表したい。江口氏には一昨年出版した『シュタイナー思想とヌーソロジー』でも大変お世話になった。加えて、装幀のイラストを描いてくれた福田博行氏と菊池宣弘氏にも心からお礼の言葉を送りたい。さらには、編集担当の北條明子氏とデザインの細谷毅氏にも感謝の言葉を送りたい。そして、何と言っても、メール上での唐突な申し出にもかかわらず、出版を快諾してくださったヴォイス社の大森社長に心から深謝したい。本書が日の目を見ることができたのは一重に氏の力添えのおかげである。

2019年4月　半田広宣

参考文献

浅田彰（1983）『構造と力』 勁草書房

アニータ・ムアジャーニ（2013）『喜びから人生を生きる！：臨死体験が教えてくれたこと』 ナチュラルスピリット

庵野秀明　大泉実成（1997）『スキゾ・エヴァンゲリオン』 太田出版

庵野秀明　竹熊健太郎（1997）『パラノ・エヴァンゲリオン』 太田出版

宇野常寛（2008）『ゼロ年代の想像力』 早川書房

岡本祐一郎（2016）『今世界の哲学者が考えていること』ダイヤモンド社

カレン・アームストロング（1995）『神の歴史ーユダヤ・キリスト・イスラーム教全史』（ポテンティア叢書） 柏書房

岸見一郎　古賀史健（2013）『嫌われる勇気　ー自己啓発の源流「アドラー」の教えー』 ダイヤモンド社

ケン・ウィルバー（1986）『アートマンプロジェクトー精神発達のトランスパーソナル理論』 春秋社

ゲルショム・ショーレム（2001）『錬金術とカバラ』作品社

ゲルショム・ショーレム（1997）『ユダヤ神秘主義』法政大学出版局

斎藤環（2003）『博士の奇妙な思春期』 日本評論社

斎藤環（2010）『博士の奇妙な成熟　サブカルチャーと社会精神病理』 日本評論社

斎藤環（2013）『承認をめぐる病』 日本評論社

三才ムック（2013）『超真相エヴァンゲリヲン新劇場版』（三才ムック vol.597） 三才ブックス

ジャック・ラカン（2000）『精神分析の四基本概念』 岩波書店

ジャン=ガブリエル・ガナシア（2017）『そろそろ、人工知能の真実を話そう』早川書房

J・R・R・トールキン（1992）『新版指輪物語１　旅の仲間上１』 評論社

ジル・ドゥルーズ　フェリックス・ガタリ（２００６）『アンチ・オイディプス』（上・下） 河出書房新社

人類補完計画監視委員会（2014）『超機密新世紀エヴァンゲリオン最終報告書』 ぶんか社

中西新太郎（編）（2008）『１９９５年　未了の問題圏』 大月出版

新田英雄　工藤知草（2005）『Excel で学ぶやさしい量子力学』オーム社

パール・エプスタイン（1995）『カバラーの世界』 青土社

ハロルド・ブルーム（1986）『カバラーと批評』（クラテール叢書） 国書刊行会

ハンス・ヨナス（1990）『グノーシスの宗教』 人文書院

ピンカス・ギラー（2014）『知の教科書カバラー』講談社新書メチエ　講談社

ブックスエソテリカ第１３号（1995）『ユダヤ教の本』 学習研究社

フリードリッヒ・ニーチェ（1993）『ニーチェ全集＜９＞ツァラトゥストラ』 ちくま学芸文庫（上・下） 筑摩書房

マルティン・ハイデガー（1994）『存在と時間』ちくま学芸文庫（上・下） 筑摩書房

マルティン・ブーバー（1998）『我と汝　対話』みすず書房

マンリー・P・ホール（1993）象徴哲学体系Ｉ『古代の密議』人文書院

宮台真司（2014）『私たちはどこから来てどこへ行くのか』 幻冬舎

宮台真司（2016）『正義から享楽へ―映画は近代の幻を暴く―』 垣内出版

洋泉社ムック（2017）『世界を変える７つの次世代テクノロジー』 洋泉社

【著者プロフィール】

半田広宣

武蔵野学院大学 SAF（スペシャルアカデミックフェロー）、ヌースアカデメイア合同会社代表。（株）ヌースコーポレーション代表取締役。著書に『２０１３：人類が神を見る日』（徳間書店）、『２０１３：シリウス革命』（たま出版）、『シュタイナー思想とヌーソロジー』（ヒカルランド）等がある。

◉ヌーソロジー無料メルマガ「AQUA FLAT」
https://noos-academeia.com/mail-magazine/mail-magazine.html
◉ヌースアカデメイア公式サイト
https://noos-academeia.com
◉ヌースアカデメイア・レクチャー動画
https://vimeo.com/noosacademeia
◉半田広宣ブログ　cave syndrome
http://www.noos.ne.jp/cavesyndrome/
◉半田広宣ツイッター
https://twitter.com/kohsen
◉フェイスブック
https://www.facebook.com/handa.kohsen

春井星乃

お茶の水女子大学大学院博士前期課程修了、臨床心理士として精神科クリニックに勤務し、東京都スクールカウンセラーも経験。現在は独自にパーソナリティと意識発達の研究を行っている。

◉春井星乃ブログ　星乃かたちみ
http://hoshinokatachimi.blog.jp
◉春井星乃ツイッター
https://twitter.com/haruihoshino

まきしむ

人気ウェブサイト「不思議ネット」ライターを経て、２０１７年より科学エンタメサイト「ナゾロジー」を立ち上げる。現在は「不思議ネット」ライター、「ナゾロジー」編集長を兼務。

◉不思議 .net
http://world-fusigi.net
◉ナゾロジー
https://nazology.net

奥行きの子供たち―わたしの半身はどこに？
ヌーソロジーで読み解く映画の世界

2019年5月10日　初版発行

著　者　半田広宣
春井星乃
まきしむ

装幀イラスト　福田博行
菊池宣弘

編　集　北條明子（HODO）
装幀・DTP　細谷毅（HODO）

発 行 者　大森浩司
発 行 所　株式会社 ヴォイス 出版事業部
〒106-0031 東京都港区西麻布 3-24-17 広瀬ビル
☎ 03-5474-5777（代表）
☎ 03-3408-7473（編集）
📠 03-5411-1939
http：//www.voice-inc.co.jp/

印刷・製本　株式会社光邦

ISBN978-4-89976-493-9　C0011　Printed in Japan.